城市轨道交通车辆电气设备运行与维修

主　编　张　琦
参　编　李应龙　杨　佳　崔榕娜
主　审　刘东升

重庆大学出版社

内容提要

城市轨道交通系列丛书中《城市轨道交通车辆电气设备运行与维修》，是在国家教育部研究课题“城市轨道交通车辆试点改革攻关项目”中脱颖而出的教材。

全书共分10个项目。列车电气系统是以列车网络控制为主干，故放在项目1中，学生在学习中能掌握车辆电气控制、监测的主要架构。项目2为高电压技术，重点介绍了引流器、高速直流开关、高电压系统。项目3为车辆电源，该部分着重介绍SIV主电路与控制。项目4为车辆牵引与制动，该项目是全书的重点，重点讲解了三相异步牵引电动机的工作原理、电机牵引控制的逆变原理、车辆电制动过程。项目5主要讲解车辆使用的低压电器元件和车辆照明电路系统。项目6为车辆空调电气控制。项目7为车辆门控制系统，主要介绍车辆门控制系统中EDCU主要作用和接口参数。项目8为车辆广播与信息系统，该部分主要有广播、电视监控和车辆信息(列车行驶状态)。项目9为车辆调度信号系统。项目10为车辆电线连接技术，该项目主要把车辆电线连接作为学生实做的重要环节，也是今后工作中的常用技能。

本书主要让学生掌握车辆电气系统的基本构成和维修、检测等技术。同时对学生在今后从事的相关工作中具有一定的帮助和指导作用。本书适用于中等职业学校和高级职业学校的专业教学。

图书在版编目(CIP)数据

城市轨道交通车辆电气设备运行与维修/张琦主编.—重庆：重庆大学出版社，2014.12(2022.1重印)
中等职业教育城市轨道交通系列规划教材
ISBN 978-7-5624-8465-3

Ⅰ.①城… Ⅱ.①张… Ⅲ.①城市铁路—铁路车辆—电气设备—运行—中等专业学校—教材②城市铁路—铁路车辆—电气设备—维修—中等专业学校—教材 Ⅳ.①U239.5

中国版本图书馆CIP数据核字(2014)第169242号

城市轨道交通车辆电气设备运行与维修

主 编 张 琦
参 编 李应龙 杨 佳 崔榕娜
主 审 刘东升
策划编辑：鲁 黎
责任编辑：李定群 姜 凤 版式设计：鲁 黎
责任校对：贾 梅 责任印制：张 策

*

重庆大学出版社出版发行
出版人：饶帮华
社址：重庆市沙坪坝区大学城西路21号
邮编：401331
电话：(023)88617190 88617185(中小学)
传真：(023)88617186 88617166
网址：http://www.cqup.com.cn
邮箱：fxk@cqup.com.cn (营销中心)
全国新华书店经销
POD：重庆新生代彩印技术有限公司

*

开本：787mm×1092mm 印张：18.5 字数：462千
2015年2月第1版 2022年1月第3次印刷
ISBN 978-7-5624-8465-3 定价：45.00元

中等职业教育城市轨道交通系列教材
编审委员会

序言

城市轨道交通的高速发展对于改善人们的出行条件、解决城市交通拥堵、减少环境污染、节约土地资源和推动城市经济增长起着巨大的作用。城市轨道交通事业的发展,又带来了对城市轨道交通各类专业人才的巨大需求。因此,目前国内开设城市轨道交通专业的中等职业院校越来越多,而适合中等职业院校学生学习的专业教材并不多,特别是针对中等职业学校培养高技能人才实用性强且分模块化的项目教材几乎没有。重庆铁路运输技师学院和重庆大学出版社根据国家大力发展职业教育的要求,为促进城市轨道交通专业职业教育教学的交流与推广,推动中等职业教育城市轨道交通专业教材建设,联合重庆轨道交通(集团)公司、北京地铁公司和成都地铁公司等企业成立了城市轨道交通专业中等职业教育系列教材编写指导委员会,下设城市轨道交通运营技术编委会和城市轨道交通维保技术编委会两个分委会。这些专家通过对企业岗位需求进行认真深入细致的调研,结合多年的教学实践经验,编写了《中等职业教育城市轨道交通专业系列规划教材》。

在该系列规划教材的编写过程中,我们非常注重理论和实际动手技能相结合,突破了以往教材编写重理论分析和推导的模式,按照项目教学法进行教学设计,分单元教学模块,采用任务驱动的方法,强调以学生为中心,循序渐进,突出中等职业教育高技能人才培养的特点,以企业岗位需求来培养学生的动手和参与能力。

编委会

2014 年 1 月

前言

十二五期间全国各城市地铁、轻轨规划线路建设里程将达到2 600 km，建设投资规划总额将达1.27万亿元。已有10个地区城际轨道交通网规划获批。现阶段促进我国轨道交通发展的因素主要有二。一是全国经济正处于快速发展时期，城市发展向城市群扩张，需要建设轨道交通来连接中心城区与卫星城镇；二是我国的城市交通拥堵整体处于上升趋势，这种状况需要加速建设大运量的地铁、轻轨，以解决人们的出行问题。因此，“十二五”规划纲要对交通建设重点的城市轨道交通部分作出了部署，包括建设北京、上海、广州、深圳等城市轨道交通网络化系统，建成天津、重庆、武汉、西安、南昌等城市轨道交通主骨架，规划建设合肥、石家庄、乌鲁木齐等城市轨道交通骨干线路等。除西藏外，全国各地在各自的“十二五”规划纲要中也确定了城际轨道交通的发展规划和线路，截至2011年8月，我国批准了京津冀、长三角、珠三角、武汉城市圈、长株潭、辽宁中部、中原城市群、海峡西岸、关中地区、成渝经济区10个地区城际轨道交通网规划，线网供给规模估算达到了19 489 km。

本书是以轨道交通中车辆电气设备运行与维修为骨干内容，全书共分10个项目。项目1为车辆网控传输设备；项目2为车辆高电压技术；项目3为车辆电源设备；项目4为牵引与制动；项目5为车辆低压电器；项目6为车辆空调控制；项目7为车辆门控制系统；项目8为车辆广播电视信息系统；项目9为车辆信号控制；项目10为车辆电线连接技术。

本书由张琦担任主编，刘东升担任主审，李应龙、杨佳、崔榕娜参与编写。具体编写分工如下：项目2,3,4,6由张琦编写，项目1,8,9由李应龙编写，项目7由张琦、崔榕娜编写，项目10由崔榕娜编写，项目5由杨佳编写。

由于编者水平有限，书中难免有不足和疏漏之处，敬请各位读者批评指正。

编 者

2014年10月

前言

[illegible]

目 录

项目1　列车网络控制系统

任务1　列车网络控制系统

任务目标

1. 了解计算机网络的定义、组成与功能。
2. 了解数据通信系统的组成、数据传输的方式。
3. 掌握列车网络控制系统的结构与功能。
4. 掌握列车通信网络的功能及特点。

任务重点

列车中，位于车厢不同位置的设备可以通过计算机控制网络实时接收司机发出的控制指令，并且司机还可以通过计算机控制网络监视设备的状态和故障信息，在这一过程中主要涉及计算机网络、数据通信等技术。通过本任务的学习，主要掌握城市轨道交通列车网络控制系统与通信网络的结构和功能。

知识准备

计算机二进制、现场总线技术。

知识描述

(1)计算机网络概述

1)计算机网络的定义

计算机网络是指利用通信线路和通信设备，把分布在不同地理位置、具有独立功能的多台计算机系统、终端及其附属设备互相连接，以功能完善的网络软件(网络操作系统和网络通信协议等)实现资源共享和网络通信的计算机系统的集合，它是计算机技术和通信技术相结合的产物。

2)计算机网络的功能

①资源共享。所谓资源共享就是共享网络上的硬件资源、软件资源和信息资源。

A. 硬件资源。计算机网络的主要功能之一就是共享硬件资源，即连接在网络上的用户可以共享使用网络上的各种不同类型的硬件设备。

B. 软件资源。互联网上有极为丰富的软件资源，可以让大家共享。共享软件允许多个用户同时调用服务器的各种软件资源，并且保持数据的完整性和统一性。用户可以通过使用各种类型的网络应用软件，共享远程服务器上的软件资源；也可通过一些网络应用程序，将共享软件下载到本机使用。

C. 信息资源。信息是一种非常重要和宝贵的资源。用户可以共享这些信息资源，可以在任何时间以任何形式去搜索、访问、浏览和获取这些信息资源。

②通信功能。组建计算机网络的主要目的就是为了使分布在不同地理位置的计算机用户能够相互通信、交流信息和共享资源。计算机网络中的计算机与计算机之间或计算机与终端之间，可以快速可靠地相互传递各种信息。利用网络的通信功能，人们可以进行各种远程通信，实现各种网络上的应用。

③其他功能。通过计算机网络实现的备份技术可以提高计算机系统的可靠性。

3）计算机网络的系统组成

根据网络的定义，一个典型的计算机网络主要由计算机系统、数据通信系统、网络软件及网络协议 3 大部分组成。计算机系统是网络的基本模块，为网络内的其他计算机提供共享资源；数据通信系统是连接网络基本模块的桥梁，它提供各种连接技术和信息交换技术；网络软件是网络的组织者和管理者，在网络协议的支持下，为网络用户提供各种服务。

①计算机系统。主要完成数据信息的收集、存储、处理和输出，提供各种网络资源。

②数据通信系统。主要由通信控制处理机、传输介质和网络连接设备组成。

③网络软件及网络协议。软件一方面授权用户对网络资源的访问，帮助用户方便、安全的使用网络；另一方面管理和调度网络资源，提供网络通信和用户所需的各种网络服务。网络协议主要由语法、语义、同步 3 部分组成。语法指数据与控制信息的结构或格式；语义指需要发出何种控制信息，完成何种动作以及作出何种应答。同步指事件实现顺序的详细说明。

4）计算机网络的分类

根据不同的分类标准，可对计算机网络作出不同的分类。按照网络覆盖的地理范围分类，可将计算机网络分为局域网、城域网、广域网 3 种。按照网络的传输技术，可将网络分为广播式网络和点到点网络。按照传输介质的不同，可将网络分为有线和无线两大类。按照拓扑结构的不同可将网络划分为总线型、星型、环型、混合型网络等。

（2）数据通信基础

1）通信系统的基本组成

通信系统是传递信息所需的一切技术设备和信道的总和，通信的目的是传送信息。为了使信息在信道中传送，首先应将信息表示成模拟数据或数字数据，然后将模拟数据转换成相应的模拟信号或数字数据转换成相应的数字信号进行传输。

①模拟通信系统。以模拟信号进行通信的方式称为模拟通信，实现模拟通信的通信系统称为模拟通信系统：传统的电话、广播、电视等系统都属于模拟通信系统，模拟通信系统的模型如图 1.1 所示。

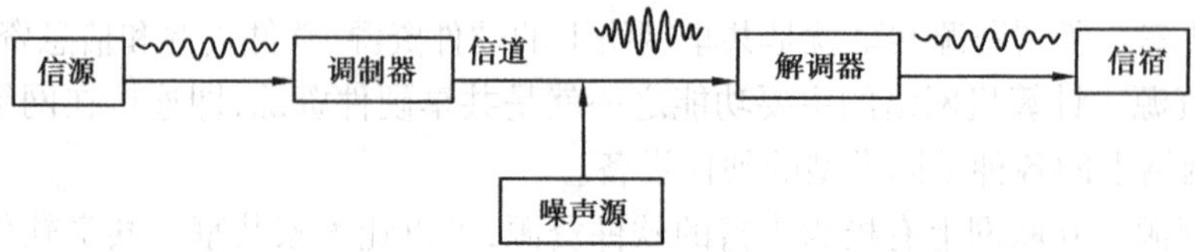

图 1.1　模拟通信系统模型

模拟通信系统通常由信源、调制器、信道、解调器、信宿以及噪声源组成。信源所产生的原始模拟信号一般都要经过调制后再通过信道传输。到达信宿后，再通过解调器将信号解调出来。

②数字通信系统。用数字信号作为载体来传输信息或用数字信号对载波进行数字调制后再传输的通信方式称为数字通信，实现数字通信的通信系统称为数字通信系统。计算机通信、数字电话以及数字电视系统都属于数字通信系统。数字通信系统的模型如图 1.2 所示。

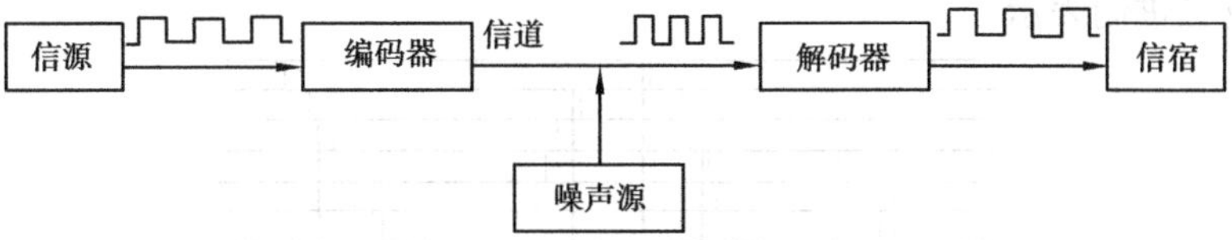

图 1.2 数字通信系统模型

数字通信系统通常由信源、编码器、信道、解码器、信宿以及噪声源组成，发送端和接收端之间还有时钟同步系统。时钟同步是数字通信系统的一个不可缺少的部分，为了保证接收端正确地接收数据，发送端与接收端必须有各自的发送时钟和接收时钟，接收端的接收时钟必须与发送端的发送时钟保持同步。

2）数据编码与调制技术

①数据编码类型。模拟数据和数字数据都可以用模拟信号或数字信号来表示和传输。在一定条件下，可将模拟信号编码成数字信号，或将数字信号编码成模拟信号。其编码类型有 4 种，如图 1.3 所示。

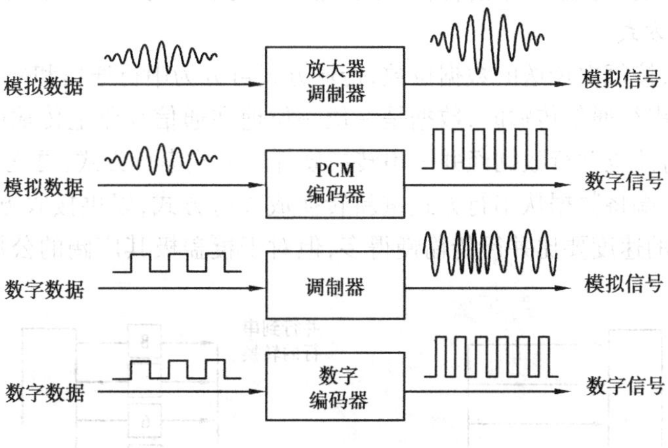

图 1.3 数据编码类型

②数据调制技术。若模拟数据或数字数据采用模拟信号传输，须采用调制解调技术。

A. 模拟数据的调制。模拟数据的基本调制技术主要有调幅、调频和调相。

B. 数字数据的调制。数字数据的基本调制技术主要有移幅键控（ASK）、移频键控（FSK）和移相键控（PSK）。

③数据的编码技术。若模拟数据或数字数据采用数字信号传输，须采用编码技术。

A. 模拟数据的编码。常用的一种方法称为脉冲编码调制（Pulse Code Modulation，PCM）技术。采用脉冲编码调制把模拟信号数字化的 3 个步骤如下。

a. 采样：以采样频率把模拟信号的值采出，如图 1.4 所示。

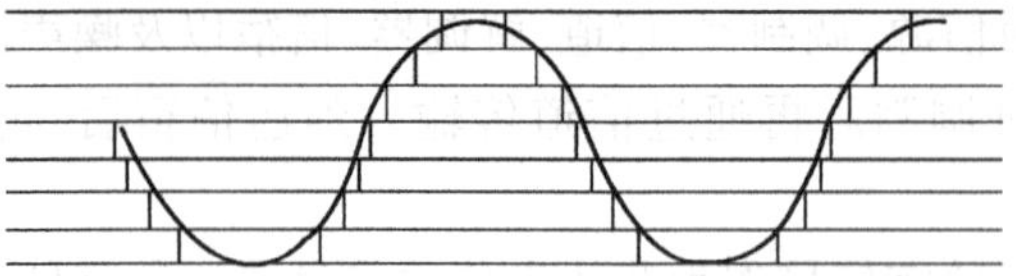

图 1.4　采样

b. 量化:使连续模拟信号变为时间轴上的离散值。比如在图 1.5 中采用 8 个量化级,每个采样值用 3 位二进制表示。

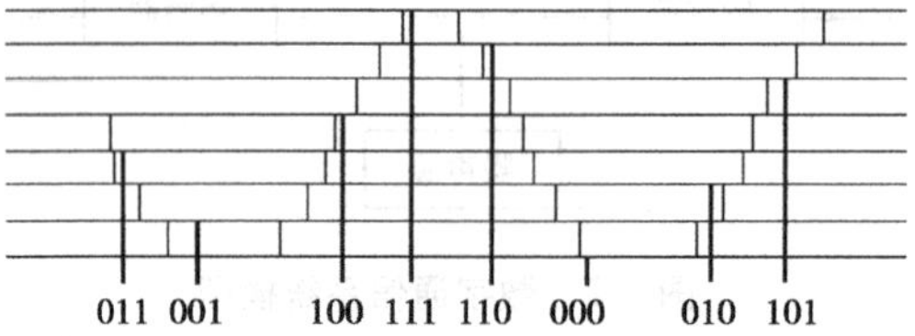

图 1.5　量化

c. 编码:将离散值变成一定位数的二进制码,如图 1.6 所示。

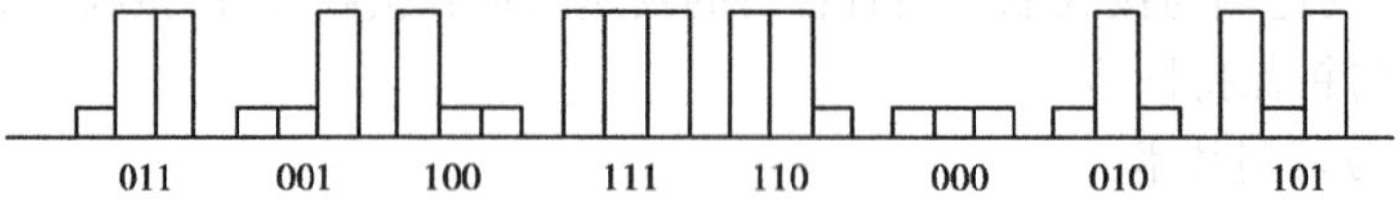

图 1.6　编码

B. 数字数据的编码。数字信号可直接采用基带传输。基带传输就是在线路中直接传送数字信号的电脉冲,是一种最简单的传输方式,近距离通信的局域网都采用基带传输。

3)数据传输的方式

在数字通信中,按每次传送的数据位数,传输方式可分为串行通信和并行通信两种。

①串行通信。串行通信传输时,数据是一位一位地在通信线路上传输的。这时先由计算机内的发送设备,将几位并行数据经并—串转换硬件转换成串行方式,再逐位传输到达接收站的设备中,并在接收端将数据从串行方式重新转换成并行方式,以供接收方使用,如图 1.7 所示。串行数据传输的速度要比并行传输慢得多,但对于覆盖极其广阔的公用电话系统来说具有更大的现实意义。

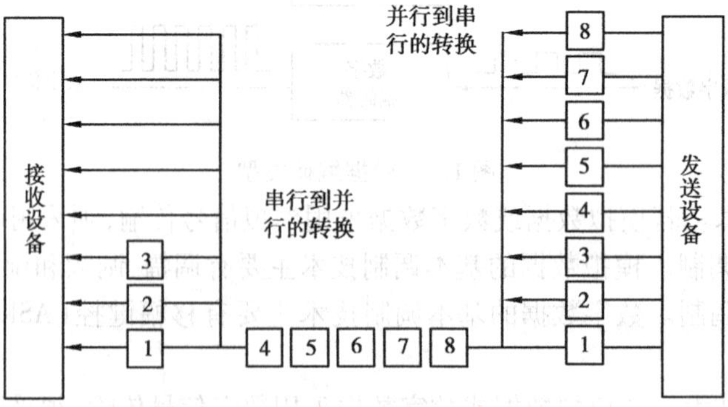

图 1.7　串行通信

②并行通信。并行通信传输中有多个数据位,同时在两个设备之间传输。发送设备将这些数据位通过对应的数据线传送给接收设备,还可附加一位数据校验位,如图 1.8 所示。接收设备

可同时接收到这些数据,不需要作任何变换就可直接使用。并行方式主要用于近距离通信。

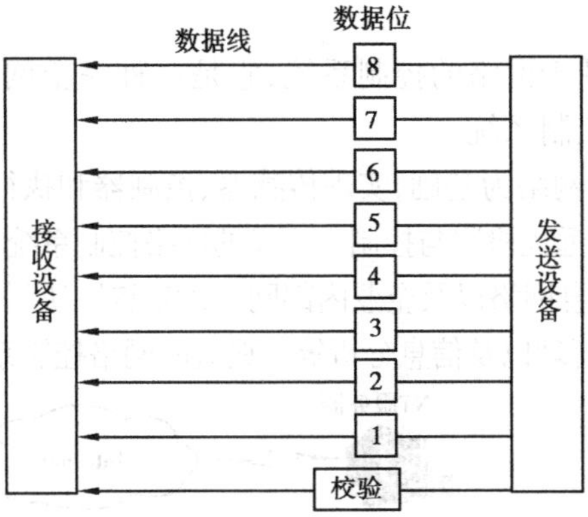

图1.8 并行通信

4)串行通信数据传输方式

在串行通信中,按照数据在通信线路上的传输方向,可分为单工通信、半双工通信和全双工通信。

①单工通信。是指数据信号仅允许沿一个方向传输,即由一方发送数据,另一方接收数据,如图1.9所示。无线电广播、传统的模拟电视都属于单工通信。

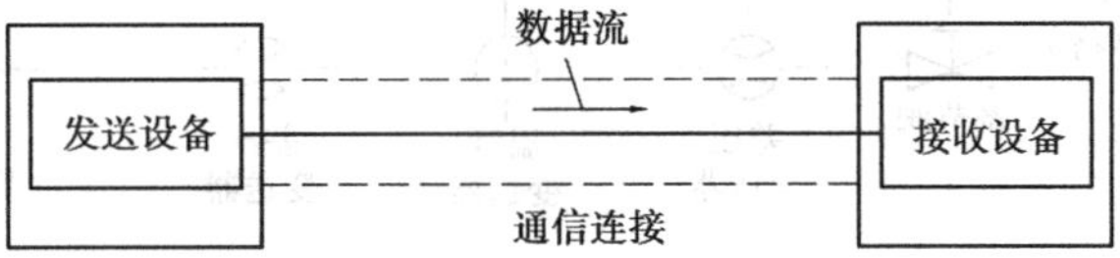

图1.9 单工通信

②半双工通信。是指通信双方都能接收或发送,但不能同时接收和发送的通信方式。在这种传送方式中,通信双方只能轮流地进行发送和接收,即A站发送,B站接收;或B站发送,A站接收,如图1.10所示。

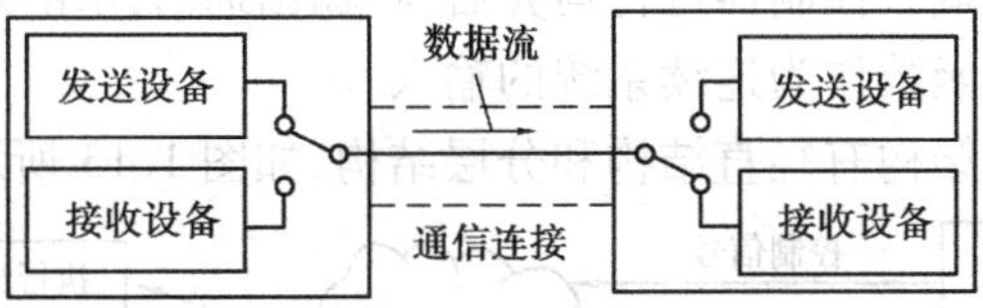

图1.10 半双工通信

③全双工通信。是指通信双方在同一时刻可以同时进行发送和接收数据,如图1.11所示。双工需要两条传输线。目前,在计算机网络通信系统中就是采用全双工通信的,如电话机。

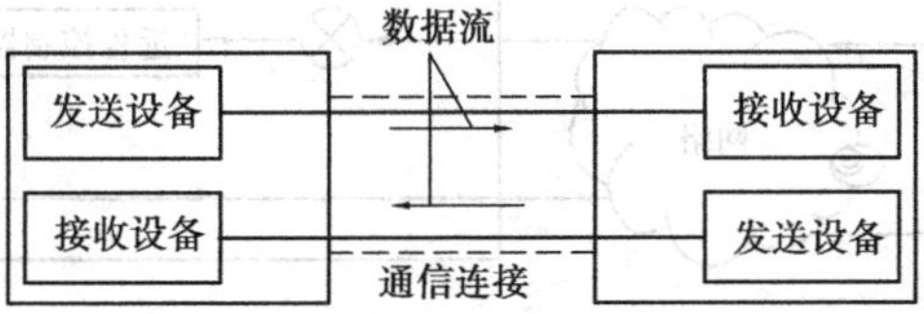

图1.11 全双工通信

(3)网络控制系统概述

1)网络控制系统的概念

网络控制系统又被称为基于网络的控制系统,它是一种完全网络化、分布化的控制系统,是通过网络构成闭环的反馈控制系统。

狭义的网络控制系统是以网络为基础,实现传感器、控制器和执行器等系统各部件之间的信息交换,从而实现资源的共享、远程检测与控制。广义的网络控制系统不但包括狭义的网络控制系统,还包括通过 Internet、企业信息网络以及企业内部网络,实现对工厂车间、生产线以及工程现场设备的远程控制、信息传输、信息管理以及信息分析等。典型的网络控制系统如图 1.12 所示。

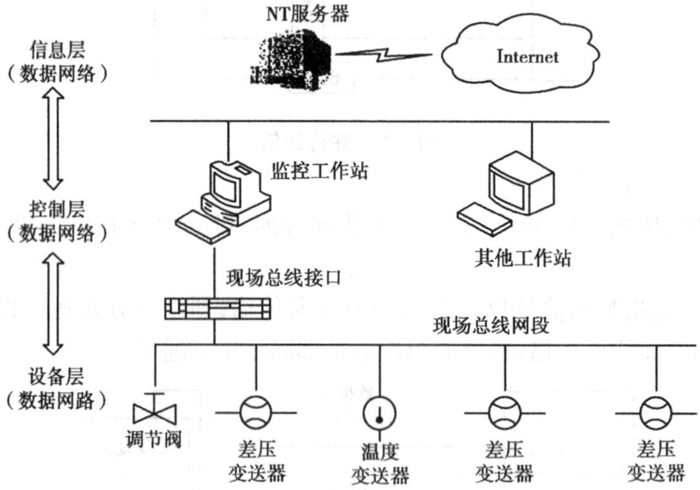

图 1.12　典型的网络控制系统

2)网络控制系统的组成结构及层次模型

网络控制系统一般由 3 个部分组成,即控制器、被控对象以及通信网络,被控对象一般为连续系统,而控制器一般采用离散系统。被控对象的输出通过传感器采样的方式离散化并通过网络发送到控制的输入端。控制器进行运算后,将输出通过网络发送到被控对象的输入端,并由保持器生成分段连续函数作为连续系统的输入。

常见的网络控制系统结构有径直结构和分层结构,如图 1.13 所示。

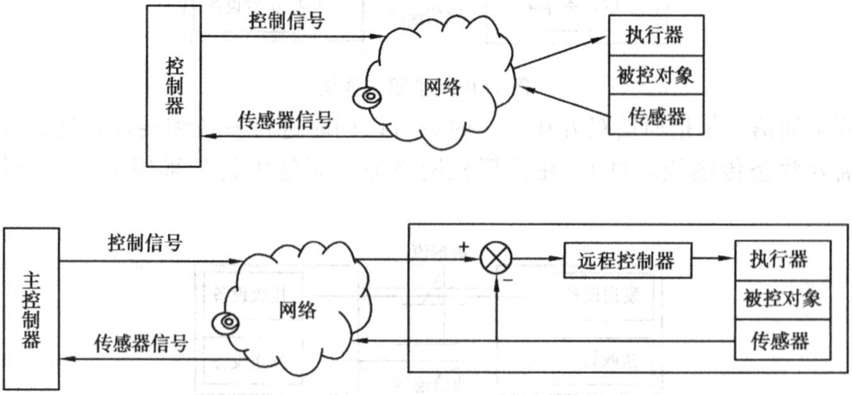

图 1.13　网络系统的径直与分层结构

在径直结构中，控制器将传感器等检测装置从现场检测到的实际参数和预定的期望参数值进行比较计算，得出相应的控制结构后，输出到执行器，作用于被控对象。

在分层结构中，主控制器将计算好的参考控制信号通过网络发送给远程控制系统，远程控制器根据参考信号执行本地闭环控制，并将传感器测量数据传给主控制器。

网络控制系统的层次模型如图1.14所示。

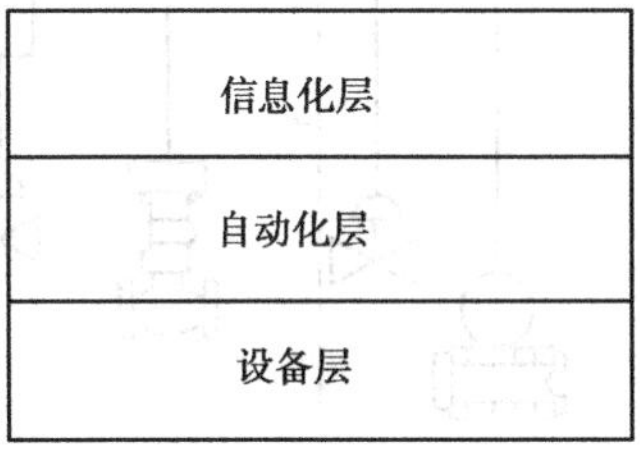

图1.14　网络控制系统层次模型

①设备层。设备层中的设备种类繁多，有智能传感器、启动器、驱动器、I/O部件、变送器、变换器等。设备的多样性要求设备层满足开放性要求，各厂商遵循公认的标准，保证产品满足标准化。来自不同厂家的设备在功能上可用相同功能的同类设备互换、实现可互换性；来自不同厂家的设备可相互通信，并可以在多个厂家的环境中完成功能，实现可互操作性。

②自动化层。自动化层实现控制系统的网络化，控制网络遵循开放的体系结构与协议。对设备层的开放性，允许符合开放标准的设备方便接入；对信息化层的开放性，允许与信息化层互联、互通、互操作。

③信息化层。信息化层已较好地实现了开放性策略，各类局域网满足IEEE802标准，信息网络的互联遵循TCP/IP协议。信息网络的开放性为实现控制网络与信息网络的集成提供了有力支持。

3）控制网络的特点

①传统控制系统与网络控制系统的比较。传统控制系统采用一对一的设备连线，按控制回路的信号传递需要连线。位于现场的测量变送器与位于控制室的控制器之间，控制器与位于现场的执行器、开关、电动机之间均为一对一的物理连接。网络化控制系统则借助网络在传感器、控制器、执行器各单元之间传递信息，通过网络连接形成控制系统。如图1.15所示为网络控制系统与传统控制系统的结构比较。由图可知，网络控制系统中，网络化的连接方式简化了控制系统各部分之间的连接关系，为系统设计、维护带来许多方便。

②网络控制系统的优缺点。

A. 网络控制的优点在于：

a. 能以较小的信息传输代价实现远程操作和远程控制，用数字信号取代模拟信号在数字网络上的传输，实现控制设备间的数字化互联。

b. 互操作性。不同厂商之间的产品可以在同一网络中相互兼容、通信，从而减小中间环节的信息处理设备，降低控制成本。

c. 开放性。系统扩展容易，增加或减少节点比较简单、维护性强。

d. 节点智能化。很多节点都是带有CPU的智能终端，能够记录、处理数据，节点之间通过网络实现信息传输和功能协调。

e. 控制现场化和功能分散化。网络化结构使原先由中央控制器实现的任务下放到智能化现场上执行，从而提高了系统的可靠性和安全性。

B. 网络控制的问题主要有：

a. 定常性的丧失。数据到达时刻不再是定常和有规则，不能用简单的采样时间来刻画。

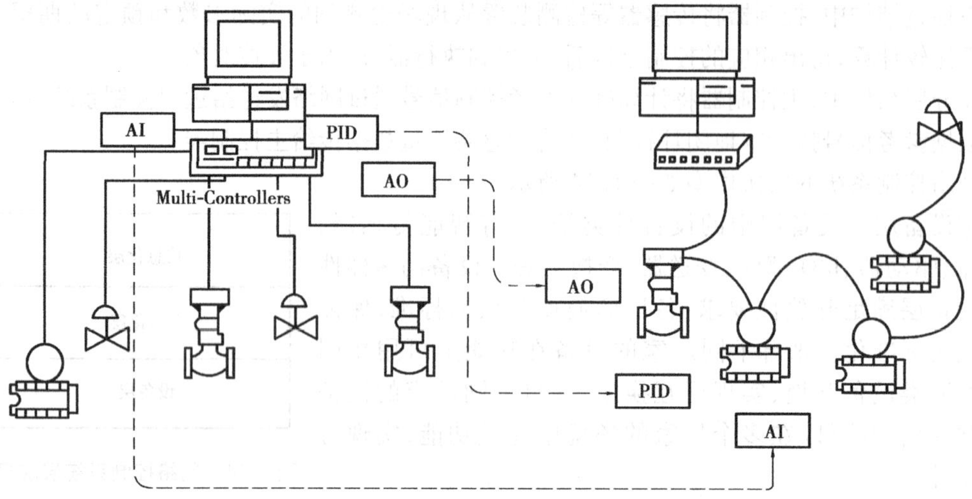

图 1.15　网络化控制系统与传统控制系统的结构比较

b. 完整性的丧失。由于数据在传输中可能发生丢失和出错,数据不再是完整的。

c. 因果性的丧失。由于网络传输时间的不确定,先产生的数据可以迟于后产生的数据到达远程控制系统。因此,数据到达的次序不再遵守因果关系。

d. 确定性的丧失。由于数据到达的随机性,整个控制系统已不再是一个确定的系统。

(4)列车网络控制系统概述

列车网络控制系统是列车的核心部件,它包括以实现各功能控制为目标的单元控制机、实现车辆控制的车辆控制机和实现信息交换的通信网络。列车网络系统的发展过程从系统功能来看经历了由单一的牵引控制到车辆(列车)控制,再到现在已经进入分布式控制系统的发展阶段。目前列车网络控制系统的功能主要包括:牵引控制,即牵引特性曲线的实现和牵引功能的优化;列车牵引黏着控制,使列车在各种运用条件下,都能保持轮轨间的牵引力,并尽可能地使机车运用在轮轨间的牵引力实现最大化;并联和电路的连接,即逻辑控制功能;列车运行过程中的故障信息处理,即进行故障信息的采集、处理、传输、显示和记录,并为列车乘务提供故障的现场处理和排除信息的提示;提供列车运行的状态信息。

(5)我国城市轨道交通列车网络控制系统的应用

1)MITRAC 系统

MITRAC 系统是 Bombardier(庞巴迪)公司的系列产品,包括 MITRAC TC(牵引逆变器)、MITRAC CC(列车控制系统)、MITRAC AU(辅助逆变器)MITRAC DR(牵引驱动器)。公司为了适应不同用户,推出了 MITRAC 500 系、1000 系、3000 系。500 系主要用于城际有轨列车;1000 系主要用于高速及地铁列车;3000 系主要用于大功率机车。在广州地铁 2 号线、深圳地铁 1 号线一期庞巴迪地铁车辆中就使用了该系统。

MITRAC CC 主要特点:

①符合各国际标准(EN50155 车辆上的电子设备标准;ENV50121-3-2:铁路应用电磁兼容性的标准;ENV50204:数字无线电话电磁场辐射标准;IEC61375-1:列车通信网络标准;IEEE1473:1999 中关于列车通信协议标准;UIC556/557 列车中信息传输的诊断标准),具有开放接口。

②该系统器件结构紧凑,电源直接由列车蓄电池供电,可以实现分布式安装且不需要额外的加热或制冷,器件配线最少,质量显著降低。

③用线少,通过冗余增强系统的可用性,传感器的短距离连接和 I/O 设备接口减少了冲突。可测性和模块化使系统配置离火,并可兼容和连接以前不同的列车控制系统。

④该系统具有自诊断功能。诊断功能组合在监控系统中,通过数据可视化的远程交付式诊断、车辆跟踪详细目录、GPS 系统、货物跟踪、旅客载量数据等方式,进行实时监控和故障诊断,提高了应用的可靠性。

⑤支持远程无线数据恢复系统。系统可支持轨旁无线系统通信,如 GSM/R 和无线局域网。因特网和企业互联网作为客户端的访问介质,通过 MVB 或其他的通信方式连接车辆通信系统。国外先进的 MITRAC CC 系统可通过提供连接到运行车辆上的数据来实现远程维护,增强维护服务质量;并允许诊断和操作数据直接通过因特网传递给列车系统的操作者。系统使用开放标准,如移动电话、无线局域网以及因特网相关的通信协议。

⑥提供 MITRAC CC 远程控制平台。MITRAC CC 远程平台使用互联网技术和移动通信,结合庞巴迪公司的铁路专用技术,开发出新技术以降低维护成本,推进整个系统的可靠性。MITRAC CC 远程平台提供多种服务,通过标准接口访问车辆。由于服务本身来源不同的厂商,该远程平台不接受未经授权的厂商的访问,同时保证在线的控制通信系统不冲突。

MITRAC 列车控制通信系统的核心是 TCN(列车通信网络)标准,允许不同用户之间的互操作。交换信息使用的传输介质为屏蔽双绞线或光纤,列车上所有 MITRAC CC 器件都连在一个网络上,从而可以交换程序和诊断数据,很容易增加新的设备。在 MITRAC 中没有控制柜和机箱,而是各个控制单元或 I/O 单元均自成一体封装在一个具有较好的电池兼容性能的机壳中。每个车体均有自己的电源和车辆总线接口。如图 1.16 是广州地铁 2 号线列车 MITRAC CC 的微机控制系总体框架。

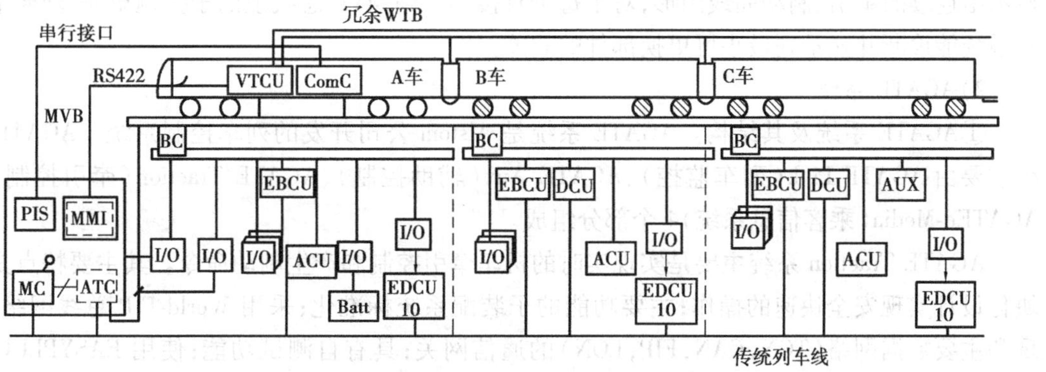

图 1.16　广州地铁 2 号线列车 MITRAC CC 的微机控制系总体框架

如图 1.16 所示的列车微机控制系统由列车总线和多功能车辆总线两部分组成,它们在关键区域提供冗余,即 WTB 或 MVB 中的单点故障不会导致列车运行停止。列车控制分为列车控制级、车辆控制级以及子系统控制级 3 级(包括牵引控制、气制动控制、辅助电源控制、门控制、空调控制、乘客信息控制等)。列车控制级上的 WTB 通过安装在每个单元的 VTCU 中的大功率网关与 MVB 相连,进行数据交换。列车控制级和车辆控制级与每个 3 节车单元的 VTCU 构成一个整体,执行如下的主要功能:通过 WTB 进行列车控制;总线管理和过程数据的通信;

监督和诊断;通过 MVB 在各个子系统之间进行通信;提供与外部 PC 机之间的服务端口等。各部分功能如下:

①列车总线(WTB)与多功能车辆总线。列车总线(硬线连接总线 WTB)连接着两个 3 单元的 VTCU,两个 VTCU 之间通过 WTB 进行通信。多功能车辆总线 MVB 与车辆及列车控制单元 VTCU 直接连接。VTCU 包括多功能车辆总线控制器、大容量的事件记录器等,可以对车辆总线通信进行管理。VTCU 通过 MVB 与车辆所有子控制系统进行数据交换,实现列车控制和车辆控制,车辆控制级,子系统控制级,以及本车与同一单元的其他车之间通过本地车辆总线进行通信和数据传输。

②车辆及列车控制单元 VTCU。车辆及列车控制单元 VTCU 为带集成诊断功能和控制功能的车辆与列车控制装置,每三节车拥有一个 VTCU,作为总线管理主机,它是一个带有 32 位数字处理器,8 MB 内存的微机控制单元,还包含静态电池缓冲 RAM、串行接口、独立电源。

③列车管理系统(TMS)。它是以 VTCU 为核心的一个列车控制系统,是列车微机控制和网络系统的重要组成部分。它由列车控制级的多台计算机系统和一些专门开发的高处理速度的微机组成。TMS 负责列车的控制、监控和诊断,该系统可以为列车子系统控制和模块提供各种实时控制信号。

④列车故障诊断(VTCU)。通过列车微机控制和网络系统接受从各个子控制系统或 I-O 控制单元传来的故障报告,并附带所选者的环境数据和相应的时间参数。所有列车运行所需的关键的诊断信息则是通过安装在驾驶室驾驶台上的 TFT 液晶彩色触模式显示器来显示。显示器的内容有中、英文显示,对不同的使用者设置了不同的权限,分为驾驶模式界面和检修模式界面。

列车故障诊断系统对所有重要的故障信息的记录均给出了跟踪数据,并通过分析数据能显示出连续的牵引、制动曲线图形,对于每个直接连接到 MVB 总线上的子控制单元,均要求诊断系统能诊断并显示到最小可更换部件的故障。

2)AGATE 系统

①AGATE 系统及其结构。AGATE 系统是 Alstom 公司开发的列车控制系统。AGATE 系统主要由 AGATE Link(列车监控)、AGATE Aux(辅助控制)、AGATE Traction(牵引控制)和 AGATEe-Media(乘客信息系统)4 个部分组成。

AGATE Traction 系统主要是实现实时的机车牵引控制和产生制动命令。其主要特点是模块化设计实现安全快速的操作;主要功能的子装配系统标准化;采用 World-FIP 总线网络,实现和主要数据网络(TCN,CAN,FIP,LON)的通信网关;具有自测试功能;使用 EASYPLUG 技术;包含了最新技术 FPGA 器件和 PCI 总线接口。

AGATE Aux 系统主要是实现对列车上静态逆变器和电池充电的控制,其主要特点是结构紧凑、模块化、低成本、低噪声和快速保护等。

AGATEe-Media 主要是在列车运行中,提供实时的多媒体信息和休闲娱乐,为乘客提供便利性和舒适性,同时还可以作为一种高效广告媒体,能带来新收益。AGATEe-Media 主要功能有:系统用发音系统自动报站,并在屏幕上以有色信息显示,具有动力学线路地图,也可以显示广告和新闻。当系统突然中断或意外情况发生时,优先直接向乘客广播实时信息。

AGATE Link 是在线管理和监视列车的电子模块,是整列车辆维护的有效工具。通过监视列车各子系统的运行状况来提供迅速准确的列车故障诊断,从而减少了检查时间和成本,缩短了停工维护时间。AGATE Link 的突出特点是改善了列车生命周期成本(LCC)。AGATE Link 可根据应用需要对基本部件进行组合,如远程输出模块、司机控制台、GIS 定位模块、无线电数据传输模块和在线通信网络,系统易于扩展。

AGATE 系统的控制网络 WorldFip 总线是从 Fip 总线发展而来的。Fip 总线是一种面向工业控制的通信网络,其主要特点可归纳为实时性、同步性、可靠性。WorldFip 的设计思想是:按一定的时序,为每个信息生产者分配一个固定的时段,通过总线仲裁器逐个呼叫每个生产者,如果该生产者已经上网,应在规定时间内应答。生产者提供必要的信息,同时提供一个状态字,说明这一信息是最新生产的还是过去传送过的旧信息。消费者接收到信息时,可根据状态字判断信息的价值。AGATE 系统采用 WorldFip 总线完整地实现了列车控制的所有功能。

②TIMS 管理系统及其结构。TIMS 是基于 AGATE 系列,通过数据处理网络连接的产品。TIMS 收集来自与它连接的设备的故障信息,并且通过驾驶显示单元提供信息给驾驶员和维护人员,它能记录故障、综合故障以及记录设备状态。TIMS 具备操作帮助、维护帮助、事件记录管理、旅客信息触发(音频和视频)的功能。

FIP 数据网络是 TIMS 的核心,它们根据等级结构配置分为:列车网络和车辆网络两种。FIP 列车网络连接列车的两个 MPU 以确保在每个车辆组之间进行数据通信。MPU 控制列车网络和定义信息流动。ACE,BCE,PCE 都是与 FIP 数据网络连接,但它们不在 TIMS 范围内。

车辆设备直接连接每个车辆网络:MPU,运行主要的 TIMS 软件应用程序和支配 FIP 车辆网络上的通信;DDU,人机界面,通过交互式的入口来运行和维护 TIMS 的功能;RIOM,局部安装在每一节车上,提供二进制 I/O 接口和标准的 RS485 串行通信口;PCE(牵引),安装在动车 C 和 B 上,通过 FIP 连接的通信被限于监测功能;BCE(制动),安装在每节车上,在 A 车上的 BCE 也控制压缩机设备,通过 FIP 连接的通信被限于监测功能;ACE(辅助),通过 FIP 连接的通信被限于监测功能。TIMS 设备的 FIP 地址通过数字插头或低压二进制输入组合来定义。

为了优化单元之间的电缆长度,FIP 网络电缆线路由双绞屏蔽线构成(120 Ω 阻抗),FIP 列车网络布设在整个列车并连接两个 MPU。该网络没有连接其他设备,FIP 车辆网络受限于车辆组的长度,它连接总线上的设备。

③TIMS 管理系统的组成及功能。与外围设备的串行通信口通信由 RIOMS 通过系统软件提供,设备变量通过相同的 RS485 串行通信口连接,串行网络接口元件是智能的,它们处理协议、编码、译码、传输、接收和故障检查。串行通信口交换数据是建立在主/从机制上:RIOM 在串行通信口上发送一个请求(设备地址标志),设备(与地址标志一致)反馈响应,为了知道在 RIOM 与设备之间的通信是否中断,相互检查功能是否可用。

经串行通信口交换 MPU 通过列车网络初始化,在应用软件的每个循环,MPU 通过 RIOM 发送一个请求询问串行通信口。连接到串行通信口的每个单元都有唯一的地址。此外,相同类型的设备和有相同功能性的设备都分享相同的组地址。设计此原理是为了保持信息在网络上不断地传输,从而避免在紧要的时候出现传输高峰。常见的信息包括所有故障状态信息,并能够被传送到驾驶室。如图 1.17 所示为列车 TIMS 结构。

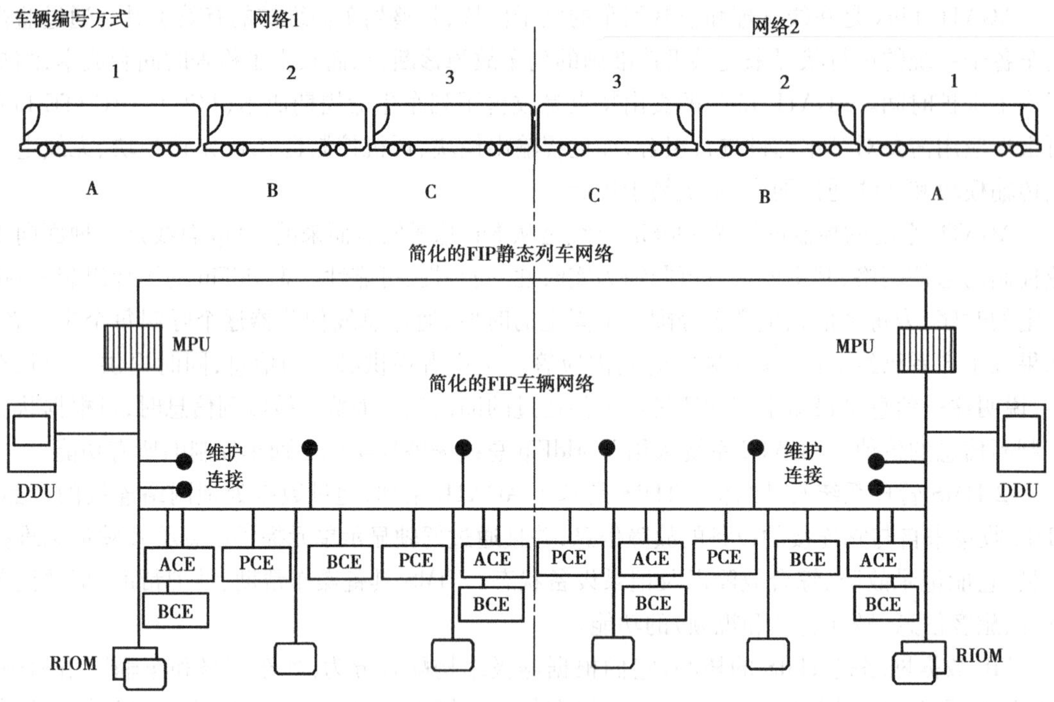

图 1.17　列车 TIMS 结构

3) TIS 信息系统

TIS 信息系统是日本新干线各型列车上装备的信息控制与传输系统。TIS 信息系统由列车通信网络、各车厢通信网和功能单元控制机组成。在各车厢内设有一终端站，它是列车通信网上的节点，也是本车厢信息传输的主站，各车厢内的功能单元的信息均通过这个终端站向列车通信网络发送或从列车通信网接收信息。新干线列车编组是以 2 ~4 节车厢组成一个车组单元为基础的，在一个车组单元内，由牵引制动控制系统、辅助电源、车门空调控制、变压器及信息子系统等相对独立的子系统构成对车组单元的完备控制。当列车根据需要由多个车组单元构成列车编组时，这些相对独立的子系统，通过一定的信息传输手段连成一个完整的列车控制系统。

TIS 系统网络的基本结构有两种：一种结构是车厢内的终端只传输 TIS 系统的信息；另一种结构是节点既传输信息又传输控制命令，因此在日本新干线及既有线铁路列车上有二重直通线的方式、控制命令用二重直通线、列车总线和车厢总线方式 3 种应用形式。

TIS 系统具有以下功能：

①驾驶员操作向导。指导列车正确、正点运行，并显示列车运行图。向驾驶员指示设备的工作信息，在异常情况下，给出操作指南以及简单的检查程序，能进行出库检查。

②乘务员操作功能。乘务员可以通过 TIS 的终端设定车厢的空调温度，异常情况下能发出警报；还可通过 TIS 查询客车情况，并作出处理。

③维修支持功能。能自动检测各功能单元的运行情况，调阅各设备的故障记录，作出故障分析，搜集、记录运行数据，为检修提供依据。

④旅客服务功能。向旅客提供各种信息，如到站和前方站、运行时刻表等。

⑤控制命令传送。该功能只有在最新的700系列车上才有完全的运用。控制命令包括牵引动力、制动、门控与空调、照明、辅助电源、受电弓、蓄电池开闭等。

随着TIS系统功能的增强,它在列车控制系统中的作用越来越重要,已成为新干线列车系统中不可缺少和不可替代的一个重要组成部分。

TIS系统在列车运行、检修和故障诊断中的作用越来越大,有关人员对其依赖性也越来越强,维修基地的工作人员基本都是按TIS系统的检查测试结果来检修控制系统及各功能单元的故障,而TIS系统本身的可靠性也很高,很少有故障发生。如图1.18所示为列车TIS系统结构示意图。

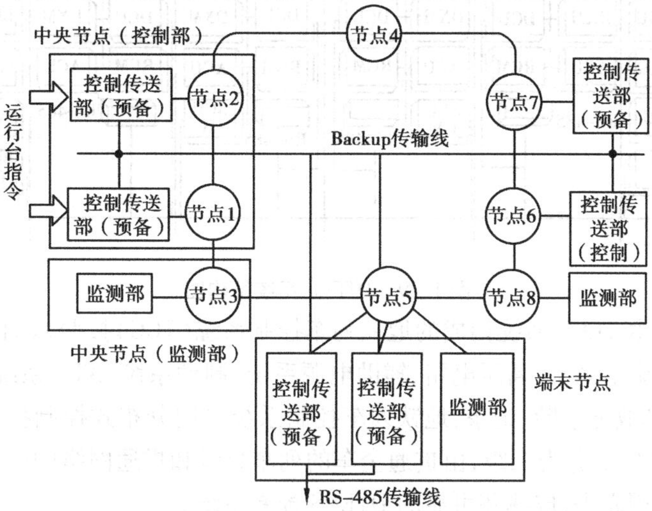

图1.18 TIS系统结构示意图

4)DETECS系统

①DTECS系统的概述。DTECS是专为轨道车辆的列车控制和通信而设计的一套车载计算机系统,它控制并监视着整个列车。包括车载硬件、操作系统、控制软件、诊断软件、监视软件和维护工具。

DTECS是一个分布式控制系统,它分布于整个列车的各个智能单元。这些单元可分别安装于车下设备箱、驾驶台或车厢内的电器柜中。这种系统的最大和最重要的优点是:显著减少各箱柜之间的连线,并方便将来对系统功能的扩展。总线的扩展较简单,只需增加一根连接该单元的电缆线,并更新应用软件就能和新的单元进行通信。系统设备采用模块化设计,其系列产品不仅适用于各种牵引系统的控制,而且适用于列车的控制,也可以用于列车监控系统,如DTECS系统应用于深圳地铁1号线增购车辆中。由于该系统构成的灵活性,可以很方便地适应不同形式的列车编组。

DTECS广泛采用电子控制设备和串行数据通信来代替继电器、接触器和直接硬连线,并且通过网络连接各个子系统的控制设备,能够减少继电器、接触器、列车布线、端子排和连接器连锁的使用。控制系统中具有电子控制机监控设备的子系统是:列车控制单元、牵引逆变器控制单元、辅助逆变器、驾驶显示器、空调控制系统、门控制系统、制动控制系统。如图1.19所示为DTECS系统在地铁列车上运用的系统结构图。

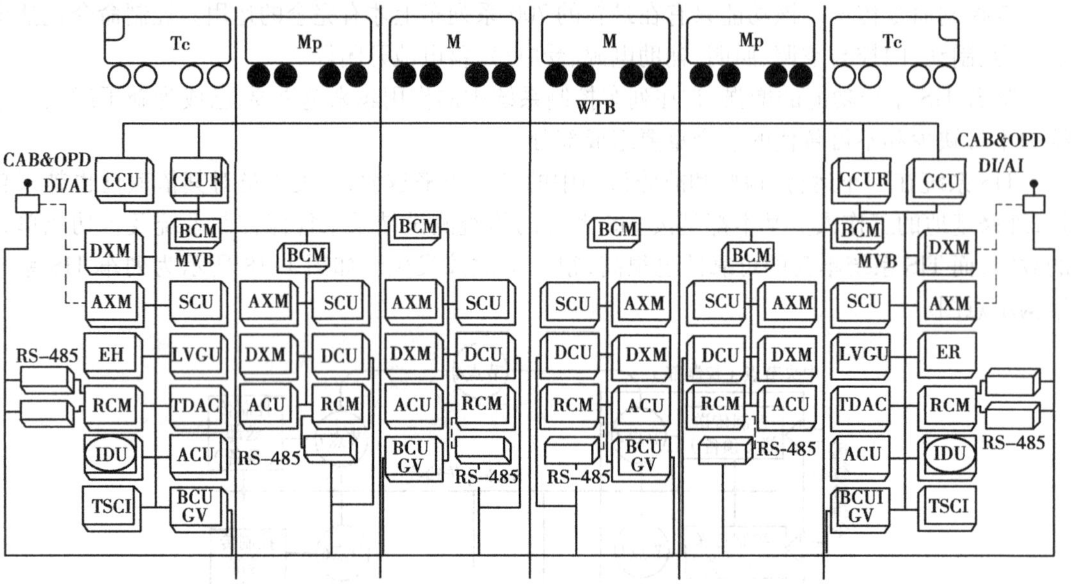

图 1.19　DTECS 系统结构图

②TCC 结构。由 TECS 系统构成的地铁列车控制系统（TCC）按照六辆编组设计。地铁列车控制系统对列车牵引系统、高压电路、辅助电源系统、制动系统、ATC 系统、车门及空调等系统进行控制、监视和故障诊断、记录，地铁列车控制系统采用分布式控制技术。列车通信网络遵循 IEC 61375 标准，划分为二级，由贯通全车的列车总线和贯通网络间的协议转换。整个地铁列车控制系统采用先进、成熟和可靠的 DTECS 控制系统。

列车系统构成单元主要有以下几个部分：

A. 列车控制单元（VTCU）。VTCU 位于每个驾驶室内。VTCU 管理整个列车网络通信，并监控车辆设备。VTCU 包括两套装置，在正常的情况下，系统随机选择一套作为主控设备，另一套为备用。备用设备不间断的监视主控设备状态，当主控设备出现故障时，备用设备将代替主控设备，行使列车中央控制单元的功能，以保障整个列车正常运行。

B. 输入输出单元（DXM，AXM）。通过配置适量的数字量输入输出模块（DXM）和模拟量输入输出模块（AXM），并就近放置在信号采集场合，完成控制信号的采集和输出。

C. 总线耦合模块（BCM）。总线耦合单元，实现 MVB ESD + 和 EMD 的通信介质转换，实现车辆间 MVB 总线连接。

D. 驾驶室显示单元（MMI）。MMI 显示器位于每个驾驶台，采用符合人机工程学原理设计，以及高分辨率的图形显示，包括一个触摸屏系统。

E. 事件记录仪模块（ERM）。ERM 装在每个驾驶室里面。ERM 自身有闪存 FLASH 作为存储体来记录列车状态。它可以通过高速以太网将记录数据下载到地面设备或无线传输装置。

F. 无线传输装置（TSC1）。TSC1 装在每个驾驶室里面。TSC1 具有 GSM、GPRS 和 802.11B 3 种无线通信接口，少量的实时信息通过 GSM、GPRS 传送到地面，大量的记录信息在列车回库后，通过无线网域 802.11B 传送到地面。

G.便携式维护工具(PTU)。PTU包括笔记本电脑和打印机。通过连接PTU和DTECS单元后,记录的数据可从DTECS单元下载到PTU。下载数据可在PTU显示器上显示,也可直接打印。

③TCC系统功能。TCC有牵引/制动控制功能,TCC通过车辆总线MVB传输以下信号到DCU和BECU:控制运行方向、牵引信号、制动信号、给定指令参考值和操作工况。同时,也对一些关键信号进行硬连线备份。

驾驶员钥匙在"ON"位上时,激活的驾驶室将被设定为主控室,由VTCU中的控制软件来处理。如果同时有两个驾驶员钥匙处在激活位,则车辆必须处在禁止运行状态。

来自驾驶控制器的方向选择信号和ATO的牵引/制动参考信号通过置于驾驶台内的AXM单元不同的AI通道读入到VTCU单元,VTCU将其进行处理加工后再传送到牵引逆变器。"备用指令信号1,2"用于备用模式,每一位道标牵引和制动的参考信号。

紧急牵引按钮被按下时,将启动奔涌驾驶模式。牵引逆变器和制动控制单元接收到列车线送来的紧急牵引信号后,将根据列车的牵引/制动工况信号和备用指令信号1,2进行牵引和制动,在备用模式下不启用电制动。

牵引安全列车线用于表明列车已做好启动前准备,即所有车门均已关闭,所有制动均已缓解,驾驶员钥匙已处在"ON"位。此列车线可直接封锁驱动控制单元DCU输出的触发脉冲。出于系统运行最高完整性的考虑,此部分不含任何软件控制。

TCC收到按下驾驶控制器"警惕"按钮信息时,如果在一定的时间内警惕按钮没有按下,列车将自动实施紧急制动。只有驾驶员把驾驶器把手先推到惰行位然后牵引,制动才被解除。

洗车模式控制下列车的速度由一个按钮来实现。这个按钮将处于一直按下的位置直到它再次被按下,一旦按下,速度将保持3 km/h。

为了提高制动操作的有效性和乘坐的平稳性,列车控制系统TCC与BECU协调进行整个空电联合制动的混合控制。列车控制系统TCC将来自驾驶控制器或ATO的制动命令传输给BECU和DCU。在可能发挥列车电制动力的基础上,BECU将补充空气制动力,以满足总制动力要求。

列车控制系统TCC传输来自驾驶室HSCB闭合开关触发的HSCB合命令。

思考与练习

1.计算机网络是如何定义的,其功能是什么?

2.数据通信传输有哪几种形式?

3.列车网络控制系统有哪些功能和特点?

任务2 城市轨道交通列车控制及监控系统

任务目标

1. 理解典型通信网络 TCN 的构架、特点、硬件与协议。
2. 理解 MVB 总线的传输介质与设备分类、WTB 总线。
3. 掌握城市轨道交通列车控制及监控系统拓扑结构。
4. 掌握列车控制及监控系统各单元模块功能。

任务重点

列车是通信网络的一个特定的应用对象。列车控制及监控系统采用分布式控制技术,整个列车通信网络划分为3级,由贯通全列车的列车总线、贯通一个车辆单元的车辆总线以及车辆内与部分子部件通信的局部总线组成。

知识准备

RS485 串行通信。

知识描述

(1) 列车通信网络 TCN

1) TCN 的标准化进程

列车是通信网络的一个特定的应用对象。若能把列车通信网络抽象化、标准化、具体化,一方面,可使得列车通信网络的核心技术能够被共享;另一方面,使得不同来源的机车车辆能够在计算机网络的意义上相互灵活地连挂,以及不同来源的车载设备能够在同样的意义下互换,则是很理想的。

为了从根本上解决列车以及车载控制设备之间的互操作性的问题,从而最大限度地降低列车控制系统的研发、生产、运用和维护成本,保证用户的最大利益,1988 年,国际电工委员会(IEC)第9技术委员会(TC9)委托来自20多个国家(包括中国、欧洲国家、日本和美国,它们代表了世界范围的主要铁路运用部门和制造厂家)以及国际铁路联盟(UIC)的代表,组成第22工作组(WG22),共同为铁路设备的数据通信制定一项开放的通信标准,从而使得各种铁道机车车辆能够相互连挂,车上的可编程电子设备能够互换。

1992 年6月,TC9 WG22 以委员会草案(Committee Draft,CD)的形式向各国发出列车通信网 TCN 的征求意见稿。

1994 年5月至1995 年9月,欧洲铁路研究所耗资300万美元,在瑞士的因特拉肯至荷兰的阿姆斯特丹的区段,对由瑞士 SBB、德国 DB、意大利 FS、荷兰 NS 的车辆编组组成的运营试验列车进行了全面的 TCN 试验。

1999 年6月,TCN 标准草案 IEC 61375—1 正式成为国际标准。

2002 年,我国颁布的铁道部标准 TB/T 3025—2002 也将其正式确认为列车通信网络标准。

2003 年,IEC TC9 又成立了列车通信网络临时工作组(Train Communication Network AD-Hoc Group,THAG),专门负责 TCN 网络在开放性、互操作性改进以及未来发展等方面的研究工作。THAG 根据新的用户需求和专家建议,对新的候选总线进行评估,建立了各种车辆总线与列车总线的互联模型,并于 2007 年年底完成了新版 TCN 标准文献的开发。

2)TCN 的内容及适用范围

TCN 标准对列车通信网络的总体结构、连接各车辆的列车总线、连接车辆内部各智能设备的车辆总线及过程数据等内容进行了详细的规定。早期的 TCN 标准分成 5 个部分:第 1 部分为总体结构,包括了术语定义及资料性的概述;第 2 部分为实施协议;第 3 部分为多功能车辆总线 MVB;第 4 部分为绞式列车总线 WTB;第 5 部分为列车网络管理;2007 版的新标准主要补充原标准文献所缺少的网关、过程数据排列(PDM)以及 UIC556 的通信和应用规范,并引入了诸如 WorldFIP,CANopen,LonWorks,TIMN 等车辆总线规范。

该标准适用于开式列车的数据通信,它包括开式列车的车辆与车辆间的数据通信及开式列车中一个车辆内的数据通信。如果供应商与用户协商同意,本标准也可适用于闭式列车及多单元动车。

如图 1.20(a)所示,如果由一组车辆构成的列车,其组成在正常运行中可以改变,则称为开式列车,如 UIC(国际铁路联盟)范围内的过轨列车。如图 1.20(b)所示,如果由一组车辆组成的列车,在正常运行中其组成不会改变,则称为闭式列车,如地铁、城郊列车或高速列车组。如图 1.20(c)所示,如果由几个闭式列车单元组成,在正常运行中,只有组成列车的单元数量可以改变,而单元内的列车编组数并不改变,则称为多单元动车。

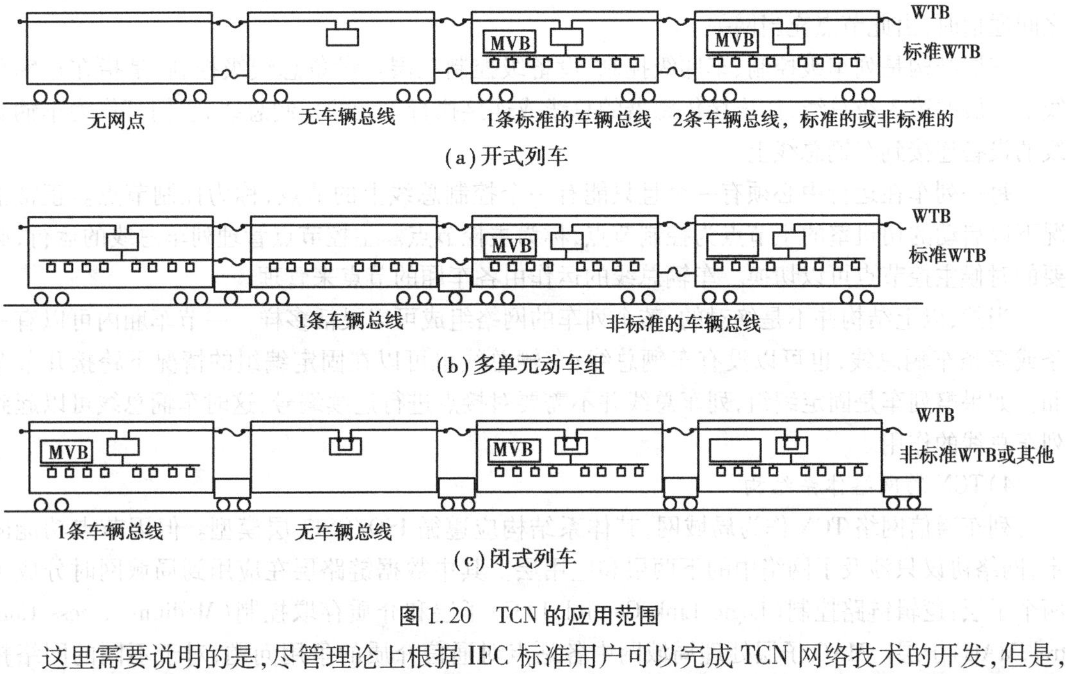

图 1.20　TCN 的应用范围

这里需要说明的是,尽管理论上根据 IEC 标准用户可以完成 TCN 网络技术的开发,但是,近年来由于总线控制芯片(MVBC)等核心技术均由 Bombardier、Siemens 等公司所垄断,市场上很难以合理的价格自由购买,同时还没有一个真正的非盈利的有影响的用户组织来负责 TCN

网络的技术培训、一致性测试等技术支持工作,使得 TCN 网络产品开发的技术门槛很高,从而限制了它的应用范围。

3)TCN 的网络拓扑结构

列车通信网络 TCN 的基本结构是两条总线组成的三层结构,如图 1.21 所示。

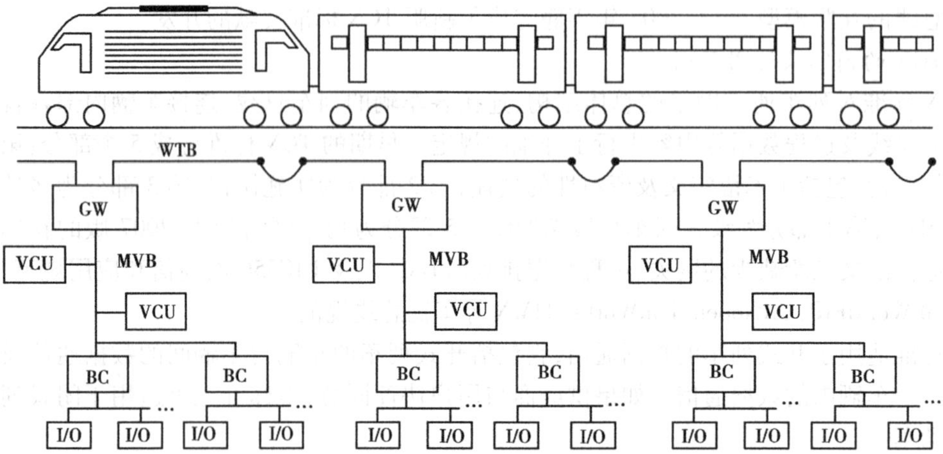

图 1.21　列车通信网络结构

两条总线是指列车总线 WTB(Wire Train Bus)和多功能车辆总线 MVB(Multifunction Vehicle Bus)。列车总线 WTB 连接不同车辆(单元)中的网络节点(网关);车辆总线 MVB 连接同一车厢或固定车组内部各种可编程终端装置。列车总线和车辆总线是两个独立的通信子网,可采用不同的网络协议,两者之间通过一个列车总线节点(网关)互连。在应用层的不同总线之间通信时,由此节点充当网关。

三层结构是列车级控制、车厢级控制、设备级控制三层。设备总线级控制,是指在车辆总线下扩展的第 3 级总线,如连接传感器的总线或连接执行单元的控制总线,它们可作为车辆总线的设备连接到车辆总线上。

每一列车在运行中必须有一个且只能有一个控制总线上的节点,称为控制节点。正常情况下以启动的司机室的主节点为控制节点,称为主控节点。主控节点管理列车总线的运行,必要的时候主控节点可以切换。车辆总线的运作由各车厢的节点来管理。

当然,以上结构并不是绝对的,整个列车的网络组成可以灵活多样。一节车厢内可以有一条或多条车辆总线,也可以没有车辆总线;车辆总线也可以在固定编组的情况下跨接几节车厢。如果整列车是固定编组,列车总线并不需要对接点进行连续编号,这时车辆总线可以起到列车总线的作用。

4)TCN 的网络体系结构

列车通信网络 TCN 作为局域网,其体系结构应遵循 ISO/OSI7 层模型。但因节点功能固定,网络协议只涉及了网络中的下两层和应用层。其中数据链路层在应用到局域网时分成了两个子层:逻辑链路控制(Logic Link Control,LLC)子层和介质存取控制(Medium Access Control,MAC)子层。MAC 子层处理局域网中各站点对通信介质的争用问题,对于不同的网络拓扑结构可以用不同的 MAC 方法;而 LLC 子层屏蔽各种 MAC 子层的具体实现,将其改造成为统一的 LLC 界面,从而向网络层提供一致的服务。列车通信网络上的数据量都比较小,不存在路内选择、顺序控制盒阻塞控制等问题，比较简单；但是实时性、可靠性及网络构成的实用性要求比较高。列车通信网的体系结构模式如图 1.22 所示。

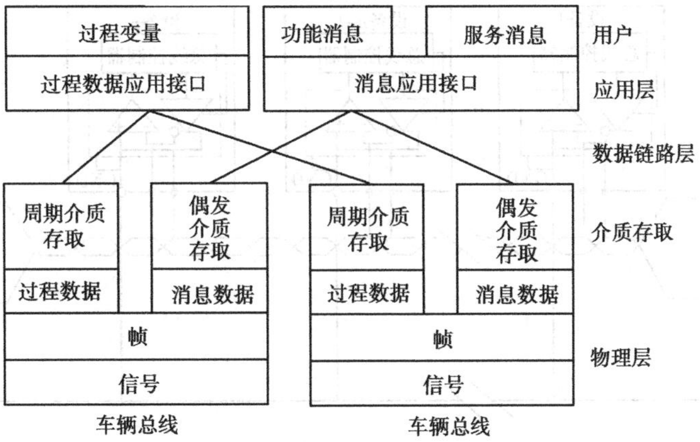

图 1.22　列车通信网络体系结构

(2) 多功能车辆总线 MVB

MVB 是将位于同一车辆，或不可分割的多个车辆中的标准设备连到列车通信网络上的车辆总线。它提供了两种连接：一是可编程设备之间的互连；二是将这些设备与它们的传感器和执行机构互连。MVB 也能用作正常运行中不分开的列车的列车总线。

MVB 能寻址至 4 095 个设备，其中有 256 个是能参与消息通信的站。

MVB 在动车上的应用如图 1.23 所示，在拖车上的应用如图 1.24 所示。

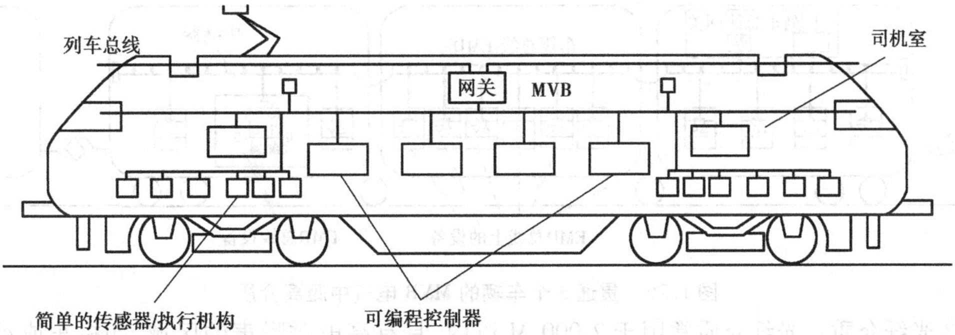

图 1.23　MVB 应用于动车

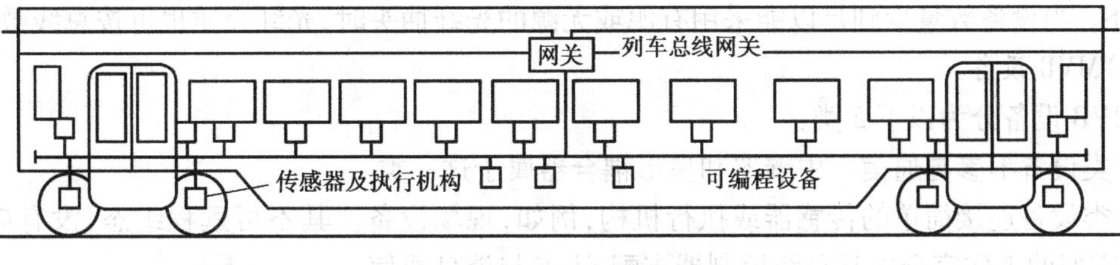

图 1.24　MVB 应用于拖车

1) MVB 传输介质

MVB 可采用 3 种不同的物理介质，它们都在速度为 1.5 Mb/s 下工作。

①电气短距离介质。20 M 以内采用电气短距离介质(ESD)。这种介质基于采用 RS-485

用于传送的差动收发机,每段最多可支持 32 个设备。在发送器和接收器之间无需电隔离,因而它适用于封闭小室内。应用于背板总线的实例如图 1.25 所示。

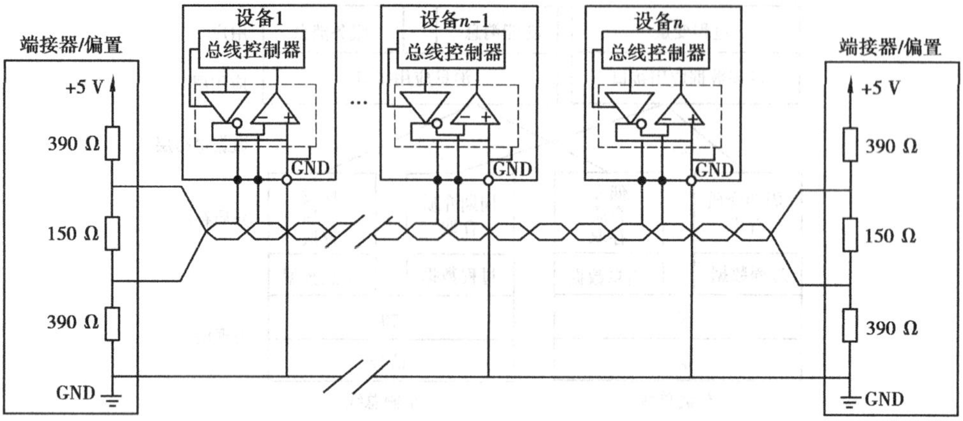

图 1.25　MVB 电气短距离介质

②电器中距离介质。200 M 以内采用电气中距离介质(EMD)。在闭式列车组中,MVB 可以穿越几个车辆,此时使用电气中距离介质,相当于 4 节车厢而无须中继器。这种介质每段最多支持 32 个设备,采用双绞屏蔽线和变压器作电气隔离,允许使用标准的 IEC1158-2 变压器和收发器。这种介质也常用来连接运行中经常连挂和解连的车辆,如图 1.26 所示。

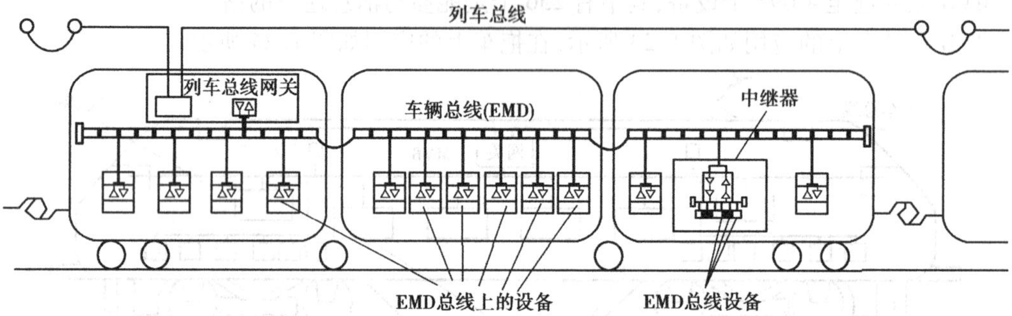

图 1.26　贯通 3 个车辆的 MVB 电气中距离介质

③光纤介质。光纤介质常用于 2 000 M 以内、具有高电磁噪声的区域,如机车或动车组上。像电气介质有总线拓扑一样,光纤介质通常有一个以有源或无源星形耦合器为中心的星形拓扑。当设备数量少到足以能采用有源或无源的光纤抽头时,光纤介质也可按总线敷设。

2)MVB 设备

MVB 设备分为以下 5 类:

0 类设备不参与通信。中继器和星形耦合器属于这一类。

1 类设备连接简单的传感器或执行机构,例如,现场设备。其不可远程组态,没有应用处理器,它们的工作完全由其总线控制器支配,不参与消息通信。

2 类设备是配有应用处理器的智能输入和输出设备,其可组态,具有预处理信息的功能,但处理器的程序是固定的,它们可以位于现场设备或插件箱中,并参与消息通信。

3 类设备是完整的站,如带有与应用相关程序的可编程逻辑控制器(PLC)。3 类设备含有大量的端口,典型的是256个。

4类设备有与2类和3类设备相同的结构,但能提供更多的服务,其拥有大量的端口,甚至能预定所有的总线通信(参与总线的管理与控制)。控制总线的总线管理器、用于网络管理的经营者(开发、调试工具)、连接列车总线和车辆总线的网关等都属于4类设备。

①总线控制器(4类设备),它是MVB总线上的核心处理器。总线访问每个设备都由专用的总线控制器控制。它通过发送器和接收器连到两个冗余的线路上。MVB总线控制器包含编码器和译码器,以及控制通信存储器的逻辑。总线控制器对到达的帧译码并寻址相应的通信存储器。MVB总线控制器的应用如图1.27所示。

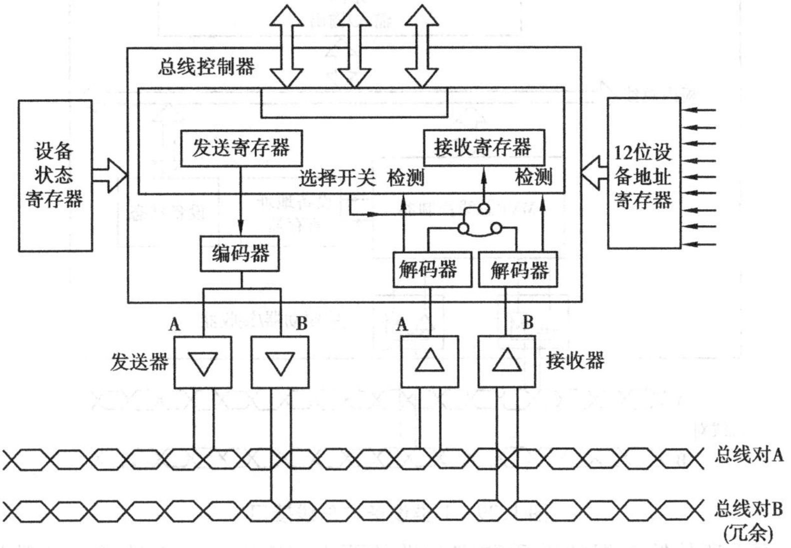

图1.27 MVB总线控制器

②2类和3类设备。2类及更高级的设备包含有应用处理器,如图1.28所示。

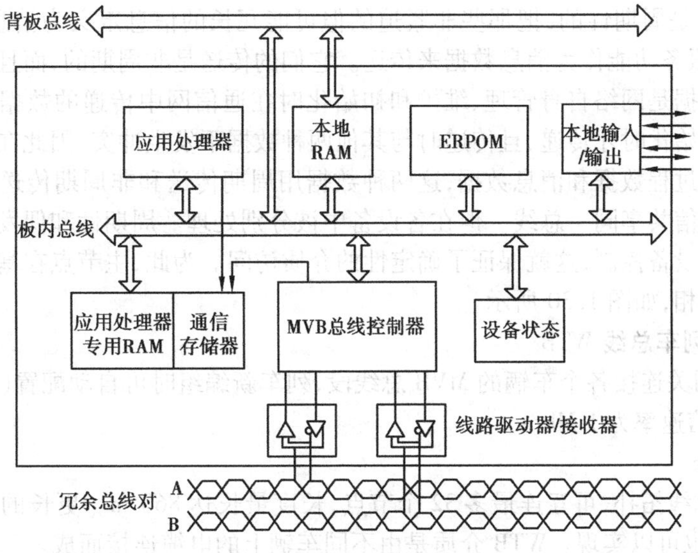

图1.28 2类、3类设备的总线接口

总线控制器与应用处理器通过被称为通信存储器的双访问存储器进行通信。这个存储器可以是双口存储器,但在大部分情况下,能共享的普通存储器也可满足要求。

应用处理器把它工作时间的一小部分用于总线通信,例如,周期性数据的刷新管理及执行协议。而总线控制器因有总线主权,具有适应工作负荷大的特点。

③1 类设备。1 类设备不带处理器,只对 I/O 设备作简单连接,只响应有限的一组从设备地址导出的地址。1 类设备的总线接口如图 1.29 所示。

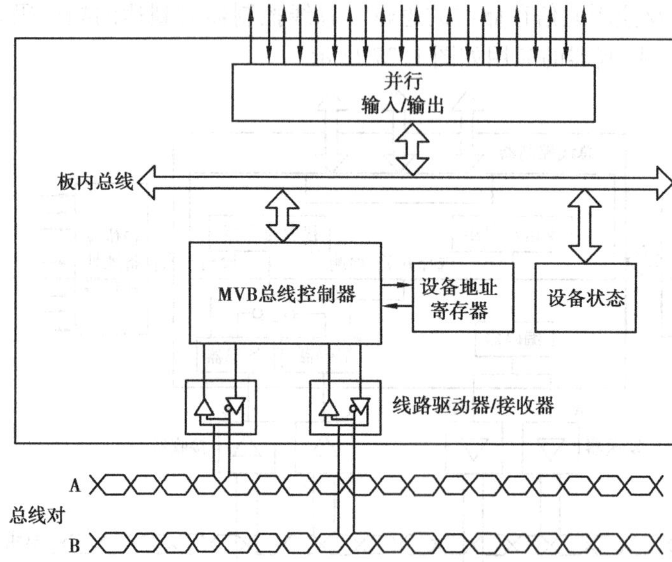

图 1.29　1 类设备的总线接口

根据通信网上所传输数据的性质和实时性的要求,MVB 传送 3 种类型的数据:过程数据(process data)、消息数据(message data)和监视数据(supervisory data)。过程数据是那些短而紧迫、传输时间确定和有界的数据,把列车运行的控制命令和运行状态信息定义为过程数据。过程数据的传输是周期性的,把那些非紧迫的但可能冗长的信息定义为消息数据,把诊断信息、显示信息和服务功能作为消息数据来传送。它们的传送是非周期的,而且可以根据需要分帧传送。监视数据是网络自身管理、维护和初始化时在通信网中传递的数据。这些数据只有在网络重构或初始化时才传递,且传递时与其他两种数据不发生冲突,因此在列车运行时通信网上传送的只有过程数据和消息数据,这两种数据用周期传送和非周期传送来区分。周期性和偶发性数据通信共享同一总线。但在各设备中被分别处理。周期性和偶发性数据发送由充当主节点的一个设备控制,这就保证了确定性的介质访问。为此,主节点在基本周期中交替产生周期相和偶发相,如图 1.30 所示。

(3)绞线式列车总线 WTB

WTB 通过网关连接各个车辆的 MVB 总线段,列车新编组时可自动配置(组态),其通信介质为双绞线,通信速率为 1 Mb/s。

1)WTB 拓扑

WTB 采用总线拓扑,可互连最多 32 个节点,长度最长达 860 m。更长的距离和更多的节点(最多 62 个)也可以实现。WTB 介质是由不同车辆上的电缆连接而成。

节点可以直接或是通过扩展电缆连到主干电缆上,因为电缆没有抽头,所以它没有残段

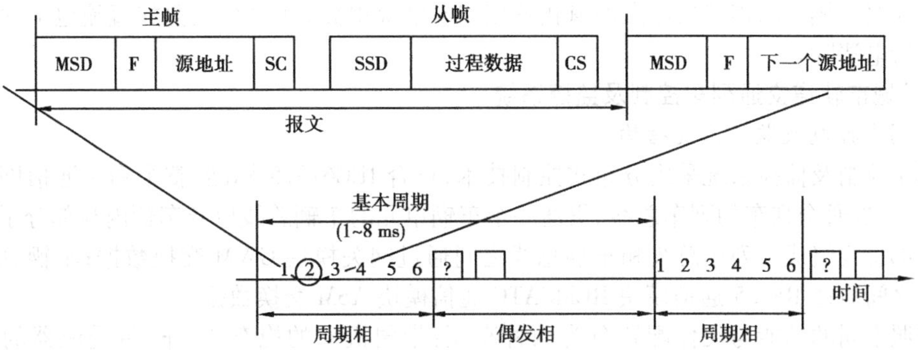

图1.30 数据传输

(无端接电缆节)。因而扩展电缆的长度不受信号反射的限制。

位于总线中间的节点称中间节点,连接两个与它连接的总线节,有被断开的端接器;位于总线两端的节点称为端节点,端节点需用与它连接的端接器来终止两个总线节以减少反射(端接器的电阻器与电缆的特征阻抗相匹配)。

WTB 在一给定时间内只由一个单一的总线主控制。一个节点可同时成为总线主和从节点。虽然总线主节点只有一个,但多个节点也可成为总线主节点,这样为总线主节点故障时提供了冗余。

在总线主控制下,WTB 周期性地广播牵引和列车控制使用的过程数据;它也按需发送比较长但不太紧迫的消息数据,如旅客信息、诊断和维护信息。

在组成发生改变或节点出现故障时总线主权可以转移。当列车组成改变时,例如,车辆连挂,WTB 自动重新组态,给各节点指定地址和取向、分发新的拓扑等。

2)WTB 介质

WTB 介质为规定型号的双绞屏蔽线,为连接各个车辆,它需要有较高的机械稳定性。

它所规定的电缆允许速度为 1.0 Mb/s,长度为 860 M,这相当于 UIC 标准的 22 个车厢组成的列车,每个车辆长 26 m 再考虑弯曲增加 50%。这种电缆最多可挂 32 个节点,因为每个车辆中可有一个以上的节点。

由于车辆的取向不可预定,电气布线通常在车辆的两个端部断开。为连接不同的车辆,WTB 可以使用密接式车钩(如城郊列车)的节点,也可用手动插拔电缆。

WTB 电缆不能分裂连到两个并行的连接器上,因为开式电缆残段(一个连接器插好,而另一个悬挂着)或并行的两个电缆(两个连接器都已插好)都会引起电气上的不连续。因此两个跨接电缆都应插好,每一个连接不同的 WTB 线,这样自然成为冗余布线。

3)WTB 介质连接装置

WTB 的介质连接装置用于将网关设备连接到 WTB 上。

WTB 的介质连接装置有两个收发器,用于前后两个方向。收发器与线路电气上用变压器隔离。收发器与曼彻斯特编码/译码器相连。

每个收发器连在一个能发送和接受帧的通道上,或是主通道,或是辅助通道。两个通道可以相同。

当总线开关打开时它不连总线节。端接开关闭合时插入端接器。方向开关将主通道连到一个方向,并将富足通道连到另一个方向。

在列车中间的中间节点连接总线节点,端接器解连,它只是用主通道,而断开辅助通道。

为克服车辆之间连接器触点的氧化选用加电清除电路，在总线上叠加直流电流对连接器触点进行电清除。

(4)城市轨道交通列车控制及监控系统

1)列车控制及监控系统结构

列车控制及监控系统采用分布式控制技术，符合 IEC61375 标准，整个列车通信网络划分为 3 级，由贯通全列车的列车总线、贯通一个车辆单元的车辆总线以及车辆内与部分子部件通信的局部总线组成。列车总线和车辆总线之间通过网关模块 GWM 交换数据；车辆总线和局部总线之间通过 RS485 通信模块 RCM/ATC 通信模块 ASM 交换数据。

按照不同的功能与硬件配置分为两种车型：带司机室的拖车 Tc 车，带受流器的动车 M 车，不同车型由数量不同的网关模块 GWM、事件记录模块 ERM、总线耦合模块 BCM、数字量输入输出模块 DXM、数字量输入模块 DIM、模拟量输入输出模块 AXM、RS485 通信模块 RCM、ATC 通信模块 ASM、智能显示器 MMI 和必要的总线终端器构成。

列车控制及监控系统拓扑结构如图 1.31 所示。

列车控制及监控系统所需硬件配置见表 1.1。

表 1.1　列车控制及监控系统硬件配置

	Tc1	M0	M1	M2	M3	Tc2
GWM	2	—	—	—	—	2
MMI	1	—	—	—	—	1
ERM	1	—	—	—	—	1
BCM	1	1	1	1	1	1
DXM	1	1	1	1	1	1
DIM	2	—	—	—	—	2
AXM	1	—	—	—	—	1
RCM	1	1	1	1	1	1
ASM	1	—	—	—	—	1

列车控制及监控系统缩略语见表 1.2。

表 1.2　列车控制与监控系统表

1	ACU	空调控制系统	12	EMD	电气中距离
2	ASM	ATC 串行通信模块	13	ESD +	增强电气短距离
3	ATC	列车自动控制系统	14	MMI	人机接口单元
4	AXM	模拟量输入/输出模块	15	MVB	多功能车辆总线
5	BCM	总线耦合模块	16	PIS	旅客信息系统
6	DCU	牵引控制单元	17	RCM	RS485 通信模块
7	DIM	数字量输入模块	18	SIV	辅助控制单元
8	DXM	数字量输入/输出模块	19	TCMS	列车控制及监控系统
9	EBCU	制动控制单元	20	TCN	列车通信网络
10	EDCU	车门控制单元	21	GWM	网关模块
11	ERM	事件记录仪	22	WTB	绞线式列车总线

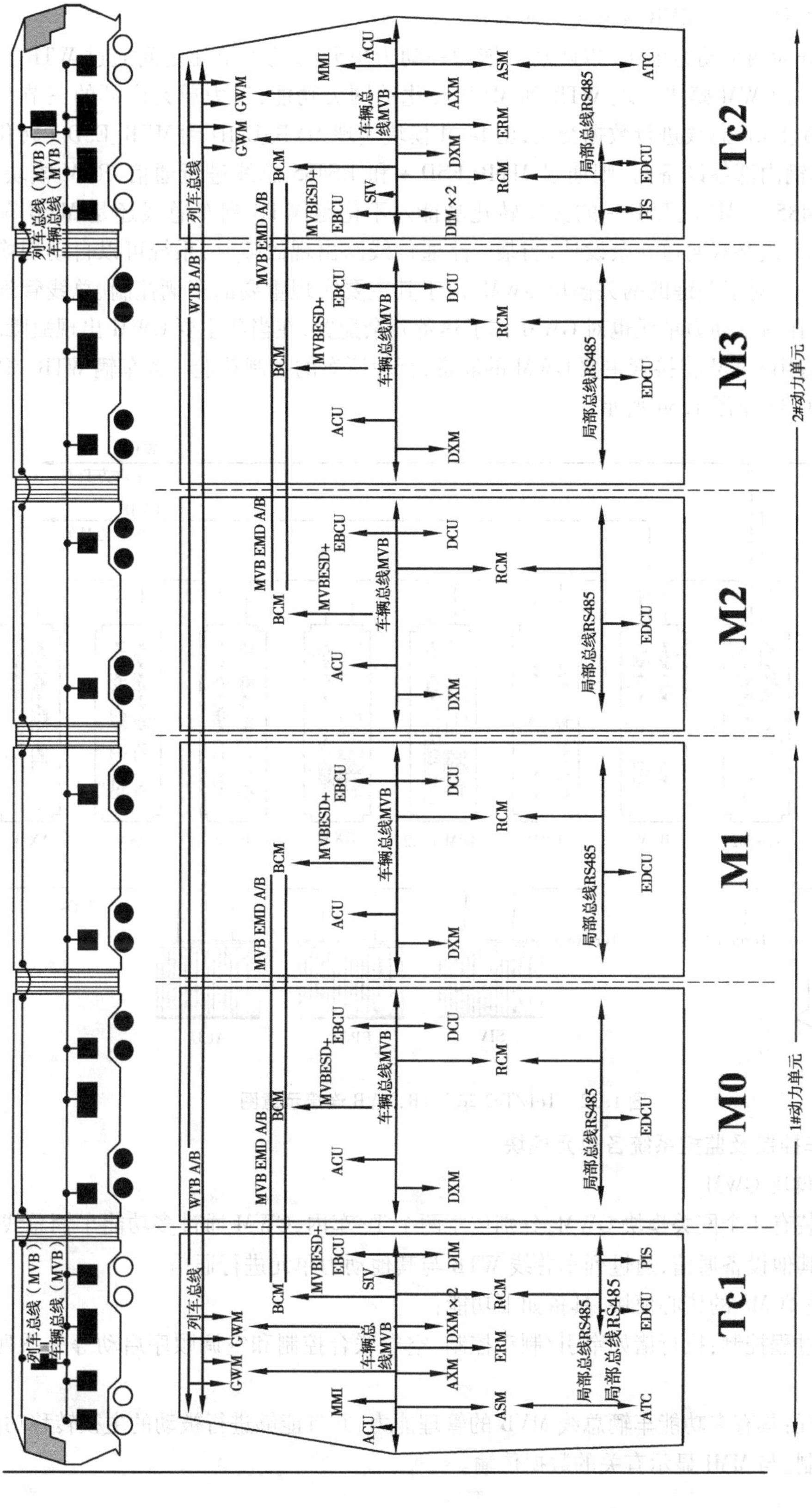

图1.31　列车控制及监控系统图图

2)各节车辆 WTB,MVB 实际连接示意图

列车划分为两个动力单元(以两动一拖为一动力单元),动力单元之间通过 WTB 总线进行数据交换,由 GWM 模块实现 WTB 到 MVB 转化的网关功能;动力单元内部的三节车辆之间,通过 MVB_EMD 总线进行数据交换,由 BCM 模块实现 MVB_EMD 到 MVB_ESD + 转化的功能;而一节车辆内部各设备间,则通过 MVB_ESD + 和 RS485 总线进行通信,RCM 模块/ASM 模块实现 RS485 到 MVB_ESD + 的接口转化功能。不论是 WTB 列车总线还是 MVB 车辆总线,均采用通信线路双通道冗余设计,当某一路通信线路出现故障时,系统可以自动切换到另一路通信线路。对于关键的网关模块 GWM,由于其主要实现重要的车辆控制、总线管理和网关功能,因此在每个动力单元也对 GWM 作了热备冗余配置,在当前主要 GWM 出现故障时,该动力单元的备用 GWM 将接管主要 GWM 的职责,行使所有的控制功能。各车辆 WTB,MVB 实际连接如图 1.32 至图 1.34 所示。

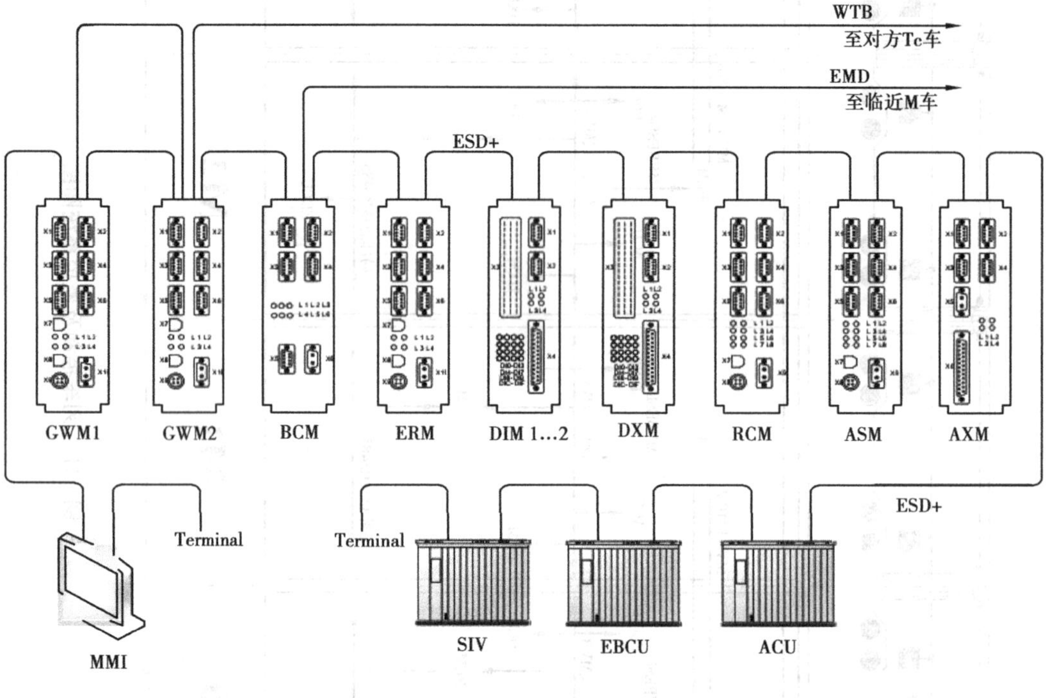

图 1.32 Tc1/Tc2 车 WTB,MVB 连接示意图

(5)列车控制及监控系统各单元模块

1)网关模块 GWM

每列车装有 4 个网关模块 GWM,分别位于两个 Tc 车内,GWM 通过多功能车辆总线 MVB (ESD +)与其他设备通信,通过列车总线 WTB 与其他动力单元进行通信。

GWM 是 TCMS 的核心模块,具备如下功能:

车辆级过程控制:执行诸如牵引/制动控制、空电联合控制和空调顺序启动等一系列控制功能。

通信管理:具有多功能车辆总线 MVB 的管理能力,并且能够进行被动的主权转移功能。

显示控制:与 MMI 显示有关的数据传输。

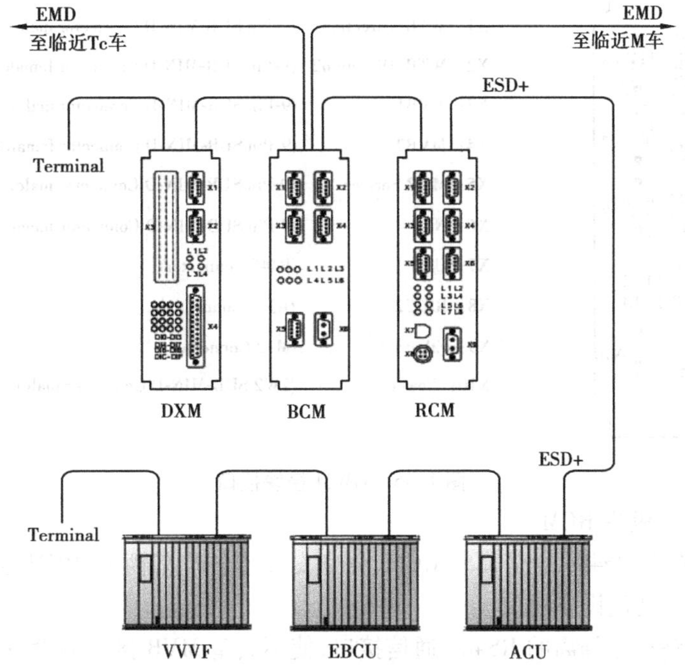

图 1.33　M0/M3 车 MVB 连接示意图

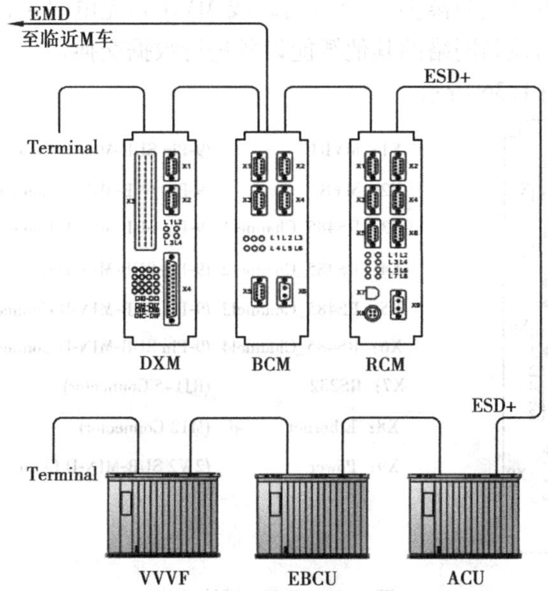

图 1.34　M1/M2 车 MVB 连接示意图

故障诊断:状态数据、故障数据的采集处理,并通过 MMI 报告司机。

GWM 主要接口如图 1.35 所示。

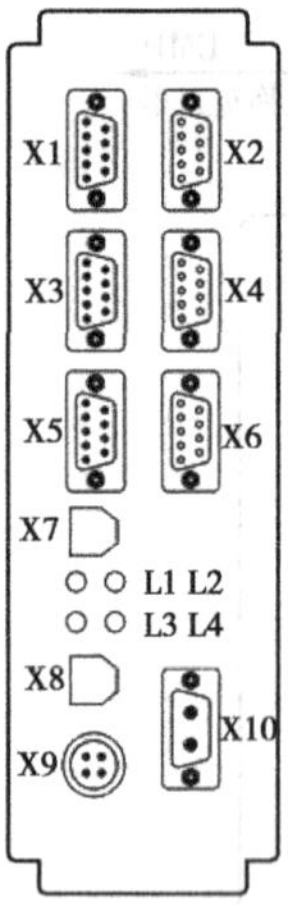

X1：WTB_Direction1 (9-Pin SUB-MIN-D Connector male)
X2：WTB_Direction2 (9-Pin SUB-MIN-D Connector female)
X3：MVB1 (9-Pin SUB-MIN-D Connector male)
X4：MVB2 (9-Pin SUB-MIN-D Connector female)
X5：MVB Service (9-Pin SUB-MIN-D Connector male)
X6：NC (9-Pin SUB-MIN-D Connector female)
X7：USB (RJ45 Connector)
X8：RS232 (RJ45 Connector)
X9：Ethernet (M12 Connector)
X10：Power (2W2 SUB-MIN-D Connector male)

图 1.35 GWM 模块接口

2)RS-485 通信模块 RCM

每列车装有 6 个 RS485 通信模块 RCM，分别安装于各节车辆中，RCM 通过多功能车辆总线 MVB(ESD+)与其他设备通信。

RCM 提供多路相互隔离的 RS485 通信接口，使不具备 MVB 接口的设备与控制网络连接，交换各种数据。具备如下功能：

接口转换：增强型电气短距离多功能车辆总线 MVB 到光电隔离的 RS485 通信接口的转换，使车载非智能设备与控制网络的其他智能设备进行数据交换。

RCM 主要接口如图 1.36 所示。

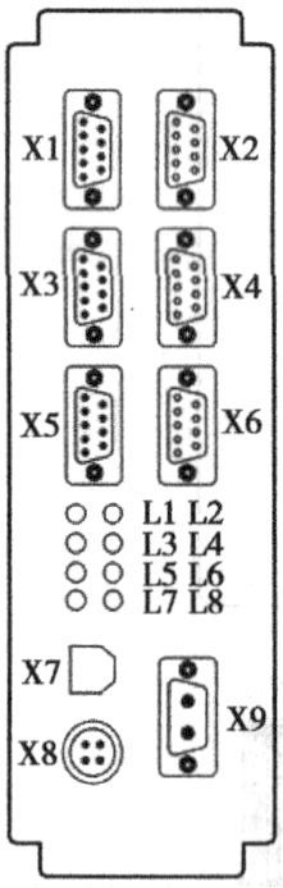

X1：MVB1 (9-Pin SUB-MIN-D Connector male)
X2：MVB2 (9-Pin SUB-MIN-D Connector female)
X3：RS485_Channel1 (9-Pin SUB-MIN-D Connector male)
X4：RS485_Channel2 (9-Pin SUB-MIN-D Connector female)
X5：RS485_Channel3 (9-Pin SUB-MIN-D Connector male)
X6：RS485_Channel4 (9-Pin SUB-MIN-D Connector female)
X7：RS232 (RJ145 Connector)
X8：Ethernet (M12 Connector)
X9：Power (2W2 SUB-MIN-D Connector male)

图 1.36 RCM 模块接口

3)总线耦合模块 BCM

每列车装有 6 个总线耦合模块 BCM，分别安装于各节车辆中，BCM 提供 MVB_ESD+到 MVB_EMD 介质转换接口。

BCM 实现多功能车辆总线 MVB 电气短距离到电气中距离的转换，具备如下功能：

介质转换：实现多功能车辆总线 MVB 的电气短距离传输介质 ESD 到电气中距离传输介质。

EMD 的转换：将单个车组单元的智能设备通过 MVB 总线互连成列车通信网。

BCM 主要接口如图 1.37 所示。

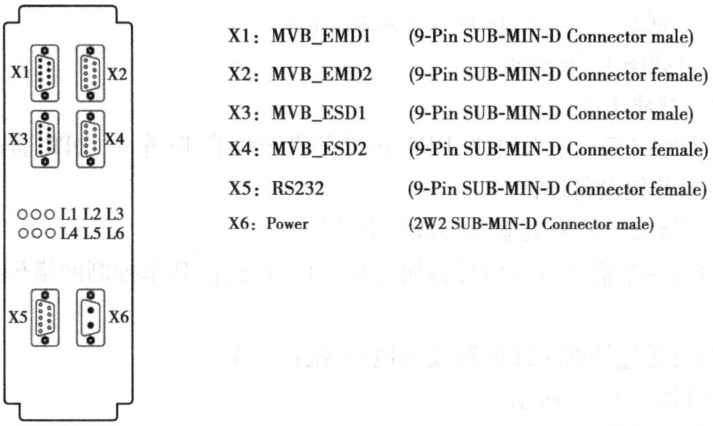

图 1.37 BCM 模块接口

4)事件记录仪模块 ERM

每列车装有两个事件记录仪模块 ERM,分别位于两个 Tc 车内,ERM 通过多功能车辆总线 MVB(ESD+)与其他设备通信。

ERM 是数据转储的关键部件,具备如下功能:

数据记录:司机操作数据、故障数据、事件数据的记录,将 GWM 的故障数据具体化。

数据转存:通过车载信息网(工业以太网)将记录的数据下载,供便携式维护工具分析。

ERM 主要接口如图 1.38 所示。

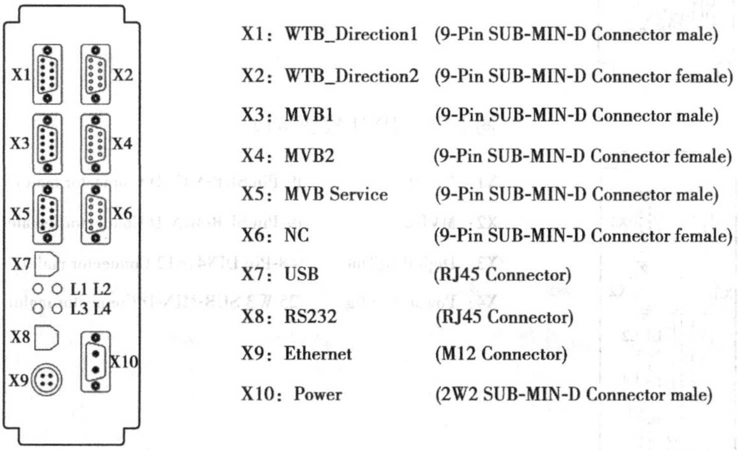

图 1.38 ERM 模块接口

5)数字量输入输出模块 DXM

每列车装有 6 个数字量输入输出模块 DXM,分别安装于各节车辆中,DXM 通过多功能车辆总线 MVB(ESD+)与其他设备通信。

DXM 实现数字量信号的采集输入和控制输出,具备如下功能:

输入信号采集:将车辆间电气信号转换成控制信号,经由列车控制网络传送给 GWM,完成各种控制功能。

控制信号输出:将网络控制信号转换成电气信号,控制诸如指示灯、继电器等设备。

设备地址输入:通过外部跳线配置设备地址,维护简单。

DXM 主要接口如图 1.39 所示。

6)数字量输入模块 DIM

每列车装有 4 个数字量输入模块,DIM 分别安装于两节 Tc 车中,DIM 通过多功能车辆总线 MVB(ESD+)与其他设备通信。

DIM 实现数字量信号的采集输入具备如下功能:

输入信号采集:将车辆间电气信号转换成控制信号,经由列车控制网络传送给 GWM,完成各种控制功能。

设备地址输入:通过外部跳线配置设备地址,维护简单。

DIM 主要接口如图 1.40 所示。

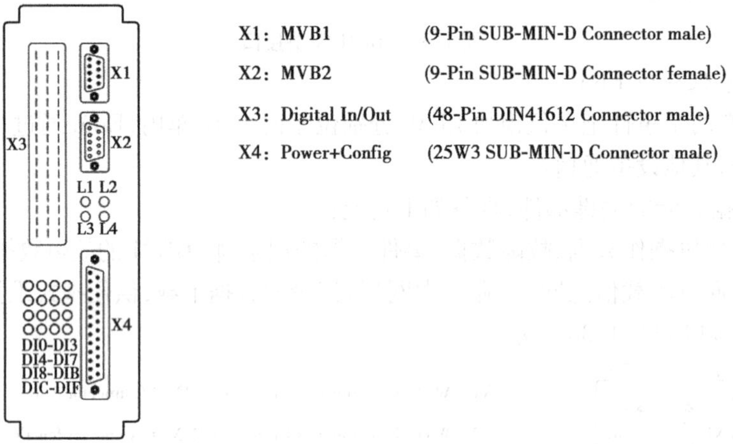

图 1.39　DXM 模块接口

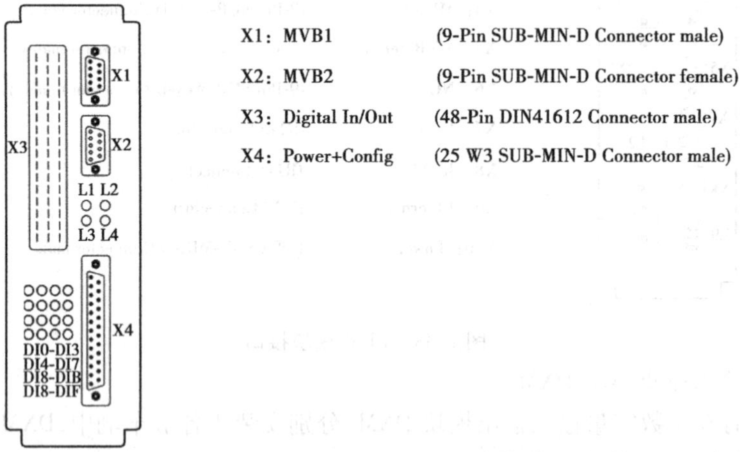

图 1.40　DIM 模块接口

7)模拟量输入输出模块 AXM

每列车装有两个模拟量输入输出模块 AXM,分别安装两节 Tc 车中,AXM 通过多功能车辆总线 MVB(ESD+)与其他设备通信。

AXM 实现模拟量信号的采集输入和控制输出，具备如下功能：

输入信号采集：将车辆间电气信号转换成控制信号，经由列车控制网络传送给 GWM，完成各种控制功能。

控制信号输出：将网络控制信号转换成电气信号，控制诸如仪表等设备。

AXM 主要接口如图 1.41 所示。

8）ATC 通信模块 ASM

每列车装有两个 ATC 通信模块 ASM，分别安装于两节 Tc 车中，ASM 通过 RS485 通信接口与 ATC 系统进行通信，通过 MVB（ESD+）与车辆总线通信，实现 ATC 到车辆总线的数据交换功能。

ASM 主要接口如图 1.42 所示。

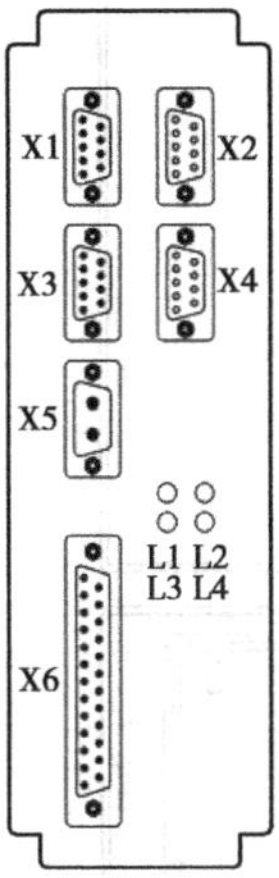

X1：MVB1	(9-Pin SUB-MIN-D Connector male)
X2：MVB2	(9-Pin SUB-MIN-D Connector female)
X3：Analog Output	(9-Pin SUB-MIN-D Connector male)
X4：RS232	(9-Pin SUB-MIN-D Connector female)
X5：Power	(2W2 SUB-MIN-D Connector male)
X6：Analog Input	(25-Pin SUB-MIN-D Connector male)

图 1.41　AXM 模块接口

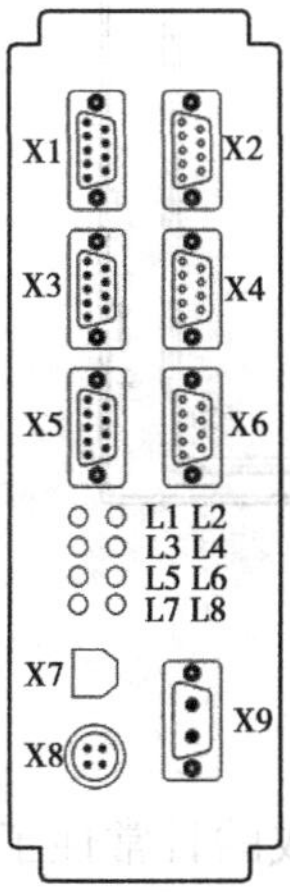

X1：MVB1	(9-Pin SUB-MIN-D Connector male)
X2：MVB2	(9-Pin SUB-MIN-D Connector female)
X3：RS485_Channel1	(9-Pin SUB-MIN-D Connector male)
X4：RS485_Channel2	(9-Pin SUB-MIN-D Connector female)
X5：RS485_Channel3	(9-Pin SUB-MIN-D Connector male)
X6：RS485_Channel4	(9-Pin SUB-MIN-D Connector female)
X7：RS232	(RJ45 Connector)
X8：Ethernet	(M12 Connector)
X9：Power	(2W2 SUB-MIN-D Connector male)

图 1.42　ASM 模块接口

9）显示器 MMI

每列车装有两个显示器 MMI，分别安装于两节 Tc 车中，MMI 通过多功能车辆总线 MVB（ESD+）与其他设备通信。MMI 是 TCMS 的显示终端设备，是司机和维护人员操作的窗口，具备如下功能：

信息显示：向车辆驾驶人员和维护人员提供车辆综合信息，各设备的工作状态，故障信息的综合与处理等功能。

参数设定：对轮径值、列车质量、站点、时间日期等参数进行更改与设定。

功能测试：进行列车运行时加速度、减速度、制动距离等基本参数的测试。

数据转储：通过 USB 接口，将故障信息转储地面进行统计、分析。

MMI 主要接口如图 1.43 所示。

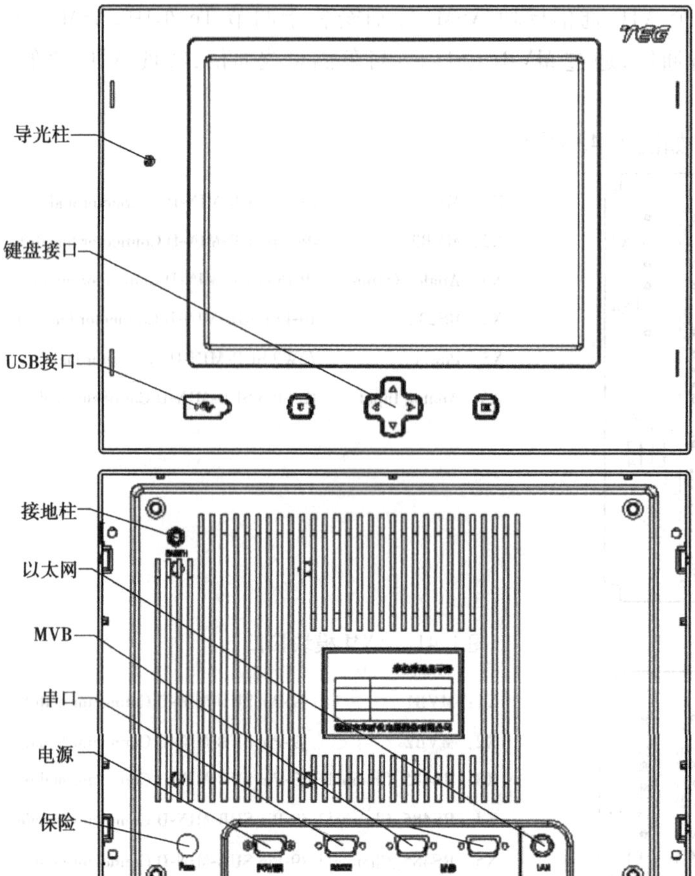

图 1.43 MMI 模块接口

(6)设备维护与常见故障处理

1)日常维护

TCMS 的日常维护是确保其良好的状态和安全运行所必须完成的日常性工作。主要内容是出库前、入库后检视系统模块的安装螺栓及各部件连接的紧固情况；从显示器上检查模块的工作状态。主要检查以下项目：

目视检查模块安装螺栓的紧固情况，无松动、生锈、脱落情况。

目视检查连接器模块对外连接器外部状态，无松动、破损、变形、污垢、腐蚀情况。

检查显示器上各个模块通信状态，无报通信故障情况。

2)定期维护

定期维护分为月检、年检、五年检查和大修4种。由于TCMS不含需要补充润滑剂和水的运转设备,因此月检的检查内容和日常维护一样。而其他几种定期维护主要检查以下项目:

目视检查模块安装螺栓的紧固情况,无松动、生锈、脱落情况。

目视检查连接电缆状态,无损伤、裂纹和腐蚀情况。

目视检查连接器模块对外连接器外部状态,无松动、破损、变形、污垢、腐蚀情况。

目视检查连接器插头插座内部状态,无断线、短接、退针、腐蚀情况。

检查显示器上各个模块通信状态,无报通信故障情况。

目视检查接地线缆状态,无松动、生锈、脱落情况。

检查显示器易耗件使用年限。显示器的键盘和触摸屏的使用年限均为18个月,使用年限到后应返厂进行更换。

检查TCMS使用年限。网络系统模块和插件应在使用8年后进行整体更换,其中ERM在使用5年后应进行整体更换。

思考与练习

1. TCN的网络拓扑结构由几层组成,每层分别是什么?
2. MVB总线的3种不同物理传输介质各有什么特点?
3. 列车控制及监控系统中的列车通信网络划分为几级?
4. RS-485通信模块RCM的作用是什么?
5. 设备日常维护主要检查哪些项目?
6. 设备定期维护分为哪几种?

项目2 车辆电气高电压技术

任务1 轨道交通电力网络

任务目标

了解供车辆用电的轨道交通电力网络的构成,电压等级的区分与作用。

任务重点

在这个任务中,主要掌握从城市电网中得到后,如何形成自己的交流供电环网和站场供电网络。

知识准备

三相交流电、变压器技术、整流电路技术、电力识图。

知识描述

(1)轨道交通电力网络概述

在国家电网中,电能输出到用户时,一般以10 kV为输出电压等级,但对于国家一级重要负荷,如交通中的铁路供电和城市轨道交通供电,多以110 kV双回路供电方式进行供电,以确保供电的可靠性。

从图2.1中表明,在虚线1上为国家电网,以下才是轨道交通系统中的电网。由图2.1可知,35 kV用于轨道交通牵引用电。10 kV用于站场设备和生活用电。

在城市轨道交通系统中,由于一条线路最远距离一般不超过100 km,如在线路中点选择引入国家电网供电,则轨道交通电网的输送距离最长不超过50 km。因此,国家电网对一条线路的供电采取双回路一个接入点的方式进行供电,这与铁路长线距离、多点供电方式有所不同。

为确保供电安全,轨道交通电力网络多采用中压双回路环网供电方式。中压是以35 kV电压等级形成的环网。环网的基本构成如图2.2所示。

(2)中压网络的构成及组网结构

1)混合网络构架

主所提供的中压电能通过中压网络直接分配给牵引供电系统和动力照明系统。如今国内城市交通供电网络中,大多数以混合网络结构为主,图1.2就是一个中压混合网络。

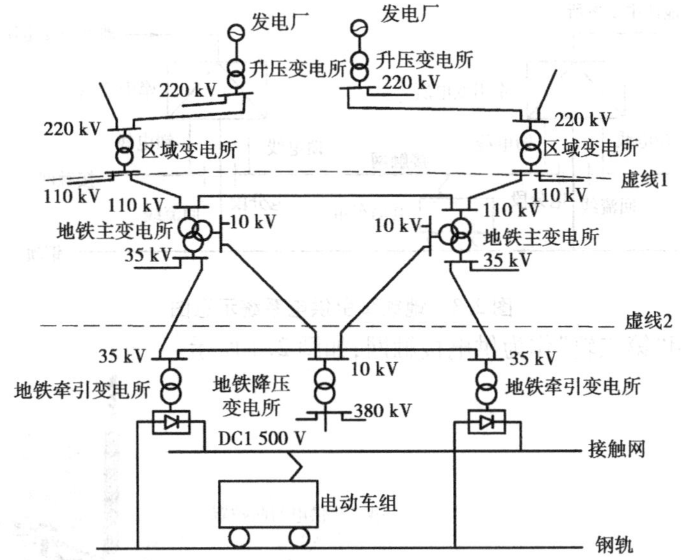

图 2.1 电力系统和地铁供电系统示意图

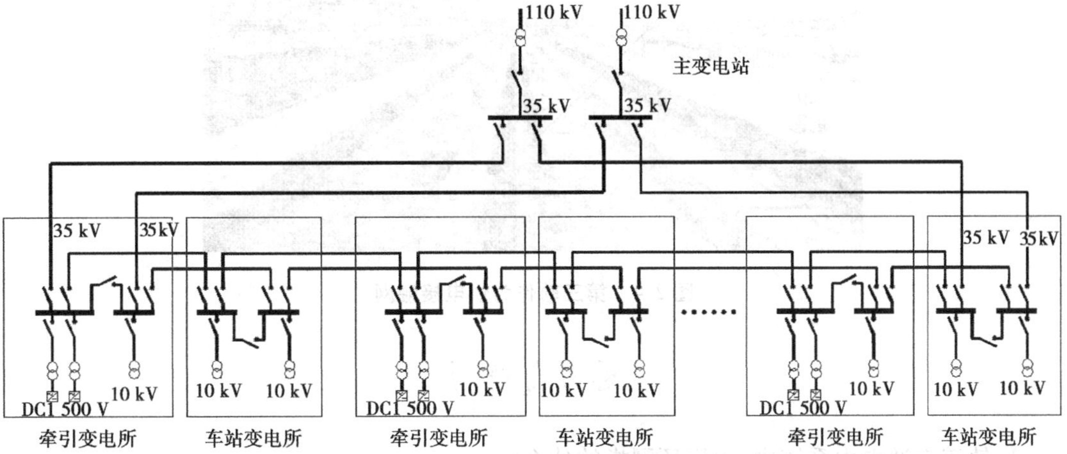

图 2.2 环路的基本构成

2)独立网络构架

独立网络构架所提供的中压电能通过两个相互独立的中压网络路径分别分配给牵引供电系统和动力照明系统。

(3)中压网络电压等级的选择

一般而言,35(33)kV、20 kV 和 10 kV 这 3 种电压等级为中压范畴。33 kV 和 20 kV 为国际标准电压,国内多采用 35 kV 和 10 kV。

(4)直流牵引变电所

直流牵引变电所的主要功能为,将其交流进线电压通过变压器降压,然后经整流器将交流电变成直流电供电动车辆的牵引电动机用。其输出电压为 DC1 500 V。正电压接入接触网中,负电压接入钢轨中,如图 2.3 所示。

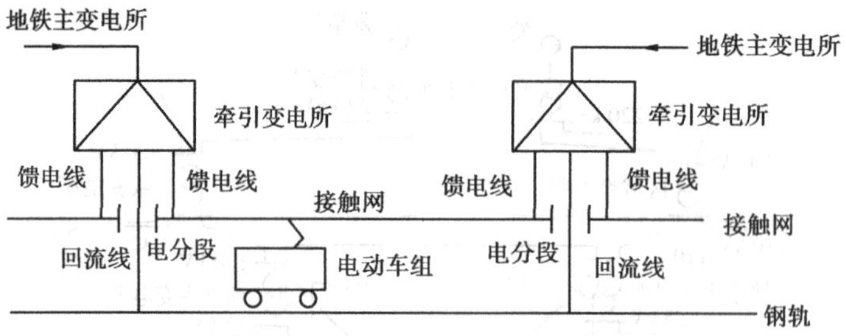

图 2.3　地铁牵引供电系统示意图

有些系统采用“第三轨”作为供电接触网,如图 2.4 所示。

图 2.4　第三轨作为供电接触网

思考与练习

1. 轨道交通电力系统中,中压环网指的什么?

2. 用于机车供电的接触网电压等级为多少?经牵引变电所整流后,正极和负极各接在什么地方?

任务 2　车辆直流高压网络系统

任务目标

1. 掌握车辆高压系统结构。
2. 掌握列车车辆编组。
3. 掌握牵引的基本理论。

4. 掌握高压设备操作的基本程序。

任务重点

1. 在车辆 DC1 500 V 和 750 V 电压中,主要掌握与高压网络有关的设备主要有:受电弓、高压开关(PH 箱)、牵引逆变器、辅助逆变器、滤波器等。本任务是掌握车辆中 DC1 500 V 构成的电网。

2. 高压设备操作原则。

知识准备

CAD 电气识图。

知识描述

(1)列车的组成

在城市轨道交通中,列车多以 4 动 2 拖组成一列。

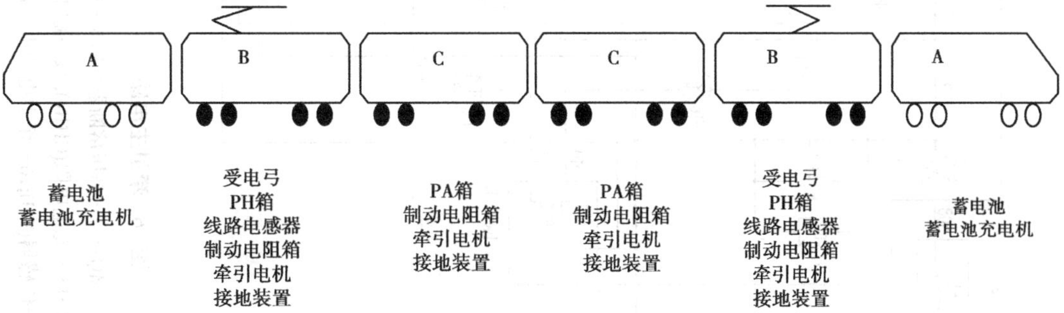

图 2.5　列车的组成

编组代号(左起)TC1,M0,M1,M2,M3,Tc2,从编组中,可以看到这是一组对称编组形式。A 车有司机室、充电机、蓄电池组(Tc1,2)。主要用于列车控制,在车体中,不设动力拖动装置。B 车有受电弓、PH 箱(主开关箱、车间电源箱)、线路电感器、制动电阻箱(再生制动用)、索引电机、接地装置、防震保护等(M0,3)。C 车:PA 箱(含牵引逆变器和辅助逆变器)、线路电感器、制动电阻箱(再生制动用)、索引电机、接地装置(M1,2)。这种编组方式为四动二拖组合形式。

(2)牵引电气系统图

1)DC750 V 电气系统

DC750 V 车辆电气系统图,是车辆动力电气设备的主要技术图,它详述了 750 V 电气设备之间的连接关系。

2)DC1 500 V 电气系统

(3)高压操作工作过程

在图 2.7 中,主隔离开关、高速断路、受电弓是车辆加电操作的主要部件。其操作先后顺序为:

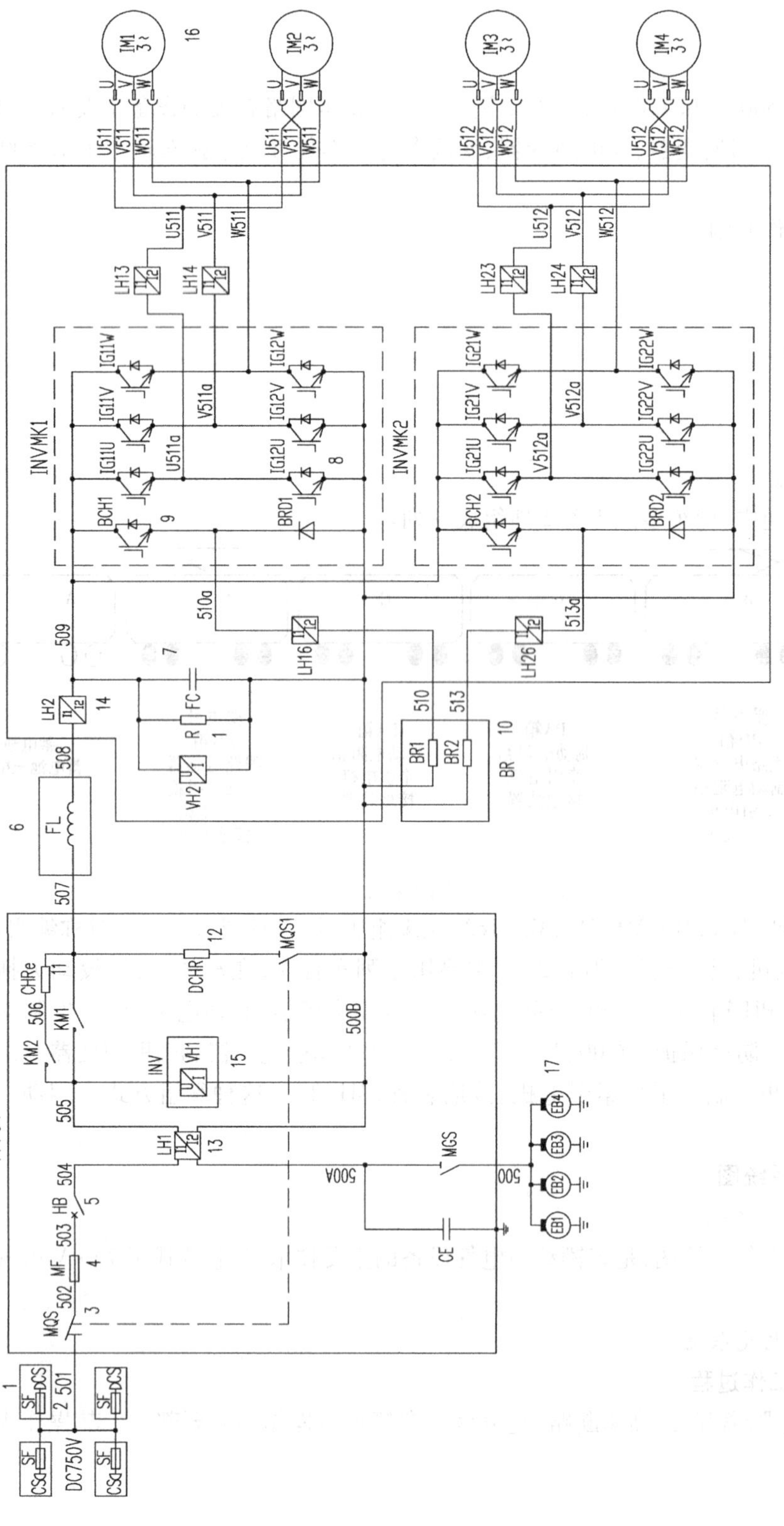

图2.6 牵引主电路

1—受流器(CS);2—受流器熔断器(SF);3—隔离开关(和带接地，MQS); 4—高压熔断器(NF);5—高速断路器(HB);6—电抗器(FL);7—滤波电容(FC);
8—变频器(IGBT);9—斩波器(BCH);10—吸能电阻(BR);11—充电电阻(CHRe); 12—放电电阻(DCHR);13—差动电流传感器(LH1);
14—电流传感器(LH);15—电压传感器(VH);16—牵引电动机(M);17—接地装置(EB)

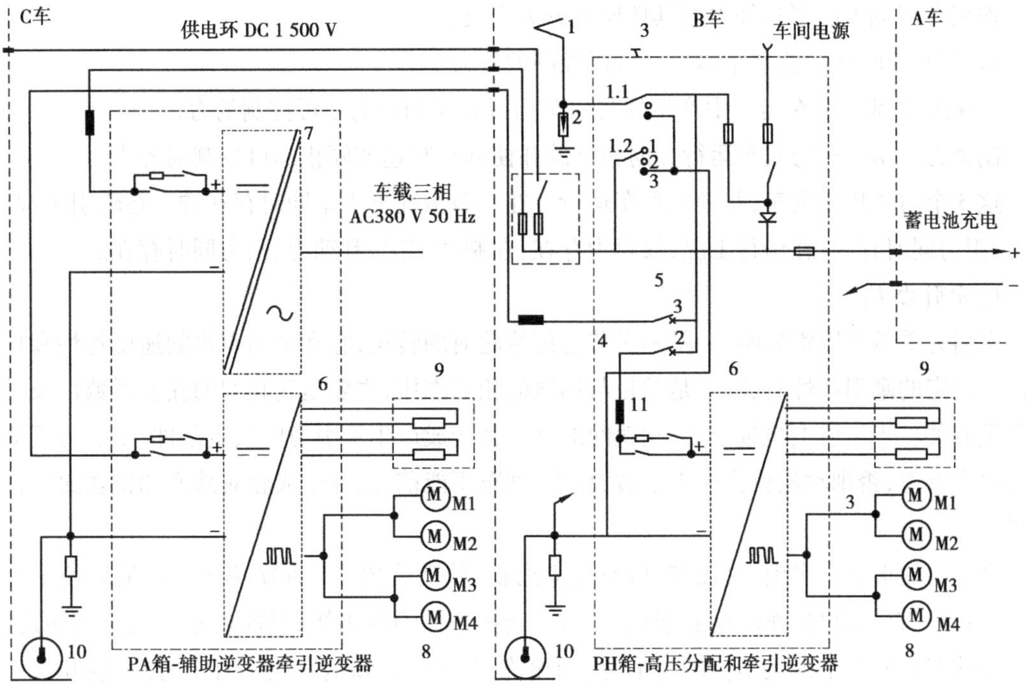

图 2.7 高压操作工作过程图

1—受电弓;2—浪涌吸收器(防雷);3—隔离和接地开关;4—高速断路器;
5—高速断路器;6—牵引逆变器;7—辅助逆变器;8—牵引电机;9—制动电阻;
10—接地装置;11—插接件

加电:先进行隔离开关 3 操作,把开关手柄搬到第 1 挡,而后进行升弓操作。当升弓完成后,再进行高速断路器合闸操作。

断电:先进行高速断路器断电操作,而后进行降弓操作,再将隔离开关手柄搬到第 3 挡(断电接地操作)。

隔离开关有 3 种开关状态:在 1 挡时(同步联动开关 1.1 和 1.2)为正常加电状态。在 2 挡时为空挡。在 3 挡时为接地保护状态。接地操作时,禁止受电弓受电。

正常工作时,主隔离开关处于 1 挡位置,主动力电源回路和辅助电源回路加上 DC 1 500 V。

列车入库停车时,主隔离开关处于 3 挡位置。高速断路器处于断开状态。

为了保证接触网输入的直流质量,在新的系统中加入了电抗器,以过滤掉各种交流杂波。

(4)车辆牵引理论简述

地铁车辆在运动过程中会受各种外力的作用,影响它的运行结果。通常把所有作用在车辆上外力的合力用 G 表示,根据动力学原理:

当 $G>0$ 时,车辆加速运行;

当 $G=0$ 时,车辆静止或匀速运行(惰行);

当 $G<0$ 时,车辆减速运行。

作用在车辆上的诸多外力按其性质可分为3类：

牵引力 F_K——使列车运动并可以控制的外力；

车辆阻力 W——在运行中产生的与列车运行方向相反的不可控制的力；

制动力 B——与列车运行方向相反的并使列车减速或停止的可控制的外力。

这3个力作用于列车，并影响列车运行。在一般情况下不是同时存在的。在牵引工况，牵引力、阻力同时存在；在惰行工况，仅阻力存在；在制动工况，制动力、阻力同时存在。

1）牵引力 F_K

牵引力受两个因素影响，一是牵引装置传给轮对的转矩，它和牵引电机的速度特性和扭转特性所决定的牵引特性有关；二是动轮与钢轨的相互作用，主要是轮轨间的黏着系数以及动轮的荷重有关。当牵引电机选定后，轮轨间的黏着就变成产生牵引力的决定条件，牵引力不能大于轮轨黏着力，否则动轮就会产生空转、打滑，列车不能前进、并造成轮对踏面和钢轨面擦伤的恶果。

牵引力的形成。牵引电机的转矩通过输出轴、传动装置（联轴节、齿轮箱）最后使车辆动轮获得扭矩 M。假设把车辆吊起来离开钢轨，则扭矩作为内力矩，只能使车轮发生旋转运动，而不能使车辆发生平衡运动。但当车辆置于钢轨上使车轮和钢轨成为有压力的接触时，就产生车轮作用于钢轨的可以控制的力 F，而 F 所引起的钢轨反作用于车轮的反作用力 F_K 就是使列车发生平移运动的外力（见图2.8）。这种由钢轨沿列车运行方向加于动轮轮周上的切向外力 $\sum F_K$ 就是列车的轮周牵引力，简称列车牵引力。

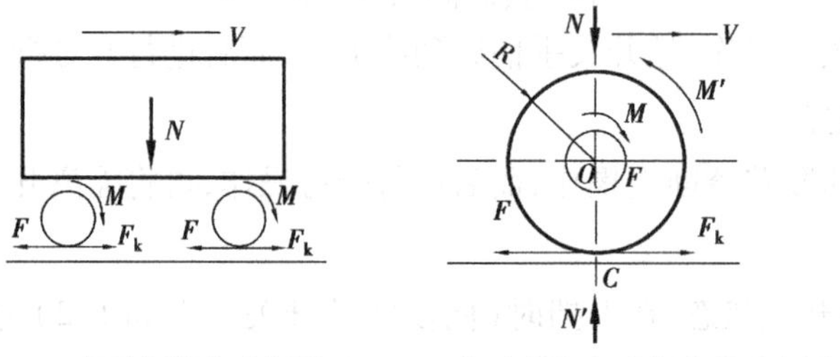

（a）牵引力形成示意图　（b）电动客车牵引力形成示意图

图2.8 牵引力的形成示意图

在列车牵引工况下：电机输出轴上的扭矩通过传动装置传递到小齿轮上，设小齿轮按逆时针方向转动产生 M'，小齿轮驱动动轴上的大齿轮，使动轮产生顺时针方向的力矩 M。而此力矩我们可用一对力偶（F，F）来代替。该力偶的力臂为 R，两个作用力：$F=M/R$，其作用点分别在 O 和 C 点上。在轮轨接触良好无滑动的情况下；作用在 C 点的力 F 全部传给钢轨，F 也就是轮对对钢轨的作用力。因钢轨不能移动，钢轨随即给轮对一个与力 F 大小相等，方向相反的反作用力 F_K。使车轮以轮轨接触点为连续瞬时转动中心向右滚动，从而使车辆向右作平移运动。这个反作用力 F_K 就是使机车前进的唯一外力——列车牵引力。

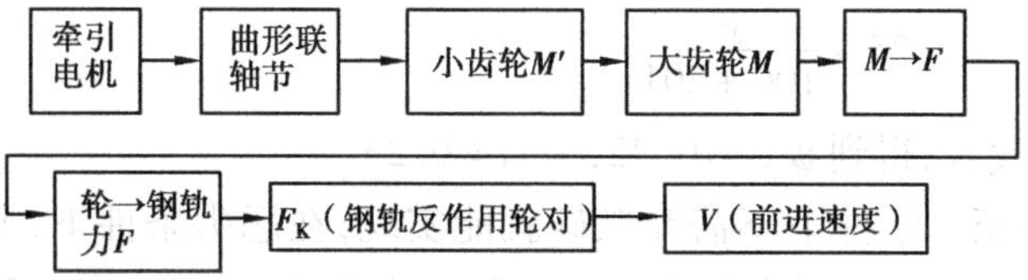

图2.9

2)粘着定律

当力 F 增大,反作用力 F_K 同样随之增大,这时动轮上的 C 点与钢轨上的 C 点无相对滑动,即 $V_C=0$。车轮与钢轨间的粘着力 $F_{粘}$ 的极限值接近于轮轨间的静摩擦力,即:

$$F_{粘max} = 1\ 000\ \psi_{max} G$$

式中 $F_{粘max}$——由轮轨间的粘着条件决定的粘着力;

ψ_{max}——轮轨间最大物理粘着系数(接近静摩擦系数);

G——动轮荷重。

当主控制手柄向前推时,使动轮作用力 F 逐渐增大,则钢轨反作用力 F_K 增大,从 $F_{K1}\to F_{K2}$这时因轮轨间无相对滑动,车轮仍正常向前滚动。当 F 增大超过粘着力的极限值 $F_{粘max}$时,轮轨间的粘着被破坏,动轮因无足够的水平支承力,就不能在钢轨上滚动,而开始在钢轨上滑动,造成动轮空转,这时,钢轨对车轮的反作用力 F_K(牵引力)也因由静摩擦力变为动摩擦力而急剧下降。随着轮轨间相对滑动速度的增加,动摩擦系数越来越小,粘着力的下降更为严重。结果动轮以轴为中心加速空转,车轮空转易造成传动装置和走行部的损坏,并使轨与轮接触面擦伤。所以在运行中必须尽量避免。

综上所述,列车牵引力最大值在任何时候都不得超过车辆各动轮与钢轨间粘着力的最大值的总和。这一原理称为粘着定律,用下式表示:

$$\sum F_{Kmax} \leqslant 1\ 000 \times \psi_{max} \times P_{\psi}$$

式中 F_{Kmax}——机车动轮最大轮周牵引力;

ψ_{max}——列车最大物理粘着系数;

P_{ψ}——列车粘着重量。式中:$P_{\psi}=n\times G$;

n——动轮数量(每列车有16根动轴32个动轮);

G——动轮荷重(AW0状况下)。

3)粘着系数

物理粘着系数 ψ 是一个由多种因素决定的变量。它在一定的范围内变化。当车轮在钢轨上滚动时,ψ_{max}接近于静摩擦系数。ψ_{max}与轮荷重、线路刚度、传动装置及走行部结构、车轮与钢轨的材质及表面状态、车速等各因素有关。例如,在钢轨上撒上一层细石英砂,ψ_{max}高达0.6;一般钢轨 ψ_{max}在0.3~0.5变化。轨面有一层薄油膜,ψ 下降,甚至可小到0.15以下。广州地铁的计算用牵引粘着系数是:0.165。轮荷重不同,轮轨接触面的变形也不同,ψ_{max}变化。ψ_{max}作为物理值具有随机性,变化范围很大,且影响因素较多,所以很难准确计算,一般都是经验试验数据,由经验公式计算求得的粘着系数称为计算粘着系数,用 $\psi_{计}$ 表示。

欧洲铁路 $\psi_{计} = \dfrac{7.5}{V+44} + 0.161$

我国机车 $\psi_{计} = 0.25 + \frac{8}{100 + 20V}$

以 $V = 80$ km/h 代入,得到 $\psi_{计1} = 0.22$, $\psi_{计2} = 0.25$。

计算粘着系数在正常条件下不需要撒砂就能实现,在恶劣条件下,通过撒砂也能基本实现。在曲线半径 $R = 300 \sim 600$ 的曲线上,$\psi_{计}$ 下降。用公式 $\psi_{R} = \psi_{计}(0.67 + 0.000\ 55\ R)$。例:在 $R = 300$ 时,$\psi_{R} = 0.184$。

随着电力牵引的发展,牵引力和制动力都逐渐增大,轮轨间的粘着已成为限制增大牵引力和制动力的关键问题。

提高粘着系数的措施:减少轴重转移;减少簧下质量;轮对在构架内的定位刚度不过大;撒砂;牵引电动机无级控制;对轨面进行化学处理。

广州地铁采用电动机无级控制,使牵引电动机负载能自动地随粘着的变化进行调整。

4)影响牵引力的主要因素

影响牵引力的主要因素如下:

①牵引装置传给轮对的转矩,它和牵引电机的速度特性 $V = f(I)$ 和扭矩特性 $M = f(I)$ 所决定的牵引特性 $F = f(V)$ 有关。

②动轮与钢轨的互相作用,主要是轮轨间的粘着系数 ψ 以及动轮的荷重有关。当牵引电机选定后,轮轨间的粘着就变成产生牵引力的决定条件,牵引力不能大于轮轨粘着力,否则动轮就会产生空转、打滑,列车不能前进,并造成轮对踏面和钢轨面擦伤的恶果。

5)轴重转移对粘着质量利用的影响

轴重转移:轴重指列车在静止状态时每个轮对加于钢轨的质量。实际上,当列车产生牵引力时,各轴的轴重会发生变化,有的增载,有的减载,这就称为牵引力作用下的轴重转移,又称轴重再分配。

轴重转移将严重影响列车粘着质量的作用;限制机车牵引力的发挥;影响列车走行部及传动机构的强度。轴重转移在某些情况下,可以达到轴重的 20% 甚至更高,F_{K} 增大,轴重转移增大。如列车启动及爬坡时,F_{Kmax} 增大,$G_{移}$ 增大,随着列车功率 N 增大,P/N 降低,粘着质量的利用问题就尤为突出。因此,在动车设计、制造上十分重视这个问题。

6)阻力 W

阻力是车辆运行中必然存在的一种外力与列车运动方向相反,根据阻力引起的原因可把阻力分为基本阻力和附加阻力。

基本阻力:列车在运行中总是存在,列车在平直道上运行时一般只有基本阻力。

附加阻力:发生在特定的情况下,上坡、曲线、启动。

列车阻力随所处环境的不同而变化,也与车辆结构设计、保养质量有关。影响阻力的因素极为复杂,变化也很大,很难进行理论推算。

产生基本阻力的主要因素有:

①滚动轴承及车辆各摩擦处之间的摩擦;

②车轮与钢轨间的滚动的滚动摩擦和滑动摩擦;

③冲击和振动引起的阻力;

④空气阻力。

基本阻力诸因素对列车阻力的影响程度与运行速度有关。低速时,轴承、轮轨等摩擦的影响大,空气阻力影响小;高速时,空气阻力占主导地位,而摩擦影响就不大。

对于地铁车辆而言,车辆主要在隧道中运行,由于车辆与隧道的横截面之比很小,在车辆与隧道的间隙中存在着强烈气流摩擦和车辆前后的空气压力差,使空气阻力成为车辆的主要运行阻力。列车运行速度越高,基本阻力越大。

广州地铁在A车前端下部设计扰流板的目的就是为了减少运行时的空气阻力。高速列车把外形设计成流线型也是为了减少高速时较大的气流阻力。

因为影响阻力的因素极为复杂,变化很大,所以一般采用理论和实验相结合,求出经验公式,在车辆单位质量下车辆的基本阻力公式为:

$$W = a + bv + cv^2 (N/kN)$$

阻力与速度是二次函数的关系,式中 a,b,c 为实验数据,广州地铁列车阻力:$R = 27 + 0.004\,2\ V^2 (N/t)$。

附加阻力:

①坡道阻力 W_i:列车进入坡道后,由列车重力产生的沿坡道斜面的分力称为坡道阻力。

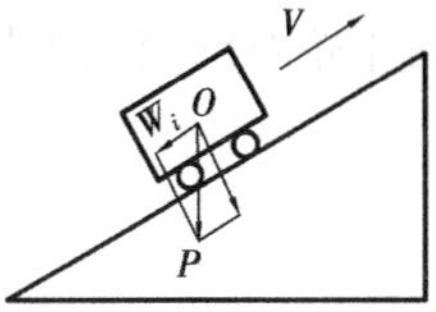

图2.10 坡道阻力

②曲线阻力:曲线阻力是列车通过曲线时增加的阻力,引起曲线阻力的原因有:

a. 车轮对于钢轨的横向及纵向滑动;

b. 轮缘与外轨头内侧的摩擦;

c. 滚柱轴承的轴端摩擦;

d. 中心销及中心销座因转向架的回转而发生的摩擦。曲线阻力与许多因素有关,如曲线半径、运行速度、外轨超高、车重、轴距、踏面的磨耗程度等。经验公式为:

$$W_x = \frac{7\,000}{R} (N/t)$$

③启动阻力:启动阻力对广州地铁车辆而言(交—直传动)启动性能好,影响不大。对内燃机车是一主要阻力。

7) 制动力 B

制动力的形成:制动是车辆运行的重要性能,制动性能的好坏在很大程度上限制了车辆的载重和列车的运行速度。地铁车辆主要采用电制动,但是由于电制动的制动力和车辆运行速度之间的关系是速度越低制动力越小,所以停车和紧急制动时还要采用空气制动系统。空气制动又称摩擦制动。制动力的大小可用下式表示:

$$B = 2 \times K \times \varphi_K$$

式中 K——闸瓦压力;

φ_K——闸瓦与车轮间的摩擦系数。

φ_K 与闸瓦材质、列车速度、闸瓦压力、闸瓦温度、状态有关。一般来说,闸瓦制动力 B 与车速成反比:速度越低,制动力越大。在一定的闸瓦压力 K 下,制动力的大小决定于闸瓦与车轮间的摩擦系数 φ_K 值。从制动开始到停车,φ_K 不断变化。列车运行时,增大制动力可缩短制动距离,提高行车的安全性,但是,并不是制动力越大,制动效果越好。制动力也和实现牵引力一样,必须遵守粘着定律,不能无限制地增大制动力。当制动力大于轮轨间的粘着力时,就像牵引力一样,也会发生轮轨间的滑行,此时,车轮被闸瓦抱死,车轮在钢轨上滑行。列车一旦滑行,首先是制动力下降,其次会发生轮对踏面及轨面的擦伤。对此司机在驾驶列车,尤其是天气不良,轮轨粘着状态不好时,要特别加以注意。

为了保证正常制动,制动力必须不超过粘着力。

$$\sum K\varphi_K \leqslant n\varphi_K 2G$$

式中 φ_K——粘着系数的极限值;

n——一个轮对的闸瓦数;

$2G$——轴荷重。

另外系统设有气制动的空转/防滑保护系统。当某轴发生制动力过大,轮轨间发生滑动时,电子控制单元控制防滑阀关闭压缩空气通路,开启制动缸通向大气的通路,进行排风缓解,然后再重新恢复正常制动。这样使车辆在粘着不利的情况下,尽快恢复制动作用,使停车距离减少到最小值,防止轮对踏面和钢轨擦伤。

思考与练习

1. 在城市轨道交通中,车辆是如何编组的?其动力车辆分配在哪几节车辆上?
2. 城市轨道交通中,其引流器有哪几种形式?
3. 画出动力轮上,牵引力的形成图。

任务3 高压电气设备

任务目标

在该任务中,主要掌握受电弓、高速断器、隔离开关、电抗器等高压设备的结构和工作过程,并掌握这些设备常出现的故障现象及处理方法。

任务重点

在高压设备中,逆变器是列车运行最为关键的设备,因此逆变原理,就是本任务中应该重点掌握的知识。

知识准备

机械制图、电子识图、开关的灭弧原理。

知识描述

(1)受流器

1)第三轨 DC750 V 受流器

①受流器结构。受流器由绝缘底座、受力弹簧、引流支架和碳滑板等组成。受流器安装于

动车的两个侧面上,每侧两个。受流器安装位置图如图 2.11 所示。

图 2.11　受流器安装位置图

受流器结构图,如图 2.12 所示。

图 2.12　受流器结构图

第三轨,如图 2.13 所示。

图 2.13　第三轨

②受流器的主要技术数据：

- 额定电压：750 VDC
- 电压范围：500～900 VDC
- 最大电压：DC1 000 V
- 额定工作电流：800 A
- 工作方式：摆动式
- 受流滑轨接触压力：(120±24)N
- 受流碳滑板材质：浸金属碳铜复合材料
- 脱轨方式：快速脱轨
- 受流组件高度最小调节单位：4 mm，最大调节量：40 mm

③受电方式：

- 第三轨上部接触受电
- 第三轨轨面距走行轨轨面高：(140±6)mm
- 第三轨中心线距走行轨线路中心线距离：(1 417.5±8)mm

2）接触网 DC1 500 V 受电弓（扩展）

受电弓结构。动力车辆从接触网取得电能的电气设备称为受电弓，并安装在机车或动车车顶上，可分为单臂弓和双臂弓两种，均由滑板、上框架、下臂杆（双臂弓用下框架）、底架、升弓弹簧、传动汽缸、支持绝缘子等部件组成。负荷电流通过接触线和受电弓滑板接触面的流畅程度，它与滑板与接触线间的接触压力、过渡电阻、接触面积有关，取决于受电弓和接触网之间的相互作用。受电弓的结构图如图 2.14 所示。

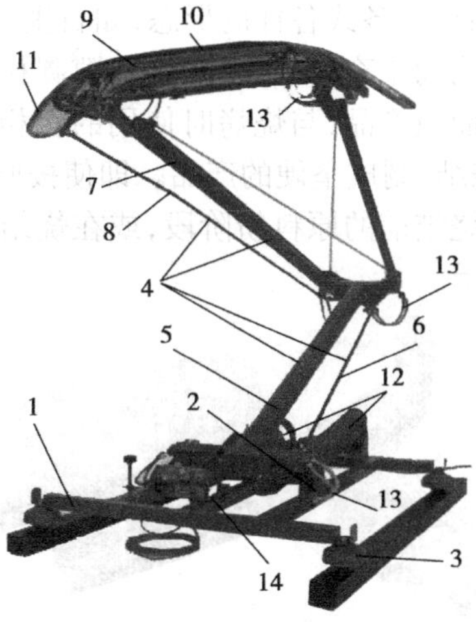

图2.14　受电弓的结构图

1—基础框架;2—高度止挡;3—绝缘子;4—框架;5—下部支杆;6—下部导杆;
7—上部支杆;8—上部导杆;9—集流头;10—接触带;11—端角;
12—升高和降低装置;13—电流传送装置;14—吊钩闭锁器

受电弓构架由:弓头部分、铰链部分、传动机构和底架组成,如图2.15所示。

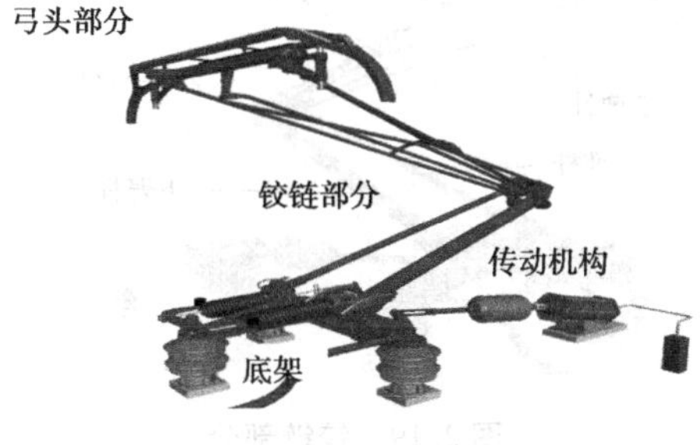

图2.15　受电弓构架

A. 弓头部分(见图2.16)。主要由滑板架、弹簧盒、羊角(见图2.17)和碳滑板组成,碳滑板是受电弓的重要部件。受电弓滑板的材料安装在电力机车车辆的车顶上。由于滑板和接触导线一边接触摩擦、一边受流,所以需要确保其特性。对车辆零件的特性,要求滑板结实,与接触导线之间的滑动要求接触良好、导电性好、轻量、自身磨耗小、也不磨损接触导线。

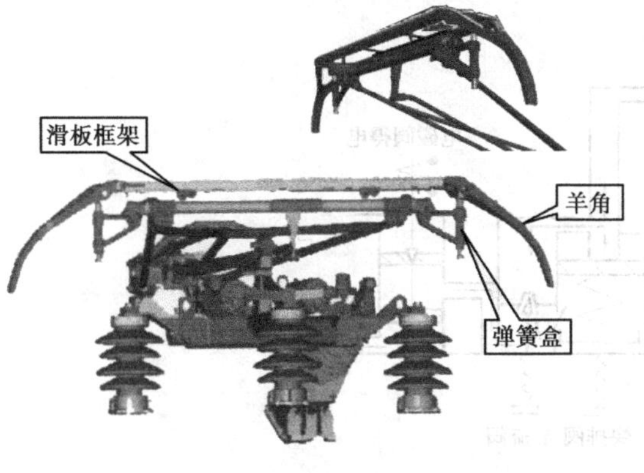

图2.16　弓头部分

图2.17　羊角

碳材料的特征：碳按照其结构有各式各样的形态，如石墨、金刚石、碳纤维、石墨纳米管等。滑板使用的碳材料就是晶体结构尚未充分扩展的"多孔隙碳材料"，以焦炭、石墨等为原料，加入煤焦油沥青等，经提炼，烧结而成产品，与烧烤时使用的炭相似。通过调节原料粉的粒径和成型的压力；在 1 300 ℃左右烧结、制成坚硬的产品。即使按原样烧结的纯石炭，也有导电性，可作为滑板使用，但是，通过在烧结前的原料粉阶段，或在烧结后的碳中，配比金属，就可能提高强度和导电性，如图 2.18 所示。

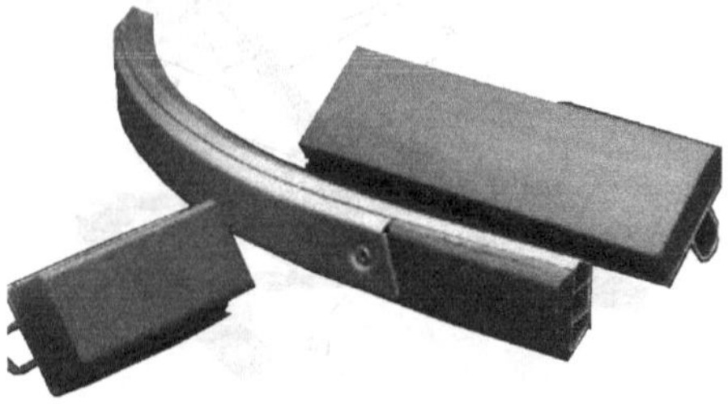

图 2.18　碳材料

B. 铰链部分：用于支撑弓头进行上下移动的传动机构。它主要由上框架、下臂杆、铰链座、平衡杆、推杆组成，如图 2.19 所示。

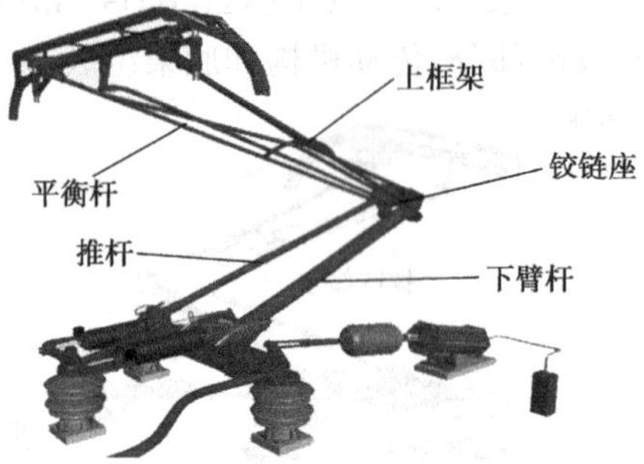

图 2.19　铰链部分

升降弓过程：

a. 升弓：压缩空气经电空阀均匀进入传动汽缸，汽缸活塞压缩汽缸内的降弓弹簧，此时升弓弹簧使下臂杆转动，抬起上框架和滑板，受电弓匀速上升，在接近接触线时有一缓慢停滞，然后迅速接触接触线。升弓过程的前提是，列车的气压系统在正常工作压力下，否则就不能升弓。升弓的过程如图 2.20 所示。

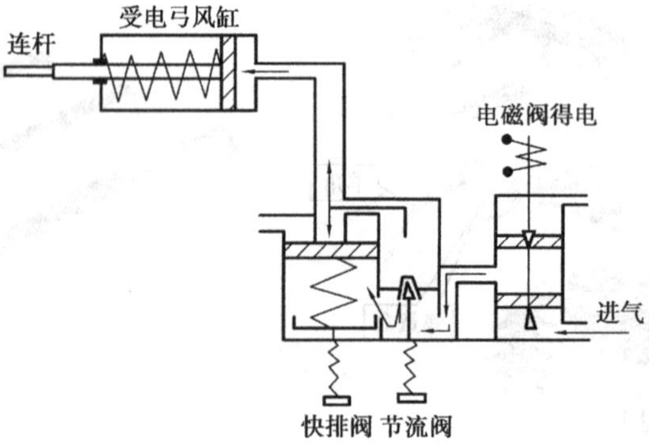

图 2.20　升弓过程

b. 降弓:传动汽缸内压缩空气经受电弓缓冲阀迅速排向大气,在降弓弹簧作用下,克服升弓弹簧的作用力,使受电弓迅速下降,脱离接触网。降弓过程如图 2.21 所示。

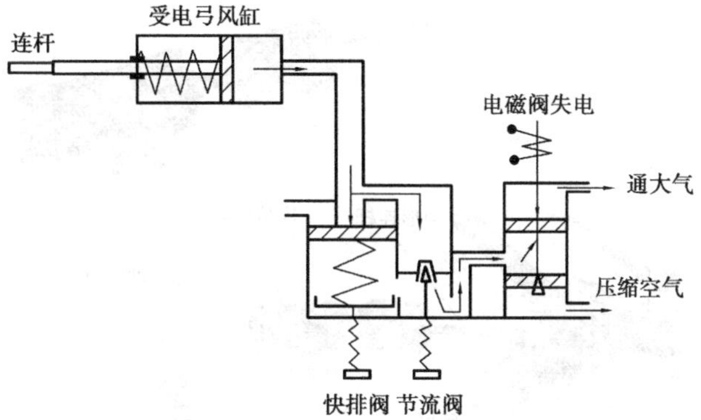

图 2.21 降弓过程

在紧急情况下:快排阀打开,电磁阀也随之打开。受电弓风缸失去气压,如图 2.22 所示。

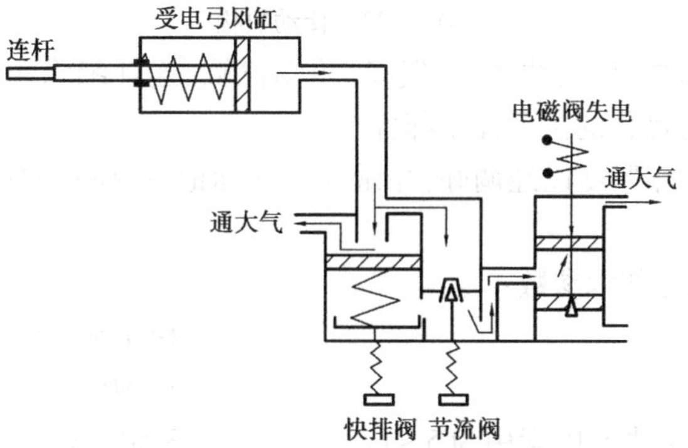

图 2.22 受电弓风缸失去气压

由此,我们可以看出,在传动汽缸无气压的情况下,受电弓倒向降弓状态。

负荷电流通过接触线和受电弓滑板接触面的流畅程度,它与滑板与接触线间的接触压力、过渡电阻、接触面积有关,取决于受电弓和接触网之间的相互作用。

为保证牵引电流的顺利流通,受电弓和接触线之间必须有一定的接触压力。弓网实际接触压力由 4 部分组成:受电弓升弓系统施加于滑板,使之向上的垂直力为静态接触压力(一般为 70 N 或 90 N);由于接触悬挂本身存在弹性差异,接触线在受电弓抬升作用下会产生不同程度的上升,从而使受电弓在运行中产生上下振动,使受电弓产生一个与其本身归算质量相关的上下交变的动态接触压力;受电弓在运行中受空气流作用产生的一个随速度增加而迅速增加的气动力;受电弓各关节在升降弓过程中产生的阻尼力。

弓网接触压力能直观的反映受电弓滑板和接触线间的接触情况,它必须符合正态分布规律,在一定范围内波动。如果太小,会增加离线率;如果太大,会使滑板和接触线间产生较大的机械磨耗。为保证受电弓具有可靠的受流质量,应尽量减小受电弓的归算质量,增加接触悬挂的弹性均匀性。滑板的质量和机电性能对受流质量影响很大。

绝缘子是底架的支撑主要受力材料,其绝缘等级为 1 万 ~3 万 V。

C. 传动机构：是将空气动力转变为机械力量，并使铰链机构上下运动的装置。其构造如图 2.23 所示。

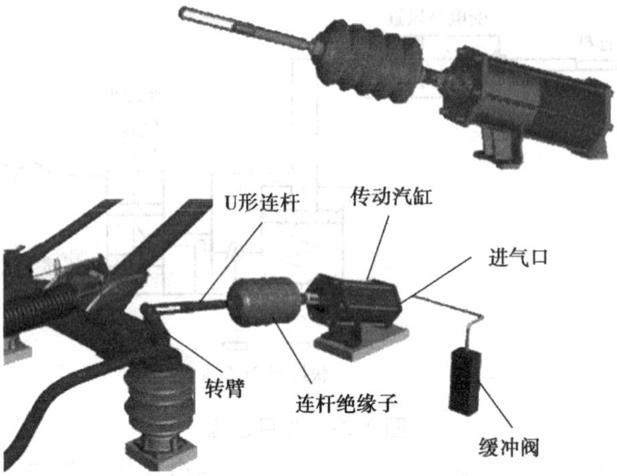

图 2.23　传动机构

传动机构的主要部件有：缓冲阀、进气口、传动汽缸、连杆绝缘子、U 形连杆和转臂组成。它是受电弓进行升降弓操作的主要控制部件。

a. 在出厂时弹簧的张紧度以经调好，并做好位置标记，更换新的后，张紧螺栓调到原位置即可。

b. TSG18B 型受电弓技术参数：

额定工作电压：	DC1 500 V
额定工作电流：	1 680 A
最大短时电流(70 s 占空因素中为 5 s)：	3 500 A
最大启动电流(30 s)：	1 600 A
最大停车时电流(DC 1 000 V 和单弓受电)：	540 A
折叠高度(包括绝缘子)：	≤310 mm
最低工作高度(从折叠位置滑板面起)：	150 mm
最高工作高度(从折叠位置滑板面起)：	1 950 mm
最大升弓高度(从折叠位置滑板面起)：	>2 550 mm
最大宽度(弓头处)：	(1 550 ± 5)mm
最大长度(落弓位置)：	≈2 580 mm
平均静态力：	100 N
静态力可调节范围：	70 ~ 140 N
运行速度：	≤90 km/h
重量(包括支持绝缘子)：	≤140 kg
额定工作气压：	550 kPa
最小供风气压：	500 kPa
最大供风气压：	900 kPa
升弓时间：	≤8 s

降弓时间：≤8 s
滑板数量：2 块
滑板中心距：(300 ± 3)mm
滑板长度：(800 ± 1)mm
气路接口(绝缘软管、压力开关组装)：Rc3/8″

D. 底架：用于无电部分与有电部分的隔离和整个受电弓的支撑作用，如图 2.24 所示。

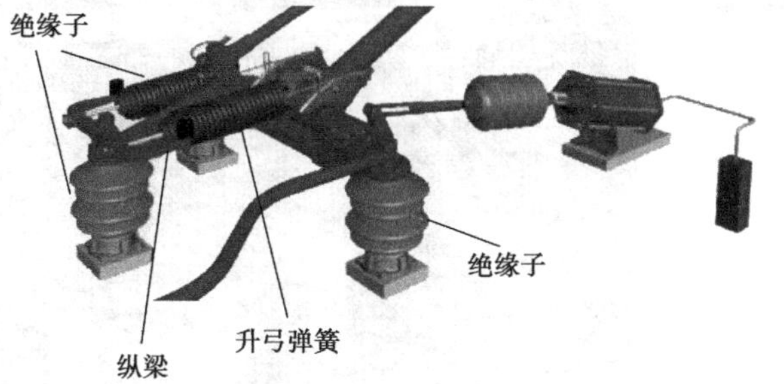

图 2.24 底架

(2)高速直流断路器

高速直流断路器，主要用于接触网引流后的一个主要开关部件。它是整个车辆供电的主要开关。高速直流断路器设置于车辆高压器箱中，如图 2.25 所示。其实物图如图 2.26 所示。

图 2.25 高速直流断路器

1)概述

UR6 型高速直流断路器是单极、双向装置，具有电磁吹弧，直接瞬时过电释放，自然空气冷却和电气操作系统。

UR6 型高速直流断路器的主要特性和保护如下：

- 发热电流额定值 1 000 A(直流)；
- 绝缘水平 2 000 V(直流)；
- 额定电压 1 000 V 和 2 000 V(直流)；
- 限制切断弧电压；

图 2.26　实物图

- 直接瞬时过电流释放；
- 机械和电气强度高；
- 触头损耗小；
- 高效消弧；
- 抗振动和机械冲击；
- 耐热性能；
- 结构紧凑，质量轻；
- 简单的机械结构；
- 维修少；
- 符合 IEC 77 标准。

2）结构

UR6 型高速直流断路器的结构如图 2.27 所示。

6.102：动触头

6.103：连接牌（接线处，含触点）

6.104：连接牌

6.111：棘轮

6.200：过流释放装置

6.300：灭弧罩座

6.303：磁线圈

6.307：叉

6.320：触头压力弹簧

6.321：断开弹簧

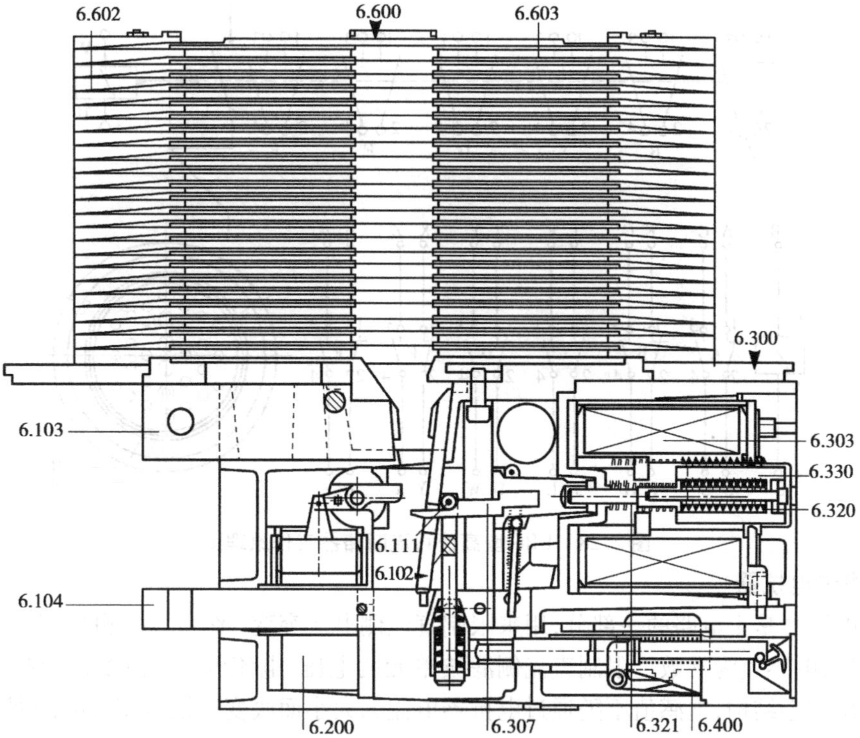

图 2.27　UR6 型高速直流断路器的结构

6.400:辅助触头

6.600:灭弧罩(由阻燃材料构成)

6.602:消弧板

6.603:金属隔板

3)工作原理

①闭合(电操作断开)。线圈(6.303)的闭合电流的作用下驱动动铁芯(6.330)后通过弹簧(6.320)作用在叉(6.307)和棘轮(6.111)带动动触头(6.102)。

触头闭合之后,通过降低的保持电流(E 型)或永久磁铁(M 型)将铁芯(6.330)保持在接通(ON)位置。首次操作电源,由蓄电池提供(DC110 V)。

②切断命令的断开(电操作断开)。就电保持形式来说,电路由切断保持电流来分断的,面磁保持形式是对永久磁铁的消磁来分断。与闭合的程序相反。

③直接瞬时过电流释放。如果电流在主电路中达到过电流释放装置(6.200)的预整定值,叉(6.307)就会被迫向下运动,棘轮(6.111)释放,主触头(6.102)断开。

④灭弧。触头断开导致的电弧由于主电路的磁场作用将电弧吹入灭弧室。灭弧室的金属隔板(6.600)将进入的电弧分隔成许多断弧。

⑤辅助触头。UR6 型高速直流断路器装有 6 对双转换开关的触头,如图 2.28 所示。

触头开关容量:220 V(交流)时为 10 A,110 V(直流)时为 1 A。

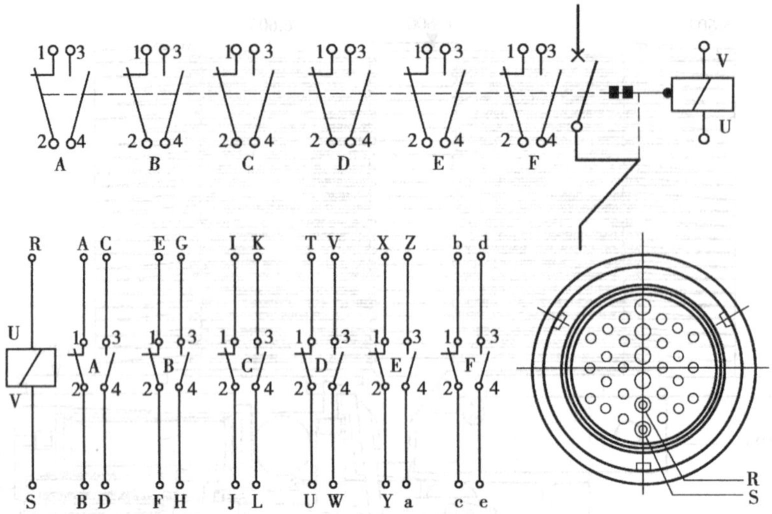

图 2.28　UR6 型高速直流断路器工作原理图

(3)滤波电抗器

滤波电抗器是主电路的一部分,用来限制直流侧电流突变,平衡直流侧的电压。滤波电抗器是空心的,电感值为常数。限制直流侧滤波单元的电压、电流波动,滤除高次谐波。本线路电抗器采用空心结构,电感值不随通过电抗器电流的大小而改变。没有闭合的磁回路,存在较大的漏磁。为了减少电磁对环境、人的健康损害以及防止对通信信号的电磁干扰,在电抗器的上方位置安装漏磁屏蔽板,并通过钢结构安装在车底。滤波电抗器实物图如图 2.29 所示。

图 2.29　滤波电抗器

滤波电抗器的基本参数:

- 结构方式:空心式;
- 工作方式:持续工作制;
- 额定电流:DC 750 A;
- 最大电流:DC 1 850 A;

• 额定电感:3 mH 10%;
• 额定电压:DC750 V(500 V~DC1 000 V);
• 冷却方式:走行风冷;
• 绝缘等级:H 级;
• 平均温升:125 K(线圈部位,采用电阻方法);
• 绝缘水平:AC 2 800 V, 50 Hz,60 s。

(4)过压吸收电阻箱

车辆在运行的过程中有时会遇到轮对空转等瞬态过程,从而引起直流电压的上升,为了防止直流电压上升超过允许范围以及电空制动的平滑转换,需要用通过过压吸收电阻支路的开通来降低相应的过电压或维持电制动在一定的时间内才完全降低至切除。

该过压吸收电阻装置包含两个支路的电阻 RB01 和 RB02,并安装于一个构架上,每个支路的电阻由 4 个电阻单元串联组成。

电阻单元与地之间为双重绝缘。该过压吸收电阻的第一重绝缘为电阻带和绝缘螺杆之间的绝缘,第二重绝缘为绝缘螺杆和过压吸收电阻构架之间的绝缘。

过压吸收电阻箱的基本参数:

①电阻值:

额定电阻值(20 ℃):RB01,RB02 = 0.81 Ω(-5% ~ +5%)

额定工况下最大阻值:RB01,RB02≤1.0 Ω

②工作电压:

额定工作电压:DC 900 V

最大电压:DC 1 000 V

③电阻带材质:镍铬合金带。

④电阻带最高工作温度:≤500 ℃。

⑤负荷条件:负荷条件从 810 kW 开始下降持续 2 s 到 0,

工作制断续制(2 s ON 周期 60 s)(见图 2.30)。

⑥额定平均功率:2×13.5 kW。

⑦电气绝缘:电阻带与地之间采用双重绝缘。

⑧冷却方式:走行空气自然风冷。

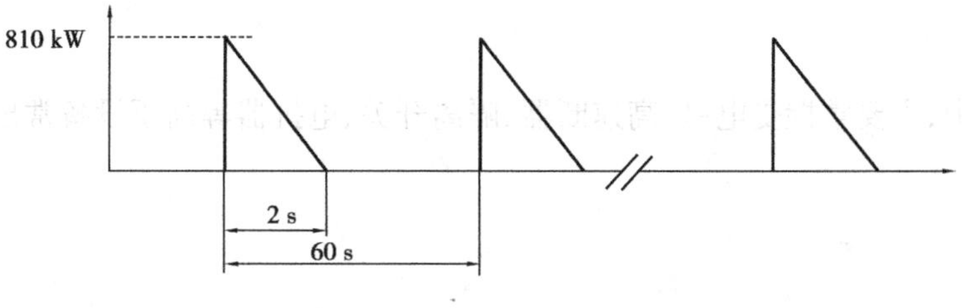

图 2.30

(5)母线隔离开关箱

母线隔离开关箱(见图 2.31),包括的器件主要有:熔断器 BF、闸刀开关 BS。DC750 V 电源从受流器引入,经母线熔断器箱,经过隔离开关 BS、熔断器 BF 然后送到后续电路。BF 熔断器选用法国法雷公司的产品,型号:N206690A,采用两个 N206690A 并联,BF 为牵引逆变器供电,当系统出现严重问题,如过电流、线路短路时,熔断器熔断,为后续断路提供保护。该开关必在无负荷的情况下进行操作。

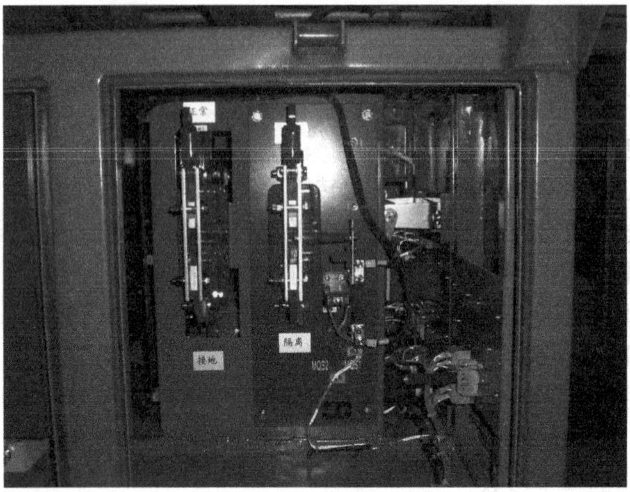

图 2.31　母线隔离开关箱

母线隔离开关箱器件参数:

熔断器 BF	额定电压:DC1 000 V	额定电流:2 ×900 A
闸刀开关 BS	额定电压:DC1 000 V	额定电流:1 200 A

思考与练习

1. 描述升弓加电和降弓断电过程。
2. 为什么高压 DC1 500 V 加电时,高速断路器要最后操作,而断电时要先进行操作。
3. 过压吸收电阻箱的作用是什么?

任务 4　常见故障处理

任务目标

在该任务中,主要掌握受电弓、高速断器、隔离开关、电抗器等高压设备常出现的故障现象及处理方法。

任务重点

1. 受流器故障处理。
2. 受电弓故障处理。
3. 直流断路器故障处理。

知识准备

机械制图、电子识图、万用表的使用。

知识描述

(1)常见受流器故障处理

受流器常见故障主要有:

①碳滑板破裂,当受电弓断裂漏风,受电弓上气压开关送出信号,则打开快排阀。一般由 ADD 自动降弓系统控制快排阀打开。处理方法:更换碳滑板。破裂的碳滑板如图 2.32 所示。

图 2.32 破裂的碳滑板

②碳滑板摩擦过大,故障早期会出现短时脱电现象。解决这一问题的方法为更换碳滑板。碳滑板磨损剩余高度一般为 3 ~4 mm,如图 2.33 所示。

图 2.33 磨损的碳滑板

(2)受电弓故障处理

受电弓故障处理如下:

①受电弓传动汽缸系统故障。快排阀失效(迅速降弓,不能升弓),需更换快排阀。

②电磁气阀,电磁线圈坏(缓慢降弓,不能升弓)。需更换电磁线圈。

③受电弓压不够,易打火花故障。调节升、降弓弹簧的张紧度,可以调出受电弓静态力(与接触网的压力)。

(3)高速直流断路器故障处理

直流断路器与交流三相断路器不同之处在于,三相交流断路器要求三相主触点要同步,否则会产生较大的冲击电流,而直流断路器则没有这种情况。要保证断路触头接触良好,就要保证接触面的接触力度要在 90 kN 左右,接触面平整,接触电阻小。因此直流断路器主要故障有:

①触头接触不好,造成触头发热、烧毁。

检查:可用电桥检查接触电阻是否达到原始值。轻微情况:触头表面有积炭。

处理方法:针对轻微情况,用较细的水砂布进行打磨、(打磨时要保持平整)抛光。严重情况,更换触头。

②操作机构不能正常动作。

A. 线圈故障:

检查:用万用表检查电磁线圈是否正常(看直流电阻值是否在正常值上,如果线圈断线,则呈现电阻无穷大)。

处理方法:更换线圈。

B. 控制回路故障(见图 2.34):

检查:当给定闭合信号后,用万用表检查电磁线圈没有电压值(直流 110 V)。

处理方法:检查 S 操作电源开关是否打开? 主令按钮是否正常,检查控制用交流接触器(A)是否正常动作? 检查交流接触器(A)触点连接是否正常。当检查不正常时更换相应的元件。

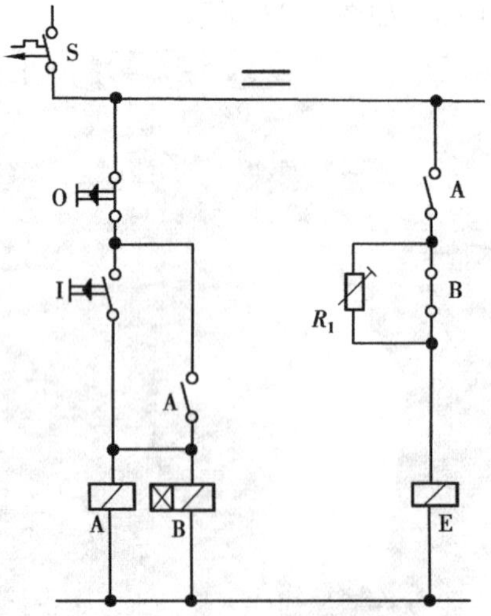

图 2.34　高速断路器控制原理图

思考与练习

1. 如何判断线圈的好坏?
2. 受电弓打火是什么原因造成的?
3. 如何判断高速断路器的主触点不能继续使用的条件是什么?

项目3　电源设备

任务1　牵引逆变器(VVVF)设备

任务目标

在该任务中,主要掌握逆变器的工作原理、逆变器设备的结构工作过程,并掌握这些设备常出现的故障现象及处理方法。

任务重点

在高压设备中,逆变器是列车运行最为关键的设备,因此逆变工作原理就是本任务中应该重点掌握的知识。

知识准备

高等数学基础、电子电路基础。

知识描述

逆变器是动力电源和辅助电源的主要部件。其主要功能是将DC1 500直流电源变换成三相交流电源,以供牵引电机用电和其他用电。在变换过程中,逆变调整三相交流电的频率和电压,从而使牵引电机变换转动速度,达到控制列车速度的作用。这里首先了解绝缘栅双极型晶体管(IGBT)。

(1)绝缘栅双极型晶体管

20世纪80年代中期出现了将它们的通、断机制相结合的新一代半导体电力开关器件——绝缘栅极双极型晶体管(Insulated Gate Bipolar Transistor,IGBT),如图3.1所示。它是一种复合器件,其输入控制部分为MOSFET,输出级为双级结型三极晶体管;因此兼有MOSFET和电力晶体管的优点,即高输入阻抗,电压控制,驱动功率小,开关速度快,工作频率可达到10~40 kHz(比电力三极管高),饱和压降低(比MOSFET小得多,与电力三极管相当),电压、电流容量较大,安全工作区域宽。目前2 500~3 000 V、800~1 800 A的IGBT器件已有产品,可供几千千伏安以下的高频电力电子装置选用。

IGBT也有3个电极:栅极G、发射极E和集电极C。输入部分是一个MOSFET管。

1)MOS场效应管结构

MOS场效应管也被称为MOSFET,即Metal Oxide Semiconductor Field Effect场效应管,主要用于控制电流大小的导体元件。它分为两大类:即绝缘栅型和结型。

(a)实物图　　(b)符号

图3.1　绝缘栅双极型晶体管

绝缘栅型场效应管可分为增强型和耗尽型两种:

- 增强型→N沟道、P沟道;
- 耗尽型→N沟道、P沟道。

N沟道增强型MOS管:

图3.2为N沟道增强型MOS管,其结构有4个电极:漏极D、源极S、栅极G和衬底B。元件材料由半导体P型和N型材料组成。

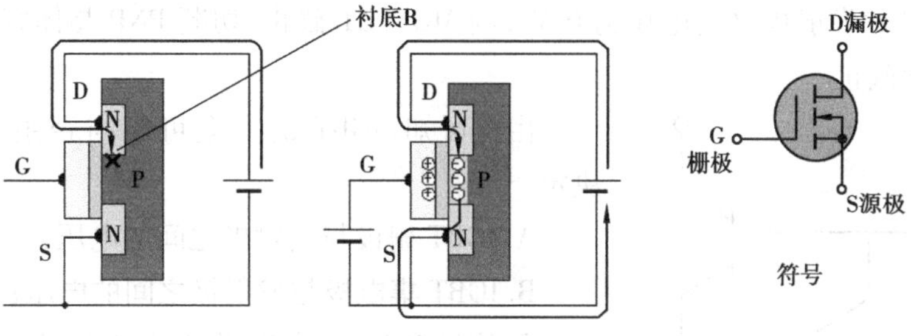

图3.2　N沟道增强型MOS管

P沟道增强型MOS管如图3.3所示。

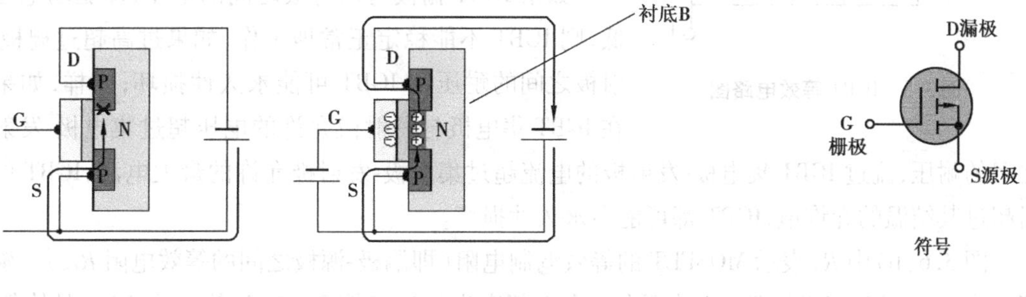

图3.3　P沟道增强型MOS管

2)MOS场效应管工作原理

对于场效应管(见图3.4),在栅极无电压时,由分析可知,在源极与漏极之间不会有电流流过,此时场效应管处于截止状态。当有一个正电压加在N沟道的MOS场效应管栅极上时,由于电场的作用,此时N型半导体的源极和漏极的负电子被吸引出来而涌向栅极,但由于氧化膜的阻挡,使得电子聚集在两个N沟道之间的P型半导体中(见图3.4),从而形成电流,使源极和漏极之间导通。我们也可以想象为两个 N 型半导体之间为一条沟,栅极电压的建立相当于为它们之间搭了一座桥梁,该桥的大小由栅压的大小决定。

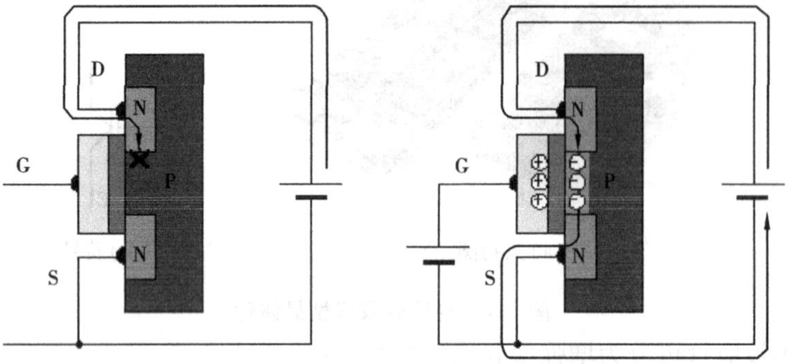

图 3.4　MOS 场效应管

因此,栅级电压越高,源级与漏级之间的电流也越大。

3)IGBT 组合元件特性

IGBT 的等效电路如图 3.5 所示。由图可知,若在 IGBT 的栅极和发射极之间加上驱动正电压,则 MOSFET 导通,这样 PNP 晶体管的集电极与基极之间成低阻状态而使得晶体管导通;若 IGBT 的栅极和发射极之间电压为 0 V ,则 MOSFET 截止,切断 PNP 晶体管基极电流的供给,使得晶体管截止。

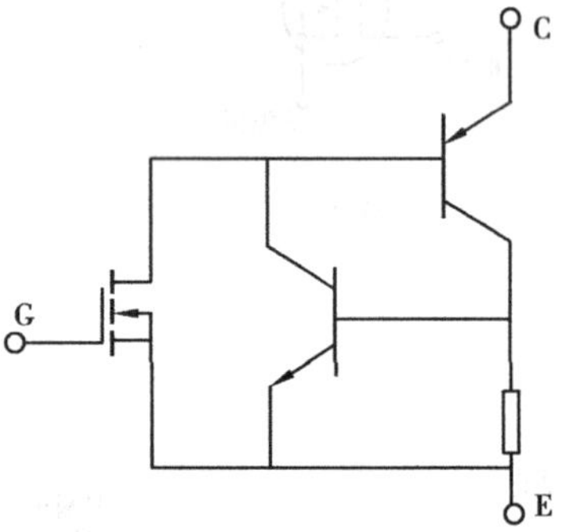

图 3.5　IGBT 等效电路图

由此可知,IGBT 的安全可靠与否主要由以下因素决定:

A. IGBT 栅极与发射极之间的电压;

B. IGBT 集电极与发射极之间的电压;

C. 流过 IGBT 集电极-发射极的电流;

D. IGBT 的结温。

如果 IGBT 栅极与发射极之间的电压,即驱动电压过低,则 IGBT 不能稳定正常地工作,如果过高超过栅极-发射极之间的耐压则 IGBT 可能永久性损坏;同样,如果加在 IGBT 集电极与发射极允许的电压超过集电极-发射极之间的耐压,流过 IGBT 集电极-发射极的电流超过集电极-发射极允许的最大电流,IGBT 的结温超过其结温的允许值,IGBT 都可能会永久性损坏。

图 3.6(b)中 R_{dr}表示 MOSFET 的等效调制电阻(即漏极-源极之间的等效电阻 R_{DS})。输出部分为一个 PNP 三极管 T_1,此外还有一个内部寄生的三极管 T_2(NPN 管),在 NPN 晶体管 T_2 的基极与发射极之间有一个体区电阻 R_{br}。

当栅极 G 与发射极 E 之间的外加电压 $U_{GE}=0$ 时,MOSFET 管内无导电沟道,其调制电阻 R_{dr}可视为无穷大,$I_c=0$,MOSFET 处于断态。在栅极 G 与发射极 E 之间的外加控制电压 U_{GE},可以改变 MOSFET 管导电沟道的宽度,从而改变调制电阻 R_{dr},这就改变了输出晶体管 T_1(PNP 管)的基极电流,控制了 IGBT 管的集电极电流 I_c。当 U_{GE}足够大时(如 15 V),T_1 饱和导电,

IGBT 进入通态。一旦撤除 U_{GE}，即 $U_{GE}=0$，则 MOSFET 从通态转入断态，T_1 截止，IGBT 器件从通态转入断态。

①静态特性。

a. 输出特性：是 U_{GE} 一定时集电极电流 I_c 与集电极-发射极电压 U_{CE} 的函数关系，即 $I_c=f(U_{CE})$。

如图 3.6(c) 所示为 IGBT 的输出特性。$U_{GE}=0$ 的曲线对应于 IGBT 处于断态。在线性导电区Ⅰ，U_{CE} 增大，I_c 增大。在恒流饱和区Ⅱ，对于一定的 U_{GE}，U_{CE} 增大，I_c 不再随 U_{CE} 而增大。

在 U_{CE} 为负值的反压下，其特性曲线类似于三极管的反向阻断特性。

为了使 IGBT 安全运行，它承受的外加压、反向电压应小于图 3.6(c) 中的正、反向折转击穿电压。

b. 转移特性：是如图 3.6(d) 所示的集电极电流 I_c 与栅极电压 U_{GE} 的函数关系，即 $I_c=f(U_{GE})$。

当 UGE 小于开启阈值电压 $U_{GE(th)}$ 时，等效 MOSFET 中不能形成导电沟道；因此 IGBT 处于断态。当 $U_{GE}>U_{GE(th)}$ 后，随着 U_{GE} 的增大，I_c 显著上升。实际运行中，外加电压 U_{GE} 的最大值 U_{GEM} 一般不超过 15 V，以限制 I_c 不超过 IGBT 管的允许值 I_{CM}。IGBT 在额定电流时的通态压降一般为 1.5 ~ 3 V。其通态压降常在其电流较大（接近额定值）时具有正的温度系数（Ic 增大时，管压降大）；因此，在几个 IGBT 并联使用时 IGBT 器件具有电流自动调节均流的能力，这就使多个 IGBT 易于并联使用。

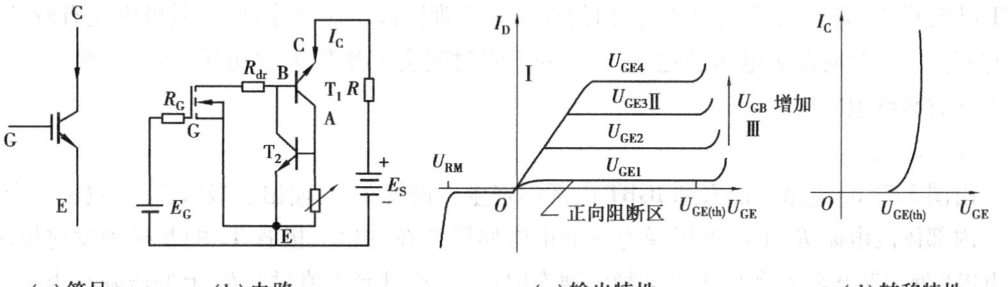

(a)符号　(b)电路　(c)输出特性　(d)转移特性

图 3.6　IGBT 的静态特性图

②动态特性。

如图 3.7 所示为 IGBT 的开通和关断过程。开通过程的特性类似于 MOSFET；因为在该区间，IGBT 大部分时间作为 MOSFET 运行。开通时间由 4 个部分组成。开通延迟时间 t_d 是外施栅极脉冲从负到正跳变开始，到栅-射电压充电到 $U_{GE(th)}$ 的时间。这以后集电极电流从 0 开始上升，到 90% 稳态值的时间为电流上升时间 t_{ri}。在这两个时间内，集-射极间电压 U_{CE} 基本不变。此后，U_{CE} 开始下降。下降时间 t_{fu1} 是 MOSFET 工作时漏-源电压下降时间 t_{fu2} 是 MOSFET 和 PNP 晶体管同时工作时漏-源电压下降时间；因此，IGBT 开通时间为 $t_{(on)}=t_d+t_r+t_{fu1}+t_{fu2}$。

开通过程中，在 t_d，t_r 时间内，栅-射极间电容在外施正电压作用下充电，且按指数规律上

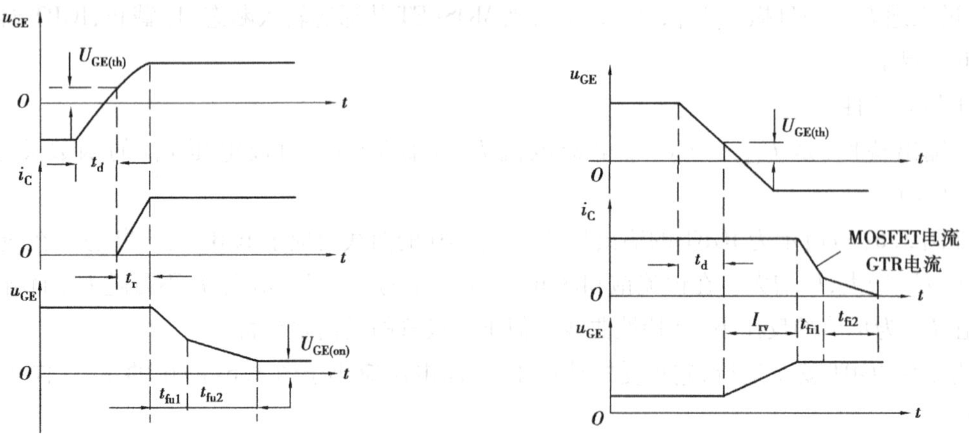

(a) IGBT的开通过程　　(b) IGBT的关断过程

图 3.7　IGBT 的开通与关断过程

升,在 t_{fu1},t_{fu2} 这一时间段内 MOSFET 开通,流过对 GTR 的驱动电流,栅-射极电压基本维持 IGBT 完全导通后驱动过程结束。栅-射极电压再次按指数规律上升到外施栅极电压值。

IGBT 关断时,在外施栅极反向电压作用下,MOSFET 输入电容放电,内部 PNP 晶体管仍然导通,在最初阶段里,关断的延迟时间 t_d 和电压 U_{CE} 的上升时间 t_r,由 IGBT 中的 MOSFET 决定。关断时 IGBT 和 MOSFET 的主要差别是电流波形分为 t_{fi1} 和 t_{fi2} 两部分,其中,t_{fi1} 由 MOSFET 决定,对应于 MOSFET 的关断过程;t_{fi2} 由 PNP 晶体管中存储电荷所决定。因为在 t_{fi1} 末尾 MOSFET 已关断,IGBT 又无反向电压,体内的存储电荷难以被迅速消除;所以漏极电流有较长的下降时间。因为此时漏源电压已建立,过长的下降时间会产生较大的功耗,使结温增高,所以希望下降时间越短越好。

③擎住效应。

由图 3.7(b)电路可以看到 IGBT 内部的寄生三极管 T_2 与输出三极管 T_1 等效于一个晶闸管。内部体区电阻 R_{br} 上的电压降为一个正向偏压加在寄生三极管 T_2 的基极和发射极之间。当 IGBT 处于截止状态和处于正常稳定通态时(i_c 不超过允许值时),R_{br} 上的压降都很小,不足以产生 T_2 的基极电流,T_2 不起作用。但如果 i_c 瞬时过大,R_{br} 上压降过大,则可能使 T_2 导通,而一旦 T_2 导通,即使撤除门极电压 U_{GE},IGBT 仍然会像晶闸管一样处于通态,使门极 G 失去控制作用,这种现象称为擎住效应。在 IGBT 的设计制造时已尽可能地降低体区电阻 R_{br},使 IGBT 的集电极电流在最大允许值 I_{CM} 时,R_{br} 上的压降仍小于 T_2 管的起始导电所必需的正偏压。但在实际工作中 i_c 一旦过大,则可能出现擎住效应。如果外电路不能限制 i_c 的增长,则可能损坏器件。

除过大的 i_c 可能产生擎住效应外,当 IGBT 处于截止状态时,如果集电极电源电压过高,使 T_1 管漏电流过大,也可能在 R_{br} 上产生过高的压降,使 T_2 导通而出现擎住效应。

可能出现擎住效应的第三个情况是:在关断过程中,MOSFET 的关断十分迅速,MOSFET 关断后图 3.7(b)中三极管 T_2 的 J_2 结反偏电压 U_{BA} 增大,MOSFET 关断得越快,集电极电流 i_c 减小得越快,则 $U_{CA}=E_s-R$。

(2)逆变器电路及工作原理

1)180°导电方式

每桥臂导电180°,同一相上下两臂交替导电,各相开始导电的角度差为120°。任一瞬间有3个桥臂同时导通,每次换流都是在同一相上下两臂之间进行,也称为纵向换流。

逆变器箱的逆变控制如图3.8所示,由6个IGBT(绝缘栅双极型晶体管)管组成了一个三相桥式电路。通过Tc车司机室的PWM控制,就可以在输出端得到相位各相差120°(电气角)的三相交流电源。该电源的频率由IGBT管通断频率决定,而幅值则等于直流电源的幅值。

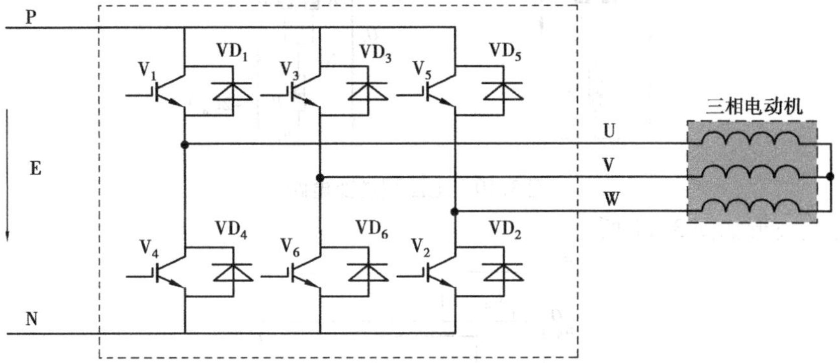

图3.8　逆变器箱的逆变控制

2)波形分析

输入与输出波形:输入为UN,VN,WN;输出则为:UV,VW,WN,如图3.9所示。

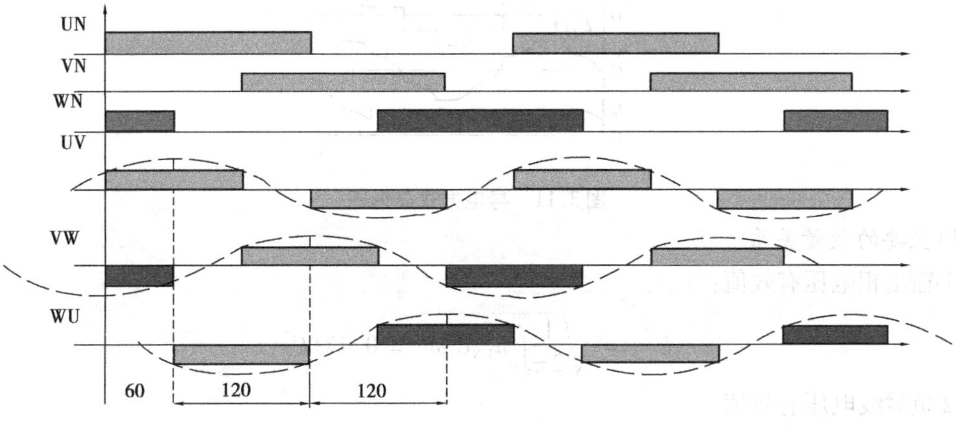

图3.9　波形分析图

直流电压基本无脉动,桥臂1,3,5的电流相加可得直流侧电流 i_d 的波形,i_d 每60°脉动一次,因此逆变器从交流侧向直流侧传送的功率是脉动的,电压型逆变电路的一个特点,如图3.10所示。

导电过程:(*R* 为电动机阻抗)

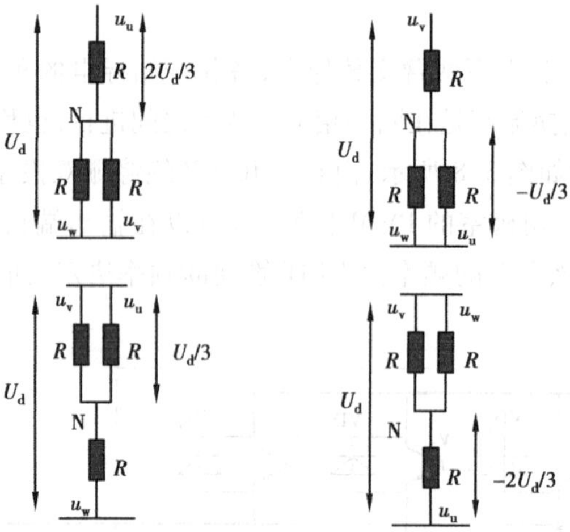

图 3.10　电压型逆变电路

导电方式波形如图 3.11 所示。

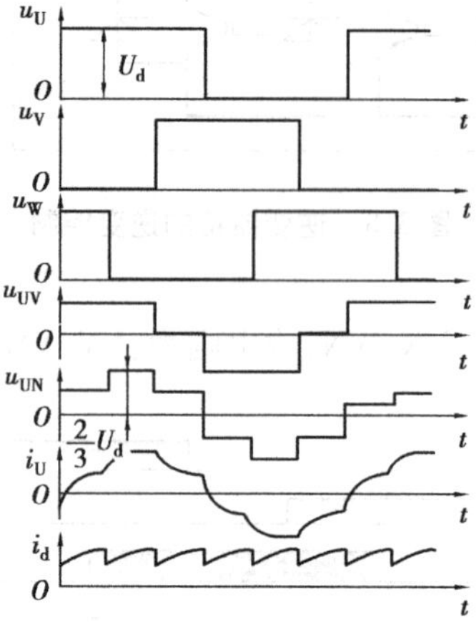

图 3.11　导电方式波形图

3)主要的数量关系

①输出相电压有效值:

$$U_{\mathrm{UN}} = \sqrt{\frac{1}{2\pi}\int_0^{2\pi} u_{\mathrm{UN}}^2 \mathrm{d}\,\omega t} = 0.471U_{\mathrm{d}}$$

②负载线电压有效值:

$$U_{\mathrm{UV}} = \sqrt{\frac{1}{2\pi}\int_0^{2\pi} u_{\mathrm{UV}}^2 \mathrm{d}\,\omega t} = 0.816U_{\mathrm{d}}$$

注意:为了防止同一相上下两桥臂开关器件直通,采取“先断后通”的方法。

4)控制方法——PWM 控制

PWM 控制方法通过控制 IGBT 管(绝缘栅双极型晶体管)的通断,不仅实现了在改变频率的同时也调整了电压,而且可以使逆变器输出电压的高次谐波分量大大减小,因此获得普遍的运用,如图 3.12 所示。

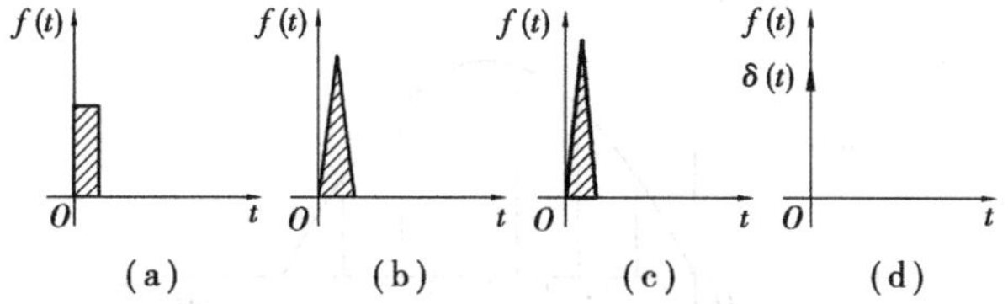

图 3.12　形状不同而冲量相同的各种窄脉冲

V_1,V_4 接 U 相信号,V_2,V_5 接 V 相信号,V_3,V_6 接 W 相信号。信号的相位差为 120°。同相信号交替导通,使输出端成正弦波。

改变相信号导通频率,就改变了电动机的三相交流电频率。改变栅极电压,就可改变输出电压。

(3)VVVF 控制

PWM 控制技术在逆变电路中应用最广,应用的逆变电路绝大部分是 PWM 型,PWM 控制技术正是有赖于在逆变电路中的应用,才确定了它在电力电子技术中的重要地位。本章主要以逆变电路为控制对象来介绍 PWM 控制技术。

1)PWM 控制的基本原理

①理论基础:冲量相等而形状不同的窄脉冲加在具有惯性的环节上时,其效果基本相同。冲量指窄脉冲的面积。效果基本相同,是指该环节的输出响应波形基本相同。低频段非常接近,仅在高频段略有差异。

②面积等效原理:分别将如图 3.12 所示的电压窄脉冲加在一阶惯性环节(R-L 电路)上,如图 3.12(a)所示。其输出电流 $i_{(t)}$ 对不同窄脉冲时的响应波形如图 3.12(b)所示。从波形图可以看出,在 $i_{(t)}$ 的上升段,$i_{(t)}$ 的形状也略有不同,但其下降段则几乎完全相同。脉冲越窄,各 $i_{(t)}$ 响应波形的差异也越小。如果周期性地施加上述脉冲,则响应 $i_{(t)}$ 也是周期性的。用傅里叶级数分解后将可以看出,各 $i_{(t)}$ 在低频段的特性将非常接近,仅在高频段有所不同。

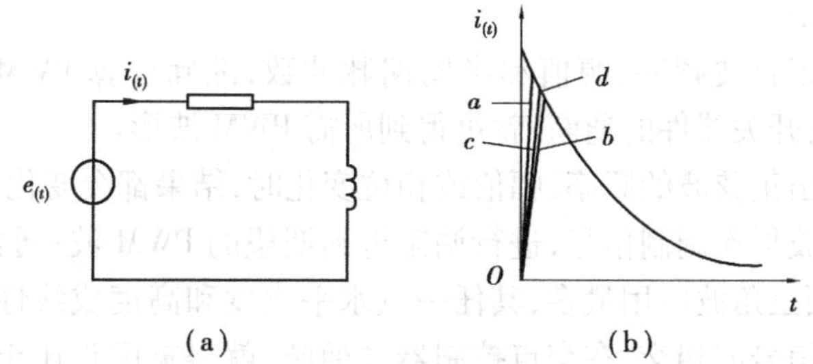

图 3.13　冲量相同的各种窄脉冲的响应波形

用一系列等幅不等宽的脉冲来代替一个正弦半波,将正弦半波 N 等分,并看成 N 个相连的脉冲序列,宽度相等,但幅值不等;用矩形脉冲代替,等幅,不等宽,中点重合,面积(冲量)相等,宽度按正弦规律变化。冲量相同的各种窄脉冲的响应波形如图 3.13 所示。

SPWM 波形——脉冲宽度按正弦规律变化而和正弦波等效的 PWM 波形,如图 3.14 所示。

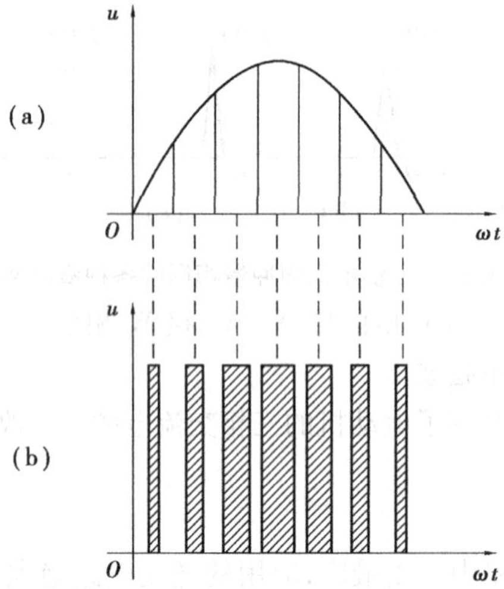

图 3.14　用 PWM 波代替正弦半波

要改变等效输出正弦波幅值,按同一比例改变各脉冲宽度即可。

③等幅 PWM 波和不等幅 PWM 波:由直流电源产生的 PWM 波通常是等幅 PWM 波,输入电源是交流,得到不等幅 PWM 波。基于面积等效原理,本质是相同的。

④PWM 电流波:电流型逆变电路进行 PWM 控制,得到的就是 PWM 电流波。

⑤PWM 波形可等效的各种波形:直流斩波电路:等效直流波形。

SPWM 波:等效正弦波形,还可以等效成其他所需波形,如等效所需非正弦交流波形等,其基本原理和 SPWM 控制相同,也基于等效面积原理。

2)PWM 逆变电路及其控制方法

目前,中小功率的逆变电路几乎都采用 PWM 技术。逆变电路是 PWM 控制技术最为重要的应用场合。本节内容构成了本章的主体,PWM 逆变电路也可分为电压型和电流型两种,目前常用的是电压型。

3)计算法和调制法

①计算法。根据正弦波频率、幅值和半周期脉冲数,准确计算 PWM 波各脉冲宽度和间隔,据此控制逆变电路开关器件的通断,就可得到所需 PWM 波形。

缺点:烦琐,当输出正弦波的频率、幅值或相位变化时,结果都会变化。

②调制法。输出波形作调制信号,进行调制得到期望的 PWM 波;通常采用等腰三角波或锯齿波作为载波;等腰三角波应用最多,其任一点水平宽度和高度成线性关系且左右对称;与任一平缓变化的调制信号波相交,在交点控制器件通断,就得宽度正比于信号波幅值的脉冲,符合 PWM 的要求。

调制信号波为正弦波时,得到的就是 SPWM 波;调制信号不是正弦波,而是其他所需波形时,也能得到等效的 PWM 波。

结合 IGBT 单相桥式电压型逆变电路对调制法进行说明:设负载为阻感负载,工作时 V_1 和 V_2 通断互补,V_3 和 V_4 通断也互补。

A. 控制规律:u_o 正半周,V_1 通、V_2 断、V_3 和 V_4 交替通断,负载电流比电压滞后,在电压正半周,电流有一段为正,一段为负,负载电流为正区间,V_1 和 V_4 导通时,u_o 等于 U_d,V_4 关断时,负载电流通过 V_1 和 VD_3 续流,$u_o=0$,负载电流为负区间,i_o 为负,实际上从 VD_1 和 VD_4 流过,仍有 $u_o=U_d$,V_4 断,V_3 通后,i_o 从 V_3 和 VD_1 续流,$u_o=0$,u_o 总可得到 U_d 和零两种电平。

u_o 负半周,让 V_2 保持通,V_1 保持断,V_3 和 V_4 交替通断,u_o 可得 $-U_d$ 和零两种电平。

B. 单极性 PWM 控制方式(单相桥逆变),如图 3.15 所示。在 u_r 和 u_c 的交点时刻控制 IGBT 的通断。u_r 正半周,V_1 保持通,V_2 保持断,当 $u_r>u_c$ 时使 V_4 通,V_3 断,$u_o=U_d$,当 $u_r<u_c$ 时使 V_4 断,V_3 通,$u_o=0$。u_r 负半周,V_1 保持断,V_2 保持通,当 $u_r<u_c$ 时使 V_3 通,V_4 断,$u_o=-U_d$,当 $u_r>u_c$ 时使 V_3 断,V_4 通,$u_o=0$,虚线 u_{of} 表示 u_o 的基波分量,波形如图 3.16 所示。

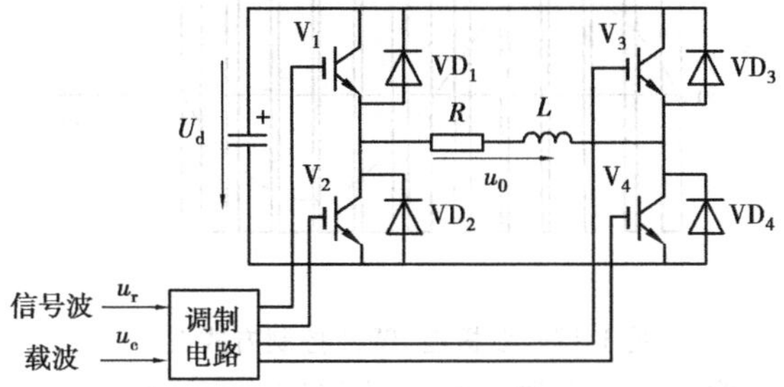

图 3.15 单相桥式 PWM 逆变电路

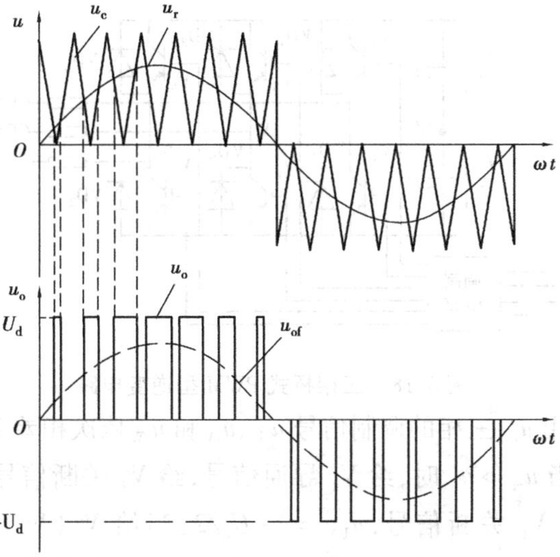

图 3.16 单极性 PWM 控制方式波形

C. 双极性 PWM 控制方式(单相桥逆变):在 u_r 半个周期内,三角波载波有正有负,所得 PWM 波也有正有负。在 u_r 一周期内,输出 PWM 波只有 $\pm U_d$ 两种电平,仍在调制信号 u_r 和载波信号 u_c 的交点控制器件通断。u_r 正负半周,对各开关器件的控制规律相同,当 $u_r>u_c$ 时,给 V_1 和 V_4 导通信号,给 V_2 和 V_3 关断信号,如 $i_o>0$,V_1 和 V_4 通,如 $i_o<0$,VD_1 和 VD_4 通,$u_o=U_d$,当 $u_r<u_c$ 时,给 V_2 和 V_3 导通信号,给 V_1 和 V_4 关断信号,如 $i_o<0$,V_2 和 V_3 通,如 $i_o>0$,VD_2 和 VD_3 通,$u_o=-U_d$。波形如图 3.17 所示。

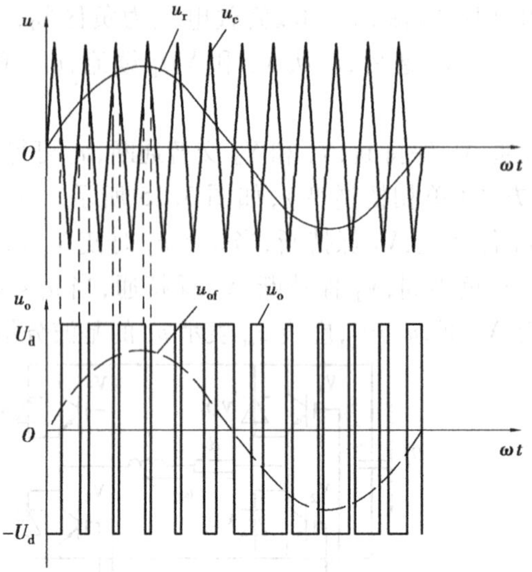

图 3.17 双极性 PWM 控制方式波形

单相桥式电路既可采取单极性调制，也可采用双极性调制。

D. 双极性 PWM 控制方式(三相桥逆变)：如图 3.18 所示。

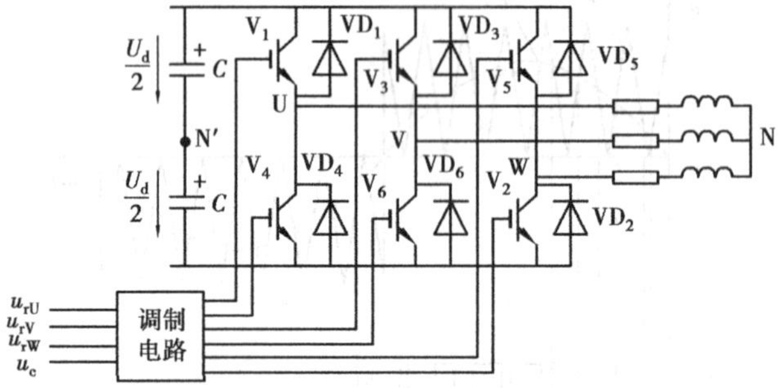

图 3.18 三相桥式 PWM 型逆变电路

三相 PWM 控制公用 u_c，三相的调制信号 u_{rU}、u_{rV} 和 u_{rW} 依次相差 120°。

U 相的控制规律：当 $u_{rU} > u_c$ 时，给 V_1 导通信号，给 V_4 关断信号，$u_{UN'} = U_d/2$，当 $u_{rU} < u_c$ 时，给 V_4 导通信号，给 V_1 关断信号，$u_{UN'} = -U_d/2$；当给 V_1(V_4)加导通信号时，可能是 V_1(V_4)导通，也可能是 V_{D1}(V_{D4})导通。$u_{UN'}$，$u_{VN'}$ 和 $u_{WN'}$ 的 PWM 波形只有 $\pm U_d/2$ 两种电平，u_{UV} 波形可由 $u_{UN'} - u_{VN'}$ 得出，当 1 和 6 通时，$u_{UV} = U_d$，当 3 和 4 通时，$u_{UV} = -U_d$，当 1 和 3 或 4 和 6 通时，$u_{UV} = 0$。波形如图 3.19 所示。

输出线电压 PWM 波由 $\pm U_d$ 和 0 共 3 种电平构成，负载相电压 PWM 波由($\pm 2/3$)U_d、($\pm 1/3$)U_d 和 0 共5 种电平组成。

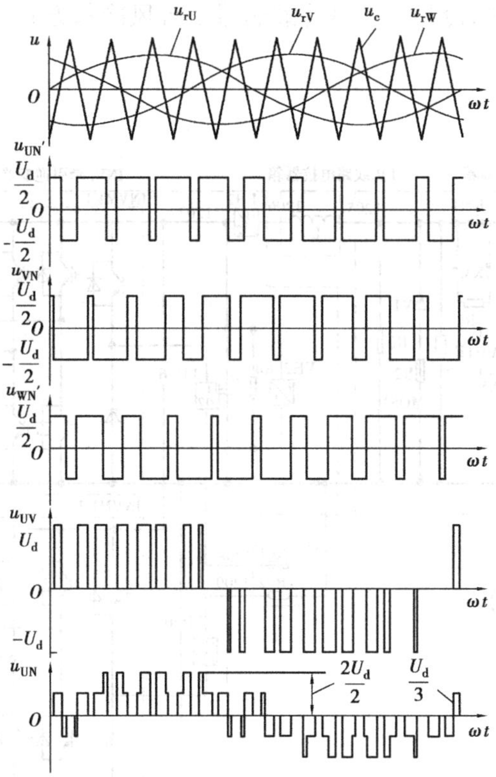

图3.19 三相桥式PWM逆变电路波形

防直通死区时间：

同一相上下两臂的驱动信号互补，为防止上下臂直通造成短路，留一小段上下臂都施加关断信号的死区时间。死区时间的长短主要由器件关断时间决定。死区时间会给输出PWM波带来影响，使其稍稍偏离正弦波。

PWM控制的特点：

①在一个可控功率级内调频、调压，简化了主电路和控制电路的结构，使装置的体积小、质量轻、造价低。

②直流电压可由二极管整流获得，交流电网的输入功率因数接近1；如有数台装置，可由同一台不可控整流器输出作直流公共母线供电。

③输出频率和电压都在逆变器内控制和调节，其响应的速度取决于电子控制回路，而与直流回路的滤波参数无关，所以调节速度快，并且可使调节过程中频率和电压相配合，以获得好的动态性能。

④输出电压或电流波形接近正弦，从而减少谐波分量。

(4)车辆牵引电路

逆变器单元采用IGBT模块，为两电平逆变电路。主电路由两个逆变器单元(INV1，INV2)组成，每个逆变器单元集成三相逆变器的三相桥臂及制动相桥臂，驱动两台异步牵引电动机(1C2M)。两个逆变器单元集成在一个牵引逆变器箱中，驱动4台牵引电动机。逆变器模块采用抽屉式结构;冷却采用热管散热器走行风冷却方式。车辆牵引电路如图3.20所示。

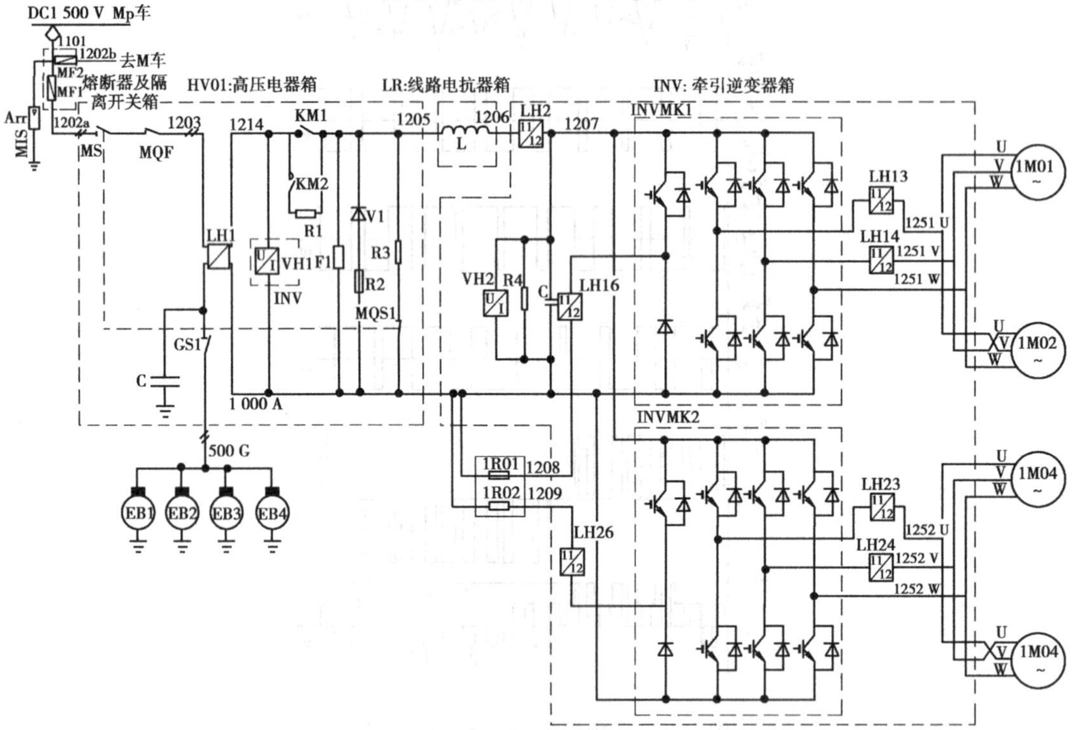

图 3.20　车辆牵引电路

车辆整个牵引电路由一次电路和控制电路组成。一次电路如图 3.20 所示,控制电路由牵引控制单元 DCU 构成(含 VVVF)。

整个系统由受电弓、高速断路器 HSCB、VVVF 牵引逆变器、DCU/UNAS(牵引控制单元)、牵引电机、制动电阻等组成,列车受电弓从接触网受流,通过高速断路器后,将 1 500 VDC 送入 VVVF 牵引逆变器。

VVVF 牵引逆变器采用 PWM 脉宽调制模式,将 1 500 VDC 直流电逆变成频率、电压可调的三相交流电,平行供给车辆 4 台交流鼠笼式异步牵引电机,对电机进行调速,实现列车的牵引、制动功能,其半导体变流元件采用 4 500 V/3 000 A 的 GTO(IGBT),最大斩波频率为 450 Hz。VVV 输出电压的频率调节范围为 0 ~ 112 Hz,幅值调节范围为 0 ~ 1 147 VAC。

逆变器控制装置即传动控制单元(DCU),采用“异步电动机直接转矩控制”“粘着控制”软件和“交流传动模块化设计”硬件,主要完成对 IGBT 逆变器暨交流异步牵引电机的实时控制、粘着控制、制动斩波控制,同时具备完整的牵引变流系统故障保护功能、模块级的故障自诊断功能和一定程度的故障自复位功能以及部分车辆级控制功能,DCU 是组成列车通信网络的一部分,与多功能机车车辆总线 MVB 接口及通信。DCU 集成在一个 7 U 的标准机箱内,安装在逆变器箱(VVVF 箱)中。

车辆 DCU 箱(含 DCU、传感器、IGBT 等),如图 3.21 和图 3.22 所示。

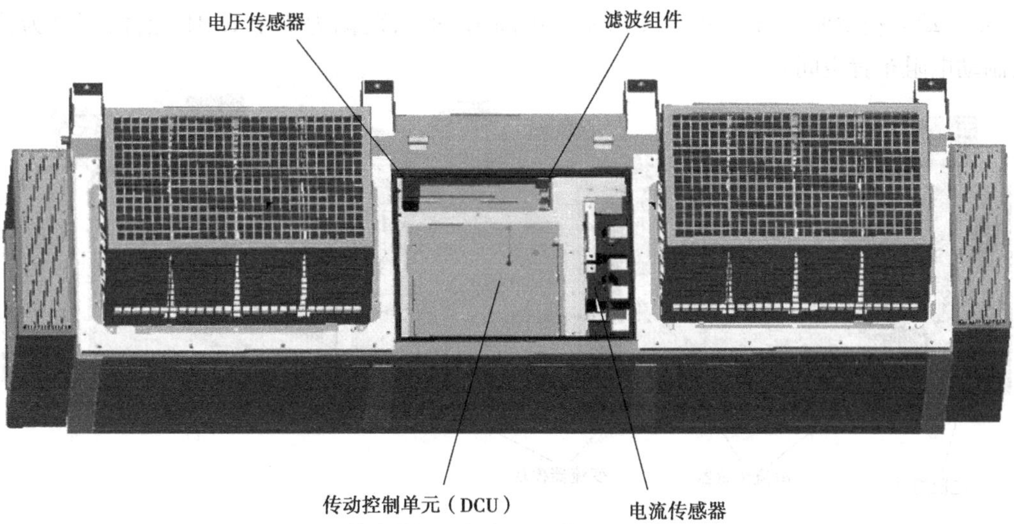

图 3.21

图 3.22

其中,中间 DCU 控制箱如图 3.23 所示。

图 3.23

牵引动力箱主要分布如图3.24所示。中间为DCU,两侧为7个IGBT元件,两侧为传感器、制动电阻布置空间。

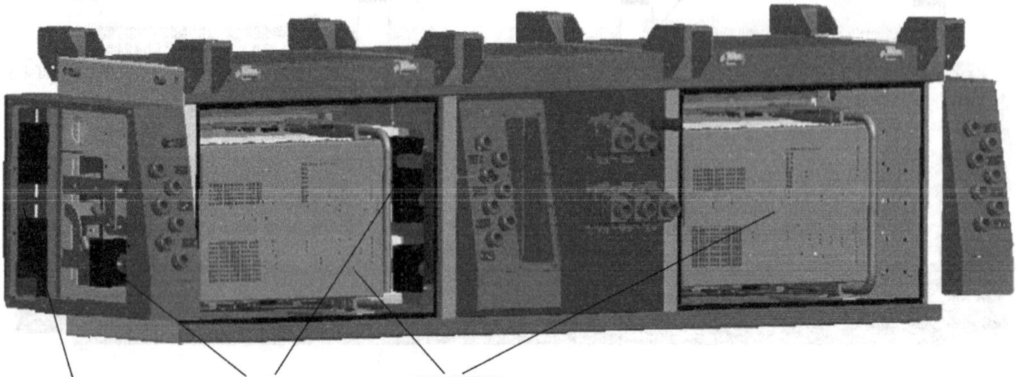

图3.24　牵引动力箱主要分布图

牵引逆变器VVVF参数:

线电压	$U_N = 1\ 000 \sim 1\ 800$ VDC
输入线电流	$I_N = 480$ A
最大线电流(牵引)	$I_{NDMAX} = 692$ A
最大线电流(制动)	$I_{NBMAX} = 1\ 171$ A
输出电流	$I_A = 720$ A
最大输出电流	$I_{AMAX} = 1\ 080$ A
最大保护电流	$I_{MAX} = 2\ 900$ A
输出电压	$U_N = 0 \sim 1\ 050$ V
输出频率	$f_A = 0 \sim 112$ Hz
GTO(IGBT)最大开关频率	$f_P = 450$ Hz
制动斩波模块斩波频率	$f_B = 250$ Hz
模块冷却方式	强迫风冷
模块冷却片风速	$V_L = 8$ m/s

车辆牵引控制主要由VVVF牵引逆变器、牵引控制单元DCU / UNAS及制动电阻组成。

牵引控制单元DCU和逆变器保护单元UNAS设计成一上下两层的机箱,共装有25块电子板。各电子板为标准的193U印刷电路板,使用多层板技术,电子板上的元件采用表面封装(SMD)或插装(DIL)。

DCU的A314和A315板、UNAS的A329和A330板的前面板上通过Harting接插件(48针)与外部电路联接。要实现IGBT大功率三相交流电的变频、变压输出,在这个部件的栅级上,实现对控制信号的调整。这就要靠DCU和UNAS控制电路来完成。

这个电路的控制要点为:

①三相控制信号的相位差要为120°。

②调整信号的开关频率和栅级电压来实现电机的变频、变压输出。

1)逆变器控制单元(DCU)

DCU 为 VVVF 提供脉宽调制信号 PWM,采用空间磁场矢量控制的转矩控制模式,为牵引电机提供矢量控制。

DCU 为双微机工作方式,其 CPU 采用16位中央处理器80C166,工作频率为20 MHz。主控制微机(A304板)负责车辆控制和牵引/制动控制,处理所有的数字/模拟信号,产生相应的控制信号;另一个微机(A303板)接收主控制微机传送来的控制信号,计算产生 VVVF 逆变器的脉冲模式,经 UNAS 保护程序控制 GTO(IGBT)的通/断状态。

整个 DCU 系统的局部总线采用 ADtranz 设计的专用 GERTRAC 总线,连接主控制单元(A304板)、速度信号处理和中断控制模块(A305、A306板)、PDA 数据存储模块(A307板)。

a. 牵引系统的控制与调整;

b. 脉冲模式的产生与优化;

c. VVVF 与牵引电机的控制与保护;

d. 对列车状态的监测与保护;

e. 再生制动与电阻制动的控制与调节;

f. 电制动与气制动的自动转换及列车保压制动的实现;

g. 防滑/防空转保护及载荷调整;

h. 逆变器线路滤波电容器的充放电控制;

i. 列车速度的获取与处理及自动计算停车距离;

j. 列车牵引控制系统的故障诊断与存储;

k. 为其他控制系统提供列车状态信号;

l. 提供串行接口与 PTU 连接,进行监测与控制;

m. 提供"黑匣子"功能;0 ~ 470 s,记录 U、I、V、列车状态、走行距离。

2)DCU 工作原理

DCU 控制主电路原理如图3.25所示,采用直接转矩控制完成对异步牵引电动机的精确转矩控制,实现完全微机化、数字化的实时控制。DCU 具有符合列车通信网络(TCN)IEC61375 标准的 MVB 通信接口,对外与车辆总线相连,与中央控制单元等形成控制与通信系统。DCU 内部则构成并行 AMS 总线。车辆控制以网络为主,具备当列车控制与诊断系统出现故障时,可自动切换到硬连线模式以实现牵引功能。

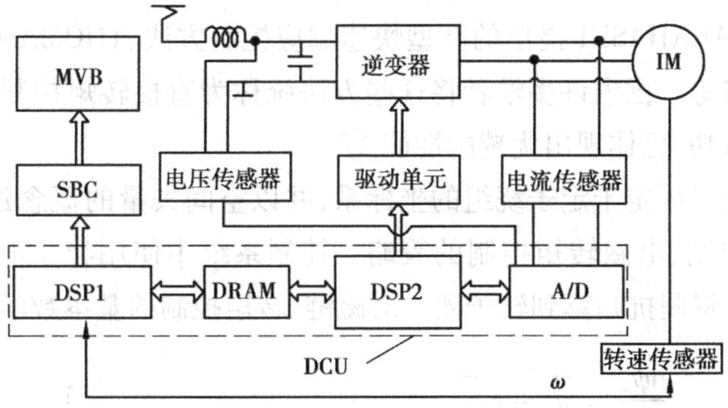

图3.25 DCU 控制主回路示意图

DCU 的控制可分为两层功能,上层的控制功能主要由 SMC 用 ISA 编程,通过对 AMS 总线的控制来实现,下层由电机侧变流器控制器(MCC)实时控制器构成。

①上层控制。

A. 逻辑控制。SMC 根据检测的变流系统的数值、状态、故障信息，结合从 MVB 传下来的命令进行逻辑控制，包括启停控制逻辑、牵引制动转换逻辑、故障保护逻辑等，比较复杂，要求很严格，稍有不对，则会使变流系统不能正常工作，甚至损坏器件。详细要求见《北京地铁房山线传动控制单元逻辑设计》。

B. 特性控制。接收 MVB 传下来的加速度，根据传动比、轮径、传动效率转换成电机转矩，从随速度变化的力矩外包络线查得当前速度下电机的最大转矩，两者比较取小值，作为电机控制的转矩给定，目的是保证牵引系统各项动态特性，加减速要求，同时保护电机防止颠覆。

除上述功能外，上层控制还有故障诊断保护、与 MVB 通信控制等功能。

②电机侧控制。电机侧控制的主要任务是根据电机的参数和状态，控制逆变器的输出电压和频率，使电机的输出转矩与上层控制下达的给定转矩一致，同时进行粘着控制。

DCU 采用直接转矩控制，完成对逆变器与交流异步牵引电机的实时控制，由 TMS320C6711 和 TMS320F2812 两部分程序组成，TMS320F2812 完成电机速度计算和对中间直流电压的过压斩波控制，以及车辆的粘着算法，防空转、滑行处理，并将计算的电机速度和给定力提供给 TMS320C6711 用于对交流异步牵引电机的控制。

A. 直接转矩控制。

异步牵引电动机控制方法经历了转差-电流控制、磁场定向控制和直接转矩控制 3 个发展阶段，其间又派生了许多发展分支。早期的转差-电流控制方法基于异步电动机的稳态数学模型，其动态性能远不能与直流调速系统相媲美；然后出现了磁场定向控制，它基于直流调速系统的控制思想对异步电动机进行矢量解耦，实现磁链、转矩独立调节，达到了与直流调速系统同样的动态响应，同时也带来了新的难题，转子参数及变化规律难以测定；最新的直接转矩控制基于定子磁场定向，数学模型简单，定子参数及变化规律易于测定，有更优良的动态响应；并且针对各种变流系统派生出各种控制策略，完善了控制思想，也体现了其发展潜力。广义而言，直接转矩控制也属于磁场定向控制的范畴。它是在静止坐标系下对异步电动机的定子磁链实行定向控制的同时，直接控制电磁转矩。基于不同技术背景，先后有 Depenbrock 提出的直接自控制、ISAO TAKAHASHI 提出的新型快速响应控制方法、THOMASG . HABELTER 研究的直接转矩控制策略等。国内许多学者将这些方法统称为直接转矩控制。在电力牵引领域，直接自控制法最为成功，已体现出优越的性能。

直接转矩控制选择固定于定子绕组的坐标系，并以空间矢量的概念建立逆变器输出的电压与定子磁链定向控制、电磁转矩控制的策略。控制系统中使用异步电动机 Γ 形等效电路（见图 3.26），其中已将漏抗归算到转子侧。对磁链、转矩控制的基本数学关系为：

$$\left.\begin{aligned}\frac{\mathrm{d}\vec{\psi}_{\mathrm{s}}}{\mathrm{d}t} &= \vec{u}_{\mathrm{s}} - r_{\mathrm{L}}\vec{i}_{\mathrm{s}} \\ \frac{\mathrm{d}T_{\mathrm{e}}}{\mathrm{d}t} &= \frac{3}{2}\frac{pp}{L_{\sigma}}\left[\ (\vec{\psi}_{\mathrm{s}} \times \vec{\psi}_{\mathrm{r}}) \cdot \vec{K}_0 - \dot{\theta}\,|\,\vec{\psi}s\,|^2\ \right]\end{aligned}\right\}$$

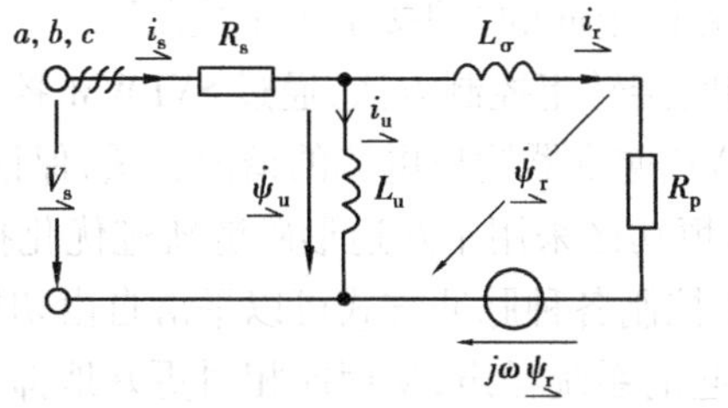

图3.26　异步电动机Γ形等效电路

从上面的数学关系可知,逆变器输出的电压空间矢量对定子磁链、电磁转矩的作用结果与电动机的状态有关。反之,在已知电动机某时刻状态的条件下,根据电动机定子磁链定向的基本要求,总能选择合适的电压空间矢量去控制定子磁链的幅值、相位和电磁转矩的大小。基于这种简单的物理概念,Depenbrock 教授在直接自控制法中,针对高电压、大功率器件(如 GTO 等)开关频率有限等因素,提出了定子磁链以六边形轨迹运动、对转矩进行 band-band 控制的基本思想。基本控制框图如图 3.27 所示。

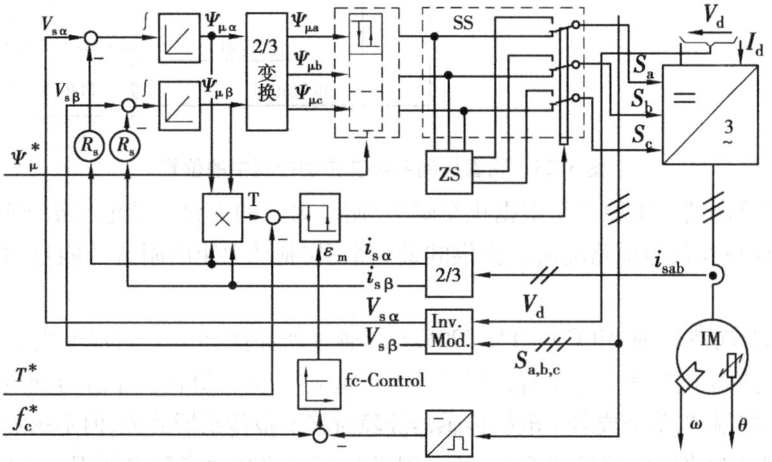

图3.27　基本控制框图

B. 直接转矩控制具有以下特点:

a. 无须坐标变换、控制结构简单、易于实现;

b. 完全的瞬态控制,反馈信号处理相当简便,无须特殊处理,可直接用于控制系统的各环节的计算;

c. 定子磁链的计算受电动机定子电阻的影响,但在实际控制系统中,定子参数易于测量、修正、补偿;

d. 在恒功弱磁工况,采取所谓"动态弱磁控制",简单易行。

e. 在 band-band 控制转矩的同时,又直接形成了 PWM 信号,可充分利用开关频率;

f. 在启动和低速阶段,由于开关器件最小导通时间的限制,如果只通过转矩的 band-band 控制来变换有效电压矢量和零电压矢量,不可能得到所希望的较小的平均输出电压;另外,由于定子电阻的影响,六边形或十八边形定子磁链轨迹将产生较为严重的畸变。因此,只能采用不同的控制方案——以圆形磁链定向的“间接定子量控制”。

DCU 在低速启动区采用间接转矩控制方法,通过 SVPWM 控制技术,可保证开关频率的充分利用,尽可能地降低了 VVVF 逆变器输出电流的谐波含量,保证主牵引系统工作在较低的噪声范围内。DCU 在高速区和恒功区采用十八边形磁链轨迹优化控制技术,开关频率可以得到充分利用,同时因为直接转矩控制各种脉冲方式可以平滑自由切换,降低了同步调制各种分频模式切换带来的电流冲击引起的系统噪声,从而能相对更好地抑制主牵引系统电磁噪声。

③粘着控制。粘着控制系统也是传动控制系统的一部分,由 MCC 的 TMS320F2812 控制。如图 3.28 所示,它的主要作用是在线路状况变化不定的情况下,通过对电机速度、电机转矩等信息的采集、分析和处理,结合 SMC 送给 MCC 的电机转矩,向电机控制系统发出合适的电机转矩给定,使得机车能够以线路当前最大的粘着系数运行,从而获得最大的粘着利用率。

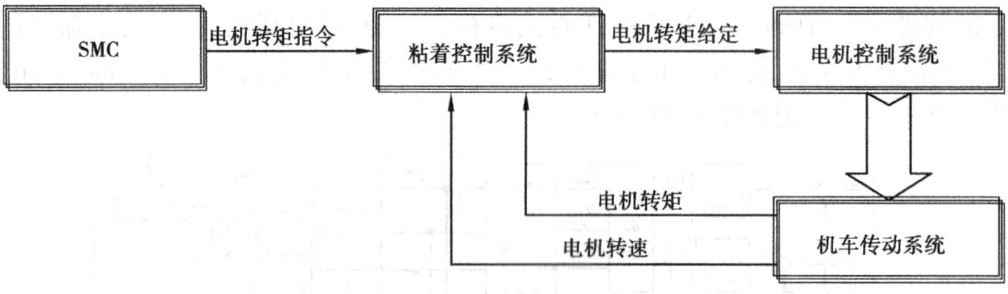

图 3.28　粘着控制系统在传动控制中的位置

粘着控制算法的基本原理是根据机车牵引/制动力矩的变化调节电机给定转矩,使机车牵引/制动力矩保持在最当前路况所能提供的最大牵引/制动力矩的附近并能自动跟随机车运行路况的变化。

速度计算及斩波处理:MCC 的 TMS320F2812 通过硬件捕捉单元捕捉电机速度传感器的脉冲,将计算出的单个电机速度送粘着控制以及司机室显示,并计算出一个综合速度送直接转矩控制和上层特性控制,当单个或多个电机传感器故障时将上报传感器故障,但不影响车辆运行。

当车辆制动时将向电网反馈能量,而电网吸收不了的制动能量将利用斩波电阻来消耗,斩波处理也由 MCC 的 TMS320F2812 来完成,发出脉冲方式为 band-band 控制,即电压超过某一值开通,低于某一值关断。

DCU 主要负责牵引/制动控制、脉冲模式产生、逆变器保护、速度测量、牵引/制动指令参考值处理、转矩控制、电压电流控制等。

DCU 从列车线和外部控制系统(ATO)接收司机指令及 RVC(牵引/制动参考值转换器)的指令参考值,接收本车的 3 个电机速度信号、拖车的一个转轴速度信号、各个模拟信号测量值,根据参考值和实际检测值进行计算,脉冲模式发生器 A303 板产生脉冲模式指令信号(PMA,PMB,PMC,PMBS),送入逆变器保护单元 UNAS 处理后再向 VVVF 的逆变模块和制动斩波模块发出;为了故障和状态显示的需要,DCU 的 3 个等级的故障信号和 3 个列车模拟信号值(速度、网压、牵引力)输出到中央故障存储单元 CFSU;为了满足列车制动的需求,向电子制动单元 ECU 输出 3 个电制动信号(电制动力矩、电制动正常、滑行保护作用);UNAS 向 DCU 提供牵引电机控制所需的所有测量值(如电机电流、电容电压等)及 UNAS 的保护动作信息;VVVF 内的线路滤波电容由 DCU 直接控制充放电；通过一个 V24 接口，可用 PTU 读取过程数据存储器 PDA 和"黑匣子"KWR 中的数据。

DCU 的软件主要分为车辆控制软件、牵引/制动控制软件和故障诊断软件等。

牵引/制动控制软件主要分为 4 个模块：线路电容器充放电控制模块、牵引/制动指令参考值处理模块、转矩矢量控制模块和电阻制动控制模块。

A. 线路电容器充放电控制模块。控制充电接触器 K3、放电接触器 K4 和线路接触器 K1 的动作及电容器的充放电。该模块在软件和硬件中均设有联锁，保证 K3 和 K4 不会同时闭合，以避免主电路短路。

B. 牵引/制动指令参考值处理模块。DCU 接收输入的牵引/制动指令、方向指令、限速指令及指令参考值等，在牵引/或制动工况下对参考值进行转矩特性调整，使转矩参考值与车辆的牵引/制动转矩特性相适应，并经过冲击极限、最大速度限制、最大线电流、防滑/防空转粘着保护计算等，形成最终的牵引/制动转矩参考值，传送到转矩矢量控制模块。

C. 转矩矢量控制模块。转矩控制采用矢量控制模式，基本思想是将交流电机等效为直流电机，按直流电机的控制理论来实现对交流电机的控制，以获得与直流电机一样的良好动态特性。应用坐标变换方法，根据电机的相电流、线电压和转速，通过磁场观测器，计算出电机转子的实际磁场矢量、实际转矩等。通过矢量变换，实现对异步交流电机转速和磁场的完全解耦，控制电机的转子磁场。转矩矢量控制模块是 DCU 控制软件中的核心部分。

D. 电阻制动控制模块。列车制动时，一般优先进行再生制动。该模块检测电容电压 XUD，一旦超过设定值（1 800 V），由再生制动转入电阻制动，并计算制动斩波器的开通占空比，输出斩波器通断指令信号。

故障诊断软件对 DCU/ UNAS、VVVF 及各种外围设备的故障进行诊断，将故障数据记录在处理数据存储单元 PDA 中。

3）逆变器保护监控单元 UNAS

逆变器保护单元 UNAS 负责 VVVF 牵引逆变器的保护，与 DCU 一起组成车辆的牵引/制动控制系统。

UNAS 处理 DCU 的脉冲模式发生器 A303 板产生的脉冲模式指令信号和控制微机 A304 板发出的使能信号，转化成各个 GTO 的通断指令；通过控制 GTO 的通断，在 VVVF 工作的过程中进行保护（软保护），防止电过载和热过载，及实现相模块中 GTO 的联锁逻辑保护；UNAS 与 GTO 之间的开关指令和通断状态反馈信号的传输采用光纤以防止电磁干扰，在有 GTO 通断故障时，实施与电源的隔离；向 DCU 发出线路接触器 K_1 分断指令；UNAS 的诊断微处理器存储保护动作信息，可用 PTU 经 RS232 串行接口读取存储的数据；另外，UNAS 通过 4 根故障信号线可向 DCU 发送 16 个故障信息代码，存入过程数据存储器 PDA 中。

在 UNAS 的中央处理诊断板（A325）面板上提供了与 PTU 通信的串行接口，可对 VVVF 和 UNAS 进行监测。

①对 VVVF 逆变器进行监测与保护：电压电流保护、温度保护，分为 3 级。

②为 GTO（IGBT）进行脉冲分配；

③电压电流的获取值处理：将 LEM 传感器输出的 0 ~ 20 mA 电流值转换成 -10 ~ +10 V 电压信号送入 DCU。

④对 VVVF 进行初始化。开钥匙后，UNAS 启动板向 GTO(IGBT)发出“关断→导通→关断→导通”指令(800 ms)，否则发出“严重故障”信号。

⑤监测 GTO(IGBT)开/关状态；

⑥VVVF 及 UNAS 本身的故障诊断及存储。

(5)常见故障处理

DCU 采用两种形式完成故障记录：一是向列车控制与诊断系统上传故障信息，记录故障日志，即对故障发生的类别、发生的时间、工况、速度等状态信息进行记录；二是 DCU 记录波形数据，即在故障发生前后的一段时间，对相关电气参数(如直流环节电压、输出电流、手柄级位等)的采样数据进行记录并保存，通过 DCU 提供的标准以太网口，可以在需要时利用专用 PTU 软件将这些故障历史数据下载下来，并以图形方式回放数据波形，实现故障诊断。

牵引控制单元对自身检测到的故障具有较为完善的处理功能，对于一般性故障在故障条件消失之后可以自行恢复，对于严重性故障能够及时保护，为防止故障扩大范围，具体的处理内容见《北京地铁房山线项目牵引传动系统用户手册》中的故障处理一览表，当故障对策需要对 DCU 进行处理时，请按表 3.1 中的处理对策进行。

表 3.1　故障定义及 DCU 处理策略(5 例)

故障名称	故障定义	司机屏显示内容	保护动作	维修处理对策
网压过压	电网电压 $\geq U_{net\_max}$	VVVF 故障，并显示故障内容	跳主断	1. 需手动复位故障，故障可以复位的请下载故障数据供给分析；故障无法被复位的，在库内检修下列方面： ①通过测量模拟输入 A 插件 3A 测试孔，检测测量值与实际值比例是否对应； ②2 项检测正常，更换电机信号插件； ③2 项检测不正常，先更换模拟输入 A 插件，更换后测试仍不正常请按牵引逆变器用户手册更换网压传感器
网压欠压	电网电压 $\leq U_{net\_min}$		封逆变器，当网压恢复到 U_ref 时自动恢复运行	1. 检测模拟输入 A 插件 3A 测试孔，检测测量值与实际值比例是否对应； 2. 1 项检测正常，更换 MCC； 3. 1 项检测不正常，先更换模拟输入 A 插件，更换后测试仍不正常请按牵引逆变器用户手册更换网压传感器
直流过压	直流电压 $\geq U_{d\_max}$	VVVF 故障，并显示故障内容	跳主断	1. 需手动复位故障，故障可以复位的请下载故障数据供给分析；故障无法被复位的，在库内检修下列方面： ①通过测量模拟输入 A 插件 3B 测试孔，检测测量值与实际值比例是否对应； ②2 项检测正常，更换电机信号插件； ③2 项检测不正常，先更换模拟输入 A 插件，更换后测试仍不正常请按牵引逆变器用户手册更换直流电压传感器

续表

故障名称	故障定义	司机屏显示内容	保护动作	维修处理对策
直流欠压	直流电压 $\leqslant U_{d\_min}$		封逆变器,当网压恢复到U_ref时自动恢复运行	1. 检测模拟输入A插件3B测试孔,检测测量值与实际值比例是否对应; 2. 1项检测正常,更换MCC; 3. 1项检测不正常,先更换模拟输入A插件,更换后测试仍不正常请按牵引逆变器用户手册更换直流电压传感器
直流过流	直流电流超限 I_{d_max}	VVVF故障,并显示故障内容	跳主断	1. 需手动复位故障,故障可以复位的请下载故障数据供给分析;故障无法被复位的,在库内检修下列方面: ①通过测量模拟输入A插件4A测试孔,检测测量值与实际值比例是否对应; ②2项检测正常,更换电机信号插件; ③2项检测不正常,先更换模拟输入A

思考与练习

1. 画出IGBT电路图,并详述IGBT的静态特性和动态特性。
2. 详述逆变器的工作原理,并画出三相逆变波形图。
3. PWM的英文全称是什么,其基本原理有哪些?

任务2 辅助电源设备(SIV)

任务目标

在该任务中,主要掌握变压、整流工作原理。逆变器的工作原理已经在前一个任务中进行了描述。除此之外,还应掌握蓄电池的构成和工作原理。掌握设备常出现的故障现象及处理方法。

任务重点

在高压设备中,辅助电源是列车运行的重要设备,因此,三相交流电的形成、整流电路、蓄电池就是本任务中应该重点掌握的知识。

知识准备

三相交流电、三相桥式整流、单相桥式整流。

知识描述

(1)SIV 辅助电源电路

SIV 是列车除牵引之外的其他设备所使用的电源。它主要输出两个电源等级,即交流 380 V和 220 V 电源、直流 110 V 电源和 24 V 电源。

该电源设备放置在 Tc 车上,设备包括:SIV 箱、电池组箱、逆变器和充电箱。其辅助电源电路如图 3.29 所示。

在图 3.29 中,SIV 的基本工作过程为:

①由 SPS 引入高压电压进入 IVFL 电抗器中,以过滤直流中的杂波,以保证直流电压的平直性。

②当直流电压进入 A1 逆变主控元件 IGBT 中。其逆变过程同任务 1 中的逆变过程,这里 PWM 控制信号是一个在固定频率控制信号,IGBT 的三相交流输出电压为:三相交流电压经过 ACL(电感)和 ACC(电容)组成的 50 Hz 选频振荡电路,以阻止逆变电路中输出杂波信号成分。

③变压器是将高压变为正常使用的工频三相交流电,以供应列车交流电设备使用。如车用空调设备、照明设备等。交流回路按两个主回路输出。

④取三相 380 V 电压,经 AL 滤波,进入三相桥式整流电路,输出半波交流信号。再经过 A2 可控硅元件,来调整输出单相交流电压幅值。

⑤TR2 为单相变压器,主要是将间相交流电压经桥式整流电路,完成半波整流,而 DL 和 CF3,则形成了滤波电路,以保证 DC110 和稳定输出。在直流输出中,并接一路连接蓄电池充电电路中。

⑥取 DC110 V 电压,经 DY2 直流电压变换后,输出 DC24 V 电压。

⑦取 380 V 交流电压,经三相整流、变压形成 DC48 V 电压,供散热电机使用。

(2)SIV 控制单元

SIV 控制单元,不仅负责三相交流电变频信号的输出,也会为半桥逆变电路输出变频信号,同时会根据负载的变化,调整其输出电压。电路中各种传感器(电压传感器、电流传感器等),为车辆"网控系统"提供分析数据、判断,使其完成对辅助电源设备的监控,如图 3.30 所示。

(3)电源主要设备

1)IGBT

IGBT 的逆变工作原理已经在前一个任务中进行了详述。在该电路中,其信号为固定的频率 50 Hz。

2)直流电抗器"IVFL"

IVFL 直流电抗器主要用于直流 750 V 电压的交流信号滤波,以稳定由接触网引入的直流电压,保证逆变后的交流信号质量,如图 3.31 所示。

3)交流滤波电抗和滤波电容

交流滤波电容(ACC 见图 3.32)和交流滤波电抗(ACL 见图 3.33)组成了一个 50 Hz 的低通滤波器,它的作用是让固定 50 Hz 的信号通过,阻止其他信号。

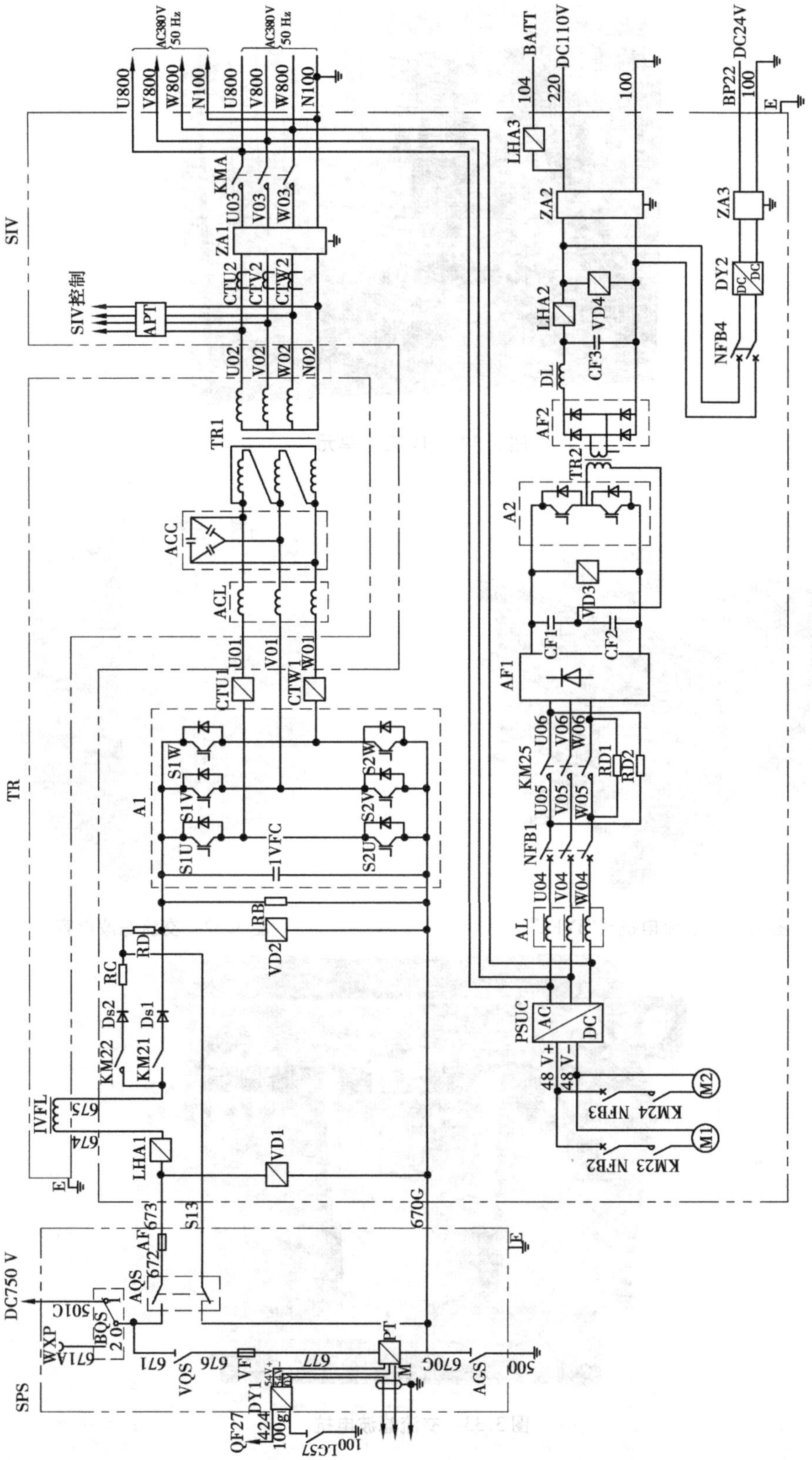
SIV
TR
SPS
AC380 V 50 Hz
U800
V800
W800
N100
BATT
DC110V
DC24V
104
220
100
BP22
E
LHA3
ZA2
ZA3
DY2
NFB4
KMA
U03
V03
W03
ZA1
CTU2
CTV2
CTW2
APT
SIV控制
U02
V02
W02
N02
TR1
ACC
ACL
U01
V01
W01
CTU1
CTW1
A1
S1U
S1V
S1W
S2U
S2V
S2W
1VFC
RB
VD2
RD
RC
Ds2
Ds1
KM22
KM21
IVFL
675
674
LHA1
VD1
673
S13
670G
AF
AQS
672
DC750 V
501C
BQS
WXP
671A
671
676
VQS
VF
677
PT
M
670G
AGS
500
DY1
424
100g
QF27
100LG57
LHA2
VD4
CF3
DL
AF2
TR2
A2
VD3
CF1
CF2
AF1
U06
V06
W06
KM25
U05
V05
W05
RD1
RD2
NFB1
U04
V04
W04
AL
PSUC
AC
DC
48 V+
48 V−
M1
M2
KM24 NFB3
KM23 NFB2

图3.29 辅助电源电路

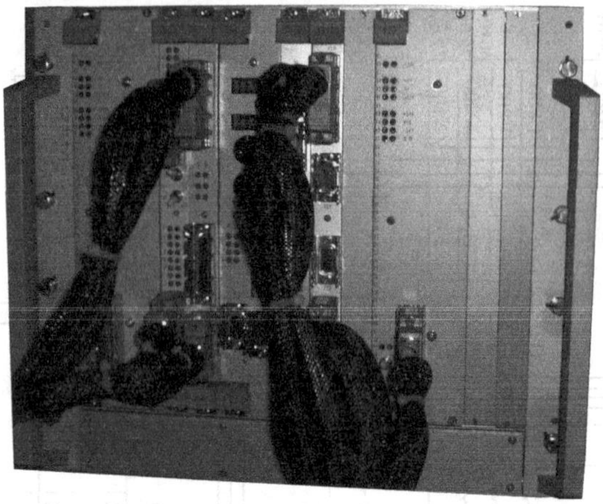

图 3.30 SIV 控制单元

图 3.31 直流电抗器“IVFL”

图 3.32 交流滤波电容

图 3.33 交流滤波电抗

4)变压器 TR1

在 SIV 电路中,TR1 三相变压器为辅助电源中的主要设备,其型号为 SG-180,三相干式变压器散热是靠两台 48 V 直流电风扇进行散热。变压器的输入为 620 V 三相交流电,经变压器变压输出为 380 V 三相交流电和 220 V 单相交流电。变压器为为△/Y形接法,如图 3.34 所示。

图 3.34 变压器 TR1

5)电源滤波器(ZA1)

电源滤波器主要用于对三相工频交流电进行滤波,以减少干扰杂波对电源的影响。其型号为 EMI NF411A400/11。ZA1 实为低通三相四线一级共模电源滤波器,其电路如图 3.35 所示。

滤波器的作用就是允许有用频段中的信号尽可能无衰减地通过,而最大可能地抑制有用频段外的所有无用的干扰噪声。

按频带范围分类,滤波器可分为以下 3 种,即低通滤波器、带通滤波器和高通滤波器。

①低通滤波器,如图 3.36 所示。

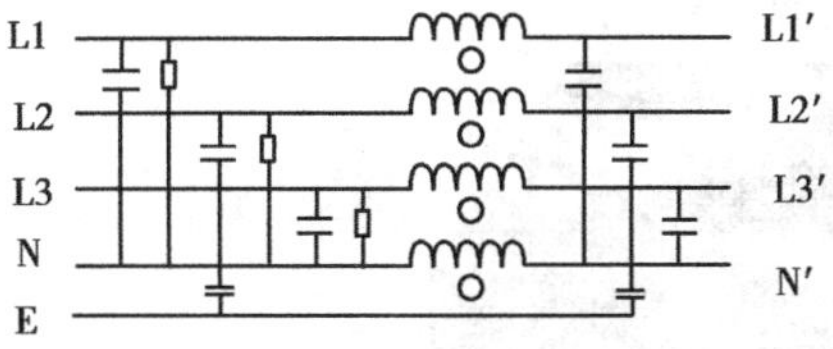

图 3.35 电源滤波器电路

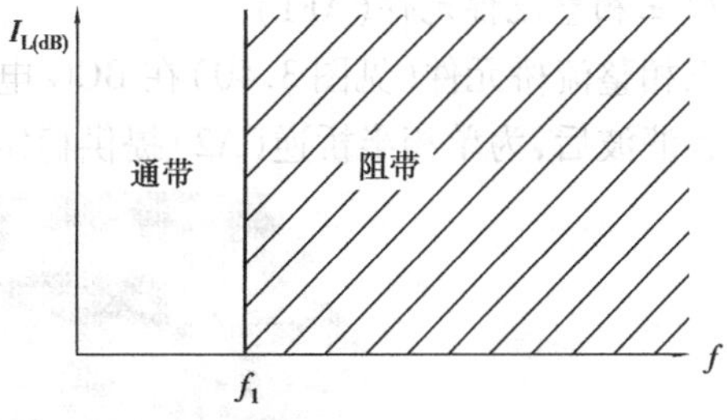

图 3.36 低通滤波器

②带通滤波器,如图 3.37 所示。

③高通滤波器,如图 3.38 所示。

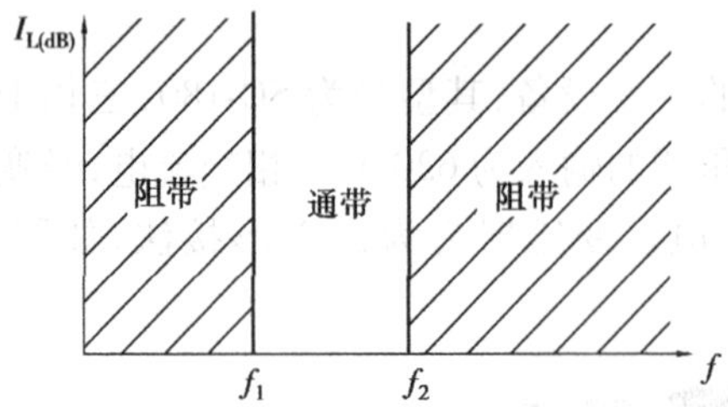

图 3.37　带通滤波器

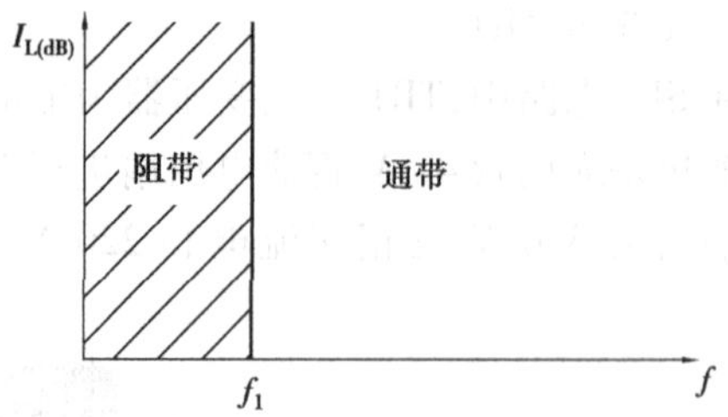

图 3.38　高通滤波器

6）BCG 电路

BCG 电路（A20 模块）为蓄电池及 DC110 V 负载提供电源，如图 3.39 所示。逆变器电路产生的三相 AC380 V/50 Hz 电压经三相电抗器（AL）、三相整流桥形成较稳定的直流中间电压，经 BCG 模块上的滤波电容器滤波后送给 BCG 的半桥逆变电路（A2）；控制单元控制半桥逆变电路产生高频 PWM 电压，经高频变压器 TR2 变换、输出至整流桥（AF2）、滤波得到 DC110 V 输出电压，ZA2 为直流滤波器。

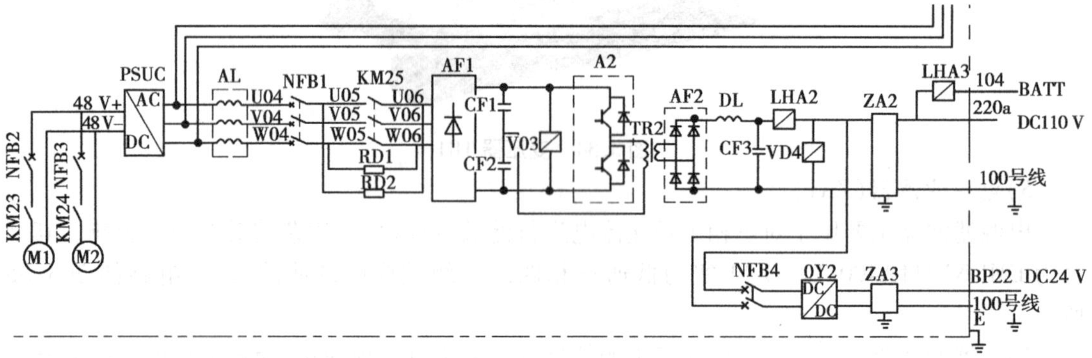

图 3.39　BCG 电路图

DC24 V 电源（A30）模块将 DC110 V 电源经过高频 DC/DC 变换为 DC24 V 输出电压，给车辆仪表、头灯、警报等负载供电。

7）三相整流桥元件（AF1）

三相整流桥元件（见图 3.40）在 BCG 电路中也是一个重要的元件，它主要完成三相整流。经电容滤波后，为单相半桥逆（A2）提供稳定的直流电源。

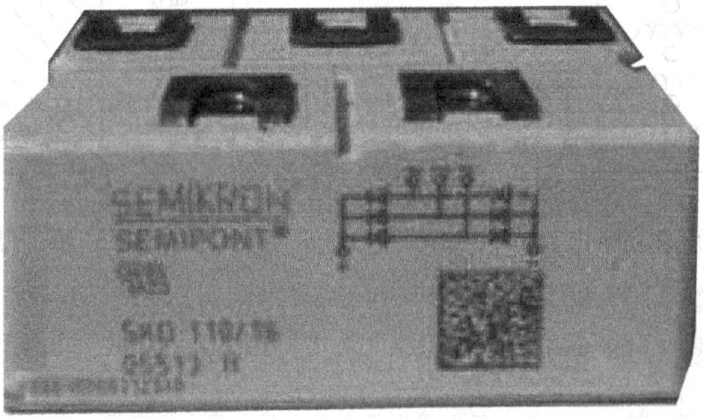

图 3.40　三相整流桥元件

思考与练习

1. SIV在车辆电器中起哪些作用？输出几种电源？
2. 在什么电源电路中，要使用滤波电容？
3. 画出三相整流电路，并简述工作原理。

任务3 列车蓄电池及充电设备

任务目标

在该任务中主要掌握蓄电池构造与原理、电解液和反应方程式。

任务重点

在高压设备中，辅助电源是列车运行的重要设备，因此三相交流电的形成、整流电路、蓄电池就是本任务中应该重点掌握的知识。

知识准备

化学方程平衡式。

知识描述

列车蓄电池是列车供电系统没有连接接触网时使用的电能，整个电池组为 2 V×55 组 = 110 V。电池为串联连接，并置放于Tc车辆下。如图3.41所示为电池箱体，蓄电池如图3.42所示。

图3.41 电池箱体

图3.42 蓄电池

(1) G型铅蓄电池（酸性）

在自然界中，能量的转换可以在物质的不同形态中进行。铅蓄电池就是化学能转换为电能的一种装置。首先来看看铅蓄电池的结构。

1）蓄电池基本结构原理

①极板。极板是蓄电池的核心部分，蓄电池充、放电的化学反应主要是依靠极板上的活性

物质与电解液进行的。极板分正极板和负极板，由栅架和活性物质组成。

②栅架。栅架的作用固结活性物质。栅架一般由铅锑合金铸成，具有良好导电性、耐蚀性和一定机械强度。铅占94%，锑占6%。加入锑是为了改善力学强度和浇铸性能。为了增加耐腐蚀性，加入0.1%~0.2%的砷，提高硬度与机械强度，增强抗变形能力，延长蓄电池的使用寿命。

③电解液体。纯硫酸（H_2SO_4）液体为无色液体，而电解液在蓄电池的化学反应中，起到离子间导电的作用，并参与蓄电池的化学反应。电解液由纯硫酸与蒸馏水按一定比例配制而成，其密度一般为1.24~1.31 g/cm^3。

电解液的纯度对蓄电池的电气性能和使用寿命有重要影响，一般工业用硫酸和普通水中，含有铁、铜等有害杂质，绝对不能加入蓄电池中，否则会发生自放电，损坏极板。

在蓄电池中最主要的3个部件是：PbO_2，Pb，H_2SO_4。PbO_2 是二氧化铅板（正极），Pb是铅板（负极），H_2SO_4 是硫酸液。酸蓄电池结构如图3.43所示。

正极板上活性物质是二氧化铅（PbO_2），呈黑色；负极板上活性物质为海绵状纯铅（Pb），呈青灰色。

将正、负极板各一片浸入电解液中，可获得2 V左右的电动势。为了增大蓄电池的容量，常将多片正、负极板分别并联，组成正、负极板组，在每个单格电池中，正极板的片数要比负极板少一片，每片正极板都处于两片负极板之间，可以使正极板两侧放电均匀，避免因放电不均匀造成极板拱曲。

下面将分析这3种物质的形态：

a（正极板）二氧化铅板：材料呈现黑色状，耐腐蚀，如图3.44所示。

b（负极板）铅板：材料呈银灰色，耐腐蚀，如图3.45所示。

c（电解液）硫酸：为液体，纯硫酸无色，有较强的腐蚀性。

两种材料在电池中交叉设置，不同形式的电池有不同的组合方式。其充放电极面积越大，则电动势就越高。如果要求的输出电压高，可以通过串接电池组。

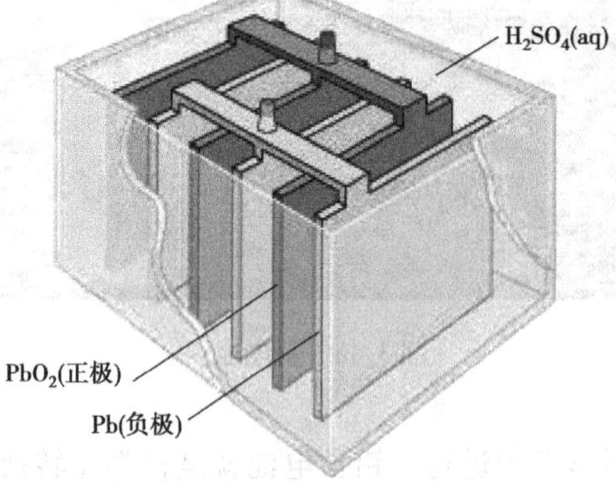

图3.43　酸蓄电池结构

图3.44　二氧化铅板

图 3.45 铅板

2)酸型电池的工作原理

硫酸铅蓄电池充放电过程的化学反应方程式为:

$$PbO_2 + 2H_2SO_4 + Pb \underset{充电}{\overset{放电}{\rightleftharpoons}} PbSO_4 + 2H_2O + PbSO_4$$

充电过程(见图 3.46):铅酸蓄电池充电时,电解液中的硫酸不断增多,水逐渐减少,溶液比重上升。

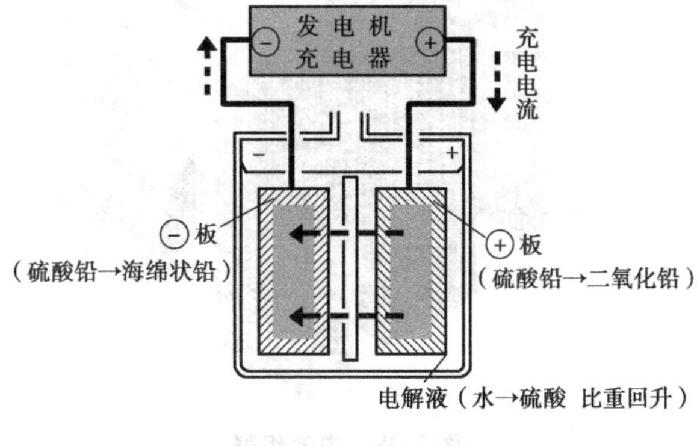

图 3.46 铅酸蓄电池充电过程

放电过程(见图 3.47):铅酸蓄电池放电时,电解液中的硫酸不断减少,水逐渐增多,溶液比重下降。

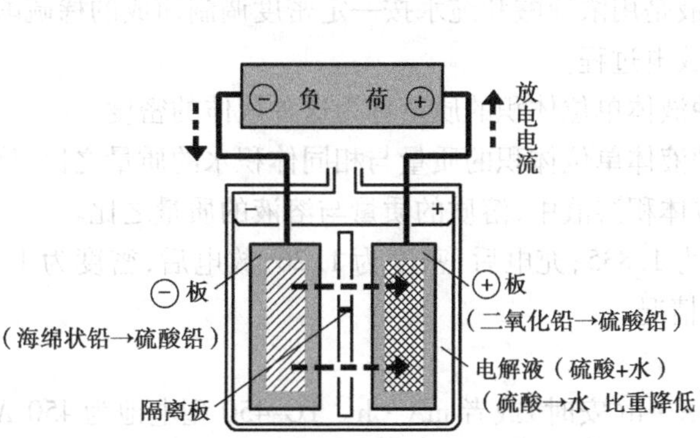

图 3.47 铅酸蓄电池放电过程

从上面可以看出，在实际工作中，可以根据电解液比重的变化来判断铅酸蓄电池的充电程度。

3）车辆TG蓄电池结构

①正极板群：为增大蓄电池的容量，获得较大的放电电流，蓄电池的极板由10片组成。每片正极板又包括板栅铅芯、套管和作用物质3部分。

②负极板群：负极板群由11片涂膏式负极板组成，每片负极板由栅格状基板和铅膏两部分组成。

③隔板：隔板用来隔离正负两极，防止它们互相短接。

④电池槽：电池槽是盛装极板群和电解液的容器。

⑤电池盖及浮标。

⑥在车辆上一个TG蓄电池有2 V电压，要满足110 V直流蓄电的要求，应有24个电池串接而成一个电池组群（见图3.48）。

图3.48 电池组群

4）电解液

铅蓄电池的电解液是用浓硫酸和纯水按一定密度调制而成的稀硫酸。其作用是与铅板和氧化铅板完成蓄电和放电过程。

液体密度：把某种液体单位体积的质量称为这种液体的密度。

液体比重：把某种液体单位体积的质量与相同体积水的质量之比，称为比重。

液体浓度：是单位体积溶液中，溶质的质量与溶液的质量之比。

在15 ℃时，密度为1.835；充电后，密度为1.26；放电后，密度为1.15。用电池上的浮标（比重计）来观察充电情况。

5）电池容量单位

电池容量单位为A · h（安时）或者mA · h。TG-450型电池为450 A · h。电池充满电后，如果用电负荷电流为45 A，最多可用到10 h。

6)铅蓄电池的特性

①电动势:蓄电池的电动势在充电后略有降低,在放电后略有升高。

②端电压:蓄电池的端电压随电池充放电的状态而变化。

③容量:蓄电池由充电充足状态,放电至规定终止电压时所放出的总电量为蓄电池的容量。

a.放电率:蓄电池放电至终了电压的快慢称为放电率。

b.电解液温度:电解液温度高时,蓄电池容量增大,反之,容量下降。

④内阻:蓄电池的内阻包括极板的电阻、电解液的电阻以及作用物质细孔内所含电解液的电阻等。

⑤自放电:蓄电池在外电路开路时其容量的无益消耗称为自放电。

⑥效率:表示蓄电池电量或能量利用程度的百分数称为蓄电池的效率。其表示方法有两种,即安时效率和瓦时效率。

7)铅蓄电池充放电注意事项

①初充电:指新造电池使用前的第一次充电。

②普通充电:运用电池因放电或经过检修后为恢复容量而进行的充电。

③放电试验:为了检查电池充电后的容量,都要进行放电试验。

(2)GN型碱性蓄电池

镉镍蓄电池是碱性蓄电池,其优点:腐蚀性小、环境污染小,自放电小及低温性能好,寿命长。一般情况一个电池能完成。

1)镉镍蓄电池的构造

①构造:正极板、负极板、隔离物、壳体和电解液5大部分。

A.氢氧化镍板(正极板),它是氢氧化镍附着在基板上的一种材料。基板由金属材料组成,如图3.49所示。

镉板(负极板):银白色,能延展,用于原子能工业;也可用于电镀、制合金等,镉是一种有毒的金属,如图3.50所示。

图3.49 氢氧化镍板

图3.50 镉板

B. 氢氧化钾溶液(电解液),氢氧化钾为白色粉末或片状固体,具强碱性及腐蚀性,极易吸收空气中水分而潮解,吸收二氧化碳而成碳酸钾。溶于水,也能溶于乙醇和甘油。当溶解于水、醇或用酸处理时产生大量热量。0.1 mol/L 溶液的 pH 为 13.5。相对密度为 2.044。熔点为 380 ℃(无水)。中等毒,大多数致死量(大鼠,经口)为 1 230 mg/kg。

氢氧化钾溶液:氢氧化钾溶液能溶于水,在溶解过程中会释放热量,溶液呈白色或稍带黄色液体。正常溶液的密度为 1.19 ~ 1.21(15 ℃时)。

②电池基本结构:

镍镉蓄电池的正极材料为氢氧化镍和石墨粉的混合物,负极材料为海绵网筛状镉粉和氧化镉粉,电解液通常为氢氧化钠或氢氧化钾溶液,如图 3.51 所示。当环境温度较高时,使用密度为 1.17 ~ 1.19(15 ℃时)的氢氧化钠溶液。当环境温度较低时,使用密度为 1.19 ~ 1.21(15 ℃时)的氢氧化钾溶液。在 −15 ℃以下时,使用密度为 1.25 ~ 1.27(15 ℃时)的氢氧化钾溶液。为兼顾低温性能和荷电保持能力,密封镍镉蓄电池采用密度为 1.40(15 ℃时)的氢氧化钾溶液。为了增加蓄电池的容量和循环寿命,通常在电解液中加入少量的氢氧化锂(大约每升电解液加 15 ~ 20 g)。其结构为:

a. 正极板;

b. 负极板;

c. 隔膜;

d. 电极;

e. 一体化注液口;

f. 阻燃聚丙烯外壳。

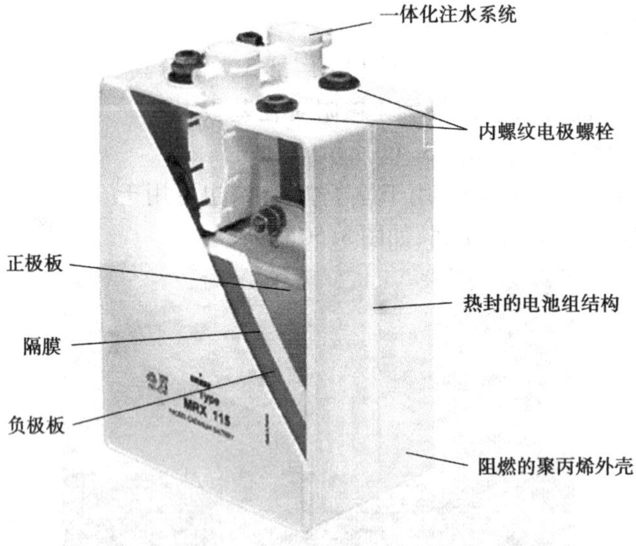

图 3.51　镍镉蓄电池的基本结构图

2)电化学反应过程

电化学反应方程为:

$$2Ni(OH)_2 + 2KOH + Cd(OH)_2 \underset{充电}{\overset{放电}{\rightleftharpoons}} 2NiOOH + 2KOH + 2H_2O + Cd$$

①放电过程中的化学反应：

A. 负极反应。负极上的镉失去两个电子后变成二价镉离子 Cd^{2+}，然后立即与溶液中的两个氢氧根离子 OH^- 结合生成氢氧化镉 $Cd(OH)_2$，沉积到负极板上。

B. 正极反应。正极板上的活性物质是氢氧化镍（NiOOH）晶体。镍为正三价离子（Ni^{3+}），晶格中每两个镍离子可从外电路获得负极转移出的两个电子，生成两个二价离子 $2Ni^{2+}$。与此同时，溶液中每两个水分子电离出的两个氢离子进入正极板，与晶格上的两个氧负离子结合，生成两个氢氧根离子，然后与晶格上原有的两个氢氧根离子一起，与两个二价镍离子生成两个氢氧化亚镍晶体。

②充电过程中的化学反应：

充电时，将蓄电池的正、负极分别与充电机的正极和负极相连，电池内部发生与放电时完全相反的电化学反应，即负极发生还原反应，正极发生氧化反应。

A. 负极反应。充电时负极板上的氢氧化镉，先电离成镉离子和氢氧根离子，然后镉离子从外电路获得电子，生成镉原子附着在极板上，而氢氧根离子进入溶液参与正极反应。

B. 正极反应。在外电源的作用下，正极板上的氢氧化亚镍晶格中，两个二价镍离子各失去一个电子生成三价镍离子，同时，晶格中两个氢氧根离子各释放出一个氢离子，将氧负离子留在晶格上，释出的氢离子与溶液中的氢氧根离子结合，生成水分子。然后，两个三价镍离子与两个氧负离子和剩下的两个氢氧根离子结合，生成两个氢氧化镍晶体。

蓄电池充电终了时，充电电流将使电池内发生分解水的反应，在正、负极板上将分别有大量氧气和氢气析出。从上述电极反应可以看出，氢氧化钠或氢氧化钾并不直接参与反应，只起导电作用。从电池反应来看，充电过程中生成水分子，放电过程中消耗水分子，因此充、放电过程中电解液浓度变化很小，不能用密度计检测充放电程度。

3）主要性能参数及技术要求

①电压：充电电压、放电电压、额定电压。

②容量：其定义与铅蓄电池相同。

③自放电率：其定义与铅蓄电池相同。

④寿命：蓄电池每充放电一次称为一次循环。一般为 1 000 次以上。

⑤保存期：保存期为 4 年。

⑥外观要求（略）。

⑦气塞密闭性要求（略）。

4）镉镍电池的主要特点

①电解液只作为电流的传导体，浓度不起变化。

②电池的充放电程度不能根据电解液的密度变化来判断，而是在充电时以电压的变化来判断。

③在充放电过程中随着电化反应的加剧，在正极板上析出氧气，负极板上析出氢气。

④密封式镉镍电池在制造时使负极板上物质过量，以避免氢气的析出，而在正极上产生的氧气因电化作用而被负极板吸收，防止了蓄电池内部气体聚集，保证了蓄电池在密封条件下正常工作。

(3)蓄电池的维修

1)基本检查

①按照表检查电解液(密度或比重检查)。

更换电解液:以额定流的1/5进行放电,使电池的电压为1 V时,倒出旧电解液,加入新电解液,新电解液密度为1.19~1.21。

②检查电池容量。

③把电池的容量分类。

④装车前充电。

⑤电池温度检查。

2)硫酸电解液调制方法

在实际的配制过程中,我们往往提出配制出电解液的密度要求,但在配制过程中,确按浓度配制方法进行配制。因此,密度与浓度的关系要由下面的公式关系进行换算。

①液体的质量:

$$m = \rho \times V \times \omega$$

式中 ρ——密度;

V——体积;

ω——浓度。

②物质的量:

$$n = \frac{\rho \times V \times \omega}{M}$$

式中 M——摩尔质量,g/mol;

n——摩尔数。

③物质量的浓度:

$$c = \frac{1\ 000 \times \rho \times w\%}{M}$$

式中 $w\%$——质量分数。

通过上面公式的相互换算,才能得出密度与浓度之间的关系。为了简便,在实际应用中,通过浓度与密度关系表(已经计算出的表格)便可查询,详见表3.2。

表3.2 浓度与密度关系表

H_2SO 质量%	密度(0 ℃)	密度(5 ℃)	密度(10 ℃)	密度(15 ℃)	密度(20 ℃)	密度(25 ℃)	密度(30 ℃)	密度(40 ℃)	密度(50 ℃)
15	1.111 6	1.109 3	1.106 9	1.104 5	1.102 0	1.099 4	1.096 8	1.091 4	1.085 7
16	1.119 4	1.117 0	1.114 5	1.11 20	1.109 4	1.106 7	1.104 0	1.098 5	1.092 7
17	1.127 2	1.124 7	1.122 1	1.119 5	1.116 8	1.114 1	1.111 3	1.105 7	1.099 8
18	1.135 1	1.132 5	1.129 8	1.127 1	1.124 3	1.121 5	1.113 7	1.112 9	1.107 0
19	1.143 0	1.140 3	1.137 5	1.134 7	1.131 8	1.129 0	1.126 1	1.120 2	1.114 2
20	1.151 0	1.148 1	1.145 3	1.142 4	1.139 4	1.136 5	1.133 5	1.127 5	1.127 5

续表

H_2SO 质量%	密度（0 ℃）	密度（5 ℃）	密度（10 ℃）	密度（15 ℃）	密度（20 ℃）	密度（25 ℃）	密度（30 ℃）	密度（40 ℃）	密度（50 ℃）
21	1.159 0	1.156 0	1.153 1	1.150 1	1.147 1	1.144 1	1.141 0	1.134 9	1.128 8
22	1.167 0	1.164 0	1.160 9	1.157 9	1.154 8	1.151 7	1.148 6	1.142 4	1.136 2
23	1.175 1	1.172 0	1.168 8	1.165 7	1.162 6	1.159 4	1.156 3	1.150 0	1.143 7
24	1.183 2	1.180 0	1.176 8	1.173 6	1.170 4	1.167 2	1.164 0	1.157 6	1.151 2
25	1.191 4	1.188 1	1.184 8	1.181 6	1.178 3	1.175 0	1.171 8	1.165 3	1.158 8
26	1.199 6	1.196 2	1.192 8	1.189 6	1.186 2	1.182 9	1.179 6	1.173 0	1.166 5
27	1.207 8	1.204 4	1.201 0	1.197 6	1.194 2	1.190 9	1.187 5	1.180 8	1.174 2
28	1.216 0	1.212 6	1.209 1	1.205 7	1.202 3	1.198 9	1.195 5	1.188 7	1.182 0
29	1.224 3	1.220 8	1.217 3	1.213 8	1.210 4	1.206 9	1.203 5	1.196 6	1.189 8
30	1.232 6	1.229 1	1.225 5	1.222 0	1.218 5	1.215 0	1.211 5	1.204 6	1.197 7
31	1.240 9	1.237 4	1.233 8	1.230 2	1.226 7	1.223 2	1.219 6	1.212 6	1.205 7
32	1.249 3	1.245 7	1.242 1	1.238 5	1.234 9	1.231 4	1.227 8	1.220 7	1.213 7
33	1.257 7	1.254 1	1.250 4	1.246 8	1.243 2	1.239 6	1.236 0	1.228 9	1.221 8
34	1.266 1	1.262 5	1.258 8	1.255 2	1.251 5	1.247 9	1.244 3	1.237 1	1.230 0
35	1.274 6	1.270 9	1.267 2	1.263 6	1.259 9	1.256 3	1.252 6	1.245 4	1.238 3
36	1.283 1	1.279 4	1.275 7	1.272 0	1.268 4	1.264 7	1.261 0	1.253 8	1.246 6
37	1.291 7	1.288 3	1.284 3	1.280 5	1.276 9	1.273 2	1.269 5	1.262 2	1.255 0
38	1.300 4	1.296 6	1.292 9	1.289 1	1.285 5	1.281 8	1.278 0	1.270 7	1.263 5
39	1.309 1	1.305 3	1.301 6	1.297 8	1.294 1	1.290 4	1.286 6	1.279 3	1.272 0
40	1.319 9	1.314 1	1.310 3	1.306 5	1.302 8	1.299 1	1.295 3	1.288 0	1.280 6
41	1.326 8	1.332 6	1.319 1	1.315 3	1.311 6	1.307 9	1.304 1	1.296 7	1.289 3
42	1.335 7	—	1.328 0	1.344 2	1.320 5	1.316 7	1.312 9	1.305 5	1.298 1
43	1.344 7	—	1.337 0	1.333 2	1,329 4	1.325 6	1.321 8	1.314 4	1.307 0
44	1.353 8	—	1.346 1	1.342 3	1.338 4	1.334 6	1.330 8	1.322 4	1.316 0
45	1.363 0	—	1.355 3	1.351 5	1.347 6	1.343 7	1.339 9	1.332 5	1.325 1
46	1.372 4	—	1.364 6	1.360 8	1.356 9	1.353 0	1.349 2	1.341 7	1.334 3
47	1.381 9	—	1.374 0	1.370 2	1.366 3	1.362 4	1.358 6	1.351 0	1.343 5
48	1.391 5	—	1.383 5	1.379 7	1.375 8	1.371 9	1.368 0	1.360 4	1.352 8
49	1.4012	—	1.393 1	1.389 3	1.385 4	1.381 4	1.377 5	1.369 9	1.362 3
50	1.411 0	—	1.402 9	1.399 0	1.395 0	1.391 1	1.387 2	1.379 5	1.371 9

续表

H_2SO 质量%	密度 (0 ℃)	密度 (5 ℃)	密度 (10 ℃)	密度 (15 ℃)	密度 (20 ℃)	密度 (25 ℃)	密度 (30 ℃)	密度 (40 ℃)	密度 (50 ℃)
51	1.420 9	—	1.412 8	1.408 8	1.404 9	1.400 9	1.397 0	1.389 3	1.381 6
52	1.431 0	—	1.422 8	1.418 8	1.414 8	1.410 9	1.406 9	1.399 1	1.391 4
53	1.441 2	—	1.432 9	1.428 9	1.424 8	1.420 9	1.416 9	1.409 1	1.401 3
54	1.4515	—	1.443 1	1.438 1	1.435 0	1.437 0	1.427 0	1.419 1	1.411 3
55	1.4619	—	1.453 5	1.449 4	1.445 3	1.441 2	1.437 2	1.429 3	1.421 4
56	1.4724	—	1.464 0	1.459 8	1.455 7	1.451 6	1.487 5	1.439 6	1.431 7
57	1.4830	—	1.474 6	1.470 3	1.466 2	1.462 1	1.458 0	1.450 0	1.442 0
58	1.493 7	—	1.485 2	1.480 9	1.476 8	1.472 6	1.468 5	1.460 4	1.452 4
59	1.594 5	—	1.495 9	1.491 6	1.487 5	1.483 2	1.479 1	1.470 9	1.462 9
60	1.515 4	1.511 1	1.506 7	1.502 4	1.498 2	1.494 0	1.489 8	1.481 6	1.473 5
61	1.526 4	1.522 0	1.517 7	1.513 3	1.509 1	1.504 8	1.500 6	1.492 3	1.484 2
62	1.537 6	1.533 1	1.528 7	1.521 3	1.520 0	1.515 7	1.511 5	1.503 1	1.494 9
63	1.548 7	1.544 2	1.539 8	1.535 4	1.531 0	1.526 7	1.522 4	1.514 0	1.505 8
64	1.560 0	1.555 5	1.551 0	1.546 5	1.542 1	1.537 8	1.533 5	1.525 0	1.516 7
65	1.571 3	1.566 8	1.562 2	1.557 8	1.553 3	1.549 0	1.544 6	1.536 1	1.527 7
66	1.582 8	1.578 2	1.573 6	1.569 1	1.564 6	1.560 2	1.555 8	1.547 2	1.538 8
67	1.594 3	1.589 6	1.585 0	1.580 5	1.576 0	1.571 5	1.567 1	1.558 4	1.549 9
68	1.605 8	1.601 2	1.596 5	1.591 9	1.587 4	1.582 9	1.578 4	1.569 7	1.561 1
69	1.617 5	1.612 8	1.608 1	1.603 5	1.598 9	1.594 4	1.589 9	1.581 1	1.572 5
70	1.629 3	1.624 5	1.619 8	1.615 1	1.610 5	1.605 9	1.601 4	1.592 5	1.583 8
71	1.641 1	1.636 3	1.631 5	1.626 8	1.622 1	1.617 5	1.613 0	1.604 0	1.595 2
72	1.652 9	1.648 1	1.643 3	1.638 5	1.633 9	1.629 2	1.624 6	1.615 6	1.606 7
73	1.664 9	1.660 0	1.655 1	1.650 3	1.645 6	1.640 9	1.636 3	1.627 1	1.618 2
74	1.676 8	1.671 9	1.667 0	1.662 2	1.657 4	1.652 6	1.648 0	1.638 7	1.629 7
75	1.688 8	1.683 8	1.678 9	1.674 0	1.669 2	1.664 4	1.659 7	1.650 3	1.641 2
76	1.700 8	1.695 8	1.690 8	1.685 8	1.681 0	1.676 1	1.671 3	1.661 9	1.652 6
77	1.712 7	1.707 7	1.702 6	1.697 6	1.692 7	1.687 8	1.682 9	1.673 4	1.654 0
78	1.724 7	1.719 5	1.714 4	1.709 3	1.704 3	1.699 4	1.694 4	1.681 7	1.675 1
79	1.736 5	1.731 3	1.726 1	1.720 9	1.715 8	1.710 8	1.705 8	1.695 9	1.686 2
80	1.748 2	1.742 9	1.737 6	1.732 4	1.727 2	1.722 1	1.717 0	1.706 9	1.697 1

续表

H_2SO质量%	密度(0 ℃)	密度(5 ℃)	密度(10 ℃)	密度(15 ℃)	密度(20 ℃)	密度(25 ℃)	密度(30 ℃)	密度(40 ℃)	密度(50 ℃)
81	1.759 7	1.754 2	1.748 9	1.743 5	1.738 3	1.733 1	1.727 9	1.717 7	1.707 7
82	1.770 9	1.765 3	1.759 9	1.754 4	1.749 1	1.743 7	1.738 5	1.728 1	1.718 0
83	1.781 6	1.775 9	1.770 4	1.764 9	1.759 4	1.754 0	1.748 7	1.738 2	1.727 9
84	1.791 6	1.786 0	1.780 4	1.774 8	1.763 9	1.753 8	1.758 5	1.747 9	1.737 5
85	1.800 9	1.795 3	1.789 7	1.784 1	1.778 6	1.773 2	1.767 8	1.757 1	1.746 6
86	1.809 5	1.803 9	1.798 3	1.792 7	1.781 2	1.781 8	1.776 3	1.765 7	1.755 2
87	1.817 3	1.811 7	1.806 1	1.800 6	1.791 5	1.789 7	1.780 2	1.773 6	1.763 2
88	1.824 3	1.818 7	1.813 2	1.807 7	1.802 2	1.796 8	1.791 5	1.780 9	1.770 5
89	1.830 6	1.825 0	1.819 5	1.814 1	1.808 7	1.803 3	1.797 9	1.787 4	1.771 0
90	1.836 1	1.830 6	1.825 0	1.819 8	1.814 4	1.809 1	1.803 8	1.793 3	1.782 9
91	1.841 0	1.835 6	1.830 2	1.824 8	1.819 5	1.814 2	1.809 0	1.798 6	1.788 3
92	1.845 3	1.839 9	1.834 6	1.829 3	1.824 0	1.818 8	1.813 6	1.803 3	1.793 2
93	1.849 0	1.843 7	1.838 4	1.833 1	1.827 9	1.822 7	1.817 6	1.807 4	1.797 4
94	1.852 0	1.846 7	1.841 5	1.836 3	1.831 2	1.826 0	1.821 0	1.811 0	1.801 1
95	1.854 4	1.849 1	1.843 9	1.838 8	1.833 7	1.828 6	1.823 8	1.813 7	1.804 0
96	1.856 0	1.850 8	1.845 7	1.840 6	1.835 5	1.830 5	1.825 5	1.815 7	1.806 0
97	1.856 9	1.851 7	1.846 6	1.841 4	1.836 4	1.831 4	1.826 4	1.816 6	1.807 1
98	1.856 7	1.851 5	1.846 3	1.841 1	1.836 1	1.831 0	1.826 1	1.816 3	1.868 0
99	1.855 1	1.849 8	1.844 5	1.839 3	1.834 2	1.829 2	1.824 2	1.814 5	1.805 0
100	1.851 7	1.846 3	1.840 9	1.835 7	1.830 5	1.825 5	1.820 5	1.810 7	1.801 3

例题 配制10 L密度为1.28的硫酸溶液,请计算所需的配制材料。(材料:纯水,98%的硫酸液,按25 ℃换算)

解

查表:在25 ℃的情况下,密度为1.28的硫酸溶液,其浓度为38%。

①计算出10 L所需配制硫酸溶液的质量:$10\times1.28=12.8$ kg。

②计算出溶质的质量:$12.8\times38\%=4.864$ kg。

查表:在25 ℃的情况下,98%硫酸溶液,其密度为:1.831。

①计算出溶质为4.864 kg,98%的溶液需要多少:$X\times1.831\times98\%=4.864$,$X=2.710$ kg

②计算出水溶液$12.8-2.710=10.09$ kg。

答:需要98%硫酸2.710 kg,纯水10.09 kg。

配置方法:由于在硫酸稀释过程中会释放大量的热量。所以只能先将硫酸慢慢地倒入水中,并不停地搅拌,等冷却后再加入水,反复多次至水加完为止。

3)点温器的使用

CEM 华盛昌 DT-9862 红外摄温仪结构坚实,内置激光指示和可见光摄像头,增加了被测目标的准确性,彩色 LCD 和按键组合,非常方便的符合人体工程学的操作。该摄温仪最大的特点就是可以以视频(AVI)和图像(JPG)形式记录再现测温现场环境,50:1的距离比,最高测温可达 2 200 ℃。如图 3.52 所示为点温器。

图 3.52　点温器

①产品结构,如图 3.53 所示。

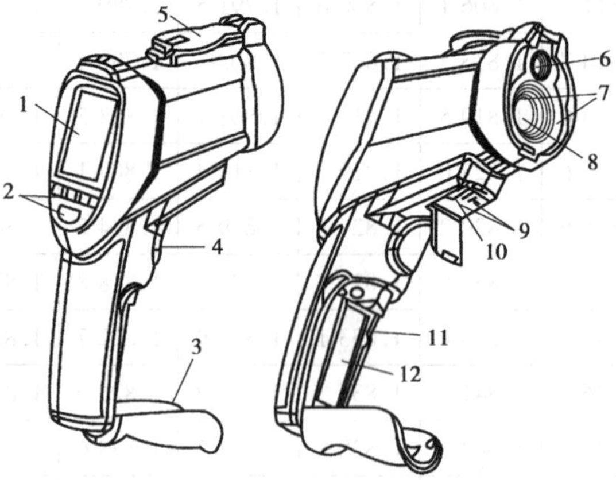

图 3.53　点温器结构

1—LED 显示屏;2—按键;3—电池盖;4—测温按键;5—镜头盖;6—摄像头;7—激光;8—红外传感器;9—K 型热电偶插座;10—USB 接口插座;11—SD 卡插座;12—电池

②产品特性,如图 3.54 所示。

电温器具有以下特性

a. 2.2″TFT LCD 显示屏;

b. 640 × 480 像素(30 万像素)可见光摄像头;

c. 支持视频(AVI)和图像(JPG)拍摄预览和输出;

d. Micro SD 存储卡;

e. 可测空气温度和湿度;

f. 露点温度和湿球温度;

g. 双激光瞄准;

h. K 型热电偶探头;

i. 可调发射率;

j. 高精度;

k. 快速响应时间。

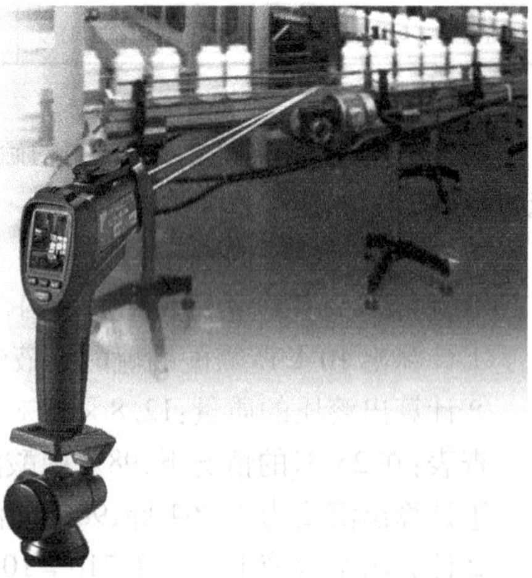

图 3.54　点温器特性

③技术指标(见图3.55)。

A.红外测温:

温度范围	-50~2 200 ℃(-58~3 992 ℉)
D:S	50:1
精度	±3.5 ℃(6.3 ℉) -50~20 ℃(-58~68 ℉)
	±1% ±1.0 ℃(1.8 ℉) 20~500 ℃(68~932 ℉)
	±1.5% 500~1 000 ℃(932~1 832 ℉)
	±2.0% 1 000~2 200 ℃(1 832~3 992 ℉)
分辨率	0.1 ℃(0.1 ℉) <1 000 ℃
1 ℃(1 ℉)	>1 000 ℃
重复性	±1.5 ℃(2.7 ℉) -50~20 ℃(-58~68 ℉)
	±0.5%或±0.5 ℃(0.9 ℉) 20~1 000 ℃(68~1 832 ℉)
	±1.0% 1 000~2 200 ℃(1 832~3 992 ℉)
响应时间	150 ms
光谱响应	8~14 μm
发射率	数字可调形式0.10~1.00

B.K型温度测量:

温度范围	-50~1 370 ℃(-58~2 498 ℉)
准确性	±2.5 ℃(4.5 ℉) -50~0 ℃(-58~32 ℉)
	±0.5% ±1.5 ℃(2.7 ℉) 0~1 370 ℃(32~2 498 ℉)
显示分辨率	0.1 ℃(0.1 ℉) <1 000 ℃
	1 ℃(1 ℉) >1 000 ℃

C.空气温度和相对湿度测量:

空气温度范围	0~50 ℃(32~122 ℉)
露点温度范围	0~50 ℃(32~122 ℉)
相对湿度范围	0~100% RH
空气温度精度	±0.5 ℃(0.9 ℉) 10~40 ℃
	±1.0 ℃(1.8 ℉) 其他
露点温度精度	±0.5 ℃(0.9 ℉) 10~40 ℃
	±1.0 ℃(1.8 ℉) 其他
相对湿度精度	±3% RH 40%~60%
	±3.5% RH 0%~40%和60%~80%
	±5% RH 0%~20%和80%~100%
工作温度	0~50 ℃(32~122 ℉)
储藏温度	-10~60 ℃(14~140 ℉)
相对湿度	10~90% RH 操作
显示	2.2″ 320×240 LCD彩色背光

D.电源:

电池	可充电电池
电池工作时间	约 4 h 连续使用
电池充电时间	约 2 h AC 适配器或 USB 连接时
尺寸	205 mm×62 mm×155 mm
质量	410 g

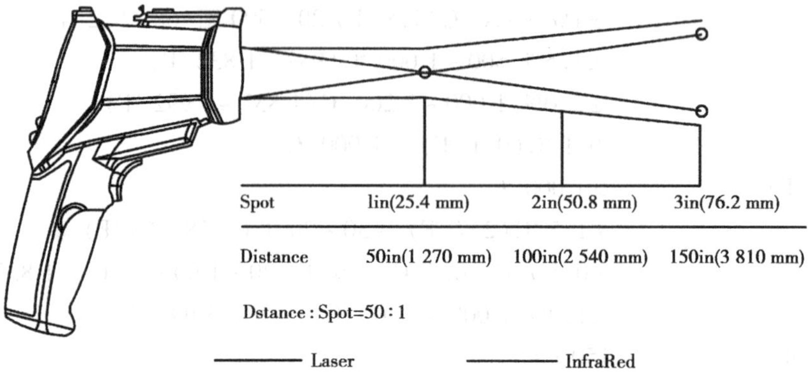

图 3.55 **点温器技术指标**

④操作说明：

A. 开/关机。

a. 在关机模式下，长按 ESC 键，直到 LCD 液晶开始显示，本机电源将打开。

b. 在开机模式下，长按 ESC 键，直到 LCD 液晶显示器关闭，本机电源将关闭。

B. 测试模式。此红外摄温仪有 6 种模式，在开机状态下，按下 ESC 按键，将显示 6 个模式，按上、下键可选择需要的模式。

a. IR CAM：红外温度、空气温度、空气湿度测量和视频摄像。

b. IRMEASURE：红外温度测量，速度快。

c. DEWPOINT：红外温度和露点温度测量。

d. DATALOG：数据记录模式。

e. GALLERY：浏览图片、数据记录和视频。

f. SETTINGS：参数设置。

C. 工作原理。红外摄温仪是用来测量物体表面温度的。仪器的光学元件发射、反射并传播能量，这些能量被收集并汇聚在一个探测器上，通过电子元件将此信息转化成温度读数并显示出来。仪器上的激光仅用于瞄准被测物体。

a. 视场。要确保被测物体面积大于仪器的红外线圆形光点直径。目标越小，应当越靠近它。当精确度很重要时，应确保被测物体面积不小于测点的两倍。

b. 距离和光点直径。当测温仪与被测物体之间的距离(D)增大时，光点(S)要相应增大。

c. 热点定位。要查找一个热点，先将测温仪对准所测区域的外侧，然后慢慢上下移动测温仪扫描整个区域，直至确定测试点的热点。

d. 提示：

- 不推荐用来测量发光金属或表面光滑的金属(如不锈钢、铝等)表面温度。
- 不能将仪器透过透明表面(如玻璃)测量。

• 蒸汽、灰尘、烟等会以阻碍光线发射的方式影响测量的精确度。

e. 发射率。发射率描述了材料辐射能量的特征。大多数(90%)有机材料和涂有油漆或氧化的表面具有0.95(预先设置的发射率)的发射率。测量发光的金属表面可能会造成读数不准确,要使读数正确,可用遮蔽黑胶纸或黑漆将待测表面盖住。等待一段时间让胶纸或涂料达到与其所覆盖的表面相同的温度。然后测量胶纸或涂过漆表面的温度。表3.3列出了各种物质的发射率。

表3.3　各种物质的发射率

物质	发射率/%	物质	发射率/%
沥青	0.90~0.98	布(黑色)	0.98
混凝土	0.94	人体皮肤	0.98
水泥	0.96	肥皂泡	0.75~0.80
沙子	0.90	木炭(粉末)	0.96
泥土	0.92~0.96	漆器	0.80~0.95
水	0.92~0.96	漆器(无光泽)	0.97
冰	0.96~0.98	橡胶(黑色)	0.94
雪	0.83	塑料	0.85~0.95
玻璃	0.90~0.95	木材	0.90
陶瓷	0.94	纸	0.70~0.94
大理石	0.94	铬氧化物	0.81
石膏	0.80~0.90	铜氧化物	0.78
灰泥	0.89~0.91	铁氧化物	0.78~0.82
砖	0.93~0.96	纺织品	0.90

思考与练习

1. 酸性和碱性蓄电池的不同之处在什么地方?
2. 试分析蓄电池温度升高的主要原因。
3. 配制80 L密度为1.28的硫酸溶液。详述配置过程和所需的配制材料。
4. 点温器正确的使用方法是什么?

项目4　车辆牵引与制动

任务1　交流牵引电机的结构

任务目标

1. 掌握城市轨道交通车辆牵引三相异步电动机的结构。
2. 掌握三相异步电动机定子绕组的排列方法。

任务重点

1. 三相异步电动机定子绕组的排列方法。
2. 定子绕组电连接方法。

知识准备

三相交流电、导磁材料、速度传感器与温度传感器。

知识描述

(1)交流电机概述

交流异步电机是交流旋转电机的一种,另一种为交流同步电机。

按电机转子结构形式的不同,交流异步电机可分为鼠笼式、绕线式和整流子式。交流同步电机分为凸极式和隐极式。

交流异步电机既可作为电动机使用也可作为发电机和电磁制动器使用。与同步电机不同,交流异步电机的定子磁场旋转速度与转子旋转的速度不同。

当电动机运行时,电机转子旋转速度小于定子旋转磁场的速度,即转差率为正。

当发电机运行时则相反,转子旋转速度大于定子磁场旋转速度,即转差率为负。

当制动机运行时,转子旋转方向与定子磁场旋转方向相反,即转差率大于1。

当异步电机定子旋转磁场的速度与转子旋转速度相等时,即转差率为0时,由于转子感应不出电势将不产生力矩,也就不产生功率。

正因为这种电机在有功率产生时定子旋转磁场速度与转子旋转速度始终不一,故称其为异步电机。

(2)电机的组成

异步电机主要由定子、转子和两端端盖组成。异步电机分为鼠笼式、绕线式和换向器式,鼠笼式最为通用。

电机结构:定子、转子、端盖、轴承、风扇、滤尘器、测速装置及测温装置等,其结构如图4.1所示。

图4.1　电机结构图

1)异步电机的定子

定子主要由3部分组成:定子铁芯、定子机座和定子线圈,如图4.2所示。但是在有些场合(比如作为机车牵引电机的异步电机),定子没有专门独立的机座。定子机座和定子铁芯合为一体。

图4.2　异步电机的定子

机座的主要作用是固定和支撑,因此要求有足够的机械强度和刚度。机座一般采用铸件,也有用钢板焊接的结构。采用铸件时,铁芯紧贴机座内侧。铁芯上的热由机座散发,为此在机座外表铸有散热筋以增加散热面积。铸造用材料一般为球墨铸铁(QT)。对于较大功率的电机,一般采用焊接机座,焊接机座在外罩内部焊有筋板、铁芯与筋板配合。筋板间隙为通风槽,铁芯上的热不是通过机座传导散出,而是通过循环风散出。

定子铁芯是电机磁路的一部分和嵌放绕组的地方。为了减少旋转磁场在铁芯中的损耗，定子铁芯一般采用导磁性能良好和铁损小的薄软磁材料(一般用0.5厚冷轧硅钢片)叠压而成。冲片叠压后两端加压圈，用扣片扣紧或用拉板点焊拉紧。当铁芯较长时，为防止铁芯中部因散热不畅而发热，在铁芯轴向上设置若干个径向通风槽。

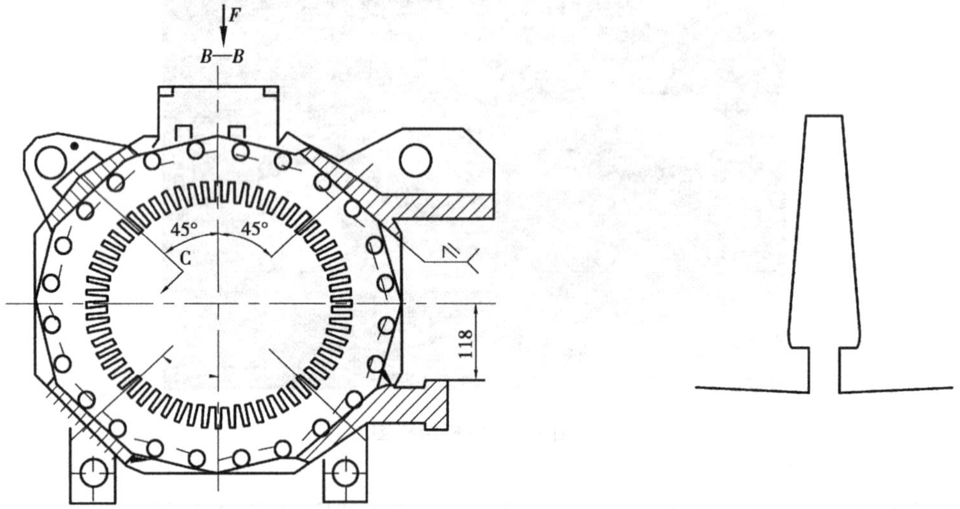

图4.3 定子铁芯

定子线圈(见图4.4)：用铜导体或铝导体制成。一个线圈一般有多匝绕制而成，若用成型硬导体绕制，则有时在匝间还垫放绝缘，对于软的散绕组一般没有匝间绝缘。线圈成好形后再绕包对地绝缘。

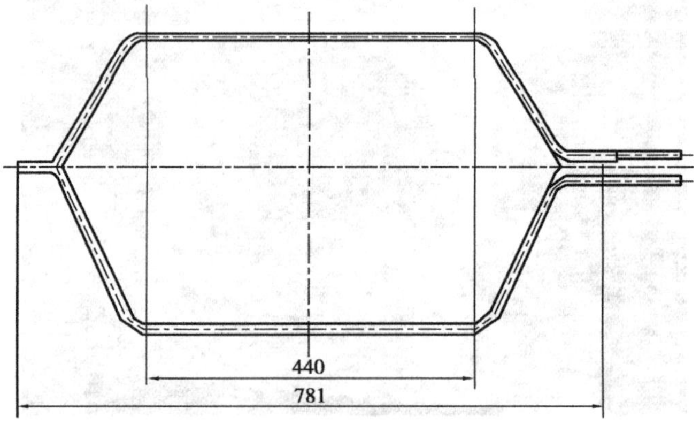

图4.4 定子线圈

2)异步电机的转子

异步电机的转子由转子铁芯和转子绕组组成，如图4.5所示。转子铁芯中间有转轴，轴上套有转子压板和转子冲片。转子铁芯也是电机磁路的一部分，也需要用导磁性好和损耗低的软磁材料，所以异步电机的转子冲片均用定子冲片的内圆的材料制成。

转子绕组有鼠笼式和绕线式两种，鼠笼式有导体-端环焊接式和整体铸铝式。绕线式转子与定子相似之处在于槽内嵌放绕组，将绕组连成三相。

图4.5 异步电机转子

异步电机中还有一个重要区域（这里说是区域而非部件）就是气隙。气隙是电机定子内径与转子外径间形成的圆环区域。这个区域的大小（或气隙的大小）将对电机产生极大的影响。电机的各项性能均与气隙大小有关，设计时是一个重要参数。

3）接线盒

接线盒主要用于接出外接三相交流电，其绕组接法为三角形接法，如图4.6所示。

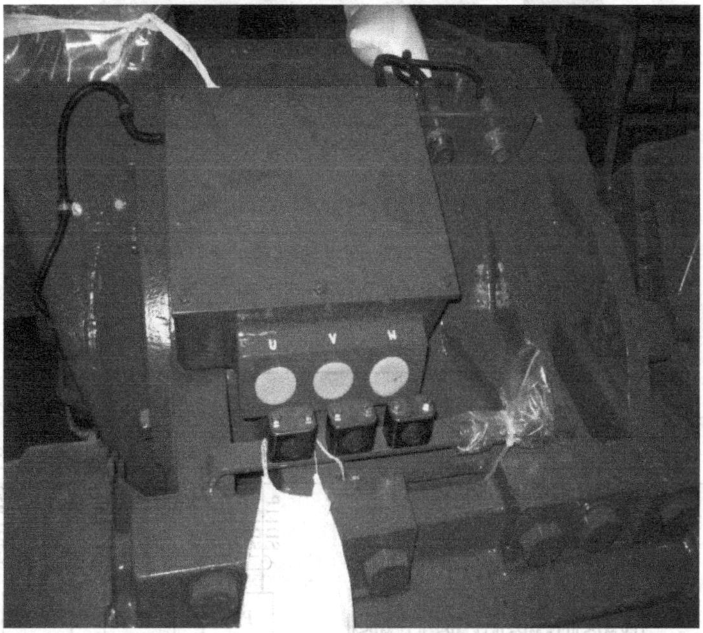

图4.6 接线盒

4)风扇(见图4.7)

图4.7　风扇

5)速度传感器

速度传感器(见图4.8),主要是用于对电机转速的测定,测量信号为脉冲计数信号。该信号提供给车辆网控系统。

图4.8　速度传感器

在动力车箱上共有4个电动机,因此,有四路速度测试回路接入到DCU中,供DCU进行计算。图4.9中表明这四路为PG1,PG2,PG3,PG4。

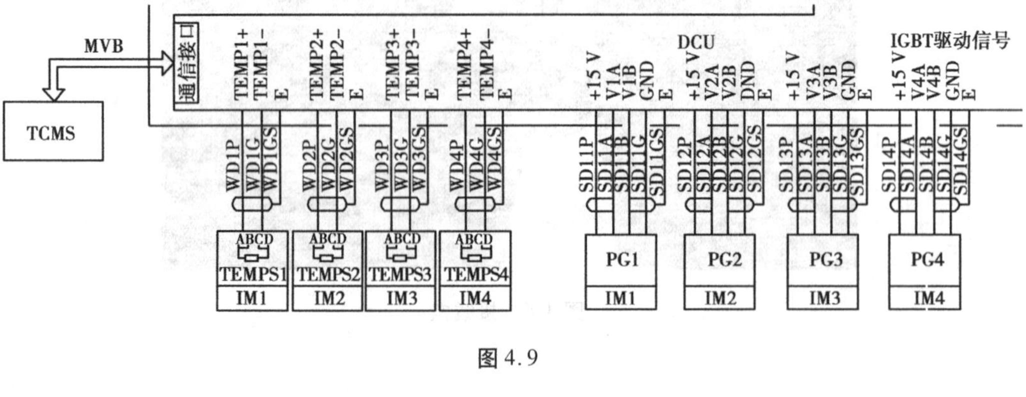

图4.9

6）其他部件

组成异步电机的部件还有轴承、端盖等。轴承在电机中也是一个重要的部件，各种运行环境需要各种特性的轴承。对于运行于高速的场合，一般负荷不会太大，则需要使用窄系列的圆柱轴承或球轴承等；对于使用于转速要求不太高，但负荷较大的场合，则需要使用宽系列圆柱轴承，甚至需要使用双列滚子轴承。对于对电气要求比较高的场合，有时还需要使用绝缘轴承。

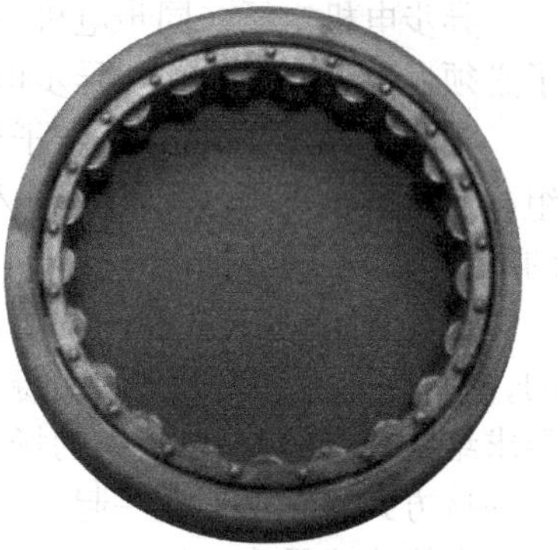
图4.10

绝缘材料有两项性能指标，一项为耐电压指标，也就是我们常说的绝缘能力；另一项很重要的指标就是耐热指标。按照国标规定，绝缘耐热等级分有A，E，B，F，H，200六级，各等级绝缘材料可长期工作的温度分别为：105，120，130，155，180，200 ℃。各种耐热等级表明电机可以在此温度下长时运行。

例如，某普通民用电机耐热等级为B级，这就是说，该电机可在绕组温度为130 ℃下长时运行。但是，对于机车用牵引电机来说，考核指标却有所不同，如某机车用牵引电机耐热等级为H级，该电机所允许的绕组温度长时运行不是180 ℃，而是220 ℃，因为在民用电机中的绕组允许温度在牵引电机改变为绕组允许绕组温升，而允许温升与允许温度差一个允许环境温度。在机车电机中，一般环境温度以40 ℃为考核依据。

思考与练习

1. 简述城市轨道交通车辆牵引三相异步电动机的基本构成。
2. 绝缘等级是如何分类的？
3. 简述速度传感器的基本工作原理。

任务2　异步牵引电机的工作原理

任务目标

1. 掌握电机旋转磁场的构成。
2. 掌握电机制动原理。
3. 掌握牵引电动机的工作特性。

任务重点

1. 异步电动机的工作原理。
2. 异步电动机的调整过程。

知识准备

电机学、PWM 电路原理、三相交流电。

知识描述

(1)旋转磁场的形成

异步电机定子与同步电机一样,在圆周均布嵌放定子绕组,但转子结构不同。同步电机转子必须通电,且是直流电,异步电机就不同。

在鼠笼式异步电机中,转子槽内有导体,导体两端用短路环连接起来,形成一个闭合的绕组。这种转子无须(也无法)通入电流,转子中的电流是靠定子感应到转子上的电势,在闭合的导体回路中形成的。

在工程中,鼠笼式转子的闭合回路有两种形式,一种是传统的,也是一般民用电机所常用的,槽内导体与两端端环用铝铸为一体,由于铝的导电率低,而且耐热能力也差,所以不适用于要求结构紧凑、转子电流大的场合;另一种是槽内导体和两端端环均为铜或铜合金,两者之间用焊接方式将它们连在一起。

在绕线式异步电机中,转子绕组与定子绕组相似,也是嵌线式的。嵌线后联成三相,再根据需要联成 Y或△。绕线式转子中通入的电流为三相交流电。

当定子绕组加上对称的三相交流电后,定子三相绕组中就有对称的三相电流通过,它们联合产生一个定子旋转磁场(见图 4.11)。

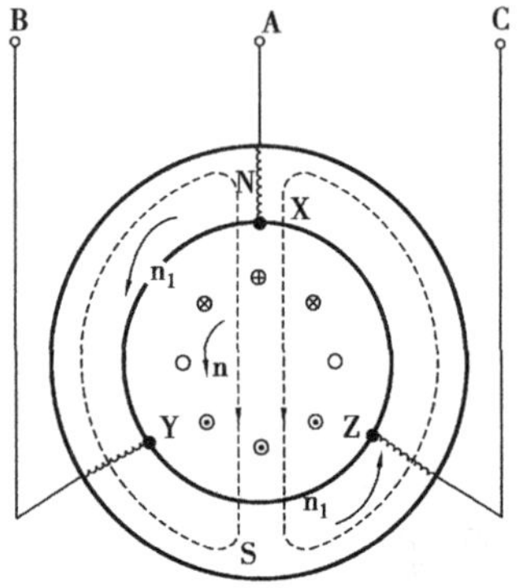

图 4.11　定子旋转磁场

这个旋转磁场将以与输入的电源频率成正比的速度 n_1(称为同步转速)旋转,则它的磁力线切割转子导体而感应电势(左右手法则)。在该电势的作用下,转子导体内便有电流通过,电流的有功分量与电势同相位。于是,由电磁力定律可知,转子导体与旋转磁场相互作用使转子导体受到电磁力 f,在该电磁力的作用下,电动机转子就转动起来,其转向与旋转磁场的方向相同。这时,如果在转子轴上加上机械负载,电动机就拖动机械负载旋转,输出机械功率。也就是说,电动机把电能转变成了机械能。

换向器式电机是绕线式转子的特殊形式。它的转子也需要嵌线,嵌完线后联在换向器上。这是一种特殊用途的异步电动机,在此不作分析。

(2)交流电机绕组及电势形成

不论直流电机还是交流电机,在交流电机中不论是同步电机还是异步电机都需要有绕组。电机绕组是电能转换成机械能的电动机和机械能转换成电能的发电机的核心元件。

对交流绕组的要求如下:

①在有限导体数下,获得较大的基波电势。

基波:感应电势波的频率与电源波的频率相等的波。

由于定转子均有槽,制造过程中电机气隙也不可能完全相等,所以在感应电势中,获得的波形不只有与电源频率相等的电势波,还有比此频率高次的波,但由于这些高次谐波不产生有用的转矩(或功率),只会产生脉振转矩和使电机发热等有害作用,故应抑制这些波。

②三相绕组的基波应对称，且阻抗要求相等。如上所述，只有基波能产生有用的转矩(或功率)，所以要求对基波对称才能产生对称、稳定的转矩(或功率)。

③电势和磁势波形力求接近正弦。如上所述，其他波不产生有用转矩。

④用铜量少，绝缘性能和机械强度可靠。

用铜少有利于降低成本，性能可靠是使用的必然要求。交流电机的绕组形式很多，最主要的是双层、每极每相整数槽、短距叠绕组。

双层：一个铁芯槽中有上下两层。两层线圈不属于同一绕组。

每极每相槽数：将一台电枢的槽数分成每极下的槽数，再分成每相下的槽数，表达式为：

$$q = \frac{Z_1}{2 \times P \times m}$$

式中　q——每极每相槽数；

Z_1——定子槽数；

P——电机极对数，2P为极数；

m——绕组相数。

因为每极每相槽数在电机设计中是一个很重要的参数，因此此数比较关键。希望此数为整数，不但使设计方便，对嵌线也很有利。

短距：根据绕组嵌放在定子铁芯槽内的位置，分为长距、整距和短距。将两个槽内的绕组产生感应电势幅值相同，电位角差180°(即正好反向)的两槽称为整距；绕组上下层间槽距差小于整距的称为短距绕组；大于整距槽数的称为长距。由于在有多个绕组串联的情况下，整距存在一定问题。长距与短距作用相同，但长距用铜量大，故一般电机用短距。

叠绕组：绕组的一种形式。这种绕组制造和存放比较方便，故常用。对于双层绕组还有波绕组，而对于单层绕组则有等元件式绕组、交叉式绕组和同心式绕组等。

绕组电势的产生：

在发电机中，当磁场旋转切割定子绕组时，就在各定子绕组中感应出电势。将各电势用矢量表示(矢量：既有幅值又带有方向性的一个量)画成槽电势星形图如图4.12所示。(图4.12为36槽，2对极电机)

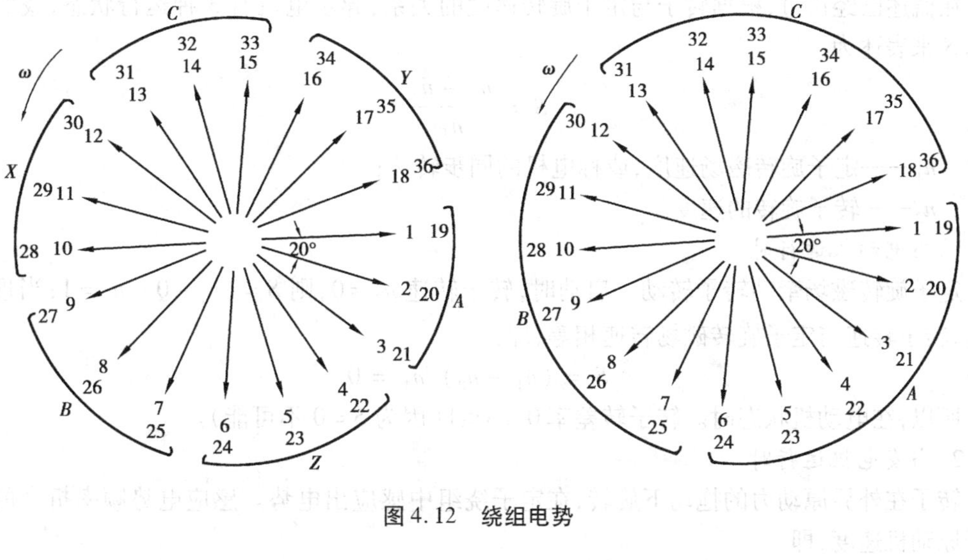

图4.12　绕组电势

下面介绍空间角度和电角度的概念：

空间角度：嵌放绕组的冲片，相邻槽间所形成的几何角度。

电角度：几何上相邻的两个槽，感应出的电势的角度差。

对于本例电机，每槽之间在空间上相差 360°/36 = 10°；而在电气上，由于每对极为 360°电角度，2 对极就为 2×360° = 720°，所以每槽所占的电角度为 720°/36 = 20°。在研究绕组电势时，是用绕组所在的电角度表示而不用空间角度表示。

单个绕组感应的电势为：

$$E_{y1} = 4.44 \times \omega_c \times K_{y1} \times f \times \phi_1$$

式中　ω_c——单个线圈的匝数；

K_{y1}——短距系数；

f——电源频率；

ϕ_1——每极磁通。

由多个绕组串联成相后，相电势为：

$$E\varphi = 4.44 \times \omega \times K_{\omega 1} \times f \times \phi_1$$

式中　ω——每相绕组串联的总匝数。

$K_{\omega 1} = K_{y1} \times K_{q1}$——绕组系数，其中，$K_{y1}$ 如上所述，K_{q1} 为绕组分布系数。

从相电势的表达式可以看出，感应电势的值与串联的绕组匝数、反映绕组嵌放情况的绕组系数、电源频率、每极磁通成正比。

当电机的输入电源确定后，电机内部反映电负荷的绕组匝数与反映磁负荷的每极磁通间成反比。电机每相绕组串联匝数越多，内部磁通越小；反之，内部磁通越大。所以，一台电机既要结构小、质量轻、经济性好，又要有好的运行性能，必须合理选择绕组匝数，使电机的结构、性能和经济性达到完美配合。

(3) 异步电机的运行状态

异步电机的 3 种运行状态，即电动机运行状态、发电机运行状态和电磁制动器运行状态，如图 4.13 所示。

在概述已经讲过，根据转子与定子旋转速度的关系，异步电机有 3 种运行状态，我们用转差率 S 来表述为：

$$S = \frac{n_1 - n_2}{n_1}$$

式中　n_1——定子旋转磁场速度，或称电机的同步转速；

n_2——转子旋转的速度。

1) 当电动机运行时

定子旋转磁场牵动转子转动。启动时，转子转速 $n_2 = 0$，则 $S = (n_1 - 0)/n_1 = 1$；当理论空载时，转子转速与定子旋转磁场转速相等，即：

$$S = (n_1 - n_2)/n_1 = 0$$

所以，在电动机状态时。转子转差率 $0 < S \leq 1$（因为 $S = 0$ 不可能）。

2) 当发电机运行时

转子在外界原动力的拖动下旋转，在定子绕组中感应出电势。感应电势频率折合的速度低于原动机速度，即

$$n_1 < n_2, S = (n_1 - n_2)/n_1 < 0$$

3）当电磁制动器运行时

在电动机状态运行时若先将供电电源降为零，再将三相中其中二相进行对换，再加上电源时，原电动机就成了一个电磁制动器。这时，转子转向与定子旋转磁场转向相反，即

$$S = (n_1 - n_2)/n_1 > 1$$

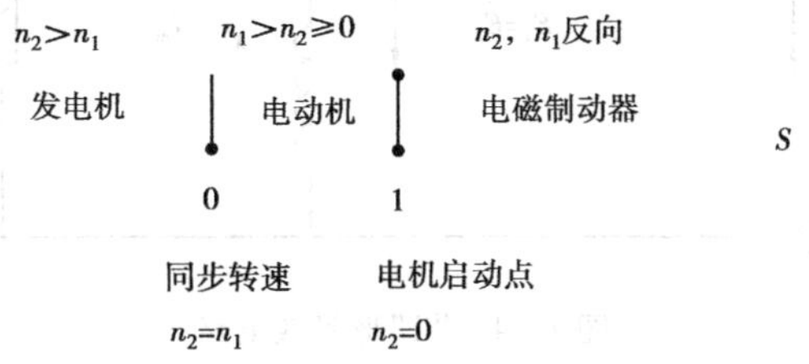

图4.13 电动机运作三状态图

（4）异步电机的等值电路

异步电动机通俗地讲是一台旋转的变压器，将异步电机与变压器的基本方程式比较如下，见表4.1。

表4.1 异步电机与变压器的基本方程式比较

	异步电机	变压器
定子电压	$\dot{U}_1 = -\dot{E}_1 + \dot{I}_1 Z_1$	$\dot{U}_1 = -\dot{E}_1 + \dot{I}_1 Z_1$
转子感应电压（折合到定子边）	$\dot{U}_2' = \dot{I}_2' \frac{1-S}{S} r_2' = E_2' - \dot{I}_2 Z_2'$	$\dot{U}_2' = \dot{I}_2' Z_L' = E_2' - \dot{I}_2 Z_2'$
总电流	$\dot{I}_1 = \dot{I}_m + \dot{I}_{1c} = \dot{I}_m + (-\dot{I}_2')$	$\dot{I}_1 = \dot{I}_m + \dot{I}_{1c} = \dot{I}_m + (-\dot{I}_2')$
感应电势	$\dot{E}_1 = \dot{E}_2'$	$\dot{E}_1 = \dot{E}_2'$
	$-\dot{E}_1 = \dot{I}_m Z_m$	$-\dot{E}_1 = \dot{I}_m Z_m$

由表4.1可知，两者只有代表机械负载的电阻不一样，异步电机为一个纯电阻$(1-S)/S \times r_2'$，变压器是一个表示副边负载的阻抗Z_L'（由电阻和电抗叠加）。其他相同。

公式中字母上“·”表示该量是一个矢量，具有方向性。

异步电动机折合成等效电路可以有两种形式，一种为“T”形，一种为“Γ”形。

①“T”形等效电路如图4.14所示。

图4.14中：

$Z_1 = R_1 + X_1$　　代表定子本身的阻抗；

$Z_m = R_m + X_m$　　代表励磁阻抗；

$Z_2' = X_2 + R_s$　　代表转子折合到定子侧的阻抗；

$R_s = (1-S)/S \cdot r_2'$　　代表输出负载折合到定子侧的电阻。

②“Γ”形等效电路图如图 4.15 所示。

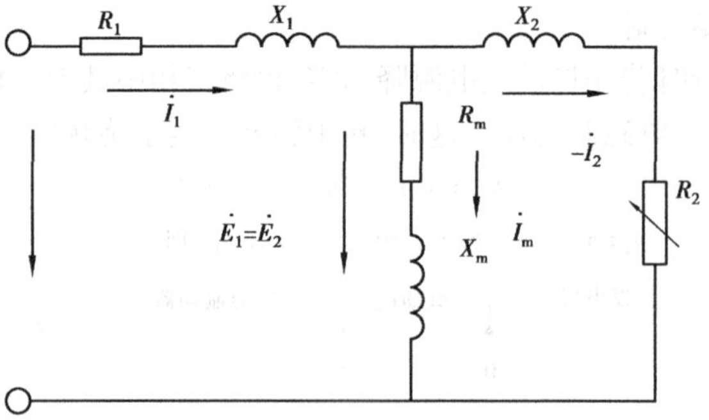

图 4.14 “T”形等效电路

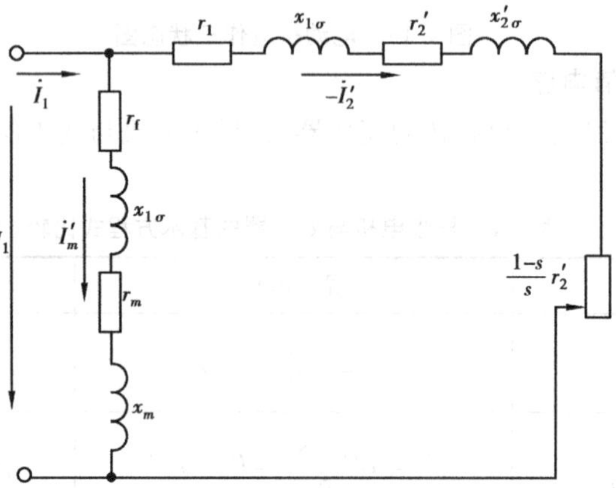

图 4.15 “Γ”形等效电路

有了等效电路,在分析电机电磁、机械负载等各项性能时,就变成了分析一个电路,而电路中的各个量都可以通过试验来获得,显得非常简单。

(5)异步电机的工作特性

1)转矩特性

由上述“Γ”形等效电路可知

$$I_2'' = \frac{U_1}{\sqrt{\left(\sigma_1 r_1 + \sigma_2^2 \frac{r_2'}{s}\right)^2 + (\sigma_1 r_{1\sigma} + \sigma_2^2 x_{2\sigma}')^2}}$$

式中,$\sigma_1 = 1 + Z_1/Z_m$ 是一个复变量,是一个校正系数。

经过一系列计算,得电机电磁转矩为:

$$M_{em} = \frac{mPU_1^2 \frac{r_2'}{s}}{2\pi f\left[\left(r_1 + \sigma_1 \frac{r_1'}{s}\right)^2 + (x_{1\sigma} + \sigma_1 x_{2\sigma}')^2\right]}$$

由此可知,电机的电磁转矩与电源外施电压、电源频率有关,与电机本身的结构参数有关,还与转子转差率(即负载大小)有关,当电机运行在固定电压、固定频率的工业电网中时,对于一台制成的电机，电机本身的结构参数已定，这样，电磁转矩仅与负载大小即转差率 s 有关。M_{em}与 s 的关系曲线如图4.16所示。

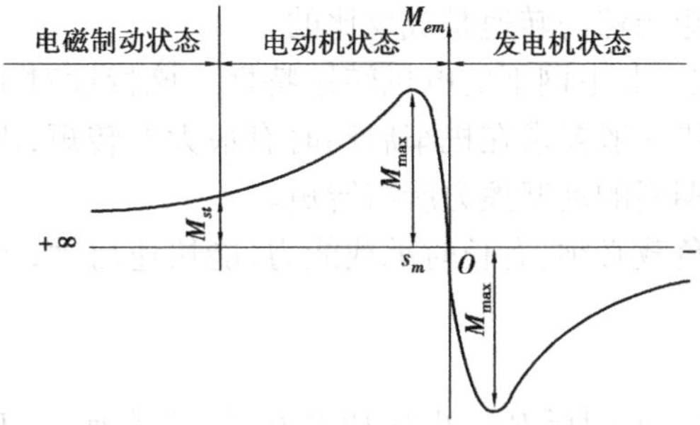

图4.16　异步电机的 $M_{em}=f(s)$ 曲线

由图4.16可知：

①对应于电动机状态和发电机状态，转矩曲线是近似对称的，对称点为 $s=0$，即转子转速为同步转速点。

②电磁转矩有一个峰值，不论当发电机运行还是当电动机运行，负载都不能大于此峰值。若大于此峰值，电机运行将出现颠覆，即自动改变运行状态，这是非常危险的。

注意：这是在工业电网下电机运行的转矩特性，是一种自然的、不控制特性。我们机车上运行的电机，是在受控状态下运行，转矩特性与此有很大不同。将在后面讲述。

据上述，电磁转矩有一峰值。下面计算峰值发生点的转差率 s_m 和峰值 M_{max}的大小。

用数学方法，将转矩 M_{em}对 s 求 dM_{em}/ds，并令其为0，则：

$$s_m = \pm \frac{\sigma_1 r_2'}{\sqrt{r_1^2 + (x_{1\sigma} + \sigma_1 x_{2\sigma}')^2}}$$

由此可知，发生转矩峰值的转差率有两个，与曲线吻合，“+”点发生在电动机状态，“-”点发生在发电机状态。由此可知，产生最大转矩时的转差值 s_m 仅与电机结构参数有关，与外施电源无关。

在 s_m 点，电磁转矩 M_{em}达到最大 M_{max}，即：

$$M_{max} = \pm \frac{mPU_2'}{4\pi f_1 \sigma_1 \left[\pm r_1 + \sqrt{r_1^2 + (x_{1\sigma} + \sigma_1 x_{2\sigma}')^2} \right]}$$

与 s_m 一样，“+”代表电动机，“-”代表发电机。由于分母中 r_1 前带有“±”，故发电机时分母稍小些，转矩最大值较电动机时稍大些。从 M_{max}的表达式可知：

①电磁转矩最大值与外施电压 U 有关，且与 U^2 成正比。因此当电源电压过低，使 M_{max}小于负载要求的最大扭矩时，将发生停车故障。

②电磁转矩最大值与转子电阻 r_2无关。但因为 s_m 与 r_2 成正比。所以增加 r_2（对绕线式转子可串入电阻）可使 s_m 增大。使 M_{max}发生的位置出现移动。有时通过控制可利用这一特点，使电机满足使用需求。

③一般异步电机中 $r_1 \ll (x_1\sigma + \sigma x_2\sigma')$，“$\ll$”表示远小于，则在 M_{max} 公式中忽略 r_1 后，M_{max}与 $x_1\sigma + \sigma x_2\sigma'$ 成反比，即 M_{max}与定转子漏抗和成反比。了解这点对电机设计很重要，要想使电机有大的 M_{max}，则应尽可能使漏抗设计得小一些。

④从公式上看，M_{max}正比于电机极对数P，反比于电源频率f_1。可以这样理解，对于极对数P，一对极产生一个转矩，电机中有多对极当然会产生多倍的组合转矩；对于频率f，因为f代表转速。一定功率的电机转矩当然与转速是成反比的。

再次强调，这是运行在工业电网下的电机转矩特性。该特性对于牵引机车的牵引电动机是极不适用的。牵引电动机一般要求在机车启动时有最大的转矩，因为克服列车的静摩擦力所需的转矩大于克服运行期间的动摩擦力所需转矩。

一台电机要可靠带动负载必须：有长时承载能力；能快速启动；可承受短时一定量的突增负载。

2）转差率特性

分析可知：转差率s与转子铜耗P_{cu2}、电磁功率P_{em}的关系为：$s=P_{cu2}/P_{em}$。空载时，转子电流很小，转子铜耗P_{cu2}也就很小，故$s\approx 0$。随着负载增加，P_{cu2}以转子电流I_2平方的比例增加，而P_{em}以I_2一次方增加，所以s为上翘的曲线。正常运行时$s=0.01\sim0.05$。简单理解为：负载为0时，转子与定子近似同步，随着负载增大，转子转速必然减慢。

3）效率特性

$$\text{效率}\ \eta=\frac{\text{输出功率}}{\text{输入功率}}=1-\frac{\text{电机总损耗}}{\text{输入功率}}$$

效率随输出功率变化的曲线是一条先上升后下降的曲线，上升速度较快。当可变损耗（定子铜耗+转子铜耗+附加损耗）与不变损耗（机械损耗+铁耗）相等时达到最大。随着负载继续增加，效率略有下降。

反映异步电机工作特性的还有功率因素特性、定子电流特性等，不一一而讲。异步电动机特性图如图4.17所示。

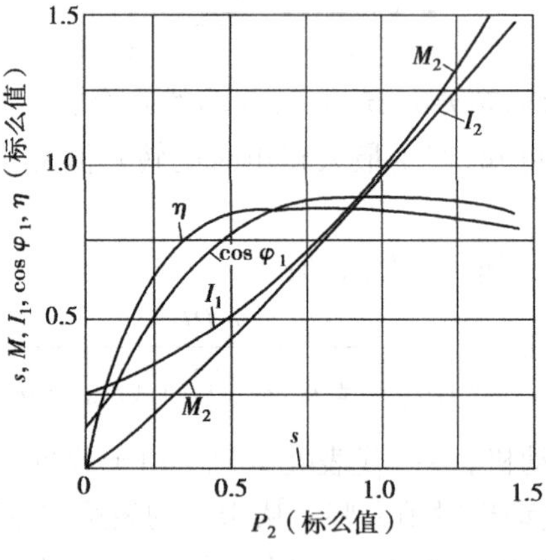

图4.17　异步电动机特性图

(6)异步电动机的启动和调速

1）异步电动机的启动

与直流电动机一样，异步电动机的启动也要求：启动力矩倍数大；启动电流小；启动时间短。

要求启动力矩大，是因为启动时一般所带的负载处于静止状态，而克服静摩擦要比克服动摩擦提供更大的力。

要求启动电流小，是为了从设备和自身考虑：其一，短时电流大就要求自身和配套的设备

(电缆、开关等)都满足短时发热要求,否则就需加大。其二,短时电流大,在供电系统中压降增大,当电网较小时,可能会使同网中运行的其他电气设备不能正常工作,甚至停机。

要求启动时间短,是希望尽快进入正常工作状态。

但是异步电机的特性正好与此相反,它在启动时电流大但启动转矩却不大,这从等效电路的电流方程式、转矩方程式和电磁转矩曲线可以看出,鼠笼式转子,方程式中的各个参数不能改变,只能通过外部调节来实现,所以异步电动机的启动需采取一定措施。

对于其他电机,采用降压启动可降低电流,但同时却使启动转矩降低更快,所以这种方式只适用于启动时负载小而正常运转时载荷大的场合,如风机、离心泵等。

从曲线看,若能改变 s_m 的值,使 $s_m \approx 1$,则启动转矩将接近最大转矩,从 s_m 的表达式知,只要改变 r_2,就可实现这个愿望。绕线式转子电机可以做到这点。启动时在转子回路中串入电阻,使 $s_m \approx 1$,从而获得大的启动转矩。启动后切除此电阻,电机又回到正常状态。所以对于要求满载启动的场合可用绕线式异步电机。

实际上,由于定子绕组的分布,定、转子槽的存在和制造过程中的不完全对称,在电机绕组中存在着高于基波的高次谐波,这些谐波相互间作用将产生附加转矩。附加转矩是有害的转矩,它使基波转矩产生脉振,使电机运行不平稳。特别是当附加转矩叠加在启动点且与基波转矩正好反向时,有可能使电机启动出现困难。工程上采用合理的绕组短距嵌放、斜槽,增大气隙、选择合理定、转子槽数的配合来克服这种现象的发生。

2)异步电动机的调速

从转差率公式 $s=(n_1-n_2)/n_1$ 可推出,$n_2=(1-s)n_1=60f_1(1-s)/P$,由此可知,在电机制成后,$s$ 是由负载决定的。若要改变 s 则应改变定子回路或转子回路中的电阻或阻抗。由于改变 s 同时会改变电磁转矩,所以不能有较大的变化。改变电机极对数 P 也可以实现调速,但是是有级的。所以要实现平滑、宽范围的调速只有通过调频。

(7)异步牵引电动机的工作特点

1)工作环境差

牵引电动机的工作条件十分恶劣:负载变化大,冲击和振动严重,恶劣的风沙、雨雪气候、酸碱性气体影响侵蚀。要在过弯道、过道岔这样的冲击和振动状态下运行;还要能适应沿海多雨潮湿、内地干燥风沙的环境。

2)多电机同时工作

通常,一台机车上装有多台电机,多台电机同时做功驱动机车前进。理论上讲,这些电机所输出的扭矩是相等的,但实际机车中这是不可能实现的。机车本身布置时的轴重不等、牵引时的轴重转移、机车轮径的差异、电机制造中的特性差异、逆变器输出的差异,特别是当一台逆变器控制多台电机的架控时,都会使装在同台机车上的牵引电动机出现不一样的输出特性。电机间牵引特性差异较大时,将造成整车特性的变坏,直至对电机造成破坏性的危害。所以,牵引电机要有匹配性,即装在同台机车上的牵引电机要尽可能地发挥相同的输出特性。

3)供电电源不同

在机车总体控制和逆变器供电下,应满足机车传动系统对牵引电动机的要求;

与普通民用电机在恒频恒压下运行不同,机车用异步牵引电动机,都是在 PWM 波供电下运行,机车在运行中,供给电机的电源是一个可变频和可变压的电源。PWM 波具有大量的非正弦谐波和尖峰脉冲。这些非正弦谐波和尖峰脉冲,不但使电机的功率因数降低、电机损耗加大、绕组温升增加,而且使电机的绝缘性能受到极大的破坏,还会造成电机轴承的电蚀。

为满足此要求,在设计中需采用专用电磁设计软件对电机电磁性能进行优化设计,用大型商用分析软件对机械结构进行有限元分析,用可承受较大谐波和尖峰脉冲的耐电晕的绝缘材料对绕组进行处理;在制造中采用电磁线复合熔敷、定子整体真空压力浸漆、转子整体感应焊接等工艺。

4)采用强迫通风

牵引电机由于受空间尺寸和质量的限制,电机单位体积功率和单位质量下功率都大,这样电机的电磁负荷大,发热比普通民用电机大得多,虽然牵引电机取高耐热等级的绝缘材料,允许的温升比普通民用电机大许多,但还远满足不了散热的要求,所以,一般牵引电机都采用强迫通风,以便在相同的时间内带走多余的热量。

(8)异步牵引电动机与普通民用异步电机的差别

异步牵引电动机与普通民用异步电机有很大差异,大致有以下几项:

①由于普通民用异步电机是由恒频恒压的电源供电,在一定负载下在一点上运行,而异步牵引电动机是由变频变压的逆变电源供电,在一定负载下仍在一定范围内运行。

②普通异步电机性能仅与电机本身参数有关,异步牵引电机性能不但与电机本身参数有关,还可通过电源的控制实现。

③系统对普通异步电机提供的仅是一个恒频恒压的电源,系统对异步牵引电机提供的是一个依运行性能要求控制出来的变频变压的电源。

④普通异步电机是属于技术成熟的传统产品,异步牵引电机是近年来的新型产品,运行对他的要求到现在还未完全清楚,还在不断成熟过程中。

⑤普通异步电机的设计可以不依赖于系统,异步牵引电机的设计必须涉及控制策略与负载性质。

思考与练习

1. 当转差率为 $0<s\leq 1$,电动机处于哪种状态?当 $s<0$ 时,电动机处于哪种状态?当 $s>1$ 时,电机处于哪种状态?为什么?

2. 如何完成电制动?都有哪种方法?

3. 车辆牵引电动机与民用三相异步电动机有什么不同?

任务3 车辆的电制动与空气制动(电气部分)

任务目标

1. 掌握电制动的工作原理。

2. 掌握再生制动。

3. 空气制动中的 BCU 工作过程和与车辆网控系统的连接方式。

任务重点

电制动工作原理、BCU 控制过程。

知识准备

计算机网络、电机学。

知识描述

在前面章节中,我们介绍了异步电动机的3种运行方式:即电动机运行方式、发电机运行方式和制动运行方式。从能量的角度来分析,电动机运行方式是消耗电能。发电机运行方式是产生电能。如果我们把发出的电能吸收并利用,这就叫再生制动。如果把发出的电能消耗掉,这就叫做"电阻消耗制动"。

(1)电制动原理

首先分析电动机在运行时的3个状态:

第一个状态:电动机运行状态。在这个状态下,定子旋转磁场的转速 n_1 快于转子的转速 n_2,即 $n_1>n_2$。在这时,在转子上要产生一个转矩 M,如图4.18所示。

此时,旋转磁场旋转方向与定子的旋转方向相同,且 $n_1>n_2$,转差率为一个正数:$S=1-\frac{n_2}{n_1}>0$

第二个状态:发电机运行状态。在这个状态下,定子旋转磁场的转速 n_1 慢于转子的转速 n_2。即 $n_1<n_2$。在这时转子转速受贯性的影响,不会立即减速。因此,对于旋转磁场来说,相对于转子做相反方向运动。因此在转子上要产生一个反相的转矩 M,这个反向转矩会使电动机转速下降,如图4.19所示。

此时:旋转磁场旋转方向与定子的旋转方向相同,但:$n_1<n_2$,转差率为一个负数:$S=1-\frac{n_2}{n_1}<0$

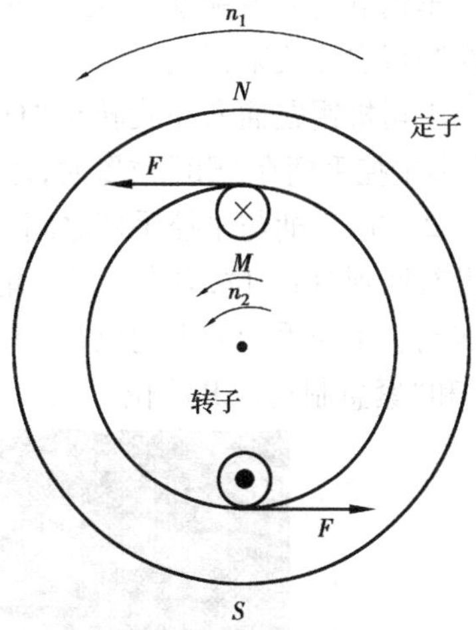

图4.18 电动机运行状态

由于反向转矩的作用,n_2 不断下降,s 向正差转率变化,也就是发电机状态向电动机状态变化的过程,直到速度稳定。这个过程中,反向转矩也起到制动减速的作用,这也是电动机的调速过程。

第三个状态:制动运行状态。在这个状态下,定子旋转磁场的方向与转子的方向相反。定子旋转磁场相对于转子的速度为 n_1+n_2。由于这时转子转速受贯性的影响,不会立即减速,因此在转子上要产生一个反相的转矩 M,这个反向转矩会使电动机快速下降,如图4.20所示。

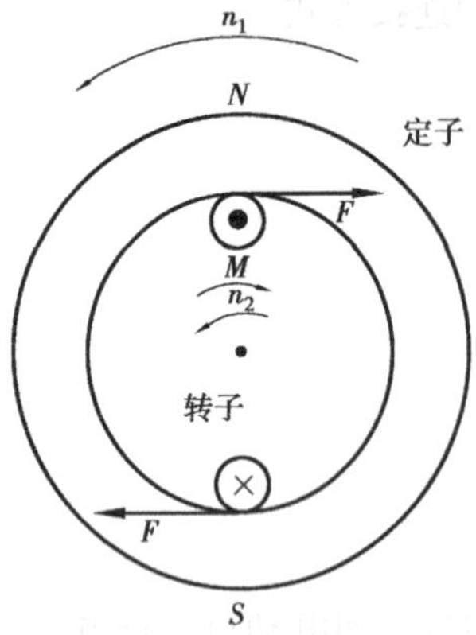

图 4.19　发电机运行状态

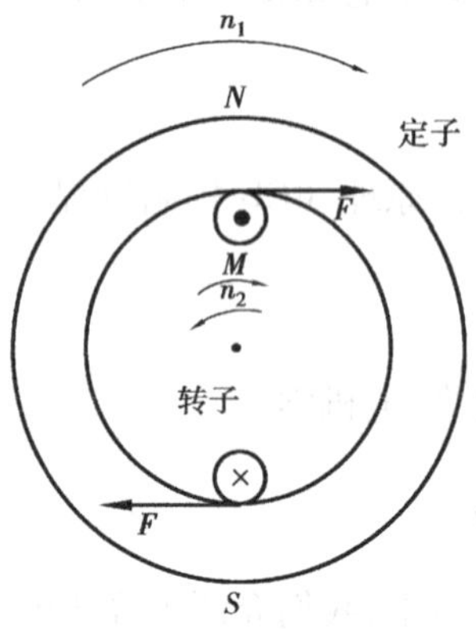

图 4.20　制动运行状态

此时:旋转磁场旋转方向与定子的旋转方向相反。

差转率为:$S=1+\frac{n_2}{n_1}>1$

由于反向转矩的作用,n_2 不断下降,S 正差转率由大变小,电机始终处于发电机状态,直到速度下降到每小时 5 km 时,由车辆网控系统将电制动转入空气制动过程,列车停车。

(2)电制动控制过程

车辆电制动控制过程,是在司机台上的司控器上完成。司控器由多个凸轮和电位器组成,并控制行程开关来完成。

①司机钥匙插入并旋转至“ON”位后,方向手柄和主控手柄才能动作;只有方向手柄在“0”和主控手柄在“EB”位置时,才能把司机钥匙取走。

②方向手柄与主控手柄之间有机械联锁,方向手柄在“0”位,主控手柄不能动作;主控手柄没有回到“EB”位,方向手柄不能动作。方向手柄在“向前”或“向后”位置时,主控手柄能自由转动。主控手柄的中间位是“N”位置(关断位置),向前转动为“牵引”位、向后转动为“制动”和“紧急制动(EB)”位。

图 4.21

车辆牵引与电制动按如图 4.22 所示的方式来实现控制。

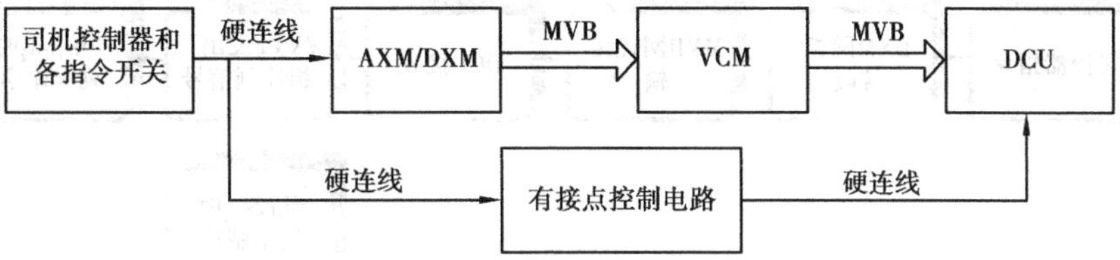

图 4.22　车辆牵引与电制动

在这个控制回路中,有两条控制路径:

第 1 条路径:列车司机室的司机控制器和各指令开关的信号状态通过硬连线进入模拟量输入输出模块(AXM)或数字量输入输出模块(DXM),通过多功能车辆总线(MVB)进入车辆控制模块(VCM),再通过 MVB 到达传动控制单元(DCU)。

第 2 条路径:列车司机室的司机控制器和各指令开关的信号状态通过有接点控制电路由硬连线直接传递给 DCU。

司控器发出的指令是一组数字,其电路图如图 4.23 所示。

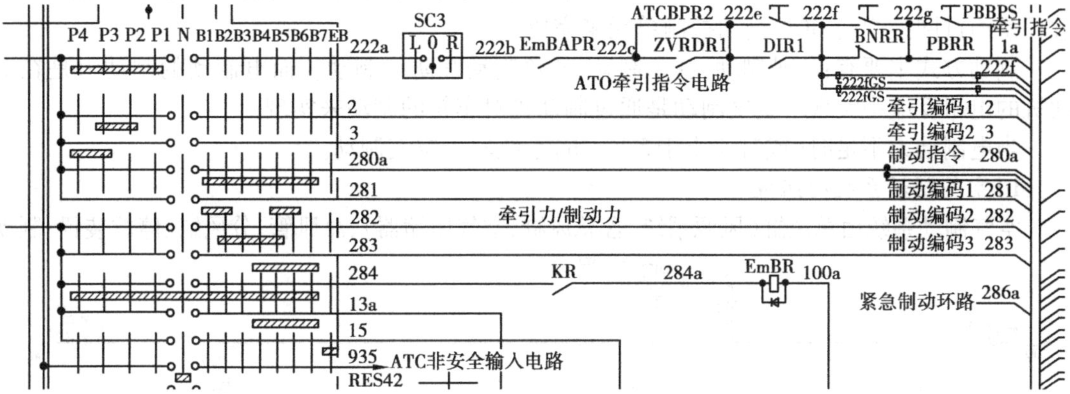

图 4.23　司控器电路图

司控器的 N 位是空挡位,牵引位共两位(2,3),电制动位共三位(281,282,283)。阴影条带表示对应行程开关接通,DC110 V 电压输出。

牵引位共 4 组编码:00、10、11、01(前进位,四挡)

制动位共 8 组编码:100、110、010、011、111、101、001、000(EB,制动位 8 挡)

这些编码在正常情况下,传输给网控系统的 DXM 中,经计算后,向 DCU 发出指令。每一组指令要对应一个经计算后的电机旋转磁场速度与电压,并使旋转磁场速度的变化平滑。

在牵引过程中,电机处于两种运行状态中,一是电动机运行状态,二是发电机运行状态。因此牵引与制动,就参考 n_1 与 n_2 的速度关系。

在制动过程中,电机只处于制动状态,n_1 与 n_2 的方向相反。挡位越后,其制动力越大。牵引、制动控制流程如图 4.24 所示。

(3)空气制动(电器控制部分)

制动系统是采用微机控制的模拟式电-空制动系统,控制系统采用车控方式,每辆车都配有一套电空制动控制装置(BCU),BCU 内设有监控终端,具有自诊断和故障记录功能。

空气制动系统能在司机控制器、ATO 或 ATP 的控制下对列车进行阶段或一次性的制动与

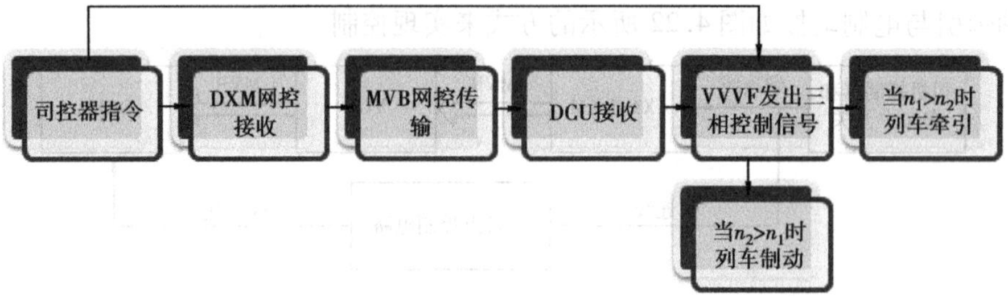

图4.24　牵引、制动控制流程图

缓解。制动系统具有常用制动功能、紧急制动功能、保持制动功能、空重车调整功能、电空协调配合功能、预压力功能、不缓解检测功能、强迫缓解功能、制动力不足检测功能、自诊断功能、监视功能、防滑控制功能等。

制动系统具有停放功能。每辆车都配有一套停放制动控制装置,可以对全列车进行停放制动的控制,也可以对单车进行停放制动的控制,还可以对单个带停放制动的单元制动缸实施的停放制动进行手动缓解。

列车在行驶制动过程中,一般情况下,先采用电制动,后采用空气制动。空气制动的控制过程是通过网控中的 BCU 制动控制单元来完成。

制动方式主要有:行驶制动、驻车制动、紧急制动和防滑制动。而电制动的制动力是在电动机的电枢反应中实现。空气制动是通过制动盘对车轮的制动来实现。

当电制动力不足时(或时速小于 5 km/h)系统转入空气制动。

1)空气制动系统的组成

空气制动系统由总风缸(风源系统,含总风缸、空气压缩器)、总风管、分风缸、停放装置、制动

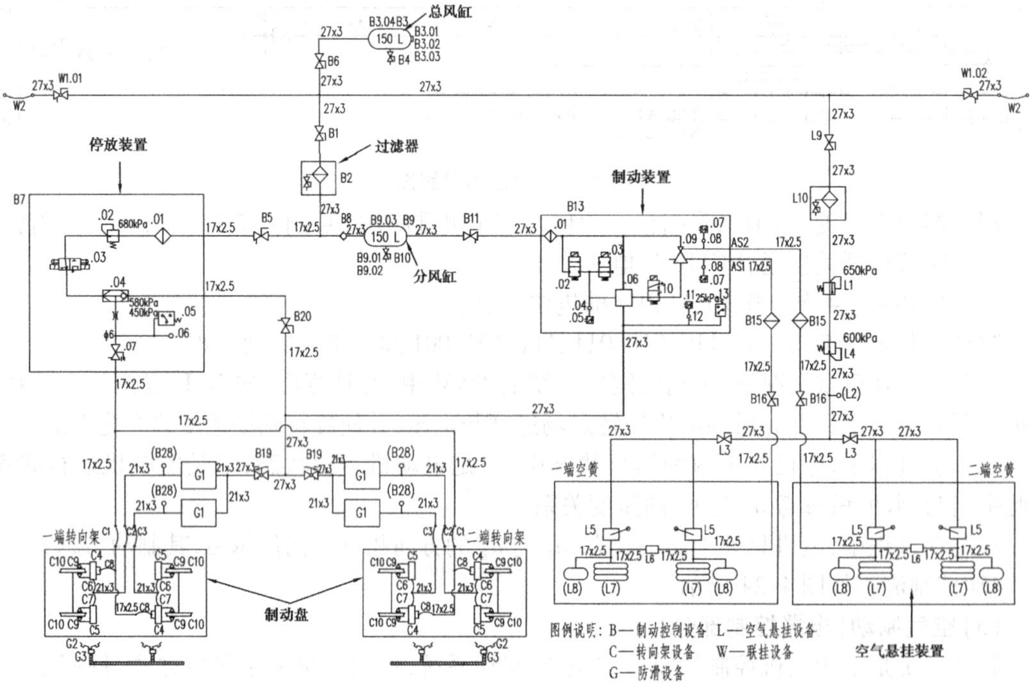

图4.25　空气制动系统

装置、制动盘装置、空气悬挂装置等组成。如图4.25所示，在整个系统中，制动管路系统中要保持压力在750～9 000 kPa。制动速度，正常制动时为1 m/s，紧急制动时为1.2 m/s。

这里只介绍与电制动相关的设备：制动装置和停放装置。

2）制动装置工作过程

①气动执行单元（见图4.26）。主要由：过滤器（FL）、制动电磁阀（AV）、缓解电磁阀（RV）、紧急电磁阀（EBV）、空重阀（LA）、中继阀（RL）、总风欠压开关（SW1）、压力传感器、压力开关及相应的压力测点构成，这些部件由一块气路集成板有机地联系起来，保证电子控制单元的指令能有效地转化为气动信号，实施制动和缓解的操作。

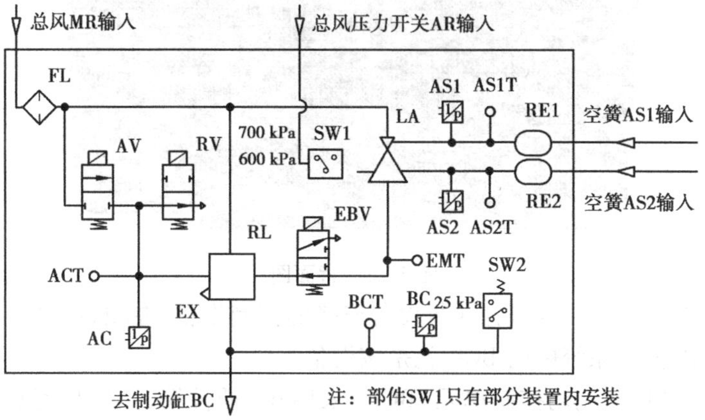

图4.26　气动执行单元

在这里与电气控制相关的执行和检测设备有：制动电磁阀（AV）、缓解电磁阀（RV）、紧急电磁阀（EBV）、总风欠压开关（SW1）、制动低压开关（SW2）、压力传感器（AC，BC，AS1，AS2），正面图如图4.27所示。

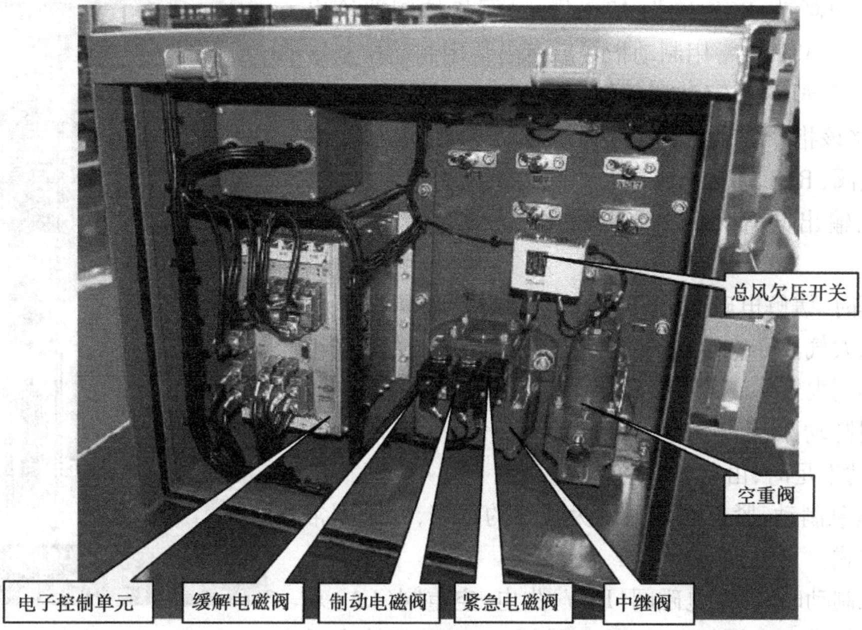

图4.27　正面图

背面图如图4.28所示。

图4.28　背面图

②电控单元:是网控系统与气控执行设备连接的控制设备,在项目1中,详细地讲解了列车网控系统。其中,网控系统中的BCU就是该设备。

制动控制装置的电子制动控制单元(BCU)采用6U插件箱,插件高度6U,机箱的宽度为26HP。机箱中的模块插件包括:电源插件(PWR)、制动控制插件(EPC)、防滑控制插件(WSP)、开关量输入输出插件(DIO)、通信显示插件(CDP),机箱中的插件布置如图4.29所示。

③制动基本过程。

A.常用制动:BCU接收ATO指令\司机控制器给出的制动指令\ATP的常用制动指令后发出常用制动控制指令,制动电磁阀打开(AV)和缓解电磁阀(RV)接受该关闭指令,将该指令转化为气动压力信号。该压力信号同时输入中继阀(RL)的下膜板。中继阀将该压力信号放大,向制动缸输出同等压力的制动缸压力,实现常用制动功能。

缓解时,缓解电磁阀打开,并将中继阀下膜板的压力空气排入大气。在中继阀的作用下,制动缸的压力空气经中继阀排到大气中,实现缓解操作。

常用制动采用电-空混合制动模式。优先采用电制动,电制动不足时,由空气制动补充。

B.紧急制动:紧急制动系统为独立的系统,并采用常时带电方式。

紧急制动时,紧急电磁阀(EBV)失电,空重阀(LA)来的压力空气进入中继阀(RL)的上膜板,经中继阀放大后

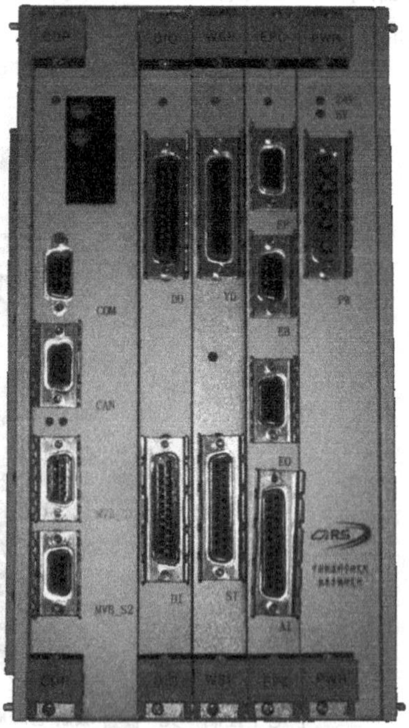

图4.29　空气制动电控单元

向制动缸输出紧急制动压力。

在缓解紧急制动时,紧急电磁阀得电,中继阀的上膜板的压力空气经紧急电磁阀排入大气。在中继阀的作用下,制动缸的压力空气经中继阀排到大气中,实现了缓解操作。

在实施紧急制动,电制动被自动切除,全部制动力仅由空气制动独立承担。

紧急制动作用时,列车将不受制动冲击率的限制。

紧急制动发生后,将产生以下系列联锁要求:

a. 紧急制动发生后,在列车完全停止前不允许缓解制动(零速联锁,以防止车辆减速过程中重新启动);

b. 不管是什么原因引起的紧急制动,所有车辆必须以紧急制动减速度减速;

c. 所有的VVVF逆变器的供电电源立即中断,VVVF逆变器封锁,直到列车完全停下来为止(零速联锁);

d. 在整个停车过程中,紧急电气列车线环路中断。

3)停放装置(防滑制动)

①组成:停放制动控制装置主要由滤清器01减压阀02、双脉冲电磁阀03、双向止回阀04、压力开关05、压力测点06、带电节点排风塞门07、气路集成板、箱体等组成。停放制动单元及设备正面图如图4.30和图4.31所示。

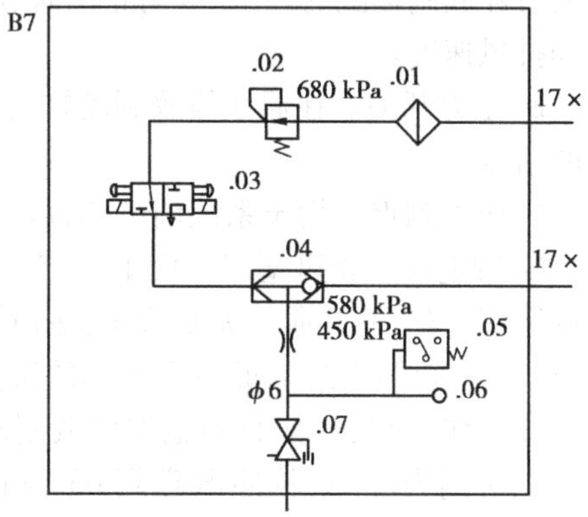

图4.30 停放制动单元

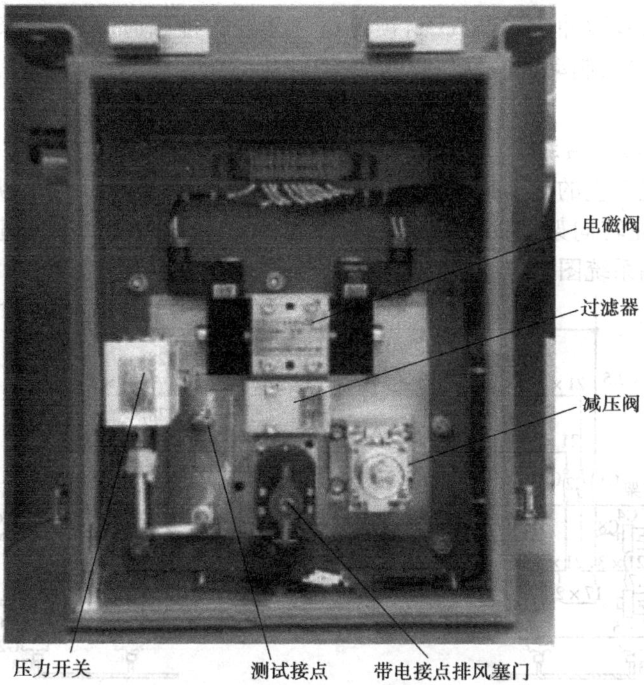

图4.31 停放制动单元设备正面图

主要部件：

A. 过滤器。可以过滤压缩空气内的杂质颗粒，以保护下游的减压阀、双脉冲电磁阀、双向止回阀、压力开关等零部件能够正常工作。

B. 减压阀。可以将来自总风的压力调整到停放制动缸所需要的压力。减压阀输出压力调整至 680 kPa。

C. 双脉冲电磁阀。用于停放列车的主要控制执行设备。

D. 双向止回阀。其一端输入了总风压力，另一端输入的是制动缸压力，其作用是防止由于弹簧制动和空气制动同时施加，造成车轮制动力过大的情况发生。为了防止压缩空气流量过大对停放制动缸的冲击，双向止回阀和停放制动缸之间设置了缩堵，以控制停放制动缸的充风和排风速度。

E. 压力开关。在通往停放制动缸的压缩空气压力低于 450 kPa 时，提供一个停放制动施加的信号。

F. 压力测点。用于系统调试和日常维修时的压力检测。

G. 带电接点排风塞门。用于系统调试和日常维修时排空停放缸内的压力空气。带电接点排风塞门 07 的开通与关断状态，在司机台的监控显示器中可以显示。避免发生因为关断塞门，车辆实施停放制动，而牵引列车的误操作。

②工作过程：当接收到施加停放制动信号时，双脉冲电磁阀 03 的制动施加电磁阀得电，缓解电磁阀失电，双脉冲电磁阀 03 封锁来自总风的压力空气，打开停放制动缸的排风通道，使停放制动缸内压力空气通过双脉冲电磁阀 03 排出，从而单元制动缸产生停放制动的作用。

当停放制动控制装置接收到缓解停车制动的信号时，双电磁阀 03 的制动施加电磁阀失电，缓解电磁阀得电，双脉冲电磁阀 03 封锁停放制动缸的排风通道，打开来自总风的压力空气，将压力空气引入停放制动缸，停放制动缸中的停放弹簧在压力空气的作用下被压缩，从而使停放制动缓解。

4）其他（空气制动未端系统）

由制动控制装置产生的制动缸压力空气，分别经由两个带电接点的截断塞门（B19）、4 个防滑排风阀（G1）送往转向架上安装的单元制动缸。G3 为滑控制所需的速度测试装置。图 4.32为空气制动未端系统图。

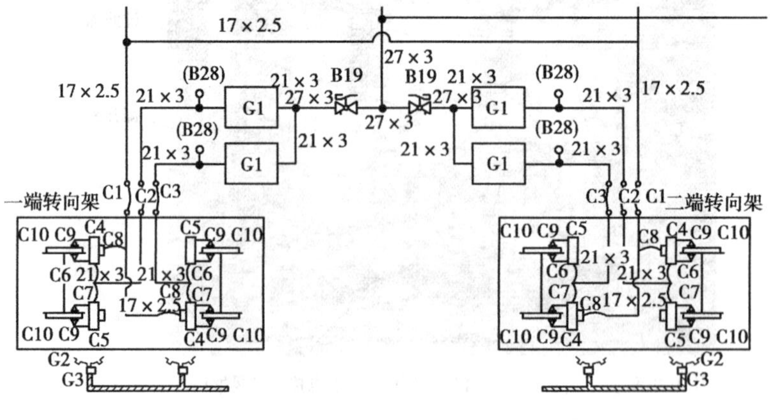

图 4.32　空气制动未端系统图

塞门(B19)的型号:TKQ600-CK11-00-00WX,两端接口为:Rc3/4″。手柄从开通到关断,俯视为逆时针。手柄的颜色为黄色。

防滑排风阀是车辆防滑控制系统的一部分(见图4.33)。在制动状态下,当车轮即将产生滑行时(不转时的前行),本阀接收防滑控制系统的指令,逐步减小滑行轴制动缸的压力,以消除滑行。当防滑控制装置判断滑行趋势消失后,该阀会逐步恢复制动缸压力,以保证制动距离。

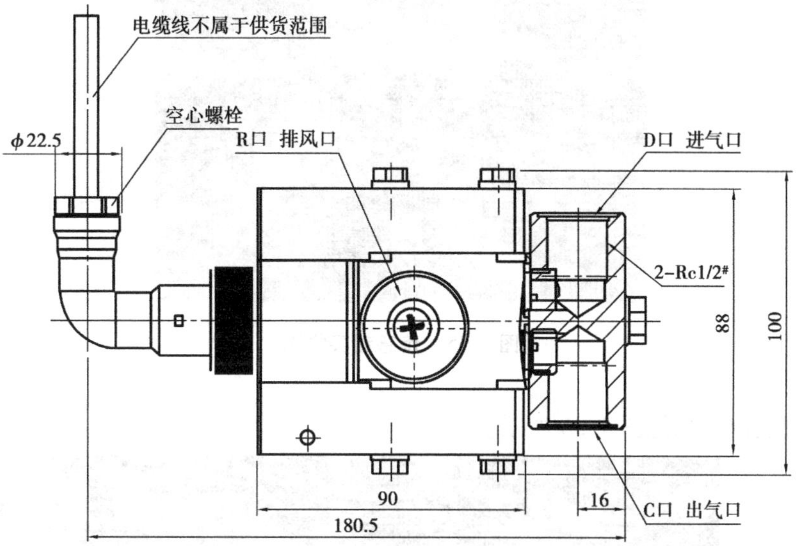

图4.33 防滑排风阀

轴装速度传感器(G3)。

在轨道交通车辆中,所用的速度传感器,多数为磁电式传感器。

在每根轴上都安装有速度传感器(G3)、感应齿盘(G2)。

在需要测试转速的轴上,安装一个由导磁材料制造的齿轮(激励件,可以是其他形式,如花键、带孔圆盘),齿轮和轴刚性连接,二者同步转动,则检测齿轮的转速,就等于检测轴的转速。

传感器(G3)其结构主要有感应线圈、磁芯等。磁电式速度传感器结构如图4.34所示,传感器实物图如图4.35所示。

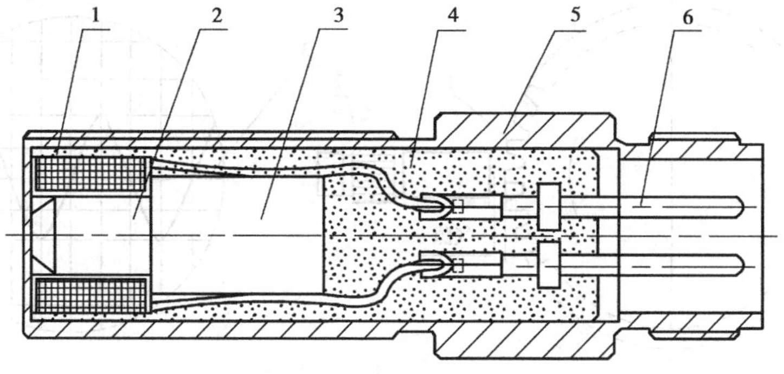

图4.34 磁电式速度传感器结构图

1—线圈;2—铁芯;3—磁钢;4—电器密封胶;

5—壳体;6—对外接口

图 4.35　传感器实物图

安装部位：

传感器安装位置如他图 4.36 所示。

图 4.36　传感器安装位置

工作过程：当感应齿旋转通过传感器线圈时，会产生一个交流脉冲信号。网控系统根据这个信号来测定车轮是否被制动或者被抱死。同时也根据测量信号来控制制动力和制动速度。传感器原理图如图 4.37 所示。

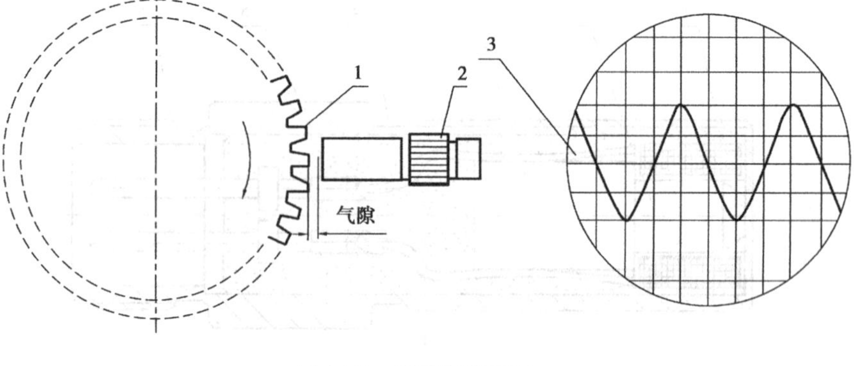

图 4.37　传感器原理图

1—轴凹凸轮；2—传感器；3—传感波形

在正常制动过程中，由网络控制整个制动过程，其接线原理图如图 4.38 所示。

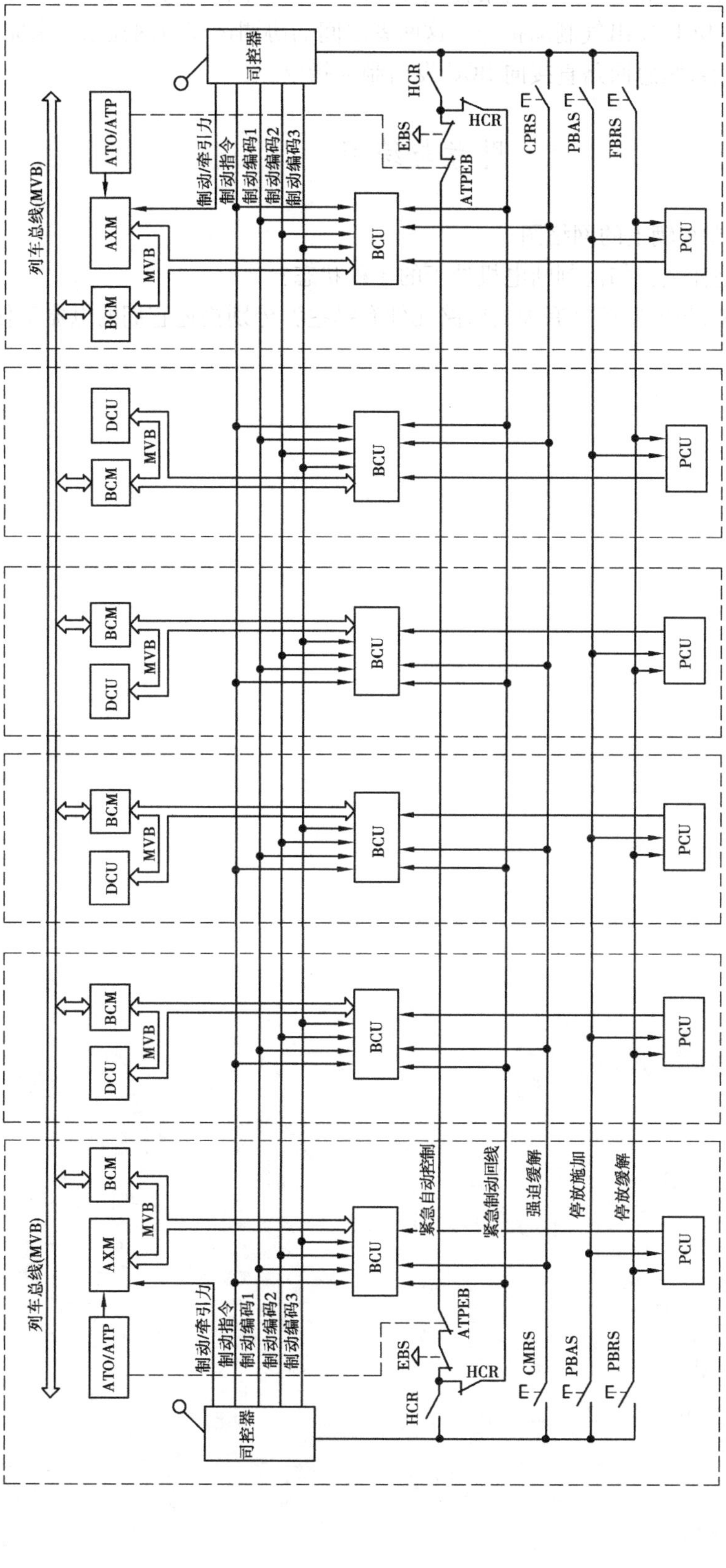

BCU 制动控制单元　PBS1 停放制动施加按钮　EBS 紧急制动按钮　HCR 头车控制继电器　DCU 牵引控制单元　BCM 总线耦合模块

PUC 停放制动控制装置　PBS2 停放制动缓解按钮　ATPEB ATP紧急制动继电器　CPRS 强迫缓解按钮　AXM 模拟量输入/输出模块

图4.38　网络控制制动过程原理图

从该电路图中可以看出,BCU 受网络控制系统和司控器控制。正常情况下网控分别向 DCU 发出电制动,向 BCU 发出气制动指令。这两者之间的协调运算由网控系统来完成。在紧急情况下,可由司控器,紧急回路直接向 BCU 发出制动指令。

思考与练习

1. 画出 BCU 所在车辆上的网络图。
2. 转差率指的是什么?如何判断电机处于的 3 种状态?
3. 在空气制动中,与电器控制有关的管路元件有哪些?分别描述它们的电器工作原理。

项目5　车辆电器设备

任务1　轨道交通电器设备概述

任务目标

了解轨道交通常用低压电器的结构及工作原理。

任务重点

在该任务中,主要需要理解轨道交通车辆电器设备之间是何如统一工作的。

知识准备

电力识图。

知识描述

(1)轨道交通低压电器概述

电器是一种能根据外界的信号和要求,手动或自动地接通或断开电路,断续或连续地改变电路参数,以实现电路或非电对象的切换、控制、保护、检测、变换和调节的电气设备。

电器按其工作电压等级可分为高压电器和低压电器。低压电器通常指工作在交流50 Hz,额定电压1 200 V及其以下或直流额定电压1 500 V及其以下的电路中的电器。

常见的低压电器可分为多种类型。

1)按用途分

低压电器按它在电路中所处的地位和作用可分为控制电器、配电电器、主令电器和保护电器4大类:控制电器是指电动机完成生产机械要求的启动、调速、反转和停止所用的电器,如接触器、继电器和开关电器等;配电电器是指正常或事故状态下接通或断开用电设备和供电电网所用的电器,如低压隔离开关、断路器和刀开关等;主令电器用于自动控制系统中发送控制命令的电器,如按钮、行程开关等;保护电器是指主要用于保护设备和电路的电器,使其安全运行,如熔断器、电流继电器、电压继电器、热继电器等。

2)按动作方式分

低压电器按它的动作方式可分为自动切换电器和非自动切换电器两大类:前者是依靠本身参数的变化或外来信号的作用,自动完成接通或分断等动作;后者主要是用手直接操作来进行切换。

3)按有无触点分

低压电器按它有无触点可分为有触点电器和无触点电器两大类:有触点电器有动触点和静触点之分,利用触点的合与分来实现电路的通与断;无触点电器没有触点,主要利用晶体管的导通与截止来实现电路的通与断。

4)按工作原理分

低压电器按它的工作原理可分为电磁式电器和非电量控制电器两大类:电磁式电器由感受部分(即电磁机构)和执行部分(即触点系统)组成。

它由电磁机构控制电器动作,即由感受部分接受外界输入信号,使执行部分动作,实现控制目的;非电量控制电器由非电磁力控制电器触点的动作。

(2)低压电器的基础知识

低压电器一般都有两个基本部分,即感受部分和执行部分。感受部分感受外界信号,并通过转换、放大与判断作出反应,使执行部分动作;执行部分则按照感受部分对外界信号的反应进行相应的动作,从而接通或分断电路,实现控制目的。

自控电器的感受部分大多由电磁机构组成;手动电器的感受部分通常为电器的操作手柄。执行部分根据控制指令,执行接通或断开电路的任务。

1)电磁机构

电磁机构一般由线圈、铁芯及衔铁等几部分组成。按通过线圈的电流种类分有交流电磁机构和直流电磁机构;按电磁机构的形状分有 E 形和 U 形两种;按衔铁的运动形式分有拍合式和直动式两大类。常用的电磁机构如图 5.1 所示。

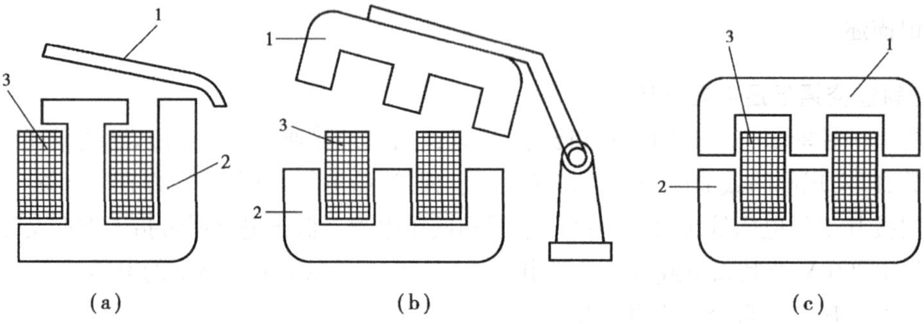

图 5.1 常用的电磁机构

1—衔铁;2—铁芯;3—线圈

电磁机构的工作原理:当吸引线圈通入电流后,产生磁场,磁通经铁芯、衔铁和工作气隙形成闭合回路,产生电磁吸力,衔铁在电磁吸力的作用下产生机械位移,被铁芯吸合。与此同时,衔铁还要受弹簧的拉力等与电磁吸力方向相反的反力的作用。只有当电磁吸力大于反力时,衔铁才能可靠地被铁芯吸住。

2)触头系统

触头是一切有触点电器的执行部分,这些电器就是通过在衔铁带动下触头的动作来接通与分断电路的。触头的结构形式有很多种,常见的种类有:

①按其接触形式分。可分为点接触、线接触和面接触 3 种,如图 5.2 所示。点接触允许通过的电流较小,常用于继电器电路或辅助触点。面接触和线接触允许通过的电流较大,常用于大电流的场合,如刀开关、接触器的主触头等。

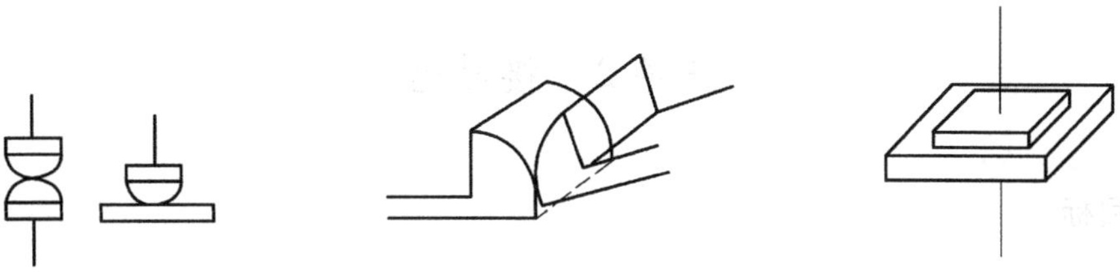

(a)点接触　(b)线接触　(c)面接触

图5.2 触头形式

②按控制的电路分。可分为主触头和辅助触头。主触头用于接通或断开主电路,允许通过较大的电流。辅助触头用于接通或断开控制电路,只允许通过较小的电流。

③按原始状态分。可分为常开触头和常闭触头。当线圈不带电时,动、静触头是分开的称为常开触头;当线圈不带电时,动、静触头是闭合的称为常闭触头。

3)电弧的产生和熄灭

①电弧的产生。

当动、静触头分开瞬间,两触头间距极小,电场强度极大,在高热及强电场的作用下,金属内部的自由电子从阴极表面逸出,奔向阳极。这些自由电子在电场中运动时撞击中性气体分子,使之激励和游离,产生正离子和电子,这些电子在强电场作用下继续向阳极移动。同时撞击其他中性分子。因此,在触头间隙中产生了大量的带电粒子,使气体导电形成了炽热的电子流即"电弧"。可以看出,电弧的产生实际上是一种气体放电现象。电弧产生高温并有强光,可将触头烧损,并使电路的切断时间延长,严重时可引起事故或火灾。

②灭弧的方法:

a.机械灭弧:通过机械将电弧迅速拉长,用于开关电路。

b.磁吹灭弧:在一个与触头串联的磁吹线圈产生的磁力作用下,电弧被拉长且被吹入由固体介质构成的灭弧罩内,电弧被冷却熄灭。

c.窄缝灭弧:在电弧形成的磁场、电场力的作用下,将电弧拉长进入灭弧罩的窄缝中,使其分成数段并迅速熄灭,该方式主要用于交流接触器中。

d.金属栅片灭弧:当触头分开时,产生的电弧在电场力的作用下被推入一组金属栅片而被分成数段,彼此绝缘的金属片相当于电极,因而就有许多阴阳极压降,对交流电弧来说,在电弧过零时使电弧无法维持而熄灭,交流电器常用栅片灭弧。

思考与练习

1.什么是电器?什么是低压电器?

2.电器一般由哪两个基本部分组成?它们分别起什么作用?

任务2　接触器

任务目标

认识什么是接触器,知道接触器的用途、结构和工作原理。

任务重点

本任务主要介绍交流电磁接触器的结构和工作原理,掌握其工作原理才会分析整个电路。

知识准备

磁与电磁基本知识。

知识描述

(1)概述

接触器是一种用于频繁地接通或断开交直流主电路、大容量控制电路等大电流电路的自动切换电器。在功能上接触器除能自动切换外,还具有手动开关所缺乏的远距离操作功能和欠压保护功能,主要用于控制电动机、电热设备、电焊机等。它是自动控制系统中应用最多的一种电器,其实物图如图5.3所示。

图5.3　交流接触器外形图

(2)电磁接触器的结构和工作原理

1)电磁、接触器的结构

交流电磁接触器主要由电磁系统、触头系统、灭弧系统和其他部分组成,其结构和图形符号如图5.4、图5.5所示。

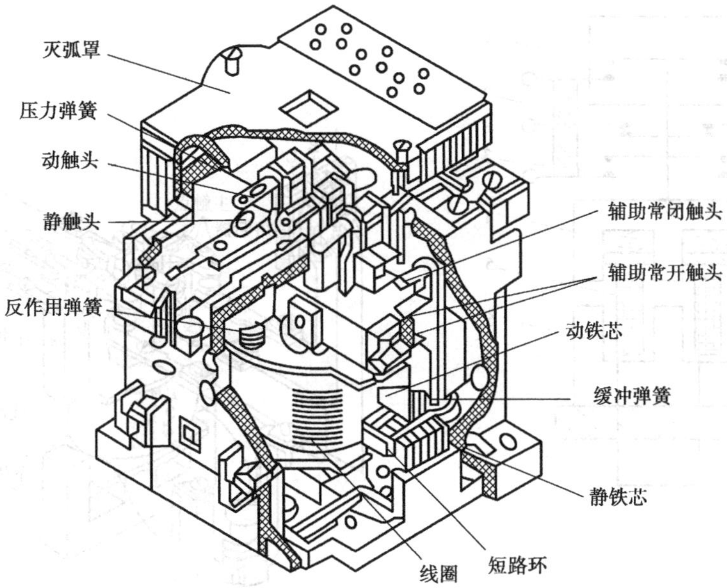

图5.4　交流电磁接触器的结构示意图

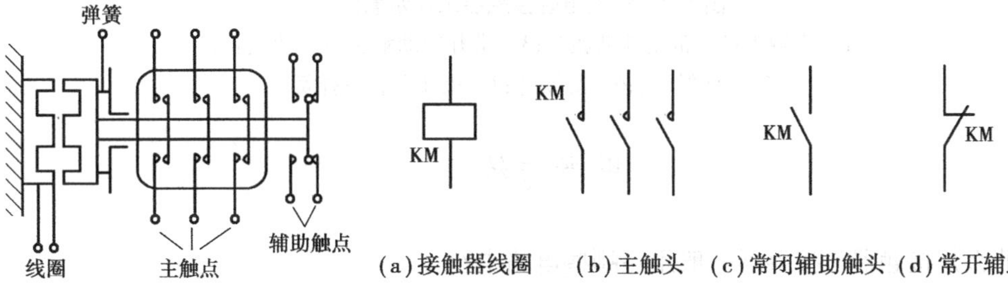

(a)接触器线圈　(b)主触头　(c)常闭辅助触头　(d)常开辅助触头

图5.5　交流电磁接触器的图形符号

①电磁系统包括线圈和铁芯。交流接触器的铁芯由薄的硅钢片叠压而成，以减少铁芯中的涡流损耗。铁芯上装有短路环，其作用是将磁通分相，使合成后的吸力在任一时刻都大于反力，消除振动和噪声，如图5.6所示。

②触头系统包括主触头和辅助触头。主触头用于接通和分断主电路，控制较大的电流；辅助触头用于控制电路中，起电气联锁的作用。

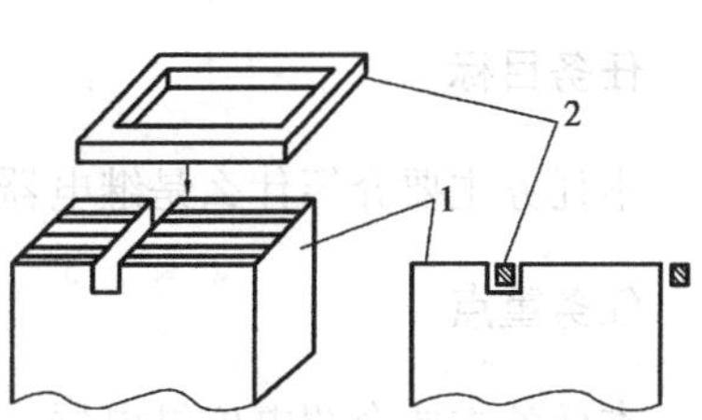

图5.6　接触器短路环示意图

1—铁芯；2—短路环

2）工作原理

接触器的工作原理是利用电磁铁吸力及弹簧反作用力配合动作，使触头接通或断开。当吸引线圈通电时，铁芯被磁化，吸引衔铁向下运动，使得常闭触头断开，常开触头闭合。当线圈断电时，磁力消失，在反力弹簧的作用下，衔铁回到原来的位置，也就使得触头恢复到原来的状态，如图5.7所示。

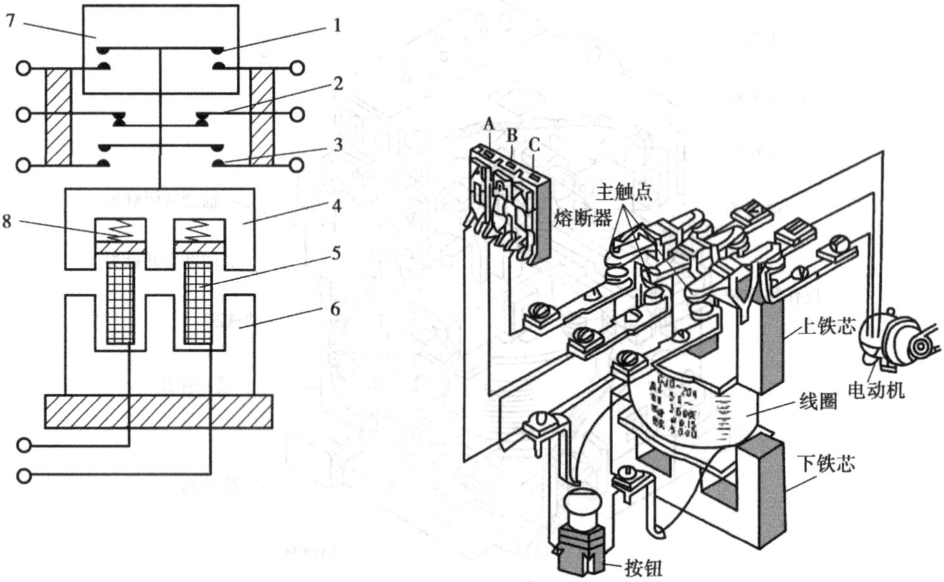

图5.7　交流电磁接触器工作示意图

1—主触头;2—常闭辅助触头;3—常开辅助触头;4—动铁芯;
5—电磁线圈;6—静铁芯;7—灭弧罩;8—弹簧

思考与练习

1. 什么是接触器？接触器一般用在哪些电路中？

2. 交流接触器主要由哪几部分组成？简述交流接触器的工作原理。

任务3　继电器

任务目标

本任务主要介绍什么是继电器,需要掌握常用继电器的用途、结构和工作原理。

任务重点

本任务主要介绍电磁继电器、时间继电器、热继电器的结构和工作原理,了解其工作原理才会分析整个电路,掌握其符号表示,才能看懂电路图。

知识准备

磁与电磁、看图识图。

知识描述

(1)概述

继电器是一种当输入量(如电压、电流、时间、速度等)变化到某一定值时,其触头(或电路)即接通或分断交直流小容量控制回路的自动控制电器。主要用在控制电路中。

继电器的种类很多,按其用途可分为:控制继电器、保护继电器、中间继电器。按动作时间可分为:瞬时继电器、延时继电器。按输入信号的性质可分为:电压继电器、电流继电器、时间继电器、温度继电器、速度继电器、压力继电器等。按工作原理可分为:电磁式继电器、感应式继电器、电动式继电器、热继电器和电子式继电器等。按输出形式可分为有触点继电器、无触点继电器。

(2)电磁式继电器

电磁式继电器就是采用电磁式结构的继电器。低压控制系统中采用的继电器,大部分为电磁式。如电压(电流)继电器、中间继电器以及相当一部分的时间继电器等,都属于电磁式继电器。其实物图如图5.8所示。

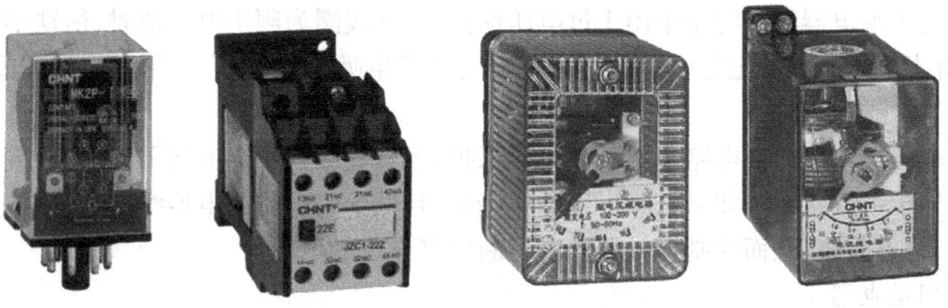

(a)电磁继电器 (b)中间继电器 (c)电压继电器 (d)电流继电器

图5.8 电磁式继电器实物图

电磁式继电器的结构和原理与接触器基本相同,二者的主要区别在于:接触器的输入量只有电压,而继电器的输入量可以是各种物理量;接触器的主要任务是控制主电路的通断,所以它强化执行功能,而继电器要实现各种信号的感测,并且通过比较确定其动作值,所以它强化感测的灵敏性、动作的准确性和反应的快速性,其触点通常接在小容量的控制电路中,一般不采用灭弧装置。电磁式继电器的结构如图5.9所示。

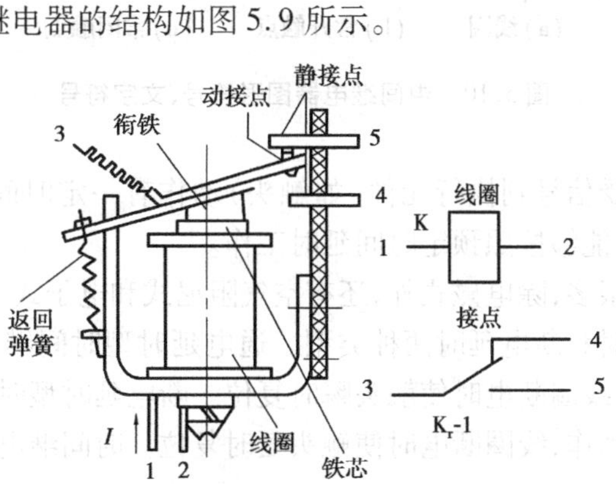

图5.9 电磁式继电器的结构示意图

1）电流继电器

电磁式继电器反映的是电信号。当线圈反映电流信号时，称为电流继电器。电流继电器的线圈应和负载电路串联，匝数少而导线粗，阻抗小，分压小，不影响电路的正常工作。电流继电器又分欠电流继电器和过电流继电器两种。

①欠电流继电器。正常工作时，欠电流继电器的衔铁处于吸合状态。如果电路中负载电流过低，且低于欠电流继电器线圈的释放电流时，其衔铁打开，触点复位，从而切断电气设备的电源。

②过电流继电器。过电流继电器线圈在额定电流值时，衔铁不产生吸合动作，只有当负载电流超过一定值时才产生吸合动作。过电流继电器常用于电力拖动控制系统中起保护作用。通常，交流过电流继电器的吸合电流整定范围为额定电流的1.1～4倍，直流过电流继电器的吸合电流整定范围为额定值的0.7～3.5倍。

2）电压继电器

当线圈反映电压信号时，称为电压继电器。电压继电器的线圈应和负载并联，匝数多而导线细，阻抗大。主要用于控制用。电压继电器又分过电压继电器、欠电压继电器。

①过电压继电器。在电路中用于过电压保护，当其线圈为额定电压值时，衔铁不产生吸合动作，只有当电压高于额定电压105%～115%时才产生吸合动作，当电压降低到释放电压时，触点复位。

②欠电压继电器。在电路中用于欠电压保护，当其线圈在额定电压下工作时，欠电压继电器的衔铁处于吸合状态。如果电路出现电压降低，且低于欠电压继电器线圈的释放电压时，其衔铁打开，触点复位，从而控制接触器及时切断电气设备的电源。

3）中间继电器

中间继电器主要用来传递信号、扩大信号功率以及将一个输入信号变换成多个输出信号等。就工作原理而言，它属于电磁式电压继电器，但动作参数无须调整。其图形符号、文字符号如图5.10所示。

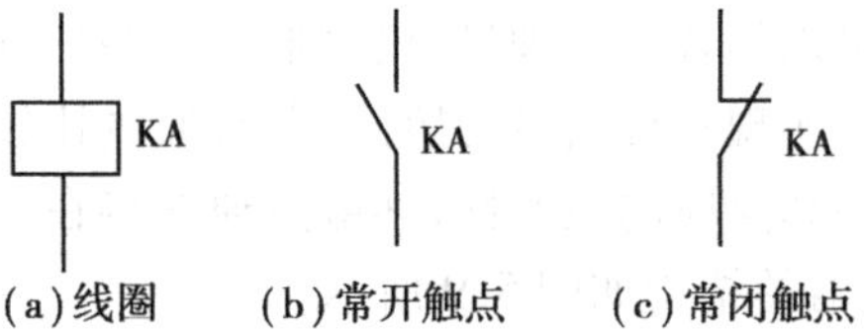

(a)线圈　(b)常开触点　(c)常闭触点

图5.10　中间继电器图形符号、文字符号

(3)时间继电器

时间继电器是从接受信号到执行元件（如触头）动作有一定时间间隔的继电器。其特点是接受信号后，执行元件能够按照预定时间延时工作。

时间继电器的种类很多，除电磁式外，还有空气阻尼式和电子式时间继电器。按延时方式分时间继电器有通电延时和断电延时两种类型。通电延时型时间继电器的动作原理是：线圈通电时使触头延时动作，线圈断电时使触头瞬时复位。断电延时型时间继电器的动作原理是：线圈通电时使触头瞬时动作，线圈断电时使触头延时复位。时间继电器的图形符号、文字符号如图5.11所示。

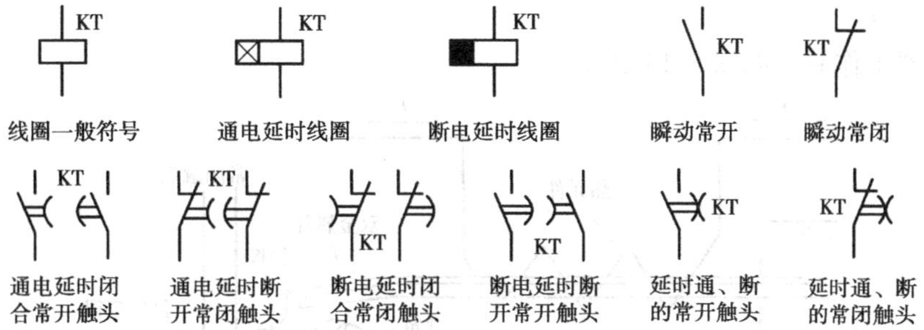

图5.11 时间继电器的图形符号、文字符号

(4)热继电器

电动机在实际运行中,常常遇到过载的情况。若过载电流不太大且过载时间较短,电动机绕组温升不超过允许值,这种过载是允许的。但若过载电流大且过载时间长,电动机绕组温升就会超过允许值,这将会加剧绕组绝缘的老化,缩短电动机的使用年限,严重时会使电动机绕组烧毁,这种过载是电动机不能承受的。因此,常用热继电器做电动机的过载保护。热继电器在地铁车辆中的主回路、电动发电机组、空压机等工作回路中均有应用。其实物图如图5.12所示。

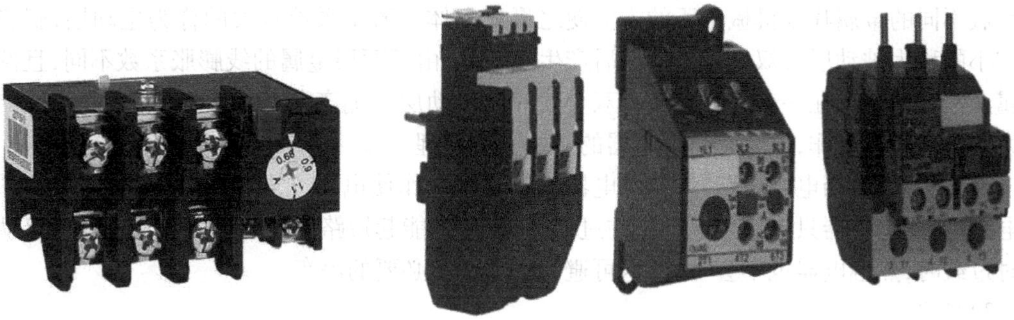

图5.12 热继电器实物图

1)结构

热继电器主要由热元件、双金属片和触点3部分组成,其结构及图形符号、文字符号如图5.13所示。

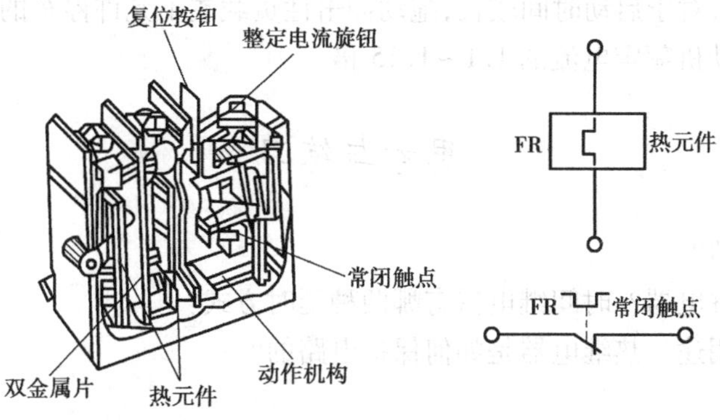

图5.13 热继电器的结构和图形符号、文字符号

2）工作原理

热继电器工作原理如图 5.14 所示。

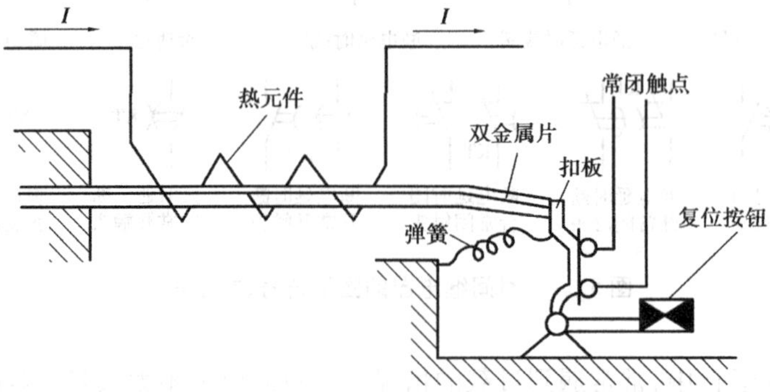

图 5.14　热继电器工作原理图

热继电器是利用电流的热效应原理，在发现电动机不能承受的过载时切断电动机电路，是为电动机提供过载保护的保护电器。

热继电器中产生热效应的发热元件，应串接于电动机电路中，这样，热继电器便能直接反映电动机的过载电流。热继电器的感测元件，采用双金属片。所谓双金属片，就是将两种线膨胀系数不同的金属片以机械辗压的方法使之形成一体。膨胀系数较大的称为主动层，膨胀系数较小的称为被动层。双金属片受热后产生线膨胀，由于两层金属的线膨胀系数不同，且两层金属又紧密地结合在一起，因此，使得双金属片向被动层一侧弯曲，由双金属片弯曲产生的机械力便带动触点动作，这就是热继电器的基本工作原理。

由于热惯性，当电路短路时，热继电器不能立即动作使电路立即断开。因此，在控制系统主电路中，热继电器只能用作电动机的过载保护，而不能起短路保护的作用。在电动机启动或短时过载时，热继电器也不会动作，这可避免电动机不必要的停车。

3）整定

热继电器动作电流的整定主要根据电动机的额定电流来确定。热继电器的整定电流是指热继电器长期不动作的最大电流，超过此值即开始动作。热继电器可以根据过载电流的大小自动调整动作时间，具有反时限保护特性。一般将整定电流调整到等于电动机的额定电流或是额定电流的 0.95 ~ 1.05 倍，对过载能力差的电动机，可将热元件整定值调整到电动机额定电流的 0.6 ~ 0.8 倍，对于启动时间较长，拖动冲击性负载或不允许停车的电动机，热元件的整定电流应调整到电动机额定电流的 1.1 ~ 1.15 倍。

思考与练习

1. 什么是继电器？
2. 什么是时间继电器？时间继电器有哪两种延时方式？
3. 热继电器的用途？热继电器是如何保护电路的？

任务4 其他电器

任务目标

本任务主要介绍什么是主令电器、刀开关、低压断路器,掌握这些电器的应用。

任务重点

本任务主要介绍常用的主令电器(按钮、转换开关、行程开关)、刀开关、低压断路器的用途、结构,了解这些电器的工作原理。

知识准备

磁与电磁、看图识图。

知识描述

(1)主令电器

主令电器用来闭合或断开控制电路,以发布命令或用作程序控制,它主要有控制按钮、行程开关、转换开关等。正因为主令电器在控制电路中是一种专门发布命令的电器,所以称为主令电器,但主令电器不允许分合主电路。

1)控制按钮

控制按钮是一种接通或分断小电流电路的主令电器,其结构简单、应用广泛。控制按钮触头允许通过的电流较小,一般不超过5 A,主要用在低压控制电路中,手动发出控制信号,以控制接触器、继电器等。其实物图如图5.15所示。

图5.15 控制按钮实物图

控制按钮由按钮帽,复位弹簧,桥式动、静触头和外壳等组成,一般为复合式,即同时具有常开、常闭触头。其结构如图5.16所示,图形符号、文字符号如图5.17所示。

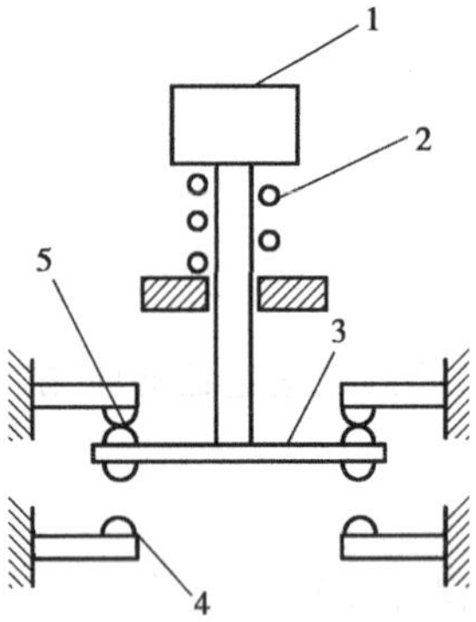

图 5.16　控制按钮结构图

1—按钮帽;2—复位弹簧;3—动触头;
4—常开触点静触头;5—常闭触点静触头

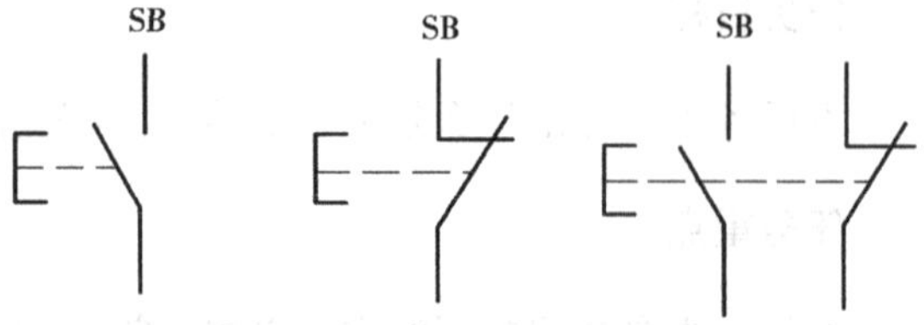

(a)常开按钮　(b)常闭按钮　(c)复合按钮

图 5.17　控制按钮图形符号、文字符号

按下时,常闭触头先断开,然后常开触头闭合;去掉外力后在复位弹簧的作用下,常开触头断开,常闭触头复位。

为了表明各种按钮开关的作用,避免误操作,通常将按钮帽做成不同的颜色,以示区别。常用的颜色有红、绿、黑、黄、蓝、白、灰等。国标中对按钮帽的颜色作了如下规定:

①“停止”和“急停”按钮必须是红色的。当按下红色按钮时,必须使设备停止工作后断电。

②“启动”按钮必须是绿色的。

③“启动”与“停止”交替动作的按钮必须是黑色、白色或灰色的,不得使用红色和绿色。

④“点动”按钮必须是黑色的。

⑤“复位”按钮必须是蓝色的。当“复位”按钮还有“停止”作用时,则必须是红色的。

2)转换开关

转换开关是由多组相同结构的开关元件叠装而成,用以控制多回路的一种主令电器。一般用于电机的故障隔离、电气联锁、电源控制等远距离控制。车辆中的照明开关、故障转换开关、头灯开关等也有用到转换开关的。如图 5.18 所示。转换开关由多节触头组成,手柄可手动向任意方向旋转,每旋转一定角度,动触片就接通或分断电路。由于它换接的线路多,用途广泛,故又称为万能转换开关。常用的转换开关的外形如图 5.19 所示。

(a)雨刷　(b)头灯

图 5.18　车辆电器—转换开关

图 5.19　转换开关外形图

3) 行程开关

行程开关,又称限位开关或位置开关,其作用与按钮开关相同,是对控制电路发出接通或断开、信号转换等指令的。不同的是行程开关触头的动作不是靠手来完成,而是利用生产机械某些运动部件的碰撞使触头动作,从而接通或断开某些控制电路,达到一定的控制要求。

行程开关按其结构可分为直动式、滚轮式和微动式 3 种。

①直动式行程开关。其外形和结构原理如图 5.20 所示,其动作原理与按钮开关相同,但其触点的分合速度取决于生产机械的运行速度,不宜用于速度低于 0.4 m/min 的场所。

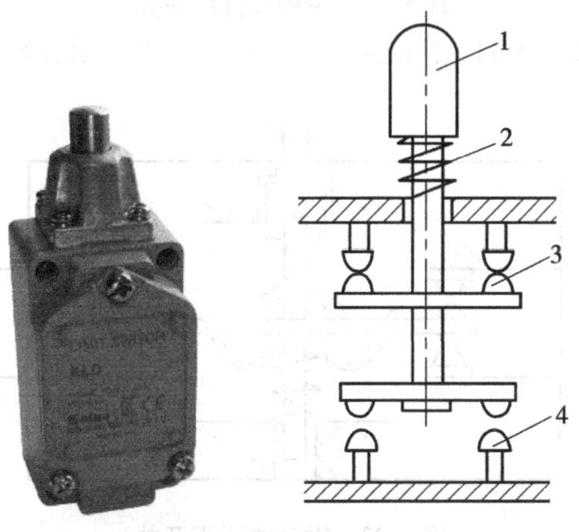

图 5.20　直动式行程开关

1—推杆;2—弹簧;3—动断触点;4—动合触点

②滚轮式行程开关。其外形和结构原理如图 5.21 所示,当被控机械上的撞块撞击带有滚轮的撞杆时,撞杆转向右边,带动凸轮转动,顶下推杆,使微动开关中的触点迅速动作。当运动机械返回时,在复位弹簧的作用下,各部分动作部件复位。滚轮式行程开关又分为单滚轮自动复位和双滚轮(羊角式)非自动复位式,双滚轮行移开关具有两个稳态位置,有“记忆”作用,在某些情况下可以简化线路。

③微动开关式行程开关。其结构如图 5.22 所示。当生产机械的行程较小而作用力很小时,可采用具有瞬时动作和微小行程的微动开关。

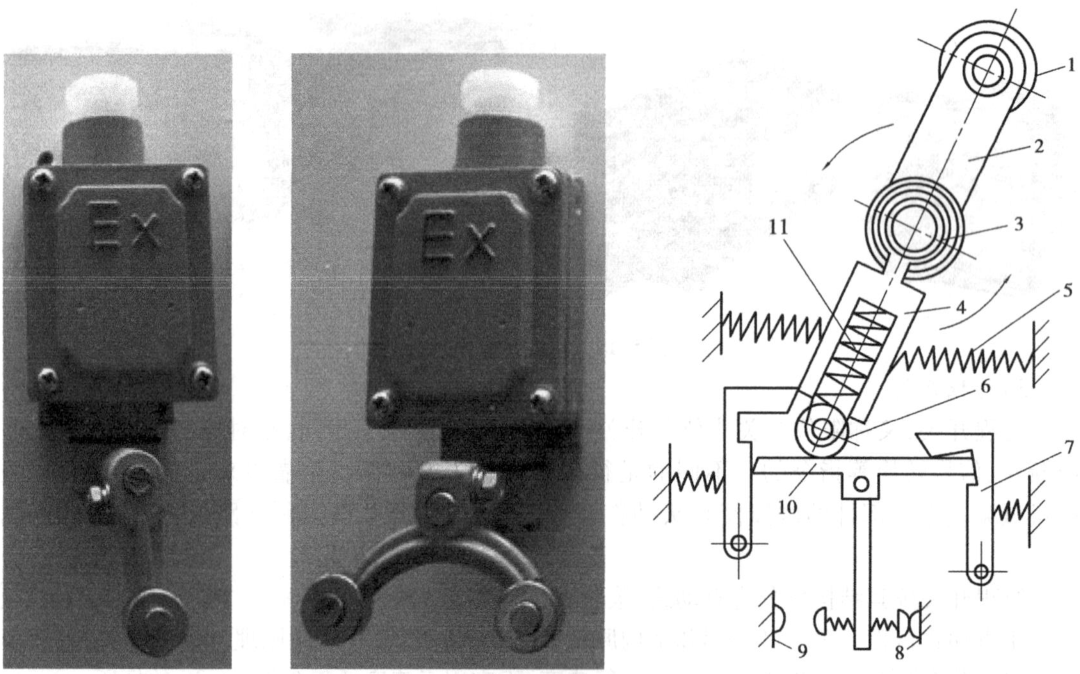

图 5.21　滚轮式行程开关

1—滚轮;2—上转臂;3,5,11—弹簧;4—套架;6—滑轮;7—压板; 8,9—触点;10—横板

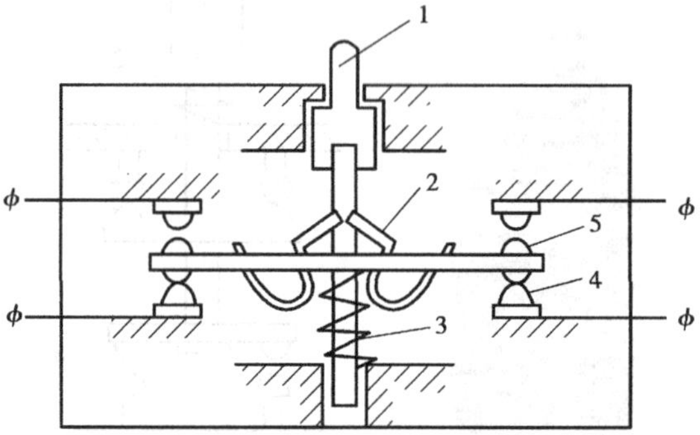

图 5.22　微动式行程开关

1—推杆;2—弹簧;3—压缩弹簧;4—动断触点;5—动合触点

在城市轨道交通车辆中行程开关主要是用于检测车门开关状态。车门进行开、关动作时,行程开关把机械动作传递给触头系统,触头系统再将机械信号转变为电信号,反映到车门的监控回路,使司机随时了解车门的开、关状态。

(2)刀开关

刀开关又称闸刀开关,常用于手动控制、容量较小、启动不频繁的电器设备及隔离电源,其实物图如图 5.23 所示。刀开关按刀的极数可分为单极、双极和三极,按是否有灭弧装置可分为带灭弧罩的大容量刀开关和不带灭弧罩的刀开关。

图 5.23 刀开关外形图

(3)低压断路器

低压断路器俗称自动空气开关,是低压配电网中的主要电器开关之一,它不仅可以接通和分断正常负载电流、电动机工作电流和过载电流,而且可以接通和分断短路电流。主要用在不频繁操作的低压配电线路或开关柜中作为电源开关使用,并对线路、电器设备及电动机等进行保护,当它们发生严重过电流、过载、短路、断相、漏电等故障时,能自动切断线路,在分断故障电流后,一般不需要更换零件,且具有较大的接通和分断能力。

1)结构

低压断路器主要由触头系统、灭弧装置、保护装置、操作机构等组成。其实物图如图 5.24 所示。低压断路器的触头系统一般由主触头、弧触头和辅助触头组成。灭弧装置采用栅片灭弧方法,灭弧栅一般由长短不同的钢片交叉组成,放置在由绝缘材料组成的灭弧室内,构成低压断路器的灭弧装置。保护装置由各类脱扣器(过流、失电及热脱扣器等)构成,以实现短路、失压、过载等保护功能。

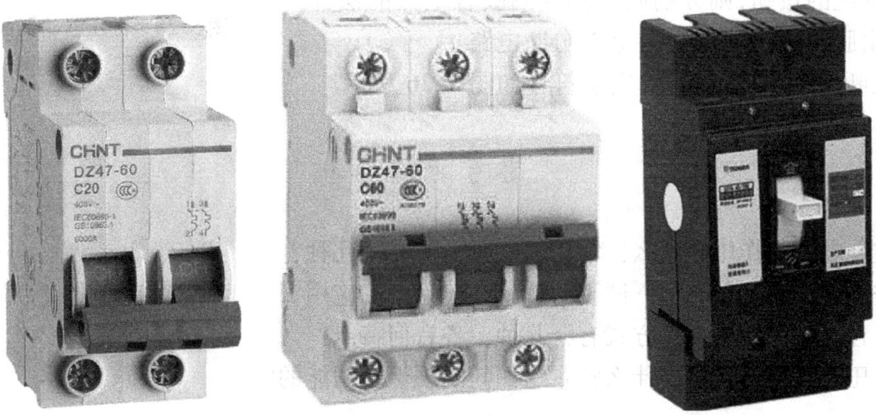

图 5.24 低压断路器实物图

2)工作原理

低压断路器的结构示意图如图 5.25 所示。图中主触头 1 由操作机构手动或电动合闸,在合闸位置上自由脱扣机构 2 将主触头锁扣在闭合状态。

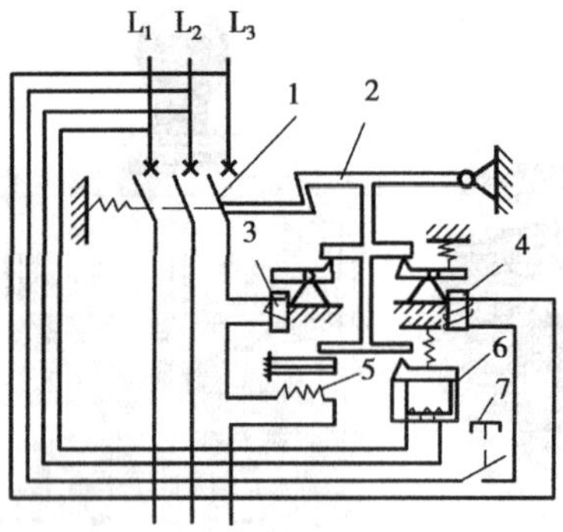

图 5.25　低压断路器的结构示意图

1—主触头;2—自由脱扣机构;3—过电流脱扣器;

4—分励脱扣器;5—热脱扣器;6—失压脱扣器;7—按钮

①线路正常工作时,过电流脱扣器 3 的线圈所产生吸力不能将上方的摆杆吸合,电气控制线路中出现短路故障,短路过电流使过电流脱扣器线圈吸力增加,将线圈上方的摆杆式衔铁吸合使之绕支点逆时针转动,自由脱扣机构上升并和主触头脱扣,主触头在拉簧作用下左移分断电路。

②线路中出现过载故障时,热脱扣器 5 的线圈因发热对上方的双金属片进行加热,因双金属片的下层金属材料的线胀系数大于上层,加热后双金属片产生上翘,推动自由脱扣机构上升而使主触头脱扣分断电路。

③线路中出现失压现象时,失压脱扣器件 6 的线圈吸力减少而不能吸合上方的衔铁,从而使衔铁上升导致自由脱扣机构随之上升,主触头脱扣而分断电路。

分励脱扣器 4 则作为远程控制分断电路用,受按钮 7 控制,合上远地的按钮,则分励脱扣器线圈吸合上方的摆杆式衔铁,自由脱扣机构上升,使主触头分断电路。

低压断路器的图形符号、文字符号如图 5.26 所示。

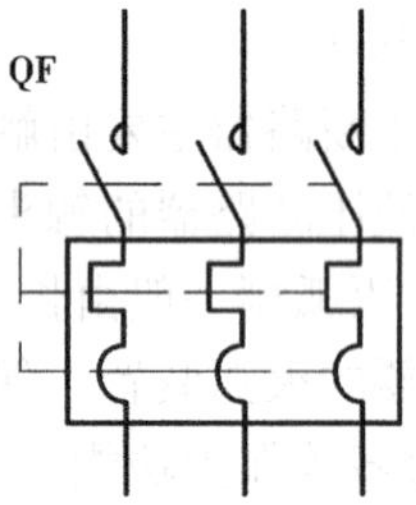

图 5.26　低压断路器的图形符号、文字符号

思考与练习

1. 主令电器的作用是什么？常用的主令电器有哪几种？
2. 按钮分为哪几种类型？试说明按钮在车辆中的应用。
3. 行程开关的触头动作方式有哪几种？各有何特点？
4. 低压断路器的作用是什么？它是如何实现保护功能的？

任务 5　照明电路

任务目标

该任务主要介绍列车的照明电路,了解列车照明电路的工作原理。

任务重点

该任务主要介绍了交流日光灯电路和带逆变器的直流日光灯电路,掌握这两种电路的工作原理。

知识准备

看图识图、整流的原理、二极管的工作。

知识描述

(1)照明电路

列车照明电路如图5.27所示。

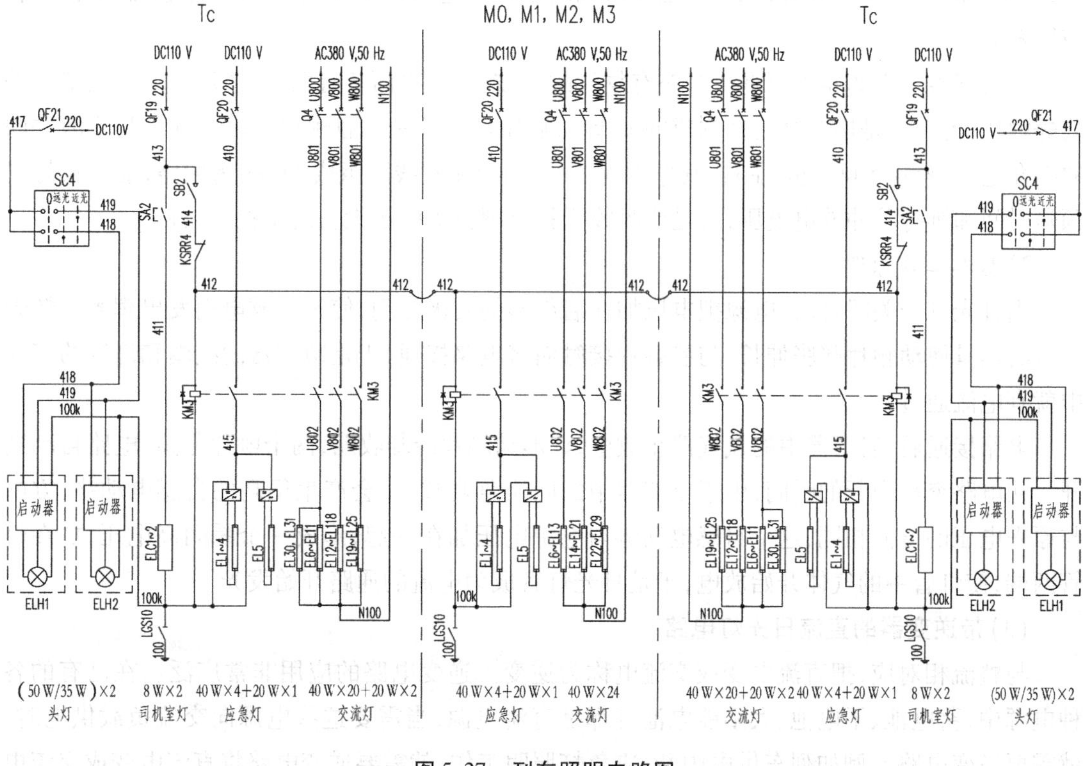

图5.27 列车照明电路图

左图是Tc车照明电路,右图是M0~M3车照明电路。列车照明电路主要有两种电路方式:交流日光灯电路和带逆变器的直流日光灯电路。

(2)交流日光灯电路

1)基本电路组成

日光灯,也称为荧光灯,主要由灯管、镇流器、启辉器等部分组成,如图5.28所示。

①灯管。灯管两端各有一个灯丝,灯管内充有微量的氩和稀薄的汞蒸汽,内壁上涂有荧光粉。两个灯丝之间的气体导电时发出紫外线,使涂在管壁上的荧光粉发出柔和的近似日光色

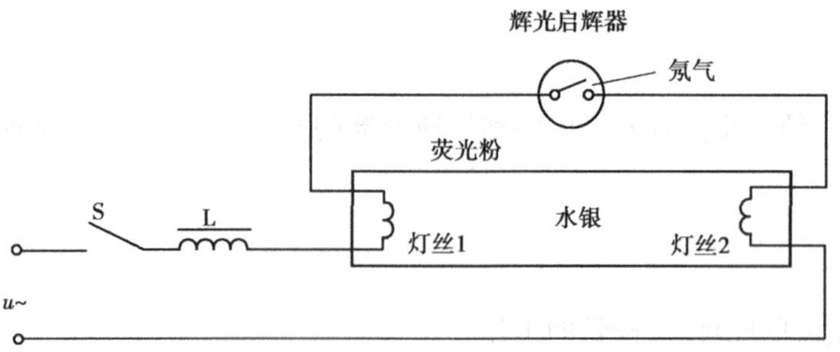

图 5.28　日光灯电路

的可见光。

②镇流器。镇流器是一个带铁芯的电感线圈,它有两个作用:一是在启动时与启辉器配合,产生瞬时高压点燃灯管;二是在工作时利用串联于电路的高电抗限制灯管电流,延长灯管使用寿命。

③启辉器。启辉器主要是一个充有氖气的小玻璃泡,里面装有两个电极:一个是固定不动的静触片;另一个是用双金属片制成的 U 形动触片。动触片与静触片平时分开。与氖泡并联的纸介电容,容量 5 000 pF 左右,其作用有:一是与镇流器线圈组成 LC 振荡回路,能延长灯丝预热时间和维持脉冲放电电压;二是能吸收干扰电视机等电子设备的干扰杂波信号。

2)基本工作原理

当日光灯开关闭合后,电源把电压加在启辉器的两极之间,使氖气放电而发出辉光。辉光产生的热量使动触片膨胀伸长,与静触片接触而将电路接通,于是镇流器的线圈和灯管的灯丝中就有电流通过。

电路接通后,启辉器中的氖气停止放电,U 形动触片冷却收缩,两个触片分离,电路自动断开。在电路突然中断的瞬间,由于镇流器中的电流急剧减小,会产生很高的自感电动势,方向与原来电压的方向相同,这个自感电动势与电源电压加在一起,形成一个瞬间高电压,加在灯管两端,使灯管中的气体开始放电,于是日光灯管成为电流的通路开始发光。

(3)带逆变器的直流日光灯电路

与整流相对应,把直流电变成交流电称为逆变。逆变电路的应用非常广泛。在已有的各种电源中,蓄电池、干电池、太阳能电池灯都是直流电源,当需要这些电源向交流负载供电时,就需要逆变电路。例如列车供电中断,应急灯照明工作,就需要逆变电路将直流电变成交流电向负载供电,如图 5.29 所示。

逆变电路的基本工作原理:以单相桥式逆变电路为例说明其最基本的工作原理,如图5.30所示。

①S1 ~ S4 是桥式电路的 4 个臂,由电力电子器件及辅助电路组成。

②当开关 S1,S4 闭合,S2,S3 断开时,负载电压 u_o 为正。

③当开关 S1,S4 断开,S2,S3 闭合时,u_o 为负。这样就把直流电变成了交流电。

④改变两组开关的切换频率,可改变输出交流电的频率。

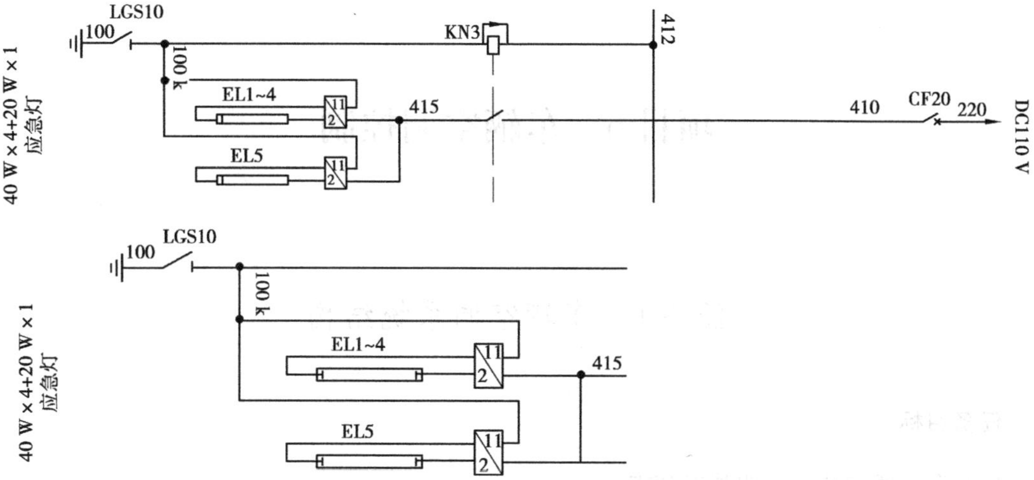

图5.29　列车应急灯照明电路

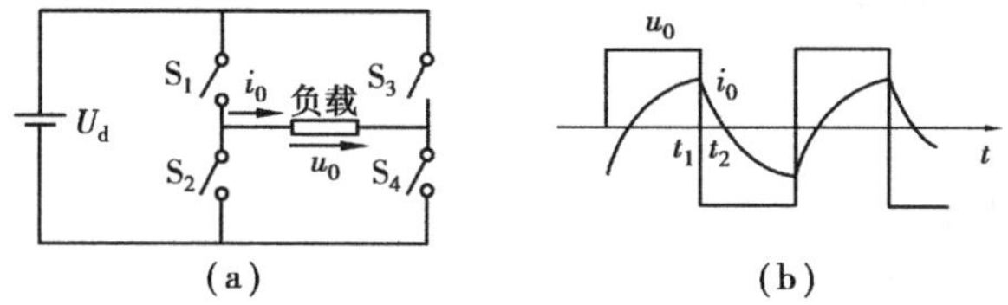

图5.30　逆变电路及其波形

(4)发光二极管

发光二极管是一种将电能直接转换成光能的半导体固体显示器件,简称LED。和普通二极管相似,发光二极管也是由一个PN结构成。它不仅具有单向导电性,而且通电后能发出红、黄、绿等鲜艳的色光。发光二极管的PN结封装在透明塑料壳内,外形有方形、矩形和圆形等。它工作时只需加1.5~3 V正向电压和几毫安电流就能正常发光。它具有很强的抗振动和冲击能力,还有体积小、可靠性高、耗电省和寿命长等优点。其符号如图5.31所示,其实物如图5.32所示。

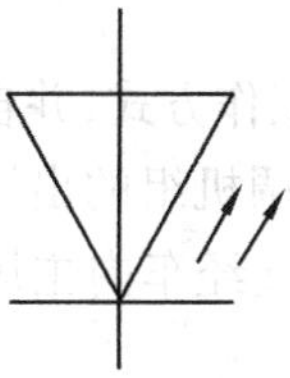

图5.31　发光二极管符号

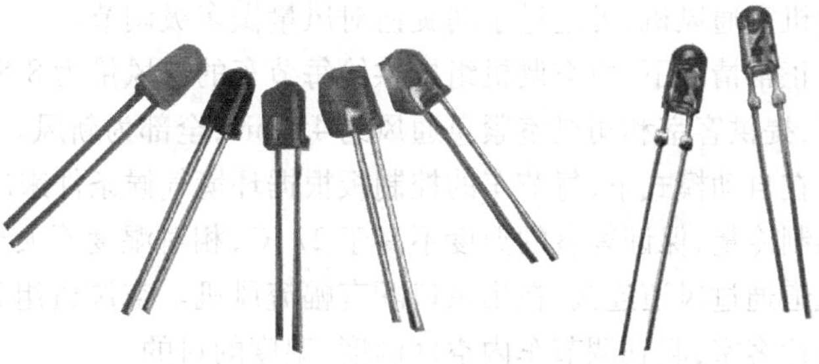

图5.32　发光二极管实物图

思考与练习

1. 简述日光灯的组成及工作原理。
2. 什么是逆变?

项目6　车辆空调控制

任务1　车辆空调系统结构

任务目标

1. 掌握车辆空调系统的基本结构。
2. 掌握空调系统的工作原理。

任务重点

1. 掌握制冷工作过程。
2. 掌握风系统工作过程。

知识准备

电气识图、电工基础、计算机网络技术。

知识描述

(1)概述

车辆的每节车配有两台独立的车顶一体式空调机组,用于客室、司机室的通风和空调,每节车两台机组的运行由一个ACU网络终端设备控制板来控制。带司机室的A车还配有独立的司机室通风机,可通过手动旋钮对风量做多级调节。

正常情况下,由空调机组提供给每节车的总风量为8 500 m^3/h,在列车交流供电失效的情况下,提供客室和司机室紧急通风约45 min,全部为新风。

在自动模式下,每节车的控制板根据环境气候条件来决定机组的工作方式,并自动调节机组的制冷量,保证客室的温度不高于27 ℃,相对湿度不大于65%。空调机组的出风口与车内主风道通过风道连接,在出风口配有幅流风机。空调机组处理后的空气经车内主风道由送风口送达客室,起到调节车内空气温度、湿度的目的。

单元式空调机组具有结构紧凑、体积小、互换性好的特点,由于主要部件集中布置,缩短了连接管路,可减少管路的泄漏,且便于在车顶的检修和维护。

车辆空调设备安装于车辆的顶部,如图6.1和图6.2所示。

整个系统分为两大循环系统:一是制冷循环系统;二是风循环系统。

(2)制冷循环系统

首先车辆空调是车辆中的主要负荷,其设备也较大,因此在设计中,大多数采用设备置顶,

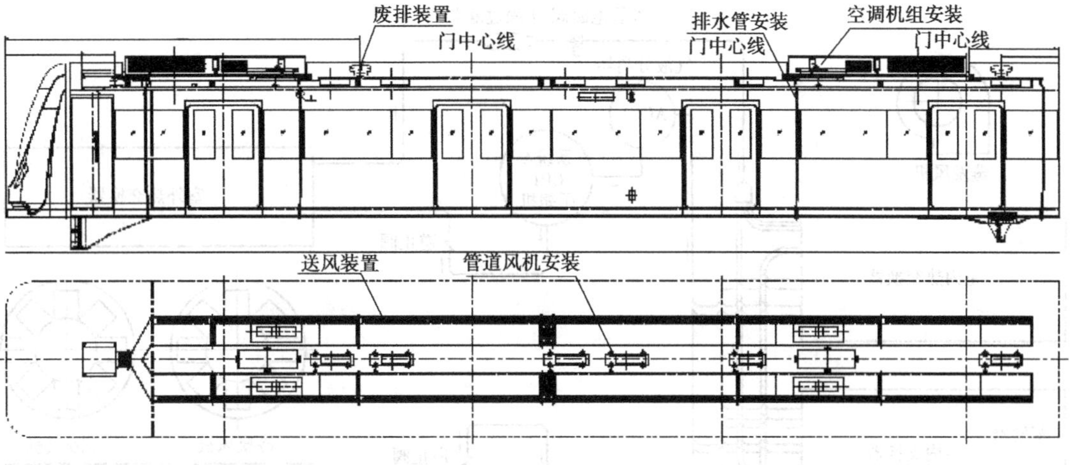

图6.1

图6.2

并通过风道，将冷风送入客室。首先了解制冷系统的一般构成。该系统中主要设备有：压缩机、冷凝器、蒸发器、冷凝风机、蒸发风机，如图6.3所示。

(3)组成和工作原理

车辆的空调机组由空气处理室和压缩机/冷凝器室两部分构成，并被组合在一个不锈钢制的箱体内，通过4个安装座与减震垫一起被固定在车顶上，如图6.4所示，空调机组包括连接软风道在内的尺寸为：长×宽×高为2 950 mm×1 850 mm×455 mm，每台机组的质量为889 kg。

空气处理单元主要包括的部件有：回风调节板、新风调节板、蒸发器、送风机、紧急逆变电源、制冷管路电磁阀、热力膨胀阀、空气挡板调节用电磁阀、温度传感器、新风气动风缸、回风气动风缸、新风百叶窗、新风过滤器(金属材料)、混合空气过滤器(无纺布材料)等，其结构如图6.5所示。

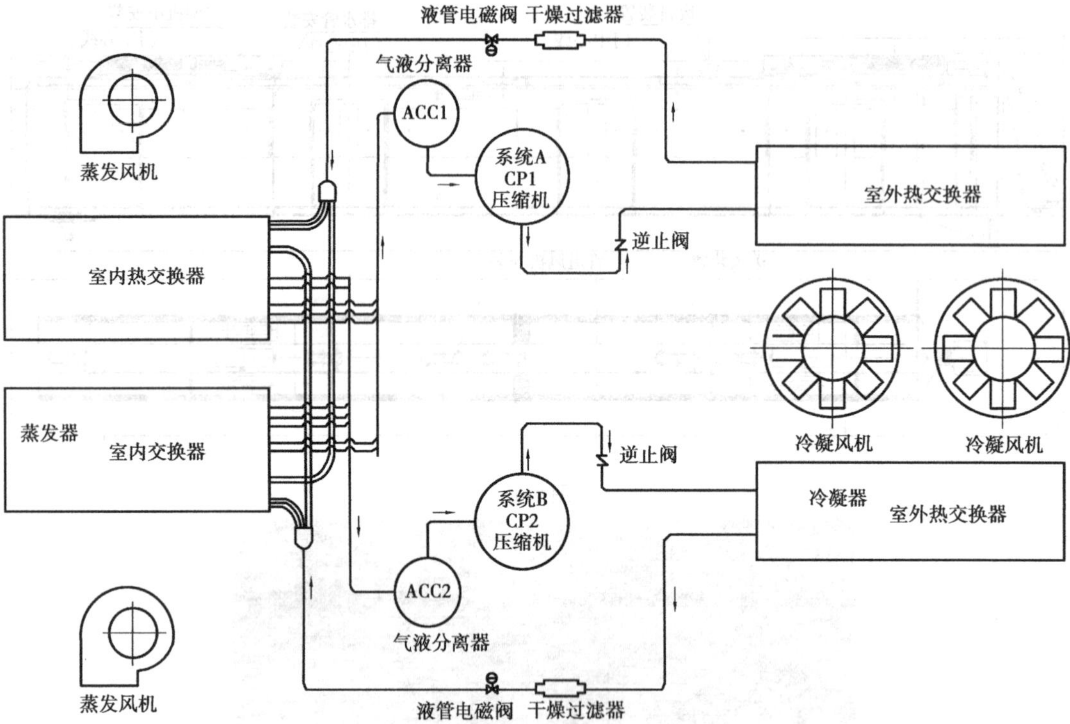

图6.3 制冷系统

图6.4 一体式空调机组

压缩机/冷凝器室主要包括的部件有：1 个螺杆式压缩机、2 台冷凝风机、2 个冷凝器、4 个压力开关、1 个压缩机卸载阀、贮液器、干燥过滤器、湿度/流量显示器等，如图 6.6 所示。

空调机组的主要部件：

①制冷压缩机。制冷压缩机的作用是将来自蒸发器的低温、低压气态制冷剂压缩成高温、高压的气体。

空调机组的制冷压缩机采用的是全封闭螺杆式压缩机，压缩机、螺杆机构及供油系统组装在一个密封的机壳内。螺杆式压缩机具有结构简单、易损件少、压比大、对湿压缩不敏感、平衡性能好等特点。

图6.5

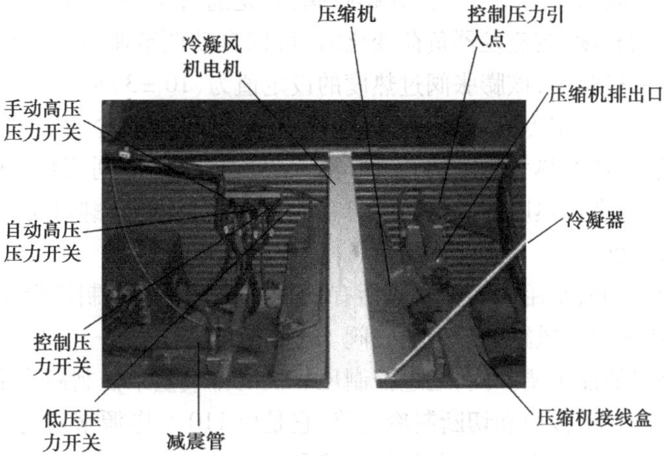

图6.6

空调机组采用的是双螺杆制冷压缩机,机体内装有一对相互啮合、具有旋向相反的螺旋形齿的转子,其齿面凸起的转子称阳转子,齿面凹进的转子称阴转子,齿槽、机体内壁面和端盖等共同构成了工作容积。

由于螺杆具有较好的刚性和强度,吸、排气口又无阀片,故一旦液体制冷剂通过时,不容易产生“液击”。

②冷凝器和冷凝风机。冷凝器为主要的热交换设备,高压、过热的制冷剂蒸汽在冷凝器中放出热量后,凝结成饱和液体或过冷液体。

车辆用空调装置采用的是空气冷却式冷凝器,制冷剂在管内冷凝,空气在管外流动,制冷剂放出的热量被空气带走。检修过程中需定期清扫和清洗冷凝器,其目的是增强换热器的传热系数,提高制冷剂和管壁间的换热系数,保证机组的正常运行和设计的制冷量。

为了增强换热时的空气流动循环,空调机组采用强迫通风的对流冷却,并通过两台轴流式风机来强化制冷剂在冷凝器中的凝结放热过程。

两台轴流式风机通过引接高压处的压力,由控制器根据压力变化情况来控制风机的启停和运转台数。

③蒸发器。制冷剂在蒸发器内吸热汽化,由液态变成气态,因此制冷剂在蒸发器内为汽化

吸热过程。在蒸发器中,来自膨胀阀出口处的制冷剂,通过分配器从管子的一端进入蒸发器,吸热汽化,并在到达另一端时让制冷剂全部汽化,从而吸收管外被冷却空气的热量,空气的热量被蒸发器内的制冷剂吸收后温度降低,达到冷却空气的目的。

④送风机。送风机为两台离心式风扇,兼有吸风和送风的双重功能。一方面,通过新风格栅吸入新风,并使它与回风混合,另一方面将经过蒸发器冷却、减湿后的空气通过风机输送到客室的送风管道中,并被送到客室内,达到调节客室温度、湿度的目的。

⑤热力膨胀阀。膨胀机构位于冷凝器之后,它使从冷凝器来的高压制冷剂液体在流经膨胀机构后,压力被降低而进入蒸发器,它除了起节流作用外,还起调节进入蒸发器制冷剂流量的作用。通过膨胀机构的调节,使制冷剂离开蒸发器时有一定的过热度,避免制冷剂液体进入压缩机。

空调机组的膨胀阀采用的是外平衡式膨胀阀,它是通过蒸发器出口处制冷剂蒸汽过热度的大小来调节阀口的开度,在蒸发器负荷变化时,可以自动调节制冷剂液体的流量,以控制蒸发器出口处制冷剂的过热度,该膨胀阀过热度的设定值为(10 ± 3) K。

当实际过热度高于设定点时,热力膨胀阀会让更多的液体制冷剂流入蒸发器;同样地,当实际过热度低于设定点时,热力膨胀阀会减小流入蒸发器的制冷剂流量。调节弹簧的张力可对过热度进行调节,静态过热度通过旋转螺母来调节,顺时针转动螺母可增大过热度,逆时针转动螺母可减小过热度。

⑥阀件。每台空调机组用的阀主要包括有:压缩机的卸载阀、制冷管路上的液管电磁阀、手动截止阀、控制压缩空气风缸的组合电磁阀。

卸载阀为压缩机的能量调节阀,通过控制压缩机的排气量来控制制冷系统的制冷量。

液管电磁阀用于自动接通和切断制冷回路,它是由110 V电源来启闭的截止阀,电磁阀的开启是依靠线圈通电产生的电磁力,并依靠弹簧和阀芯的自重来关闭。它装在膨胀阀之前的液管上,与压缩机联动,当压缩机启动时,电磁阀打开供液管,当压缩机停车时,切断供液管路。

手动截止阀是装在制冷管道上的阀件,在制冷系统需要检修和分解时起着接通和切断制冷剂通道的作用。

列车上的T09阀开启和切断着空调机组空气调节挡板驱动风缸的压缩空气,而空调机组内的组合电磁阀是由控制系统来控制其电源供给,从而控制着新风、回风风缸的压缩空气供给情况。

⑦贮液器。用于储存由冷凝器来的高压液体制冷剂,以适应工况变化时制冷系统中所需制冷剂量的变化,并减少每年补充制冷剂次数。在贮液器的中部设有一个可视液面的浮球,机组运行到稳定状态后,若制冷剂充足,则视镜中的小球应上浮。

⑧干燥过滤器。由于制冷系统在充灌制冷剂前难以做到绝对干燥,总含有少量的水汽。当制冷循环系统中存在水分时,一旦蒸发温度低于0 ℃,会在节流机构中产生冰堵,影响系统的正常运行。

干燥过滤器中的干燥剂用来吸收制冷循环系统中的水分,过滤器用来清除系统中的一些机械杂质,如金属屑和氧化皮等,避免系统中出现的“冰堵”和“脏堵”。

⑨流量/湿度指示器。用来显示系统运行时制冷剂量和流动情况,而示镜中心部位的圆芯则用来指示制冷剂的含水量。当圆芯纸遇到不同含水量的制冷剂时,其水化合物能显示不同的

颜色，从而根据纸芯的颜色来判断含水的程度。纸芯的颜色变化可显示出制冷剂的含水量情况：正常、警示、超标，当纸芯的颜色为紫色时表明正常，当纸芯颜色开始偏红时说明系统中制冷剂的含水量已到了需加强跟踪的警示位置，一旦纸芯颜色为粉红色时必须尽快更换干燥过滤器。

检修中，在制冷系统运行情况下，若流量指示器中有气泡出现，则必须确认管路是否有堵塞的问题，否则说明制冷剂量不足，需及时补加制冷剂，否则容易导致系统因低压问题出现的故障。

⑩压力开关。空调机组共设有4个压力开关，分别为高压压力开关2个，控制压力开关1个，低压压力开关1个。当制冷系统的压力异常高时，高压压力开关动作，使压缩机停止运行，避免意外事故的发生和设备的损坏，根据压力动作值的不同设置，高压开关设有自动复位和手动复位两种，各压力开关的动作值见表6.1。

表6.1 压力开关的设定动作值

手动复位的高压开关/bar(g)	关	22.5 +0/ −1.6
自动复位的高压开关/bar(g)	关	20.0 ±0/ −1.6
低压压力开关/bar(g)	关	0.5 ±0.3
	开	2.0 ±0.3
控制压力开关/bar(g)	关	8.0 ±0.8
	开	11.0 ±0.8

⑪温度传感器。空调系统分别在客室、新风入口、送风管道处设有温度传感器，用于监测客室温度、环境温度和已处理空气的温度，通过对温度采样值的判断来控制空调机组的运行模式。广州地铁空调机组的温度传感器采用的是NTC型，这种传感器的温度与电阻呈负曲线关系，即温度值越高电阻值越低。表6.2列出了温度传感器电阻值与温度的对应关系。

表6.2 温度传感器电阻值与温度的对应关系

℃	0	1	2	3	4	5	6	7	8	9	10
−20	40 535	51 450	54 550	57 050	61 400	65 200	69 260	73 600	78 200	83 160	88 600
−10	27 665	29 215	30 065	32 620	34 490	36 475	36 590	40 845	43 845	45 805	48 635
−0	16 325	17 185	10 095	19 055	20 000	21 165	22 310	23 630	24 825	26 200	27 665
0	16 325	15 515	14 750	14 025	13 345	12 696	12 085	11 605	10 960	10 440	−9 960
10	9 950	9 485	9 045	8 625	8 230	7 855	7 500	7 160	6 840	6 535	6 246
20	6 245	5 970.0	5 710.0	5 460.0	5 225.0	5 000.0	4 706.5	4 583.6	4 388.6	4 203.5	4 028.5
30	4 028.5	3 861.5	3 701.5	3 548.5	3 403.5	3 265.0	3 133.5	3 008.5	2 888.5	2 773.5	2 663.3
40	2 663.3	2 550.5	2 458.5	2 363.5	2 271.5	2 185.0	2 100.5	2 020.0	1 945.0	1 871.5	1 801.6
50	1 801.5	1 773.5	1 670.0	1 608.5	1 549.5	1 493.0	1 439.0	1 387.0	1 337.5	1 289.5	1 244.0
60	1 244.0	1 200.0	1 158.0	1 117.5	1 078.5	1 041.5	1 005.5	971.0	938.0	906.5	876.0
70	876.0	846.5	818.0	791.0	765.0	739.5	715.5	692.0	670.0	648.5	627.6

续表

℃	0	1	2	3	4	5	6	7	8	9	10
80	627.50	607.50	588.50	570.00	552.00	535.00	510.00	502.00	486.85	472.00	457.65
90	457.65	443.85	430.50	417.65	405.15	393.35	381.65	370.50	359.65	349.35	339.15
100	339.15	329.50	320.15	311.00	302.15	293.65	205.50	277.50	269.85	262.50	255.15
110	255.15	148.35	241.50	235.00	228.65	222.50	216.65	210.85	205.35	200.00	194.65
120	194.65	189.65	184.85	180.00	175.30	170.85	166.55	162.35	158.25	154.30	150.47

其工作过程为:当经过蒸发后的制冷剂通过压缩机压缩后,制冷剂由气体变为液体,其液体温度升高,经过冷凝器吹风,将热量带出。冷却后的制冷剂进入蒸发器后,进行膨胀,吸收热量,放出冷量,蒸发风机将冷量送出,并吸收热量,周而复始,完成空气调节。

这里的压缩机、冷凝风机、蒸发风机是电动设备,因此是被控制的主要部件。

(4)风循环系统

车辆空调系统中,风系统主要通过两个风室和两个风道来完成。第一个风系统主要完成将客室中的热量与制冷系统进行交换。第二个风系统主要将制冷系统中的热量与外界进行交换。风循环系统如图6.7所示。

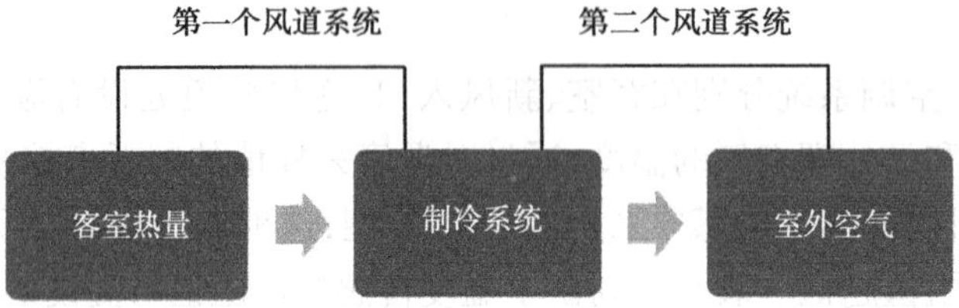

图6.7 风循环系统

1)第一个风道系统

第一个风道系统主要由蒸发器(风机)、回风道、送风道、幅排风机、废排风道(风机)。在该系统中,送风经过顶部风道来完成,回风经过下部回风风道完成。

送风中,在风口处设置有幅排风机,以增强送风流速。而在回风道中,只设有回风口。新风量的引入,是以控制新风口开度来完成。客室中气流组织如图6.8所示。

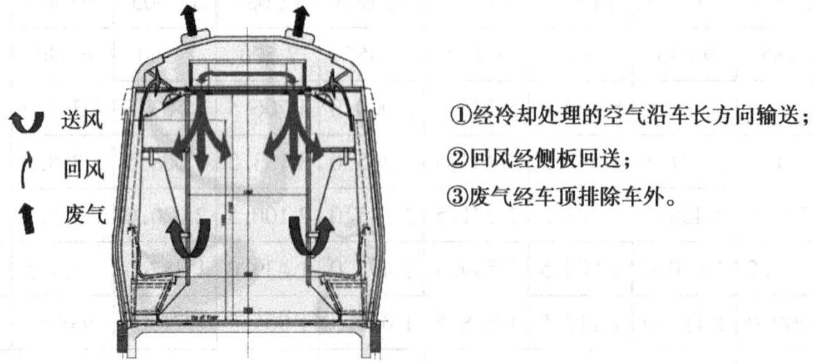

图6.8 客室中气流组织

在一节车厢中，有两套空调系统，其气流组织如图 6.9 所示。

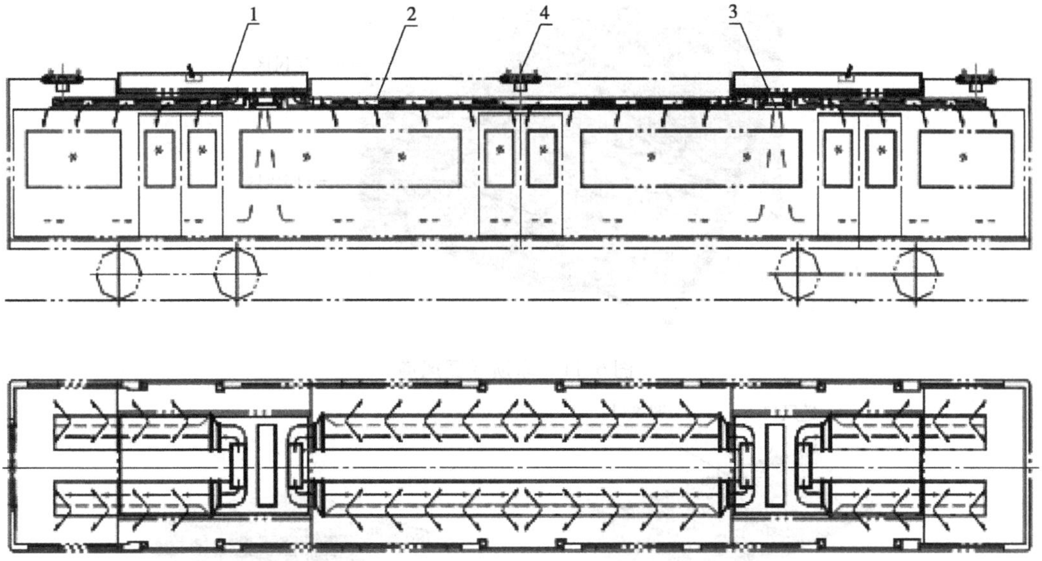

图 6.9　客室气流组织

回风立向通道共 4 处，沿车厢两侧分布。回风水平风道沿车厢两侧下部进行分布。送风沿车厢顶中部进行分布。

在车顶上主要有：蒸发器、蒸发风机、回风室、出风室、新风口、废排口。

车顶空调设备，两端为第一个风道系统，中间为第二个风道系统，如图 6.10 所示。

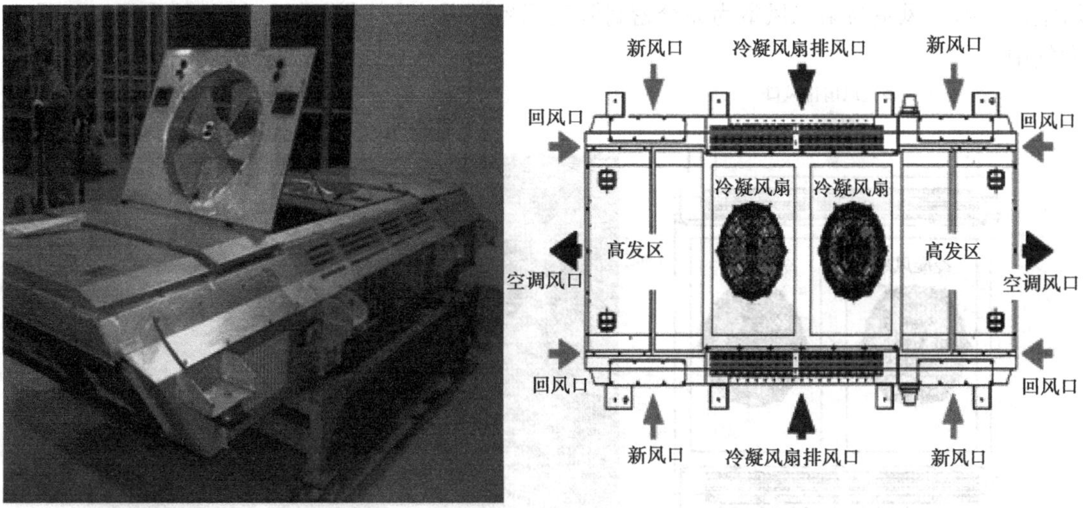

图 6.10　空调机组

在第一个风道区内（蒸发区），回风由两边进入风室，通过蒸发风机将回风吹过蒸发器，而进入送风口，如图 6.11 所示。与客室风道接口，如图 6.12 所示。

2）第二个风道系统

第二个风道系统（见图 6.13），主要是将制冷系统中的热量，与外界进行交换。风室设在

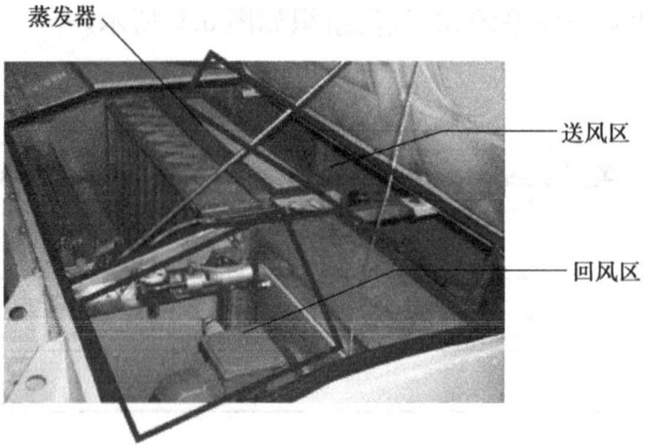

图 6.11　车顶送回风道

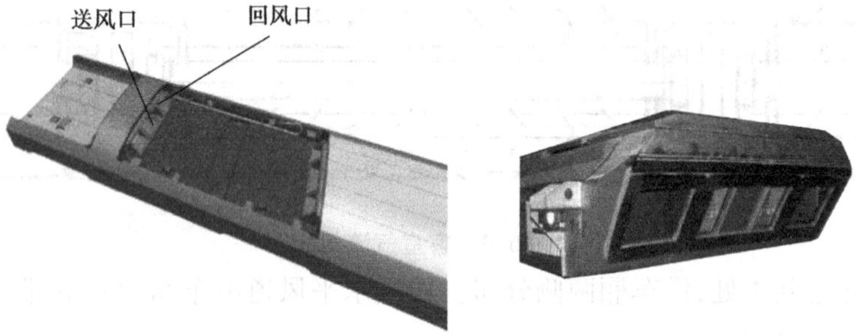

图 6.12　客室风道接口

车辆顶部。主要设备有:冷凝器、冷凝风机,过滤网等。过滤网主要是防止大气中的粉尘进入风室内。第一风室与第二风室为完全密封隔离风室。从车厢顶部进风后,通过冷凝风机排入大气中。

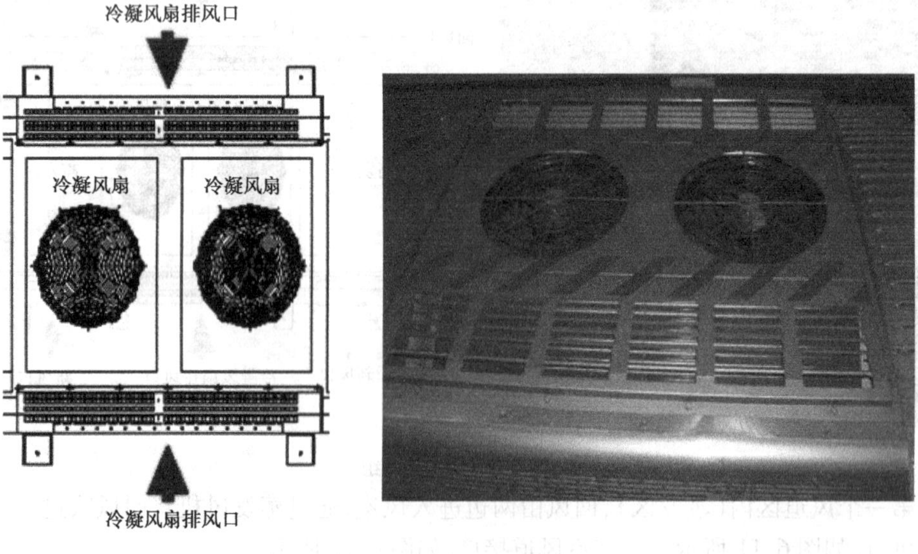

图 6.13　第二个风道系统

室内结构,如图 6.14 所示。

图6.14 室内结构

思考与练习

1. 空调制冷管道系统中,高压段在哪里,低压段在哪里?它们是如何产生的?
2. 车辆中,气流是如何组织的?画出车辆的两个气流系统示意图。
3. 试用气态方程解释制冷系统的工作原理。
4. 车辆中风管道需要保温吗?为什么?试举出保温方法。
5. 漏氟是空调系统中的常见故障,你怎么去发现它?

任务2 空调电气控制系统

任务目标

1. 掌握车辆空调控制系统的基本结构。
2. 掌握 ACU 接口参数。
3. 掌握控制工作过程。

任务重点

1. 接口参数。
2. 控制过程。

知识准备

电气识图、电工基础、计算机网络技术。

知识描述

(1)控制原理

列车空调系统必须在激活端的司机室操作其运行或停机,通过按压设在副司机台的空调"开""关"按钮即可开启或关闭整列车的空调机组,若开停"空调 A"按钮则仅开停列车头端 A 车的空调机组。

每节车的电子柜内装有一个空调控制板和温度控制板,温度控制板可对单节车空调机组的运行模式和温度值进行设定,空调控制板控制了每节车的两台空调机组,并能完成故障的诊断和记录,空调控制面板如图 6.15 所示。

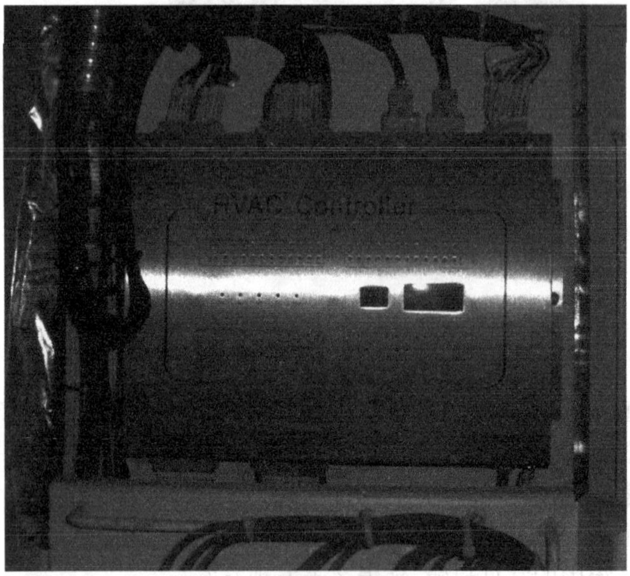

图 6.15　空调机组用 ACU 控制板

(2)空调机组控制方式

空调机组受控于 ACU 控制模块,该模块与车辆网控系统连接。在编组的 6 节车厢中,每节车厢设有一个 ACU 模块,每个车厢共两台机组,如图 6.16 所示。

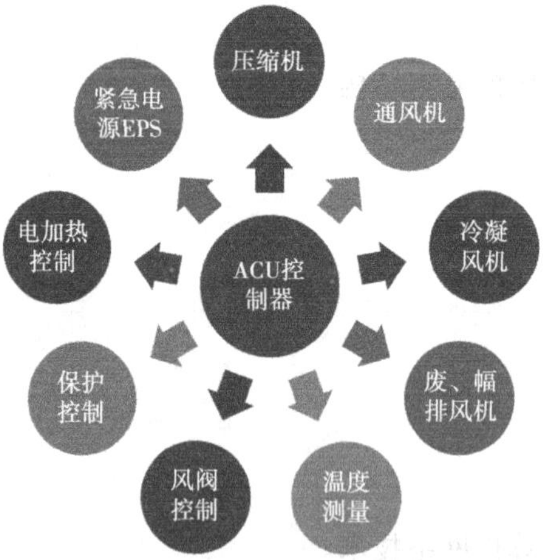

图 6.16　空调机组控制方式

ACU 是整个空调系统的控制中心,整个列车共 6 个 ACU 控制模块。在主电路(一次电路)出现故障时,ACU 向 EPS 备用电源发出启动指令。

从图 6.17 中可以看出,ACU 上接于网控中的 BCM 模块,其模块的工作电源电压为 110 V。

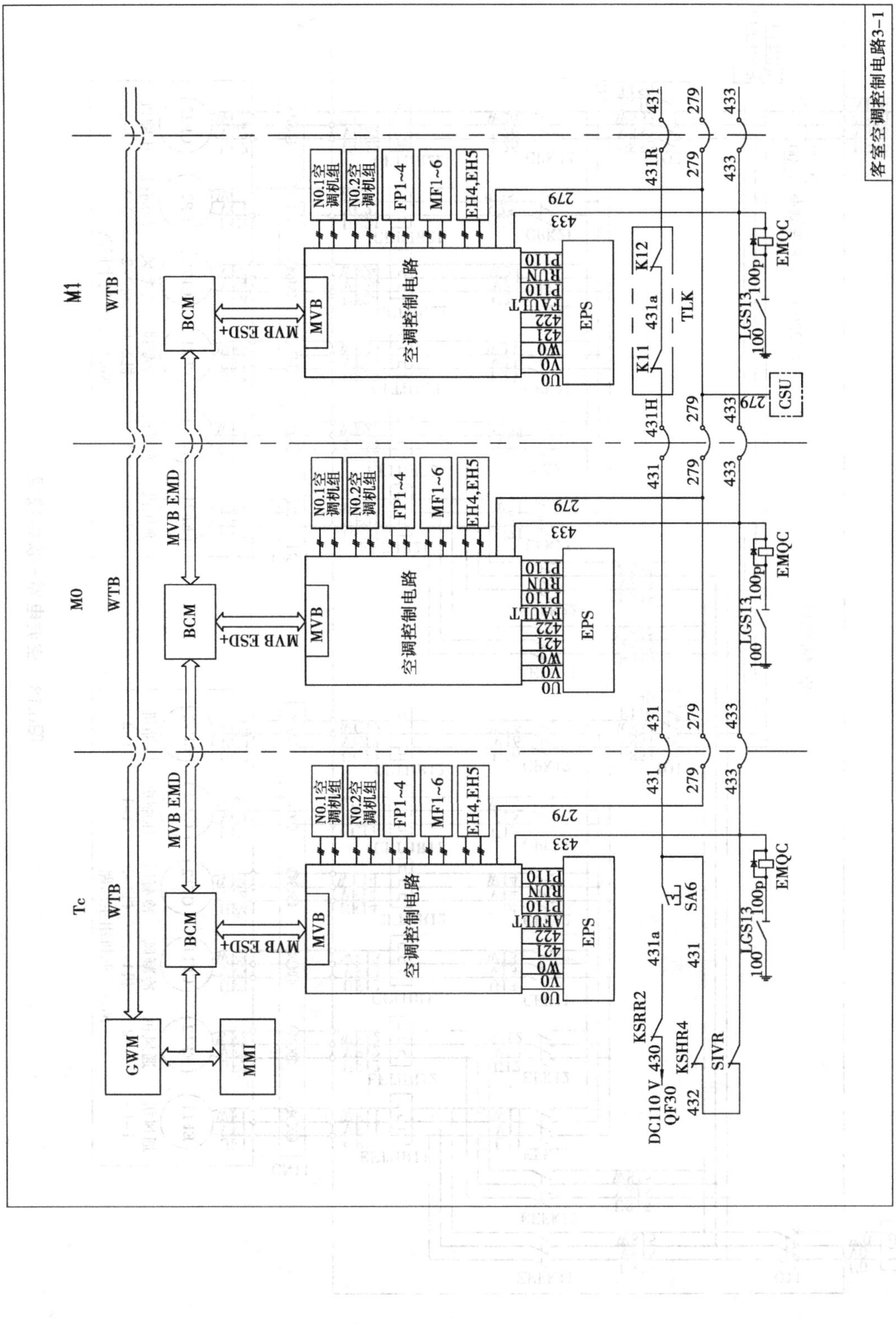

图6.17 ACU中的BCM模块

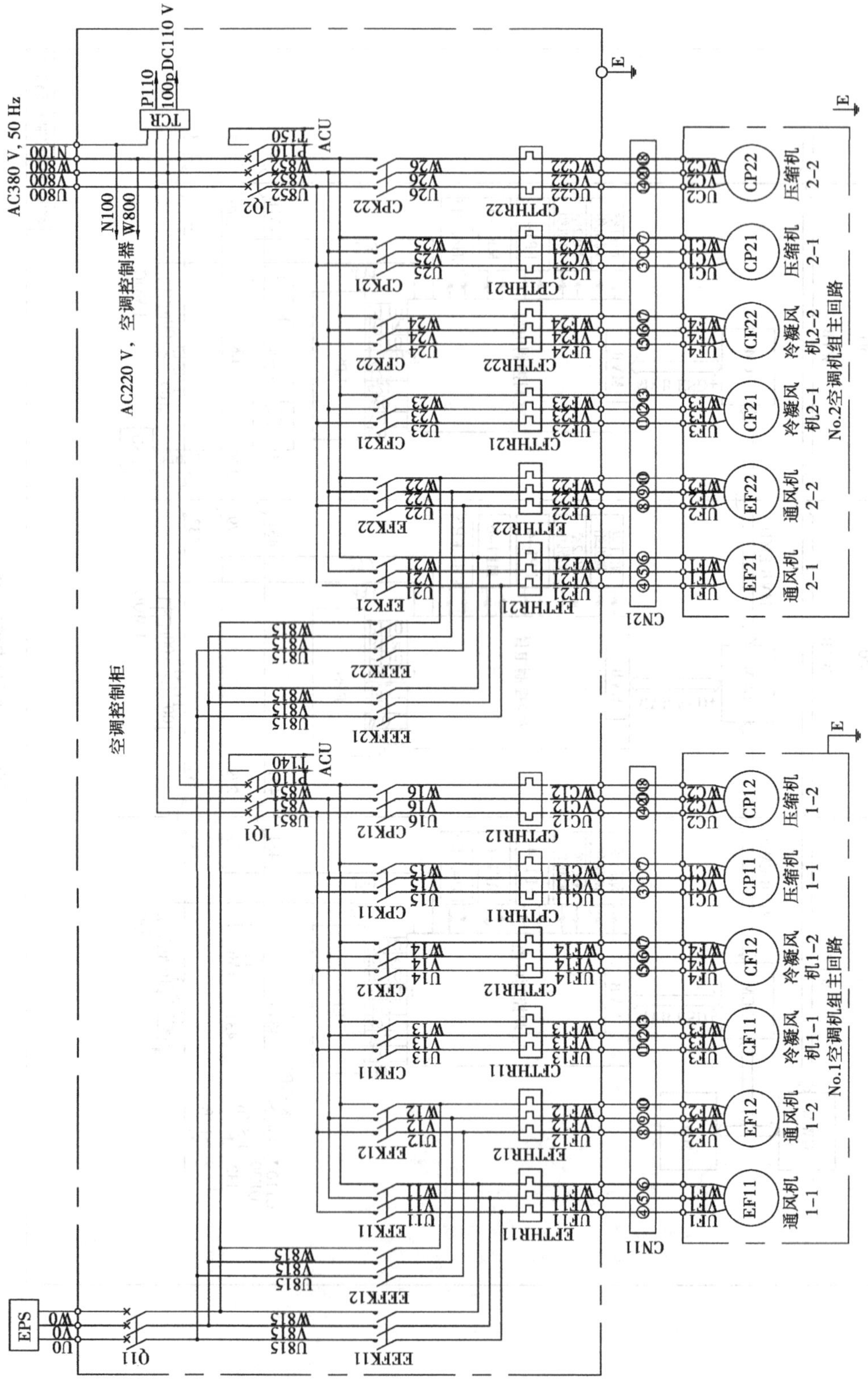

图6.18　空调电器一次接线图

(3)空调系统的主电路(一次电路)

空调系统中,各种电机主要采用了三相异步电动机,其电源电压为380 V,由车辆的辅助电源(SIV)提供。

图6.18中,三相交流电经空气开关1Q1和1Q2,接通各种接触器的上端头。这些接触器受控于ACU。在车辆的两端各有2台风机、2台冷凝风机、2台压缩机。通风机对应EFK11等接触器,冷凝风机对应CFK11等接触器。压缩机对应CPK11接触器。其控制电圈电压为AC220 V。接触器后接入热继电器EFTHR11等。220 V电源取三相交流电中的一相,提供给ACU。

人工启动开关为空气断路器:1Q1,1Q2,Q11。

启动顺序为送风机、冷凝风机、压缩机,若前级不能启动,后级则不被允许启动。

关闭顺序为压缩机、冷凝风机、送风机。

(4)ACU控制器

ACU控制器共有4个输入口,分别为I0,I1,I2,I3。有3个输出口,分别为Q0,Q1,Q2。有4个温度传感器接口,电源、接地共3个脚,如图6.19所示。

1)I0输入口

该输入插口主要对压缩机1的高、低管压,排气温度等进行保护,工作电平为+110 V。

①当压力高过(2.9±0.1)MPa时,HP1常闭触点断开,压缩机停止工作,正常时接通。

②当压力低过(0.19±0.05)MPa时,LP1常闭触点断开,压缩机停止工作,正常时接通。

③当排气温度高于(105±5)℃时,GTH1常闭触点断开,压缩机停止工作,正常时接通。

④在1Q1,1Q2中,设有断相保护,输出常开触点。保护动作时,常开触点闭合。

⑤TCR检测继电器,提供过压、欠压、相序、缺相保护动作等功能。

2)I1输入口

①提供第2套机组的高、低管压,排气温度保护,同1)的前3项。

②从插口第6—9脚,提供废排风机、幅流风机、客室电热工作状态检测。高电平(DC110 V)为风机、电热工作。

③从插口第10—11脚,提供废排风机、幅流风机紧急通风状态信号检测。

3)I2输入口

①提供二套机组新风阀、回风阀的状态信号检测,高电平为风阀打开。

②提供废排、幅流风机电源检测信号,高电平为电源正常。

③7—10脚,检测4台压缩机工作状态信号,低电平为压缩机工作。

④12脚,空压机预启动状态信号。

4)I3输入口

①0—1脚,第1组通风机故障信号。

②2—3脚,第1组冷凝风机故障信号。

③4—5脚,第1组压缩机故障。

④6—11脚,第2组故障信号。

⑤所有故障信号来源于对应的热继电器的常开输出触点。

5)Q0输出口

①0—1脚,第1组通风机开停信号,高电平为开,低电平为关。

②2—3脚,第1组冷凝风机开停信号,高电平为开,低电平为关。

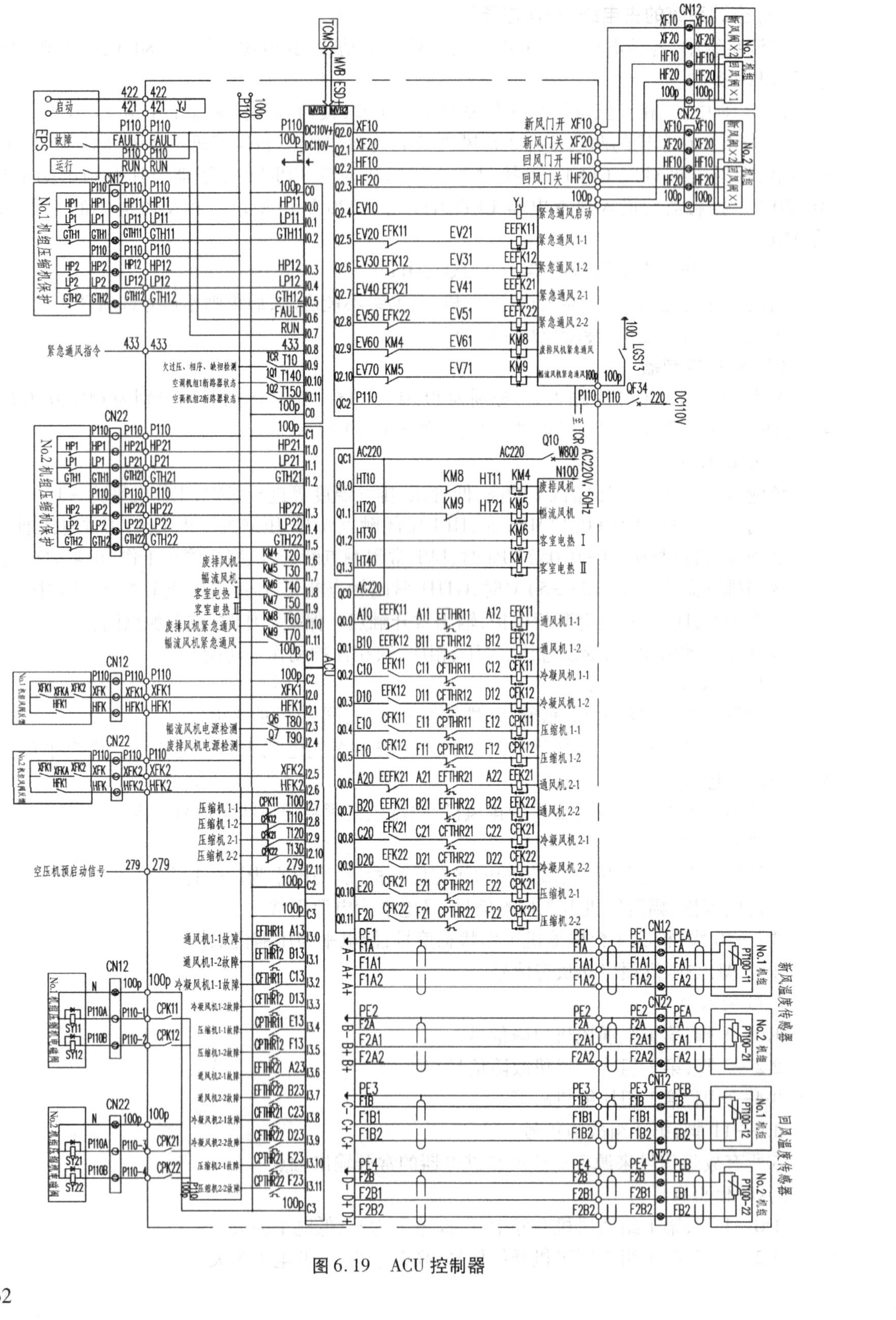
TCMS
MVB ESD
CN12
CN22
EPS
启动
故障
运行
No.1 机组压缩机保护
No.2 机组压缩机保护
紧急通风指令
欠过压、相序、缺相检测
空调机组1断路器状态
空调机组2断路器状态
废排风机
幅流风机
客室电热 Ⅰ
客室电热 Ⅱ
废排风机紧急通风
幅流风机紧急通风
幅流风机电源检测
废排风机电源检测
压缩机 1-1
压缩机 1-2
压缩机 2-1
压缩机 2-2
空压机预启动信号
通风机1-1故障
通风机1-2故障
冷凝风机1-1故障
ACU
新风门开
新风门关
回风门开
回风门关
紧急通风启动
紧急通风 1-1
紧急通风 1-2
紧急通风 2-1
紧急通风 2-2
LCS13
QF34
DC110V
AC220V, 50Hz
通风机 1-1
通风机 1-2
冷凝风机 1-1
冷凝风机 1-2
压缩机 1-1
压缩机 1-2
通风机 2-1
通风机 2-2
冷凝风机 2-1
冷凝风机 2-2
压缩机 2-1
压缩机 2-2
新风温度传感器
回风温度传感器

图 6.19　ACU 控制器

③4—5 脚，第1组压缩机开停信号，高电平为开，低电平为关。

④6—11 脚，第2组故障信号，控制信号为 AC220 V。

6）Q1 输出口

①0 号脚，废排风机开停信号。

②1 号脚，幅排风机开停信号。

③2 号脚，电热开停信号。

④3 号脚，电热开停信号。

7）Q2 输出口

①0 号脚，新风开门。

②1 号脚，新风关门。

③2 号脚，回风开门。

④3 号脚，回风关门。

⑤4 号脚，紧急通风启动。

⑥5—8 脚，紧急通风4个风机启动。

⑦9—10 脚，废排风机启动。

8）温度检测

共用4组温度检测，输入信号为模拟信号。温感器为热敏电阻。

9）基本控制过程

①通风机启动条件：紧急通风状态未启动，热继电器没有动作。

②冷凝风机启动条件：通风机启动。

③压缩机启动条件：冷凝风机启动。

④紧急通风：EFK 接触器断开，而 EEFK 接触器合闭。其电源采用 EPS 空调备用电源。

⑤各种电机故障：热继电器动作。

⑥各种电机状态：相应的交流接触器动作状态：接触器动作，则电动机运行；反之，则关闭。

10）检测信号

①制冷管道压力检测开关（高压，管路中）。

②制冷管道压力检测开关（低压，管路中）。

③排汽温度检测开关（管路中）。

④新风温度检测（模拟信号，在新风室）。

⑤回风温度检测（模拟信号，在回风室）。

⑥过压、欠压、相序、缺相检测（TRC 继电器）。

（5）幅流风机

为提高客室内空气的气流速度及送风均匀性，客室车顶设有幅流风机。幅流风机扰动客室内空气，通过幅流格栅送风。

根据车辆总体布置情况，中间车设有长度为 800 mm，风量为 350 m^3/h 的风机6台，头车设有幅流风机1（长度为 800 mm，风量为 350 m^3/h）5台；幅流风机2（长度为 700 mm，风量为 350 m^3/h）1台。幅流风机的配置如图6.20所示。

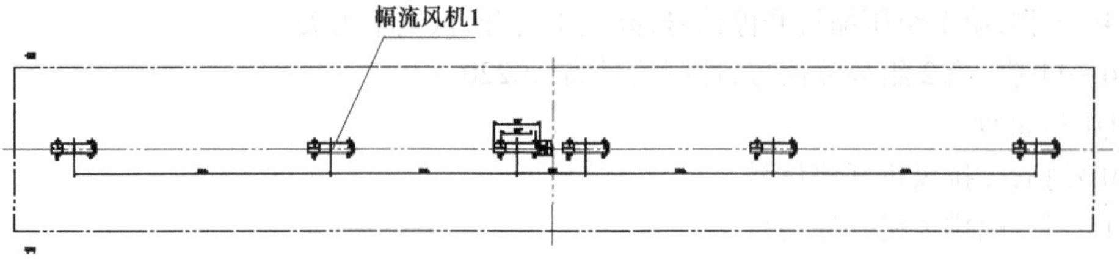

(a)中间车幅流风机布置

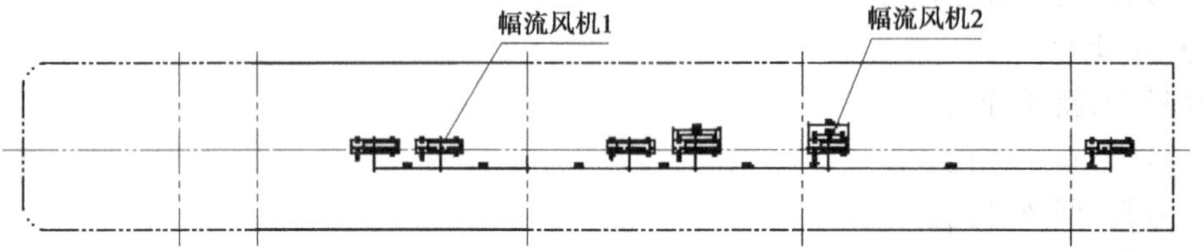

(b)头车幅流风机布置

图 6.20　幅流风机的配置

1)幅流风机的构成

幅流风机主要由幅流电机、贯流风叶、摆动窝壳、摆动电机等组成,如图 6.21 和图 6.22 所示。

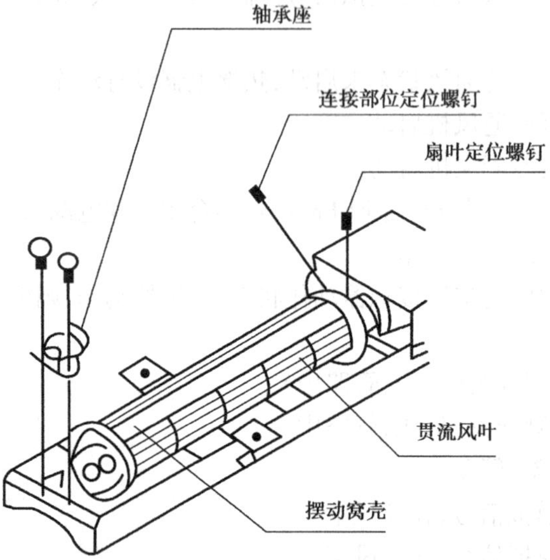

图 6.21　幅流风机的构成

2)幅流风机电路

幅流电机和摆动电机,均采用三相电机。其主回路如图 6.23 所示。

各车厢均为 6 台幅流风机(24 W)和摆动电机(不计)、4 台废排风机(40 W)。各类风机共有两路电源供电。

一路为正常工作时,由 SIV 辅助电源供电,经 Q6,Q7 断路器和 KM4,KM5 接触器,向电机供电。

一路由空调系统中的 EPS 供电,经 Q11 和 KM4,KM5 接触器,向电机供电。

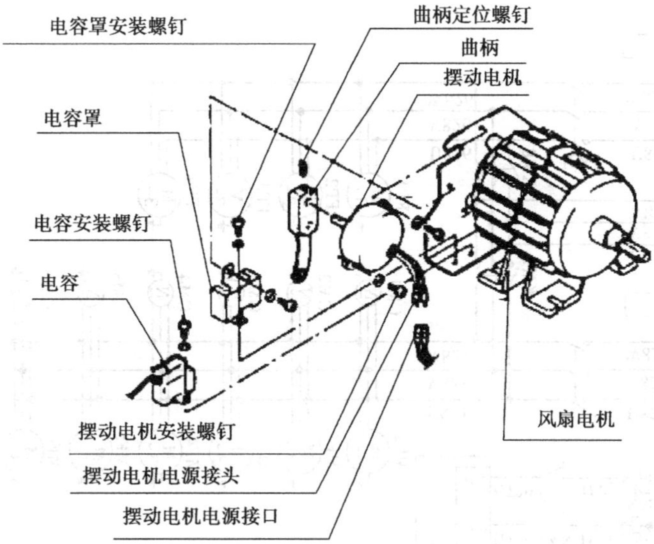

图6.22 幅流风机主回路图

ACU控制两路电源的交流接触器,分别为KM4,KM5,KM8,KM9。在正常情况下启动KM4,KM5。在紧急情况下启动KM8,KM9。

(6)采暖系统

1)采暖系统构成

头车客室内6人座椅下分别设置11个750 W电热器,司机室司机台两侧各设置1个800 W电热器。中车6人座椅下分别设置12个750 W电热器,二位端两三人座椅下分别设置2个500 W电热器。

①电热器。安装在每个座椅下面,用于客室的空气调节,电加热器的作用就是保证客室内具有舒适的温度和湿度。

②系统运行说明。电加热器通过电热管加热流动空气,从而达到供暖效果。电加热器主要由两个独立的制热回路组成的。每个电加热器由下列主要部件组成:

a.2个电加热器管;

b.2个温度控制器;

c.2个熔断器;

d.1个接线盒;

e.1个电加热器罩;

f.1个底座;

g.1个衬板。

③运行模式。每个电加热器只有一种运行模式。在制热模式内由温度继电器实现并维持客室内的设定温度。

④组成部件。电加热器主要由下列部件组成,如图6.24、表6.3所示。

A.盖板。盖板安装位置如图6.24中的序号1所示,其实物图如图6.25所示。

B.底座。底座安装位置如图6.24中的序号2所示,其实物图如图6.26所示。

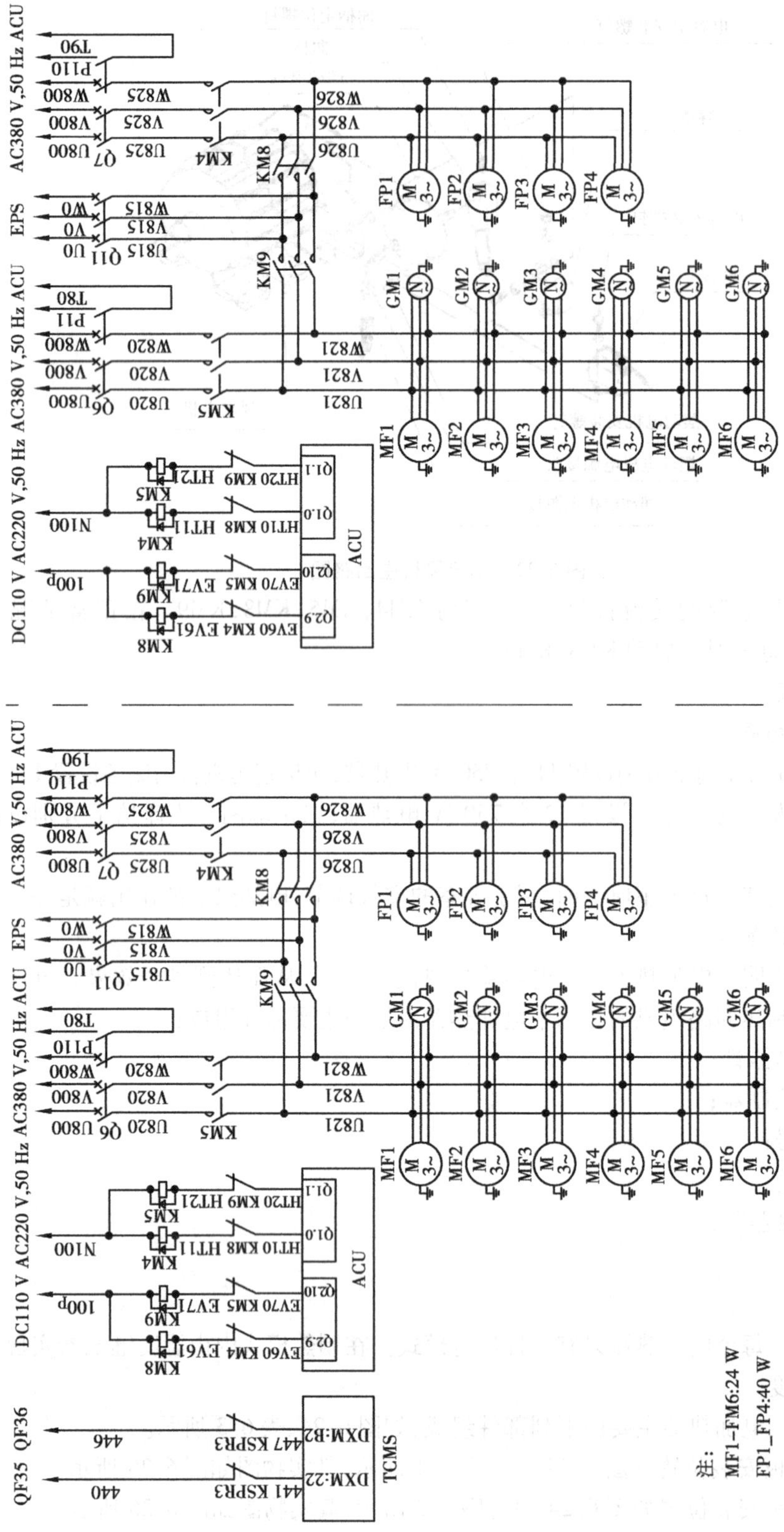

图6.23 幅流风机电路图

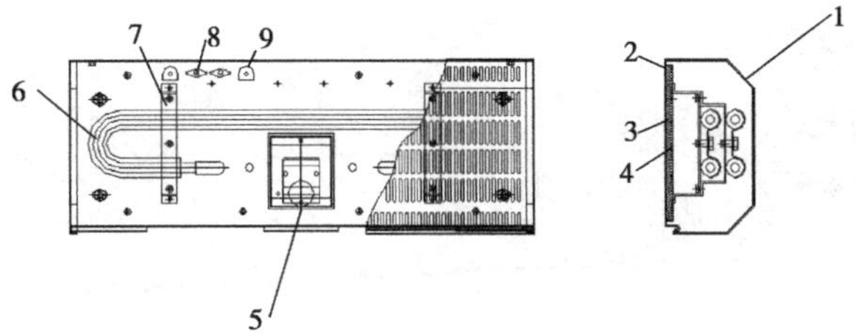

图6.24 电加热器的组成部件

1—盖板;2—底座;3—衬板;4—石棉板;5—接线盒(2个);

6—电热管(2个);7—上下支架(2个);8—熔断器;9—温控器(2个)

表6.3

序号	名 称	数量	序号	名 称	数量
1	盖板	1	6	电热管	2
2	底座	1	7	上下支架	2
3	衬板	1	8	熔断器	1
4	石棉板	1	9	温控器	2
5	接线盒	2			

图6.25 盖板

图6.26 底座

C.衬板。衬板安装位置如图6.24中的序号3所示,其实物图如图6.27所示。

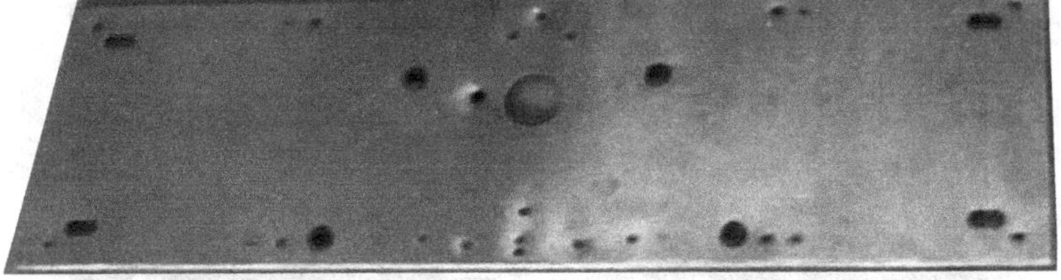

图6.27 衬板

D.石棉板。石棉板安装位置如图6.24中的序号4所示,其实物图如图6.28所示。

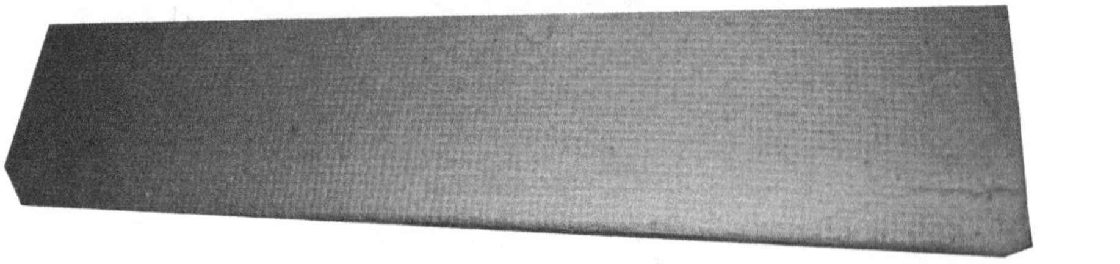

图 6.28　石棉板

E. 接线盒。接线盒安装位置如图 6.24 中的序号 5 所示，其实物图如图 6.29 所示。

图 6.29　接线盒

F. 电热管。电热管安装位置如图 6.24 中的序号 6 所示，其实物图如图 6.30 所示。

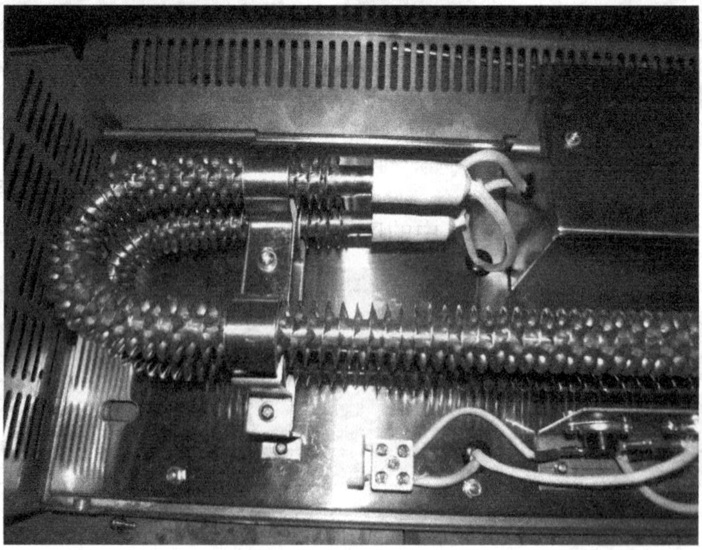

图 6.30　电热管

G. 上下支架。上下支架安装位置如图 6.24 中的序号 7 所示，其实物图如图 6.31 所示。

图 6.31 上下支架

H. 熔断器。熔断器安装位置如图 6.24 中的序号 8 所示，其实物图如图 6.32 所示。

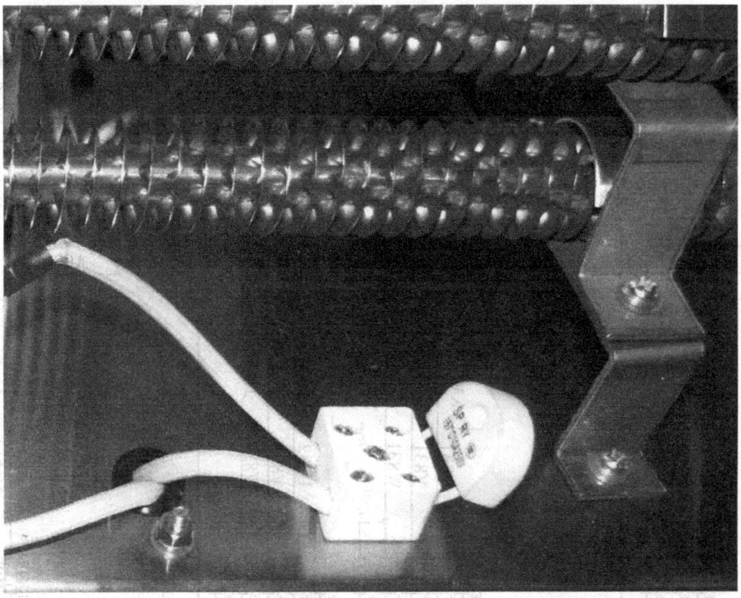

图 6.32 熔断器

I. 温控器。温控器安装位置如图 6.24 中的序号 9 所示，其实物图如图 6.33 所示。

图 6.33　温控器

2)采暖系统工作过程

电加热器主回路从空调柜接入 AC380 V 电压,经 Q8 断路器接入 KM6,KM7 交流接触器。交流接触器受控于 ACU,其线圈的工作电压为 AC220 V。

采暖与制冷模式,则由车辆网控系统根据环境温度来决定,并向 ACU 发出指令。ACU 控制 KM6,KM7 动作,当进入采暖模式时,KM6,KM7 闭合。三相交流电按相进行负荷分配,每个电热器的电压为 AC220 V,这时由温控器控制电热管的工作状态。采暖系统工作过程如图6.34 所示。

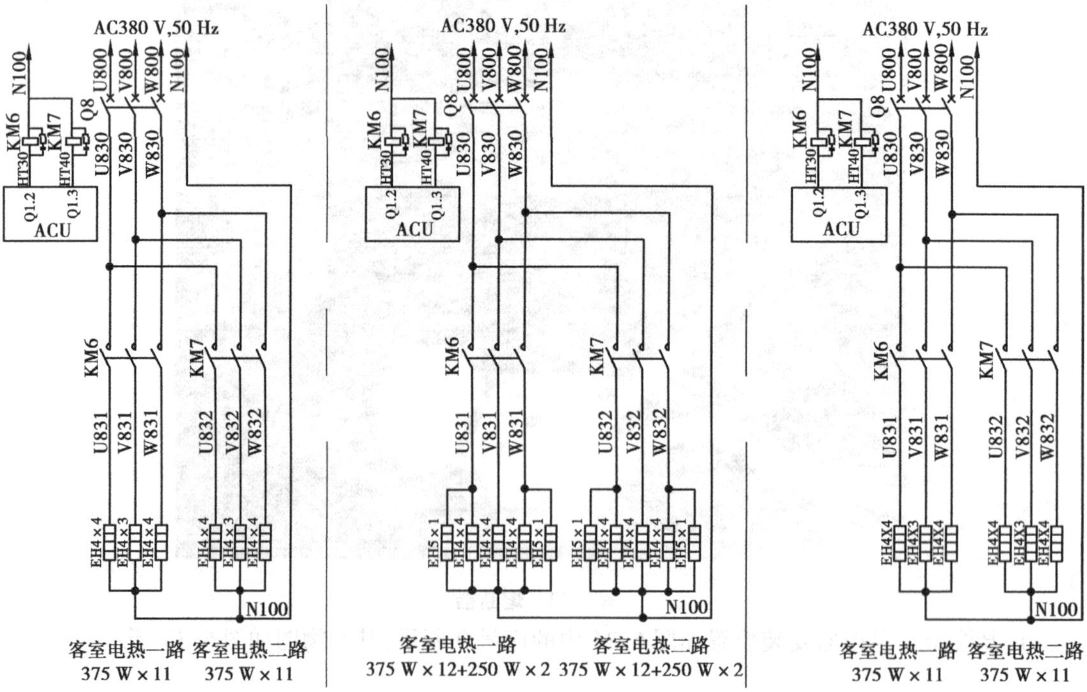

图 6.34　采暖系统工作过程

思考与练习

1. 空调系统的控制设备 ACU 与车辆网控系统是如何连接的?

2. 在紧急通风情况下,ACU 启动哪几个设备?

3. 空调系统中,两个重要的管压,ACU 是如何监测的? 出现问题后,ACU 会怎么控制?

4. 如果压缩机不动作,你会如何去检查故障?

5. 计算:头车客室内 6 人座椅下分别设置 11 个 750 W 电热器,司机室司机台两侧各设置 1 个 800 W 电热器。中车 6 人座椅下分别设置 12 个 750 W 电热器,二位端两三人座椅下分别设置 2 个 500W 电热器。请计算出整个列车电热器各有多少千瓦?

6. 根据图 6.34 的电路图,计算出各相电热器的功率。

任务3　空调系统的故障处理

任务目标

1. 掌握车辆空调控制系统常见故障。

2. 掌握一般处理方法。

任务重点

1. 维修方法。

2. 故障分析。

知识准备

电气识图、仪表使用。

知识描述

空调机组常见的故障大致可分为两类:一类是制冷系统的故障;另一类是电气控制系统的故障。

(1)制冷系统故障

1)制冷系统中的常见故障

制冷系统中制冷剂泄漏是最常见的故障,其泄漏部位主要发生在管路的焊接处、压缩机吸排气口的连接处、压力开关的引接处等,由于管路焊接不良或车辆运行中冲击、振动造成连接螺钉松动或连接部位多次振动后出现裂纹等原因均可引起系统泄漏。

制冷剂的泄漏因原因不同,其泄漏程度也不尽相同。较轻微的泄漏可引起制冷量不足,低压压力过低而压力开关保护动作,蒸发器吸热不足等现象,严重的泄漏可造成机组制冷不良。在制冷剂已漏光,系统中混入空气,压缩机继续运转将最终导致压缩机因过热而被烧毁。

2）制冷剂的检漏方法

外观检查：由于制冷剂泄漏会渗出冷冻油，一旦发现管路某处有油迹的话，可用白布擦拭或用手直接触摸检查，并作进一步确认。

泡沫检漏：这是一种简便的方法，用混有清洁剂的水涂在预计可能发生泄漏的被检处，若该处有泄漏的话，将会出现气泡，从而可以确定确切的泄漏发生位置。

电子检漏仪：用电子检漏仪接近被检处，一旦检漏仪测到有泄漏，将发出异常的声音予以提示，此时应擦拭干净触头，在怀疑处再次测试确认。

压力检查：用复合式压力表连接到系统中，检查系统停机时的平衡压力，以及机组运行情况下的低压压力，低压压力应不低于(0.5 ±0.3) bar。

3）引起压缩机低压压力过低的原因

压缩机低压压力过低可能的原因有：制冷系统有泄漏；制冷剂不足；膨胀阀等低压处开启不足；外界温度过低；蒸发器入口有堵塞。

4）引起制冷系统中压力过高的原因

制冷系统中真正导致压力过高的最大可能是系统中混入了空气。或者是在机组低压部分压力偏低时被压缩机吸入，或者是在维修中因操作不当而使空气混入系统中。由于空气是不凝性气体，它在系统中的存在将直接产生如下不良后果：压缩机负荷增大且温升异常，电机过热或烧损；冷凝压力上升，制冷量下降；高压压力开关动作，系统无法正常运行。一旦发现有空气混入系统中，必须立即加以处理。

导致压缩机高压过高的原因还包括：外界温度过高、冷凝器入口或出口有堵塞、冷凝器脏、制冷剂过多。

5）冷凝风机不工作或工作异常

通常，电气控制方面出现的故障可根据读出的故障代号，结合电路控制图的控制逻辑进行查找。但有时某些故障现象可能不太明显，难以直观地判断出故障发生的原因，因此可以借助PTU，通过控制板和PTU之间的通信连接，借助ISP软件中的记录工具，预先设置需跟踪记录的输入、输出信号，根据记录故障发生过程中的数据来分析信号之间的逻辑关系，从而判断故障真正的原因。

（2）故障处理

常见故障处理见表6.4。

表6.4　常见故障处理

故障内容	故障的原因	故障的判断方法	处理方法
1. 不出风	1）离心风机的配线方面	查看电路接通情况	修理
	①连接器处断线	查看电路接通情况	修理
	②配线处螺丝松弛		拧紧
	2）电动机烧损或断线	测线圈电阻（20 ℃），各线间约11 Ω	更换电机
	3）控制线路及电器故障	检查电路及电气元件	修理或更换

续表

故障内容	故障的原因	故障的判断方法	处理方法
2. 送风量小	1)风机电机反转	检查风机转向	调换相线
	2)空气过滤网脏堵	检查过滤网	清洗空气过滤网
	3)蒸发器结霜或冰	检查(目视)	送风运转化冰、霜
	4)蒸发器散热片脏堵	检查(目视)	清洗
	5)风道等处泄漏	检查	修理
	6)风机叶片积垢	检查	修理
3. 不制冷	1)压缩机电机不转		
	①电机断线、烧损	测定线圈电阻(25 ℃),各线间约 2.27 Ω	更换压缩机
	②高压压力开关动作	见第 6 项	修理或更换
	③低压压力开关动作	见第 7 项	拧紧
	④温度传感器故障	检查	更换部件
	⑤配线端子安装螺丝松弛	查看接通情况	调整供电电压
	⑥空调控制箱电气元件不良	检查电气元件	修理或更换
	⑦过、欠压继电器动作	电源电压过高或过低	修理或更换
	⑧接触器、中间继电器线圈烧毁或触头故障	修理或更换	修理或更换
	⑨压缩机故障	检查元件	
	⑩轴流风机电机的热继电器动作	检查压缩机	
	2)压缩机反转	①压缩机电流小于额定值	调整压缩机相序
		②压缩机反转时噪声较高	
	3)压缩机运转 ①制冷剂泄漏	①室内吸入和排出空气温度相同	修理制冷循环系
		②蒸发器回气管温度过高	
		③压缩机电流小	
	②电磁阀误动作或损坏	①检查电磁阀动作是否正确	
		②检查电磁阀线圈	

续表

故障内容	故障的原因	故障的判断方法	处理方法
4. 制冷效果差	1）温度传感器所测温度与实际温度差距较大	检查	修理
	2）控制箱处设定温度过高或动作不良	检查	调整或修理
	3）少量制冷剂泄漏	测量运转电流，电流比正常值明显偏小	修理制冷剂循环系统
	4）制冷剂充注过多	电流过大	将制冷剂少量放出
	5）送风量小	见第 2 项	见第 2 项
	6）冷凝器散热片脏堵	检查	清洗
5. 振动噪声大	1）风机电机球轴承异常	检查风机的平衡性	修理或更换风机
	2）风机不平衡、扫膛		
	3）压缩机安装不良引起共振	检查压缩机安装部位	调整压缩机的安装
	4）其余部件紧固部位松弛	检查各紧固部位	拧紧
6. 高压压力开关动作	1）室外热交换器脏堵	检查室外热交换器	清扫
	2）制冷剂充注过多	电流过大	放入少量制冷剂
	3）冷凝风机反转	检查	将相序调整正确
	4）系统高压管段逆止阀、干燥过滤器、毛细管堵塞	检查	修理
	5）室外冷凝风机不转		
	①电机烧损	测线圈电阻（20 ℃），各线间约 24.4 Ω	更换电机
	②电机的球轴承损伤	检查	更换球轴承
	6）空气或不凝性气体混入系统中		排除
7. 低压压力开关动作	1）制冷剂泄漏	压缩机电流小	充入制冷剂
	2）吸入空气温度太低	蒸发器结霜	修理制冷剂循环系统
	3）风量不足	见第 2 项	
	4）低压管路堵塞	检查	处理
	5）蒸发器散热片堵塞	检查	处理
	6）液管电磁阀未打开	①压缩机启动时电磁阀无动作声	检查电磁阀线路并修理
		②控制柜无 DC110 V 输出	
		③电磁阀线路是否断路	

续表

故障内容	故障的原因	故障的判断方法	处理方法
8.漏水	1)回风口漏水 ①排水口或排水槽堵塞,造成水盘积水外溢	检查	清扫
	②密封胶条处渗水	检查	进行正确安装
	③车顶密封胶条安装槽或机组底部涂密封胶处渗水	检查	涂密封胶
	④新风口下部排水口堵	检查	清扫
	2)出风口漏水 ①蒸发器脏	检查	清洗
	②密封胶条处渗水	检查	进行正确安装
	③车内风道内凝露形成水珠,从出风口吹出	检查	风道隔热处理
	④排水口堵,风口周围积水	检查	清扫

思考与练习

1. 系统不制冷,由哪些原因引起?
2. 三相交流电正常,而电机不转,如何去检查故障的原因?
3. 制冷管路系统没有压差,由什么原因引起?如何去判断?
4. 液管电磁阀未打开,为什么会引起低压压力开关动作?
5. 制冷剂充注过多,为什么反而效果差,如何控制冷剂的加注量?

项目7　车辆门控系统

任务1　概述

任务目标

1. 掌握车辆门系统的基本结构。
2. 掌握门系统的主要功能。

任务重点

1. 车辆门系统的基本结构。
2. 门系统的主要功能。

知识准备

电工基础、机械知识。

知识描述

本任务主要介绍轨道车辆门控系统的工作原理及检修。以北京地铁2号线为例，其中主要包括司机室门、司机室紧急疏散门和客室电动内藏门。客室侧门采用每辆车每侧4套双扇电控电动内藏式拉门。该车门系统结构简单，具有故障自诊断功能、客室内外紧急解锁装置、软件升级便捷等特点。

依据城市轨道交通的特点，城市轨道交通车辆的车门应方便乘客乘降，并尽量缩短乘客上、下车时间，以满足列车运行密度的要求。因此，城市轨道交通车辆的门机系统应具有以下特点：

①要有足够的有效宽度(一般为1 300 ~ 1 400 mm)。

②车门要均匀分布，以方便乘客上下车。

③要有足够数量的车门(一般4 ~ 5对/辆)。

④车门附近要有足够的空间和面积，方便上下乘客的周转。

⑤要确保乘客的安全。

(1)门系统的基本技术参数

1)机械部分

类型	双扇电动内藏门
净开度	约1 300 mm
净高度	约1 830 mm

驱动装置	电机驱动、齿带传动
闭锁装置	旋转锁钩，机械闭锁
开门时间	(3 ±0.5)s
关门时间	(3 ±0.5)s

2)电气部分

门控器	(EDCU)
工作温度范围	−25 ~ +70 ℃
工作电压	额定 DC110 V，波动范围(DC77 ~ 137.5 V)
开门时间	(3 ±0.5)s
关门时间	(3 ±0.5)s
关门力	≤150 N(每个门页)
能探测到的最小障碍物	30 × 60 mm

(2)系统构成

门系统组成的基本形式如图 7.1 所示。

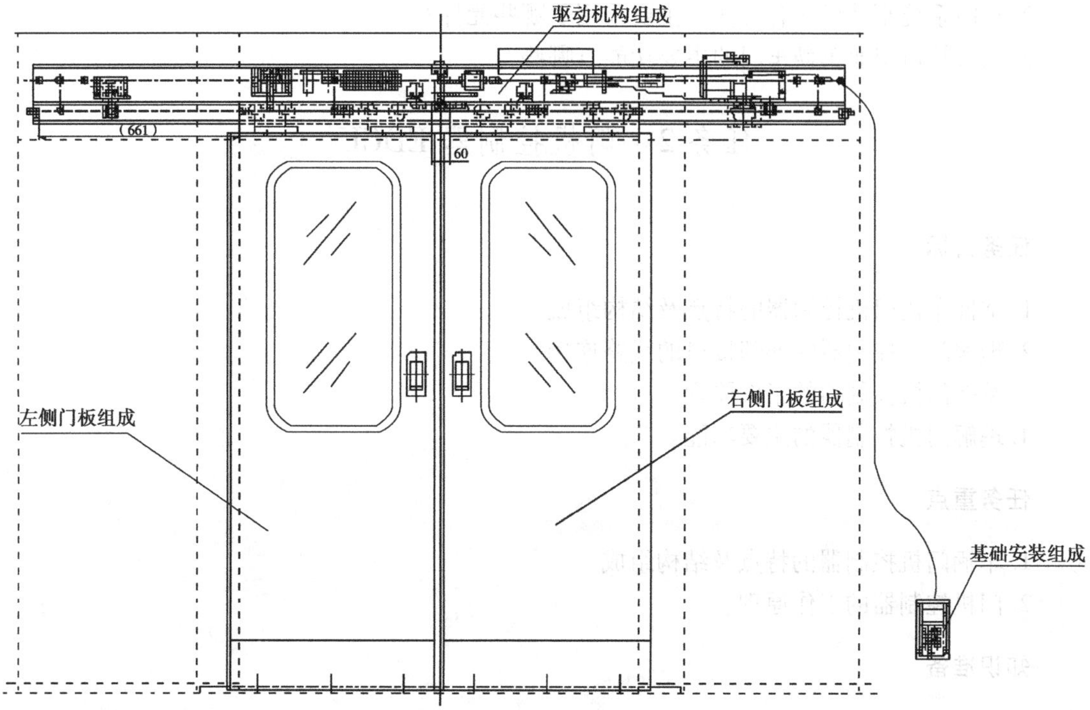

图 7.1 电动内藏门系统组成

电动内藏门的驱动机构组成包括机械控制及电气控制两部分。机械控制部分由传动导向装置、内外侧紧急解锁装置、故障隔离锁等设备共同组成。电气控制部分由门控器、驱动电机、行程开关监控检测及实现自动门功能的其他附件构成。

(3)功能介绍

车门系统可以实现以下主要功能：

①开关门功能，包括车门开、关状态显示。

②未关闭好车门的再开闭功能,已关好的车门不再打开。
③开关车门的二次缓冲功能。
④防夹人/物功能(障碍物探测重开门功能)。
⑤车门故障切除功能。
⑥车门的内部紧急解锁功能(每辆车每侧两个车门)。
⑦车门旁路功能。
⑧车门的外部紧急解锁功能(每辆车每侧各一个车门)。
⑨故障指示和诊断记录功能并可通过读出器读出。
⑩自诊断功能。
⑪零速保护功能。

思考与练习

1. 城市轨道交通车辆车门有哪些主要特点?
2. 车门系统驱动形式有哪些? 主要采用了哪些元件?
3. 城市轨道交通车辆车门的主要功能有哪些?

任务2　门机控制器 EDCU

任务目标

1. 掌握车辆门机控制器的特点及结构组成。
2. 理解门机控制器的外部接口的线路连接。
3. 掌握门机控制器的工作原理。
4. 理解门机控制器的主要功能。

任务重点

1. 车辆门机控制器的特点及结构组成。
2. 门机控制器的工作原理。

知识准备

电气识图、电工基础、计算机网络技术。

知识描述

(1)门控器概述

1)门控器的技术参数

供电电压:DC110 V －30% ～ ＋25%

功　　耗:待机＜5 W,正常操作＜160 W,峰值＜440 W(＜500 ms)

控制电机类型:直流无刷电机

电机控制方式:数字闭环控制

EDCU 处理器:数字信号处理器(DSP)

数据输入:16(I0 ~ I15)正开关量(输入电流 4 mA,电压为 DC110 V)

数据输出:4(Q0 ~ Q3)正开关量,DC110 V/0.5 A,短路保护,最大 15 W 电灯负载

数字输出:2(Q4 ~ Q5)继电器干触点,DC110 V/0.5 A,短路保护,最大 15 W 电灯负载

服务接口:USB

通讯接口:RS485

温度范围:-25 ~ +70 ℃

质　　量:约 1 kg

开门时间:(3.0 ±0.5)s,可调范围 2.0 ~4.0 s

关门时间:(3.0 ±0.5)s,可调范围 2.0 ~4.0 s

障碍检测:挤压力 <150 N(有效值)约 0.5 s

能检测的最小障碍物:20 mm ×40 mm(宽 × 高)

对所有输入输出、电机状态、安全继电器、DC5 V 和故障都有 LED 指示

测试按照: IEC 60571:1998,EN 50155:2001,EN 50121-3-2:2000

2)门控器的特点

①基于 DSP 的高性能数字闭环无刷直流电机控制。

②模块化设计。

③多重障碍检测方式(过电流检测和距离—时间方式)。

④智能化自动学习功能。

⑤智能化自动故障监视、诊断和报告。

⑥支持不同的网络通信类型。

⑦高安全性设计,单个故障不会导致事故。

⑧维护工作量极低。

3)门控器的组成

全列车每个客室门均配有一个门控器,安装在门体上部的顶箱内(见图 7.2)。门控器由

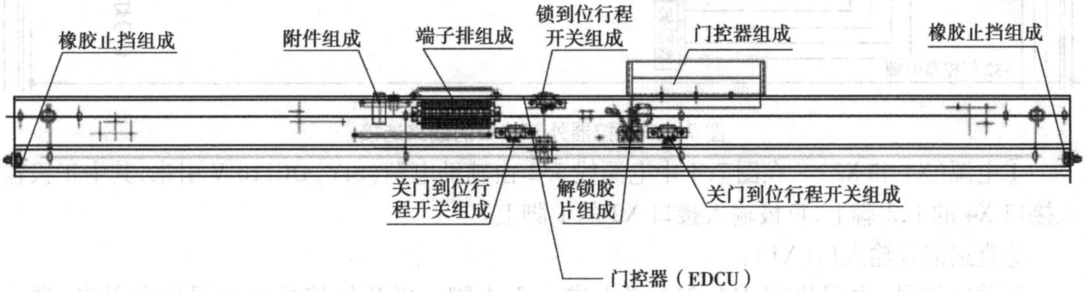

图 7.2　门控器在门体上的安装位置

CPU、电源、执行单元(电机驱动单元、安全继电器)、故障存储单元、通信接口单元及相关软件等组成。附属检测器件包括各种开关和传感器等。门控器外形如图 7.3 所示。门控器的控制对象主要有电机、指示灯、车门制动器等。

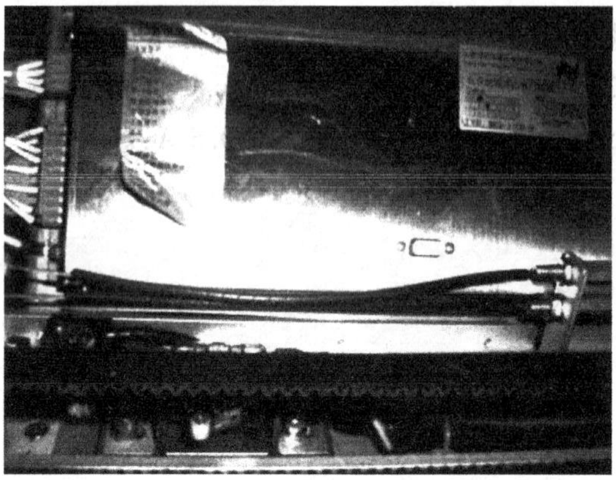

图 7.3　门控器

门控器主要完成对门驱动电机的控制、状态反馈、故障记录、防挤压保护等。门控器外部接口如图 7.4 所示。

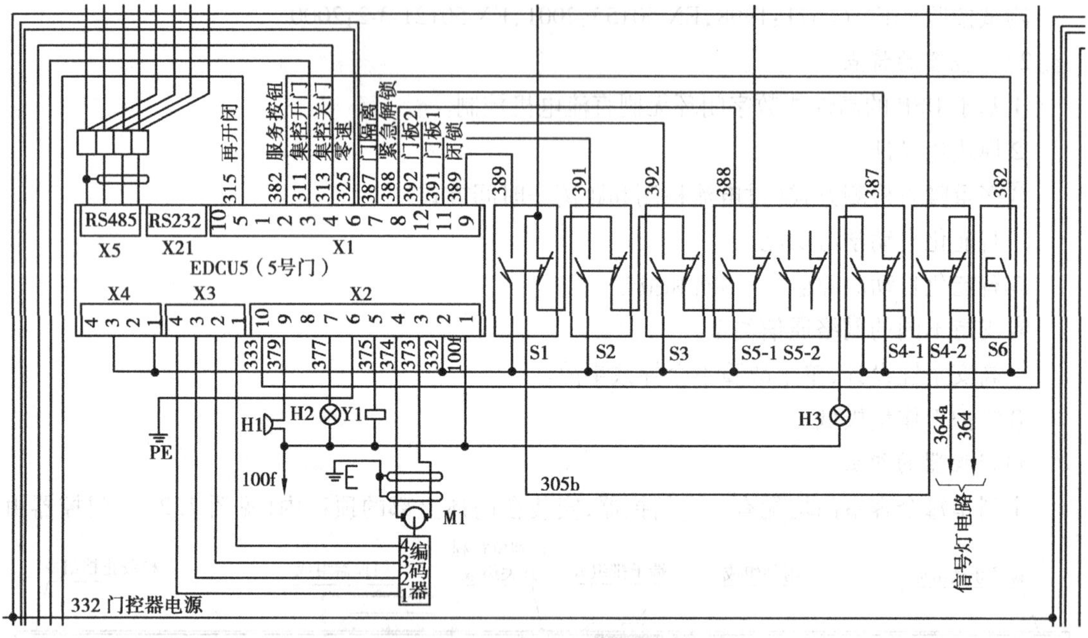

图 7.4　门控器外部接口的线路连接

①电源(X4 和 X2)。在图 7.4 中电源线 332 由辅助电源(SIV)DC110 V 引来,其中正极输入接口 X4 的 1,3 脚上,负极输入接口 X2 的 1 脚上。

②直接信号输入口(X1):

开关门信号:由司机室 311、313 引来进入 3,4 脚。再开门信号也由司机室引来,进入 5 脚。

零速状态信号:(使能信号)由司机室 325 引来,进入 6 脚。

行程开关信号:(门隔离、紧急解锁、闭锁、左右门到位)分别由本门的行程开关引来。

③网络信号输入(X5)。从图7.5中由网络系统中引来(第一单元),并经过RS 485串口连接方式,进入X5接口,通过并接方式,接入下一个EDCU中。

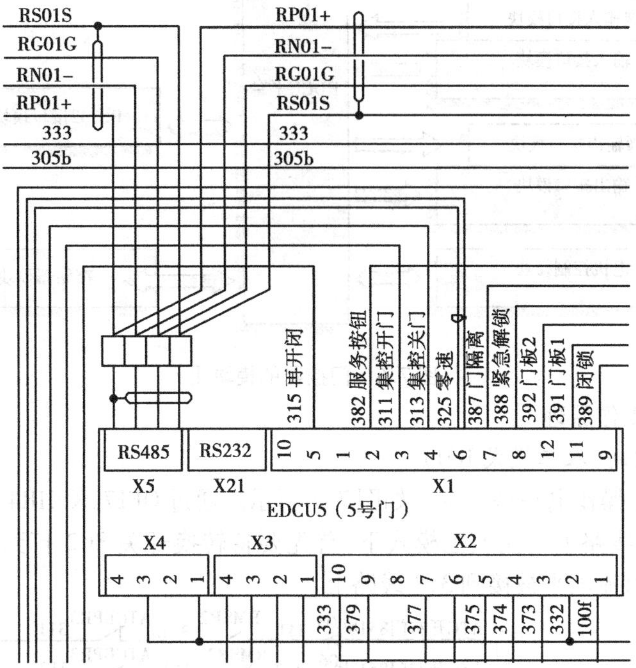

图7.5 网络信号输入端线路连接

④输出信号接口(X2):

直流电机的电源输出:由X2中的3,4脚输出(控制直流电压和极性)。

开关门信号灯输出:由7脚输出。

电笛信号输出:由9脚输出。

左侧门控器信号灯输出:由10脚输出。

⑤直流电机编码信号输入(X3):由1、2、3、4脚输入。

a.门机控制器控制核心。DSP作为EDCU的中央处理器,是为了控制应用而优化的处理器。可采用先进的控制算法实现对门速度和动作的精确控制,可以实现用软件取代模拟伺服电路,方便地修改控制策略,修正控制参数,兼具故障监测、自诊断和上位机管理与通信等功能。因为EDCU中没有需要硬件调节的环节,因此可以保证生产的一致性,并且不需要定期维护。

b.门机控制器的模块化设计。门控器的模块化设计如图7.6所示,门控器通过司机室直控开关按钮或者网控系统向EDCU发出开关门脉冲信号命令。门控器接收到该命令后,首先发出指令使中央锁电磁铁得电吸合,拉动锁钩解锁,然后门控器继而发出指令给电机,驱动其转动,通过电机齿轮组成装置的变速变向作用,同时通过齿形皮带及导轨滚轮等机构,拉动门扇进行开关门作业。

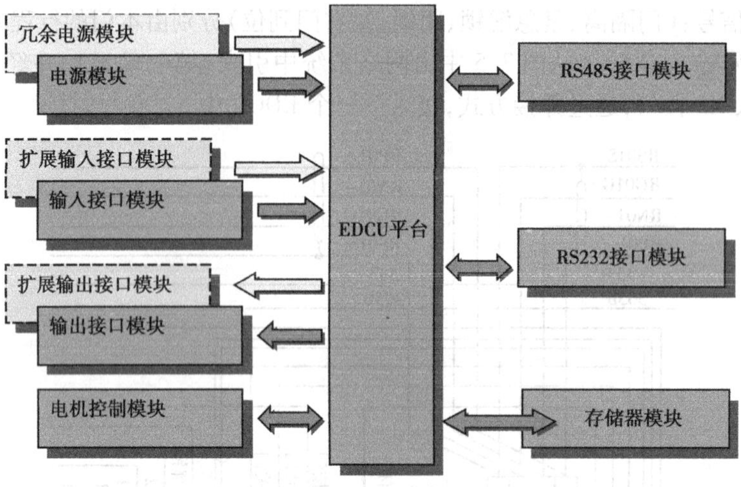

图 7.6　门控器的模块化

(2)门控器的工作原理

1)开(关)门控制(人工模式 RM)

首先,来看一下操作电平是多少? 如图 7.7 所示。通过 QF17,KSHR4 接触器,DC110 V 直流电压送到了 321 线路上。在人工模式下,首先要将转换开关 SC2 打到"手动"挡上。这时 321 与 328 接通。直流电平被接到 328 线路上。

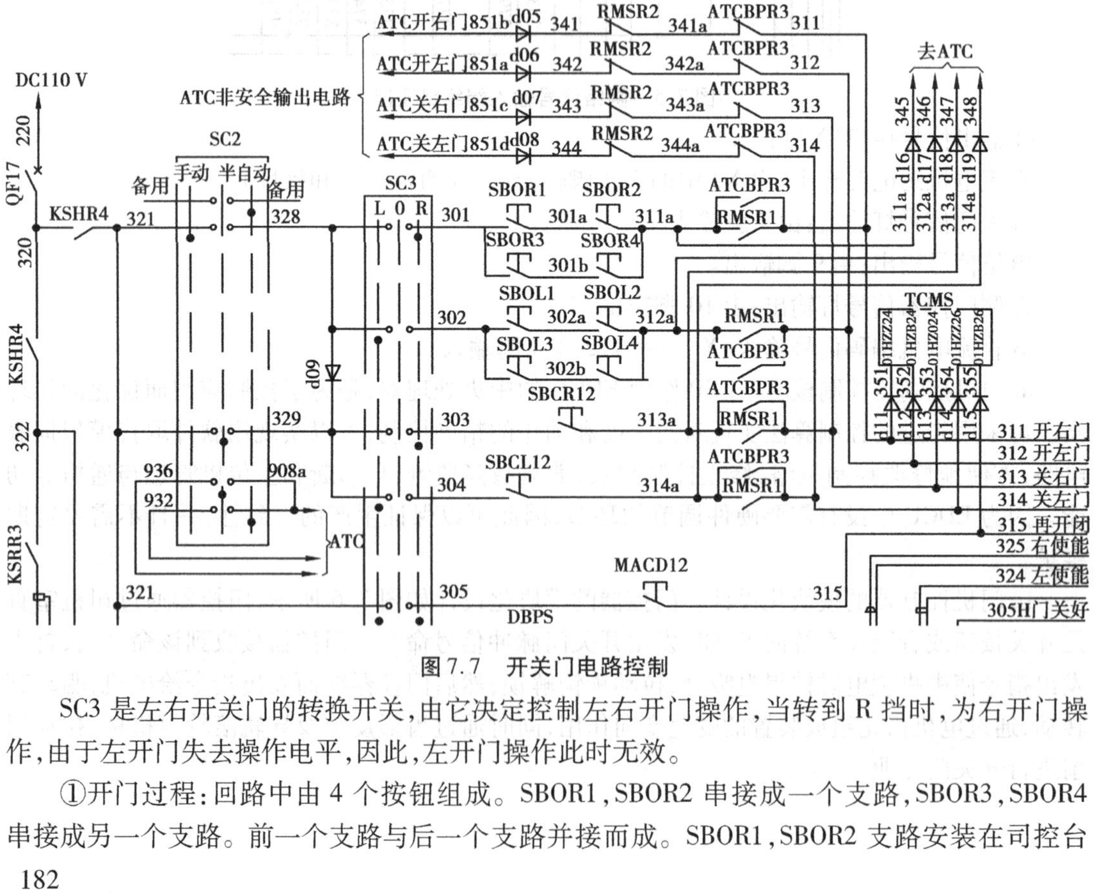

图 7.7　开关门电路控制

SC3 是左右开关门的转换开关,由它决定控制左右开门操作,当转到 R 挡时,为右开门操作,由于左开门失去操作电平,因此,左开门操作此时无效。

①开门过程:回路中由 4 个按钮组成。SBOR1,SBOR2 串接成一个支路,SBOR3,SBOR4 串接成另一个支路。前一个支路与后一个支路并接而成。SBOR1,SBOR2 支路安装在司控台

上(见图7.8),SBOR3,SBOR4 支路安装在右侧屏上,当操作时应同时按下两个按钮。

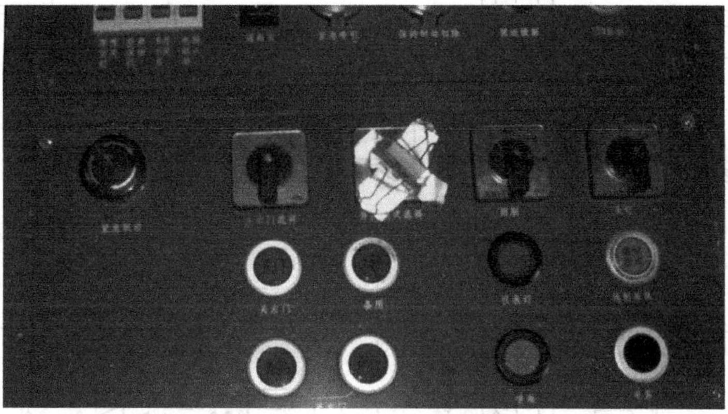

图7.8 司控台上 SBOR1,SBOR2 对应按钮位置

当按下 SBOR1,SBOR2 按钮,人工模式断电器已经动作,RMSR1 常开触点接通,直流电压 DC110 V 被送到311线路上。车厢门打开。该线路贯穿整个列车。同理,按下 SBOR3,SBOR4 按钮,列车门打开。

②再开门控制:从312线路,到SC3转换开关,此时,转换处在R挡上,305线路被加上 DC110 V 电压,当按下再开门按钮(MACD1)时,315被加上"高"电平"1"(DC110 V),EDCU 控制门再次打开。

③关门过程:在进行右门操作中,329线路中的"高"电平被加在303线路上,因此,当按下关门按钮(SBCR1)时,"高"电平经人工模式继电器触点(已经动作,其常开触点闭合),被加在线路313上(整车关门信号线),该高电平信号被加在 EDCU 的 X2 插口中3脚上,列车关门。

2)使能控制(零速控制)

使能控制,实质上反映的是列车的速度问题,原则上,当列车速度为零时,列车才能打开。

在人工模式中控制回路由旁路按钮(DBPS,自保持)、零速断电器触点(AZVR1,2)、人工模式继电器触点(RMSR1)组成,如图7.9所示。当 DBPS 按下,RMSR1 动作(处于人工模式中)列车速度为零,AZVR1,2 动作,常开触点闭合,则直流电压 DC110 V 被送入325线路。EDCU 中的 X2 接口6脚处于"高电平"(DC110 V)中。此时,开关门才有效。

3)门到位信号

门到位有3个行程开关:左门行程开关(S2);右门行程开关(S3);闭锁行程开关(S1),如图7.4所示。当各个行程到位后,其 S1,S2,S3 行程开关处于复位状态,线路392,393,389呈"低"电平状态。EDCU 向网控系统发出门关好信号。

4)紧急解锁

当紧急解锁动作后,388线路处于高电平,EDCU 侧门被解锁打开,并向网控系统发出不能"开车"指令。

5)隔离开关

当隔离开关动作时,其常闭触点打开,线路387处于低电平(0 V 电压)则 EDCU 知道门已被隔离,列车不能对该门进行开关门操作。

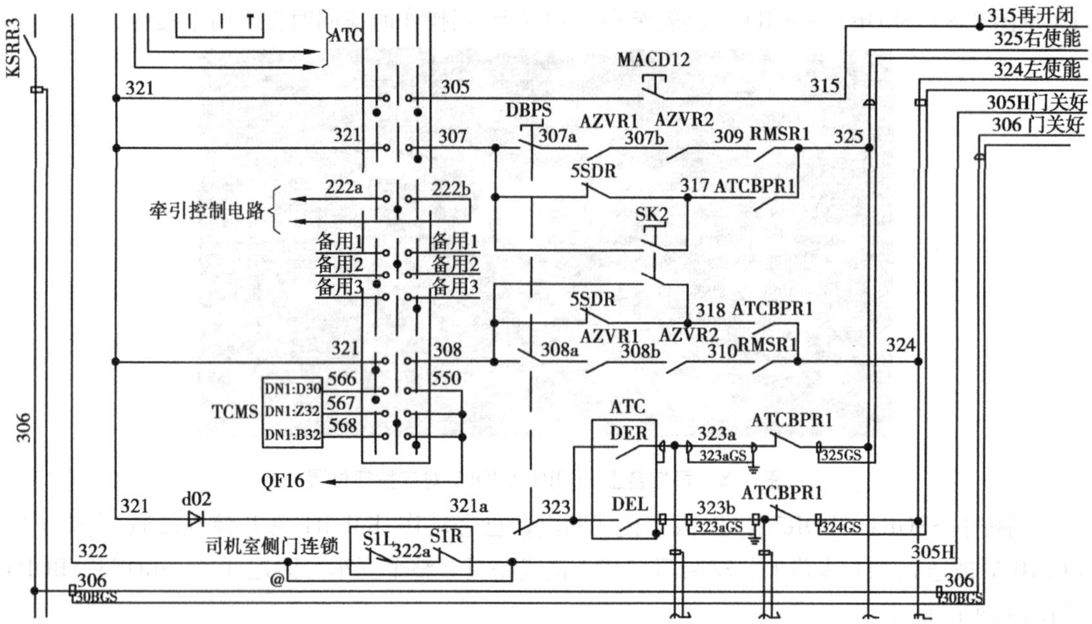

图 7.9　零速控制回路

6) 安全闭锁回路

列车门安全回路由门闭锁 S1、左关门到位 S2、右关门到位 S3 和紧急闭锁开关等组成。一节车厢控制回路如图 7.10 所示。

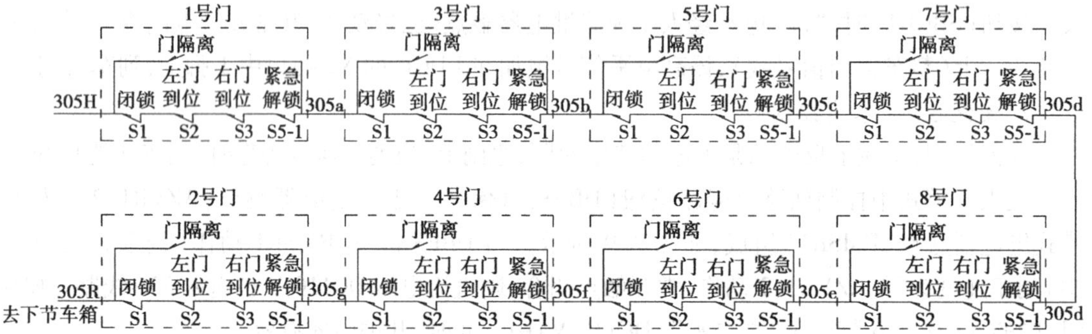

图 7.10　一节车厢控制回路

当车厢中门已经关到位，紧急解锁未动作，则 305H 高电平被传送到 305R 线路上，并送往下节车厢。同理，下节车厢所有门关到位，则高电平断续往下送，最后返回到 ATC 中，容许列车发车。

当任意一个门的安全回路断开，都将阻断安全回路中“高电平的输送”，并不容许列车发车。

(3) 车门状态及显示

1) 车门状态

列车每个车门（包括紧急逃生门）的车门状态以司机室运行屏中的彩色符号显示，圆圈的颜色代表车门状态，如图 7.11 所示。

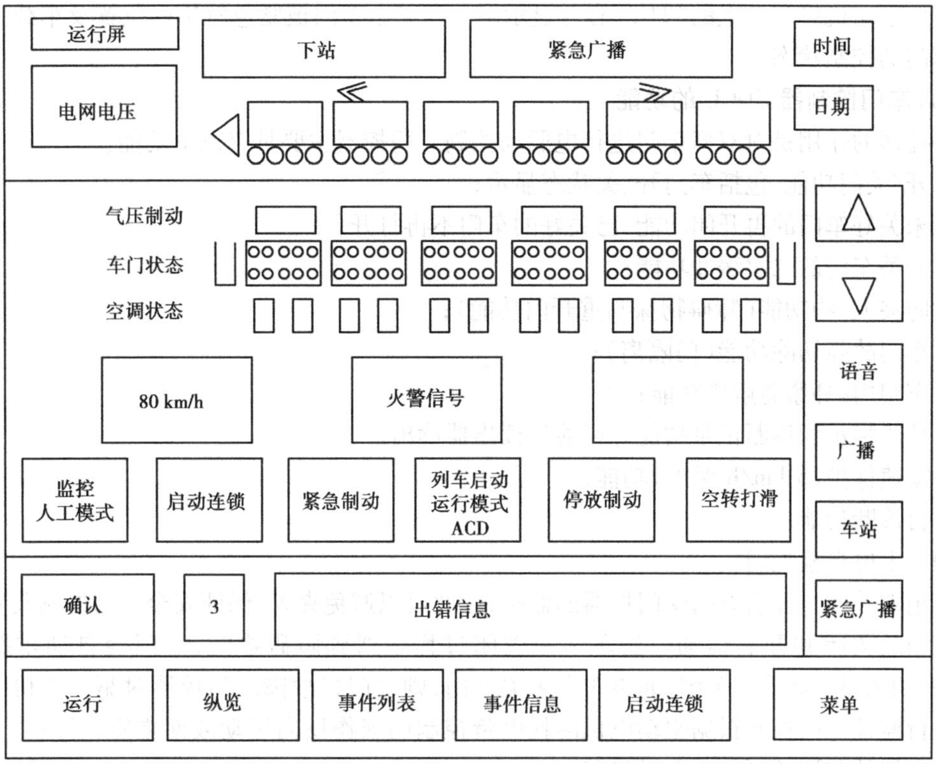

图 7.11 车门状态显示

①灰蓝色符号:车门关闭状态;

②黄色符号:车门打开状态;

③黑色符号:紧急打开;

④红色闪烁符号:故障;

⑤一直红色符号:手动解闭。

2)车门状态显示

①位于司机室左侧墙上及操纵台上的"左门开"指示灯亮——满足车载 ATP 允许的条件或操作 4S04(非正常情况)或列车停车后(URM 模式),且已给出左边门的开门解锁信号,列车左侧门允许打开;"左门关"指示灯亮——列车左边所有车门已经关好且该端司机台已激活。

②位于司机室右侧墙上的"右门开"指示灯亮——满足车载 ATP 允许的条件或操作 4S04(非正常情况)或列车停车后(URM 模式),且已给出右边门的开门解锁信号,列车右侧门允许打开;"右门关"指示灯亮——列车右边所有车门已经关好且该端司机台已激活。

③位于司机室右侧墙上紧急疏散门指示灯亮——至少有一端的疏散门已经解锁或检测电路故障。

④每个客室车门上方的内外侧均有一个橙色指示灯——车门未锁时亮;内侧均有一个红色指示灯——车门切除时亮。

⑤位于每节车后端左右外侧墙上的橙色指示灯——每节车每侧有 1 个以上车门未锁时亮。

⑥位于司机操纵台上的“TFT”彩色显示屏——显示车门被紧急解锁的位置及车载ATP系统对车门的控制状态。

(4)车门控制器EDCU的功能

门控器的作用是对双扇车门进行电驱动控制。门控器主要具有以下功能：

①开/关门功能，包括车门开、关状态显示；

②未关好车门的再开闭功能，已关好的车门不再打开；

③开关车门的二次缓冲功能；

④防夹人/物功能(障碍物探测重开门功能)；

⑤车门故障切除功能(门隔离)；

⑥车门内/外紧急解锁功能；

⑦故障指示和诊断记录功能并可通过读出器读出；

⑧零速保护(5 km/h 保护)功能；

⑨自诊断功能；

⑩初上电自检关门。

门扇的关闭与开启方向受门控器的监控，因此可以避免夹人，保证安全。门控制装置负责监控门扇的关闭和开启运动。当车门在关闭过程中遇到障碍物时，车门会自动重新开启200 mm，并在3 s后重新关闭，如果3次未关好门，则此门报故障。门控器对驱动电机的耗用电流进行监控。门控器根据驱动电机的耗电量控制门扇作反向运动或使之停止开启。此外，对电机电流的监测还可防止电机过载。

思考与练习

1. 车辆门机控制器主要有哪些特点？其结构组成如何？
2. 门机控制器的外部接口主要与哪些部件连接来传递信号？
3. 简述车辆门机控制器的工作原理。
4. 门机控制器主要能够实现哪些功能？
5. 运行屏中车门状态的显示和意义是什么？
6. 防夹人功能是怎样实现的？

任务3　电机驱动装置

任务目标

1. 掌握直流电动机的结构。
2. 理解霍尔集成电路及其开关型输出特性。
3. 掌握直流无刷电机的工作原理。
4. 掌握三相半桥式主电路的运行原理。

任务重点

1. 直流电动机的结构。
2. 直流无刷电机的工作原理。
3. 三相半桥式主电路的运行原理。

知识准备

客车电器、电工基础。

知识描述

直流电动机的主要优点是调速和启动特性好,堵转转矩大。而门机系统所采用的直流无刷电动机利用电子开关线路和位置传感器来代替电刷和换向器,使电动机既具有直流电动机的特性,又具有交流电动机结构简单、运行可靠、维护方便等优点。它的转速不再受机械换向的限制,若采用高速轴承,还可以在高达每分钟几十万转的转速中运行。

(1)直流无刷电动机的基本结构和类型

直流无刷电动机是一种自控变频的永磁同步电动机,就其基本组成结构而言,可以认为是由电动机本体、转子位置传感器、逆变器和控制器组成的"电动机系统"。其基本结构如图7.12所示。

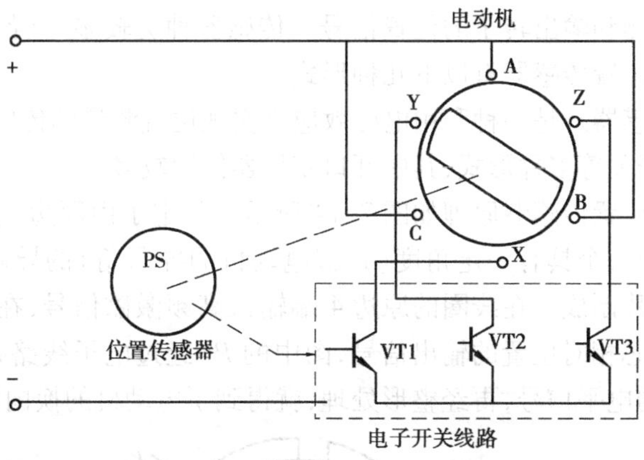

图7.12 直流无刷电动机的基本结构

1)电机本体

直流无刷电动机是将普通直流电动机的定子与转子进行互换。其转子为永久磁铁,产生气隙磁通;定子为电枢,由多相绕组组成。在结构上,它与永磁同步电动机类似,如图7.13所示。

直流无刷电动机定子的结构与普通的同步电动机或感应电动机相同,在铁芯中嵌入多相绕组(三相、四相、五相不等),绕组可接成星形或三角形,并分别与逆变器的各功率管相连,以便进行合理换相。转子多采用钐钴或钕铁硼等高矫顽力、高剩磁密度的稀土料,由于磁极中磁性材料所放位置的不同,可以分为表面式磁极、嵌入式磁极和环形磁极。由于电动机本体为永磁电机,所以习惯上把无刷直流电动机也称为永磁直流无刷电动机。

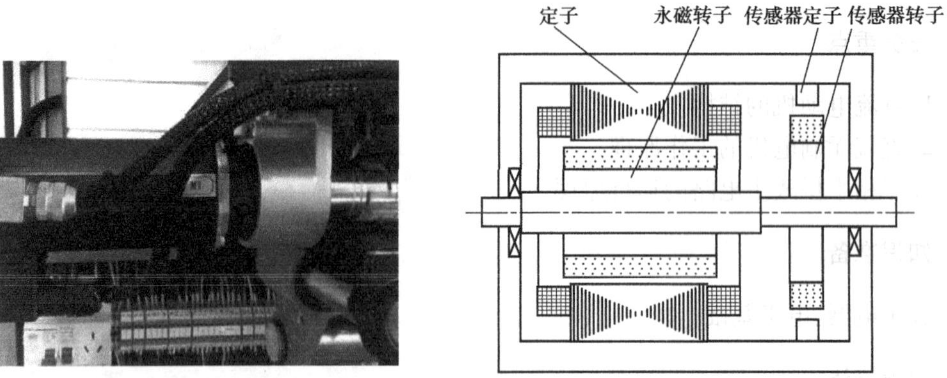

(a)无刷直流电机实际结构　　(b)结构示意图

图 7.13　无刷直流电机

2)转子位置传感器

转子位置传感器是无刷直流电动机的一个关键部件。可根据不同的原理构成,如电磁感应式、光电式、磁敏式等多种不同的结构形式。其中,电磁感应式工作可靠、维护简便、寿命长,所以应用较多。转子位置传感器决定着电枢各相绕组开始通电的时刻。其作用相当于一般直流电动机中的电刷。改变位置检测器产生信号的时刻(相位),相当于直流电动机中改变电刷在空间的位置,对无刷直流电动机的特性有很大的影响。

位置传感器一般也由定子和转子两部分组成。转子是用来确定电动机本体磁极的位置,定子的安放是为了检测和输出转子的位置信号。传感器种类较多,且各具特点。目前在无刷直流电动机中常用的位置传感器有以下几种形式。

①电磁式位置传感器。是一种利用电磁效应来实现位置测量的传感元件,有开口变压器、铁磁谐振电路、接近开关等多种形式,其中开口变压器使用较多。

电磁感应式转子位置传感器原理如图 7.14 所示。其定子由原边线圈与副边线圈绕在同一铁芯组成,转子则由一个具有一定角度(近似电动机的导通角)的导磁捌料组成,该导磁材料可由铁氧体或硅钢片制成。在线圈的原边 4 端输入高频激磁信号,在副边线圈中感应出耦合转子铁芯与定子铁芯相对位置的输出信号,图中的 P_a 经过电子线路处理,变成与电动机定子、转子位置相对应的电平信号,再经整形处理,就得到了电动机的换向信号。

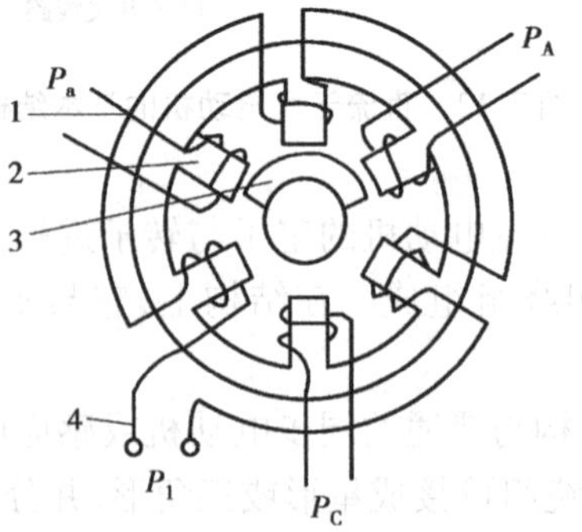

图 7.14　电磁感应式转子位置传感器

1—输出绕组;2—定子铁芯;3—转子铁芯;4—高频输入绕组

电磁式位置传感器具有输出信号大、工作可靠、寿命长、使用环境要求不高、适应性强、结构简单和紧凑等优点，但这种传感器信噪比较低，体积较大，而且其输出波形为交流，一般需经整流、滤波后方可使用，因而极大地限制了其在普通情况下的应用。

②磁敏式位置传感器。磁敏传感器利用电流的磁效应进行工作，所组成的位置检测器由与电机同轴安装、具有与电机转子同极数的永磁检测转子和多只空间均匀分布的磁敏元件构成。目前常用的磁敏元件为霍尔元件或霍尔集成电路，它们在磁场作用下会产生霍尔电势，经整形、放大后即可输出所需电平信号，构成了原始的位置信号。图7.15为霍尔集成电路及其开关型输出特性。

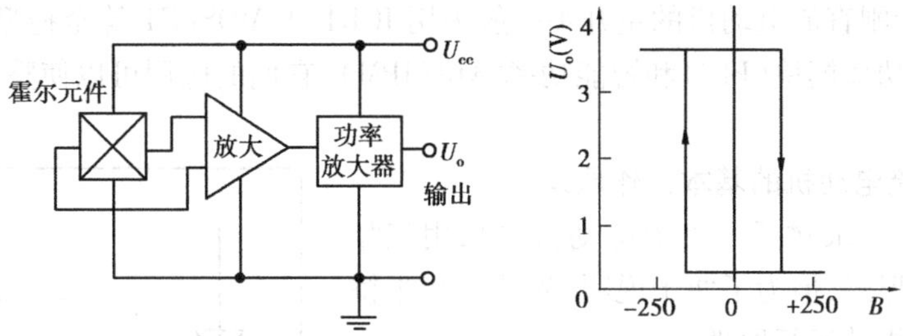

(a)霍尔集成电路　　(b)开关型输出特性

图7.15　霍尔集成电路及其开关型输入特性

为了获得三组互差120°电角度、宽180°电角度的方波原始位置信号。需要3只在空间互差$\frac{2\pi}{3p}$机械角度分布霍尔元件，其中互为电机极对数。图7.16给出了一台四极电动机的霍尔位置检测器完整结构，3个霍尔元件H1，H2，H3在空间互差60°机械角度分布。当永磁检测转子依次经过霍尔元件时，根据极性的不同，产生出三相互差120°电角度、宽180°电角度的方波位置信号，它正好反映了同轴安装的电动机转子磁极的空间位置信息。经整形电路和逻辑电路后，输出6路功率电子开关的触发信号和逻辑电路号。霍尔位置检测器是永磁无刷直流电动机中采用较多的一种。

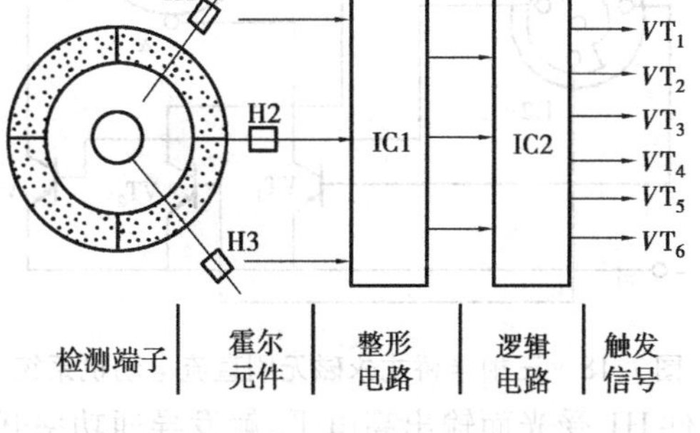

图7.16　四极电动机的霍尔位置检测器

③光电式位置传感器和光电式位置传感元件。这是一种利用与电动机转子同轴安装、带缺口旋转圆盘对光电元件进行通、断控制，以产生一系列反映转子空间位置脉冲信号的检测方式。由于三相永磁元刷直流电动机一般每1/6周期换相一次，因此只要采用与电磁式或霍尔式位置检测相似的简单检测方法即可，不必采用光电编码盘的复杂方式。简单光电元件的结构如图7.17所示。由红外发光二极管和光敏三极管构成。当元件凹槽内光线

被圆盘挡住时，光敏三极管不导通；当凹槽内光线由圆盘缺口放过时，光敏三极管导通。以此输出开关型的位置信号。圆盘缺口弧度及光电元件空间布置规律和开口变压器式位置检测器相同。

3）电子换向电路

无刷直流电动机的电子换相电路是用来控制电动机定子绕组通电的顺序和导通的时间。主要由功率开关管和逻辑控制电路组成。功率开关单元是核心部分，其功能是将电源的功率以一定的逻辑关系分配给无刷直流电动机定子 E 的各项绕组，从而使电动机产生持续不断的转矩。控制部分是将通过位置检测得到的信号，根据需要转化成相应的脉冲信号去驱动功率开关管。目前，无刷直流电动机的主开关一般采用 IGBT 或 MOSFET 等全控型器件，有些主电路已经有了集成功率模块（PIC）和智能功率模块（IPM），它们的应用可以使整个系统的可靠性大幅度提高。

（2）无刷直流电动机的基本工作原理

在实际应用中，永磁无刷直流电动机多采用三相桥式功率主电路形式，但为了便于说明，先从三相半桥式主电路开始分析其运行原理。

1）三相半桥主电路

图 7.18 为三相半桥式永磁无刷直流电机（$P=1$）3 只光电式位置传感元件 H1，H2，H3 空间互差 120°均匀分布，宽 180°缺口遮光圆盘与电动机转子同轴安装，调整圆盘缺口与转子磁极的相对位置，使缺口边沿能反映转子磁极的空间位置。

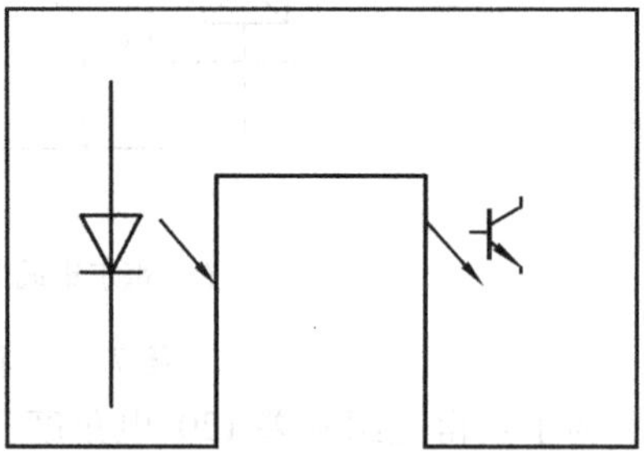

图 7.17　简单光电元件的结构

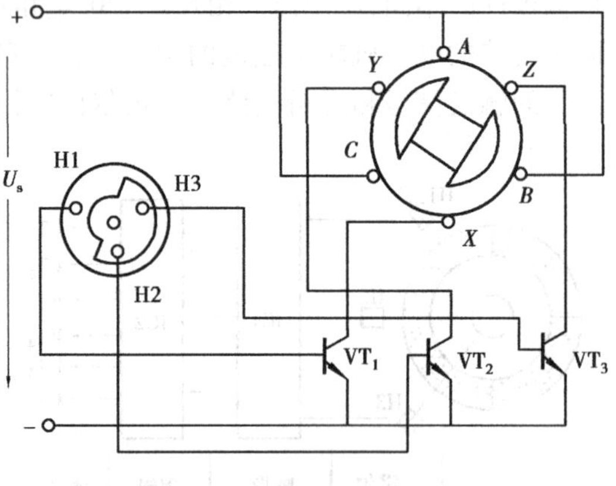

图 7.18　三相半桥式永磁无刷直流电动机系统

该缺口位置使光电元件 H1 受光而输出高电平，触发导通功率开关 VT_1 使直流电流流入 A 相绕组 Ax，形成位于 A 相绕组轴线上的电枢磁势。此时圆盘缺口与转子磁极的相对位置被调整得使转子永相绕组平面磁势 F_f 位于 B 相绕组 $B—X$ 平面上所示，如图 7.19(a) 所示两者相互作用产生驱动转矩，驱使转子顺时针旋转。当转子磁极转至如图 7.19(b) 所示的位置时，如仍保持 A 相绕组通电，则电枢磁势 F_f 的空间角度将减为 30°并继续减小，最终造成驱动转矩消失。然而由于同轴安装的旋转圆盘同步旋转，此时正好使光电元件 H2 受光，H1 遮光，从而

功率开关 VT_2 导通,电流从 A 相绕组断开转而流入 B 相绕组 $B—Y$,电流换相,电枢磁势变为 F_b,它又在旋转方向上重新领先永磁磁势 F_f150°相,两者相互作用产生驱动转矩,驱使转子顺时针继续旋转。当转子磁极旋转到如图7.19(c)所示的位置时,同理又发生电枢电流从 B 相向 C 相的换流,保证了电磁转矩的持续产生和电动机的继续旋转,直至重新回到图7.19(d)或图7.19(a)的起始位置。

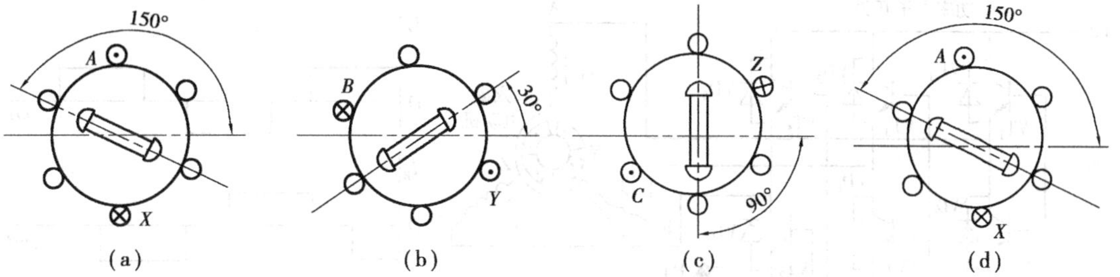

图7.19 各相绕组通电顺序及电枢磁势位置图

从图7.19中可以看出,由于同轴安装转子位置检测圆盘的作用,定子各相绕组在位置检测器的控制下依次馈电,其相电流为120°宽的矩形波,如图7.20所示。这样的三相电流使得定子绕组产生的电枢磁场和转动中的转子永磁磁场在空间始终能保持近似垂直的关系,为最大限度地产生转矩创造了条件。同时也可以看出,经历换相过程的定子绕组电枢磁场不是匀速旋转磁场而是跳跃式的步进磁场,转子旋转一周的范围内有3种磁状态,每种状态持续1/3周期(120°电角度)。如图7.19中FA,FB,FC所示。可以想象,由此产生的电磁转矩存在很大的脉动,尤其低速运行时会使转速波动。为了解决这个问题,只有增加转子一周内的磁状态数,此时应采用三相桥式主电路结构。

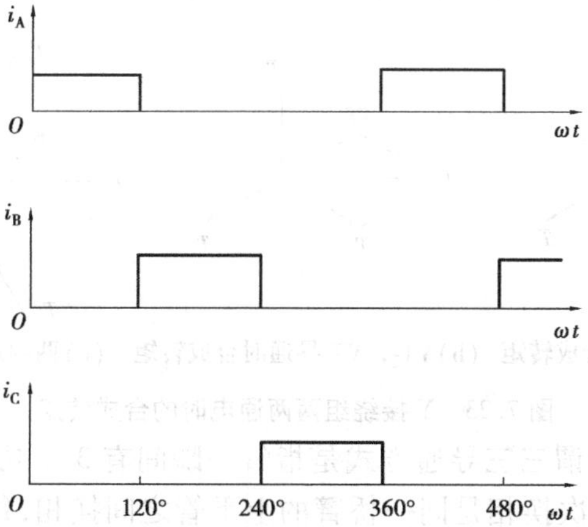

图7.20 三相半桥式主电路各相绕组电流波形

2)三相桥式主电路

三相桥式主电路如图7.21所示,功率电子开关为标准三相桥式结构,上桥臂元件 VT_1,VT_3,VT_5 给各相绕组提供正向电流,产生正向电磁转矩;下桥臂元件 VT_2,VT_4,VT_6 给各相绕组提供反向电流,在相同极性转子永磁磁场作用下将产生反向电磁转矩。功率元件通电方式有两两通(120°导通型)和三三通电(180°导通型),其输出转矩大小不同。

①两两通电方式。是指每一瞬间有两个功率管导通，每隔 1/6 周期（60°）电角度换相一次，每次换相一个功率管，不同桥臂之间左右换相。每个功率管导通 120°电角度。功率管的导通顺序依次为：VT_1，VT_2；VT_2，VT_3；VT_3，VT_4；VT_4，VT_5；VT_5，VT_6；VT_6，VT_1，等等，在这种通电方式下各导通 120°电角度，每相绕组又与两个开关元件相连，各相绕组会在正、反两个方向均流过宽 120°的方波电流，三相绕组中电流波形如图 7.22 所示。

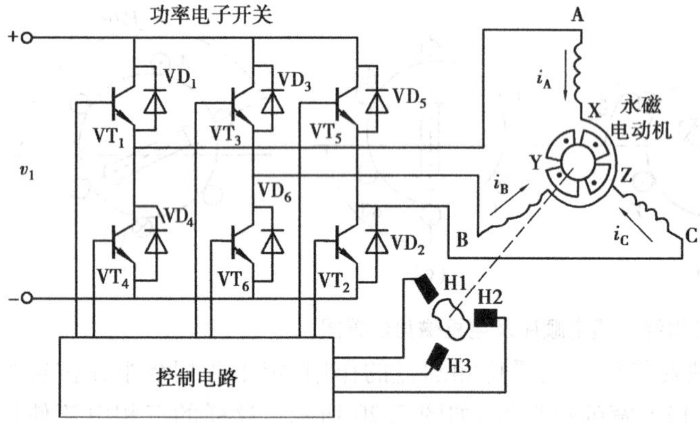

图 7.21　三相桥式主电路

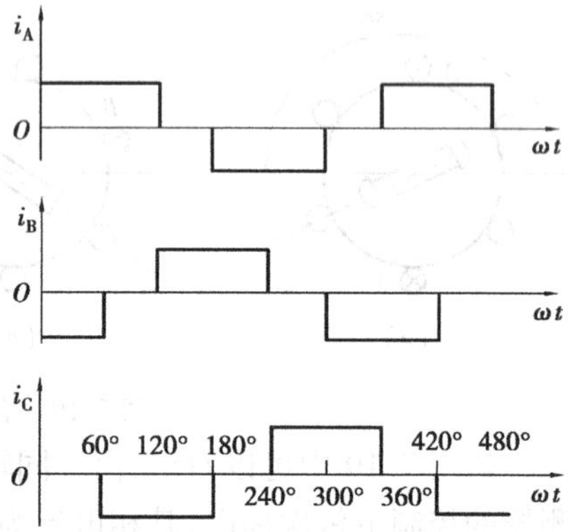

图 7.22　各相绕组电流波形

由于任一时刻均有一个上桥臂元件导通使某相绕组获得正向电流产生正转矩，又有一个下桥臂元件导通使另一相绕组获得反向电流产生负转矩，此时的合成转矩应是相关相绕组通电产生的正、负转矩的矢量和，如图 7.23 所示。可以看出，合成转矩是一相通电时所产生转矩的$\sqrt{3}$倍，每经过一次换相合成转矩方向转过 60°电角度。一个输出周期内转矩要经历方向变换 6 次，从而使转矩脉动比三相半桥主电路时要平缓得多。

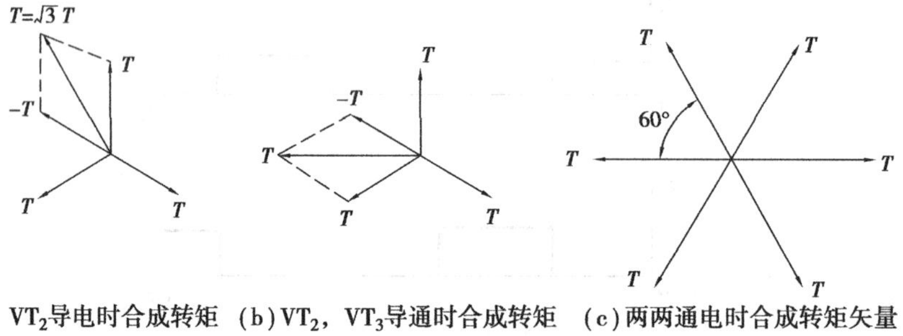

(a) VT_1，VT_2导电时合成转矩　(b) VT_2，VT_3导通时合成转矩　(c) 两两通电时合成转矩矢量

图 7.23　Y 接绕组两两通电时的合成转矩

②三三通电方式。所谓三三导通方式是指每一瞬间有 3 个功率管导通，每隔 1/6 周期（60°）电角度换相一次，每次换相是同一桥臂的上下管之间换相，每个功率管导通 180°电角度。功率管的导通顺序依次为：VT_1，VT_2，VT_3；VT_2，VT_3，VT_4；VT_3，VT_4，VT_5；VT_4，VT_5，VT_6；VT_5，VT_6，VT_1；VT_6，VT_1，VT_2，等等，可见这种方式运转一个周期，转子合成驱动转矩的图示与两两方式下是一致的，均为 6 种状态，不同的是此时的合成转矩的幅值是单相绕组转矩幅值的 1.5 倍，这是由于三相电流同时作用的结果，电动机在运行过程中的转矩矢量合成图如图 7.24 所示。

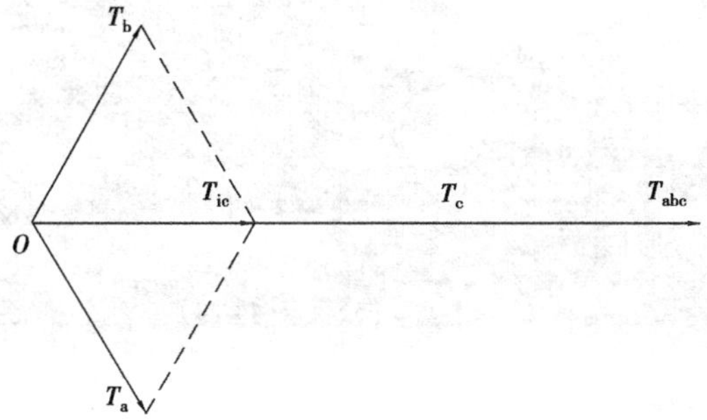

图7.24 三相转矩合成图

思考与练习

1. 简述直流无刷电机的系统组成及结构。
2. 直流无刷电机的工作原理是怎样的？试举例说明。

任务4 行程开关监控检测

任务目标

1. 掌握行程开关的作用。
2. 掌握紧急解锁行程开关、隔离锁行程开关的功能实现。
3. 掌握障碍物检测功能的工作机理。

任务重点

1. 行程开关的作用。
2. 障碍物检测功能的工作机理。

知识准备

客车电器、电工基础。

知识描述

门系统的行程开关主要作用是检测门扇的状态，通过行程开关触点的闭合或释放，控制相应电路的通断，从而发出相应的门控器和TMS，通过TMS监控显示器了解每个客室门的当前状态信息，如图7.25所示为门系统的行程开关位置照片。

TMS按照以下原则定义客室门位置：

1号、2号、3号车以1号车为基准；4号、5号、6号车以6号车为基准。在司机室TMS显示屏上定义门位置如图7.25所示，例如，TMS报3号车客室门EDCU6故障，则对应的门是以1号为基准，左侧第2个门。

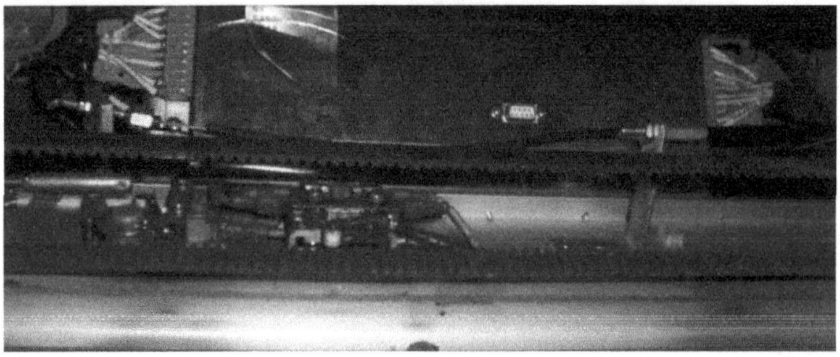

图 7.25　行程开关位置

(1)紧急解锁行程开关

当人为扳动紧急解锁位置时,通过钢丝绳上的铁块压动该行程开关触点,则信号传给门控器和司机室 TMS 显示器。

为了在紧急状态下手动开门,设有紧急解锁装置。操作紧急装置使锁闭装置解锁,并使锁闭装置处的限位开关动作。操作紧急解锁装置后,装置将被定位在操作状态。如果操作了紧急解锁装置,必须在列车重新启动之前将该装置复位激活门的操作。

当零速列车线有效时(速度 <1 km/h)操作紧急解锁装置将会引起:通过钢丝绳手动操作主轴制动装置对门进行解锁,门驱动单元上制动装置处的紧急解锁开关将发生动作并向电子门控器发出信号;门可通过手动在开门和关门方向上移动。

当零速列车线无效时(速度 >1 km/h)操作紧急解锁装置将会引起:通过钢丝绳手动操作锁闭装置对门进行解锁,门驱动单元上锁闭装置处的紧急解锁开关将发生动作,"互锁回路"将被断开,向电子门控器发出信号。乘客室车门保持关闭,开门需要至少 300 N 的操作力。

(2)隔离锁行程开关

隔离操作四方钥匙时,四方锁旋转压动该行程开关触点,隔离信号被传送至门控器和司机室 TMS 显示器。

(3)障碍检测

1)开门时

在开门过程中有障碍检测功能,障碍检测可被激活 3 次。开门时若有障碍会使开门循环停止 1 s,在 3 次开门动作之后门将会停在此位置并且电子门控器会认为此位置是最大可达开门位置,此时任何关门指令都可将门关闭。

2)关门时

关门过程中障碍由下列系统监测:

①电机电流监控:每次关门过程中电机正常关门电流曲线已被存储并自动调整;如果电机的实际电流超过额定值,障碍检测被激活。最大电流值并不恒定,由门的位置和前几次关门运动的电流决定(见图 7.26)。即

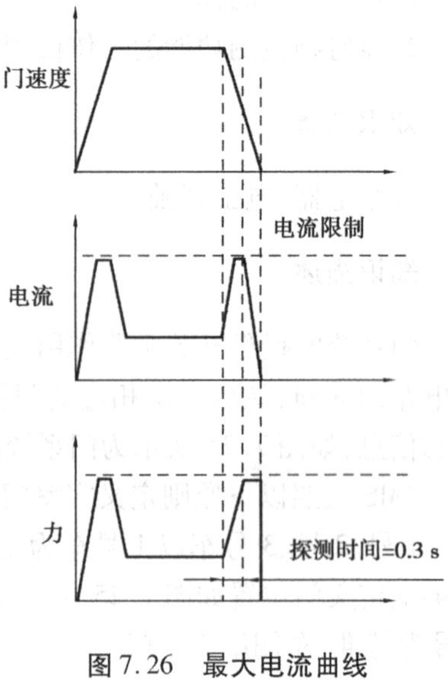

图 7.26　最大电流曲线

使当电子门控器的电源关闭时，最大电流值也将被存储。如果电子门控器换到其他任何门上，有必要通过揿下维护按钮的方式对其进行初始设置，揿下时间超过1.5 s(从接通电源开始计算)。

②路程/时间监测：通过门位置传感器的检测，将门的运动分成距离段，如果在给定的时间内门未通过这些距离段，障碍检测被激活。

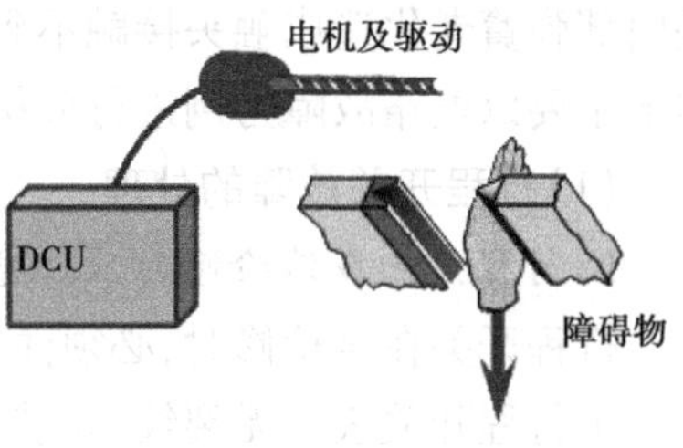

图7.27　障碍物检测

当车门受到障碍物的阻挡时，如图7.27所示，EDCU采用预先给EDCU设定的最大控制关门力关门(150～300 N可调)。当门自动打开200 mm(打开宽度可调)之前，该关门力持续时间为0.5 s，然后，经过1 s后，将重新启动关门动作。若连续关闭3次激活关门的障碍检测流程，那么，门会自动完全打开。之后，门将根据新的关门命令进入关门流程；障碍检测的次数(1～5次)以及门的开度，障碍检测期间的停顿时间可由用户自行调节。

任何关门、开门指令都可使门重新启动。

检测到关门方向上有障碍物后，门自动打开的功能，仅当满足下列条件时方可执行：没有操作紧急解锁装置，且“门释放列车线”有效。

思考与练习

1. 行程开关的作用是什么？
2. 开关门动作时，若门页间遇障碍物，门机系统该如何工作？

任务5　门机系统常见典型故障

任务目标

1. 掌握车门故障类别。
2. 掌握电路系统故障及处理方法。

任务重点

1. 车门故障类别。
2. 电路系统故障及处理方法。

知识准备

机械知识、客车电器、电工基础。

知识描述

车门的故障表现复杂繁多,既有车门机械传动方面的问题,又有车门电气控制及信息检测系统的故障。车门机械故障主要分为零部件损坏故障和调整不到位故障两类,通常可以通过更换新件或者重新调整失误的方法进行处理;车门电路故障主要有继电器卡滞、烧损,行程开关内部弹簧老化造成触头接触不到位等,这些故障均可以通过相关车门电路分析查出并处理。本节主要以电路故障为例进行分析。

(1)行程开关故障的处理

1)行程开关在维检修时应注意的问题

行程开关在维检修时,必须注意:

①行程开关表面无裂纹、安装紧固、位置正确。

②行程开关触点灵活,触点滚轮转动自如。

③行程开关接线无松动,内部无拉弧痕迹。

因此,行程开关故障主要出现于内部弹簧老化造成触头接触不到位,可通过相关车门电路分析查出并处理。

2)行程开关的主要故障

行程开关的主要故障:S1/S2 行程开关接触不到位,S1/S2 各有一对常开触点,并连在一起检测单个门的开闭和锁闭状态,一对常闭触点串联在一起用于整节车的车门状态检测。车门关闭并锁好后,如果单个门检测都正常,即 S1/S2 常开触点都已断开,但整节车侧厢黄色指示灯不灭,排除整节车厢继电器 H3/H2 的故障后,说明至少有一个门的 S1/S2 常闭触点没有闭合。在这种情况下,由于单个门指示灯都已熄灭,无法直接判断是哪个门的故障,可以通过逐个切除,即 S3 旁路 S1 和 S2 的串联电路,找到出故障的车门。

(2)直流电机不运行的故障判别与处理

1)门控器 EDCU 故障

门控器维检修必须注意:某些门区有轮椅渡板控制功能,须注意其不同型号;门控器的插头容易松动,检查时需要特别注意。

故障案例:门控器零电位悬浮案例。列车停稳后,司机按正规程序进行开门作业,每节车均有未开门的情况发生。执行关门操作后,每节车均有未关门情况发生。

原因分析:门控器接收开关门指令为脉冲信号,零电位起到了非常重要的作用。如果端子排接线松动、搭接等现象存在,致使零电位漂移。会造成开关门指令的误触发,导致有的门控器执行开门指令、有的门控器执行关门指令。

解决方案:升级门控器版本,同时在门接线排 11(列车静止信号-306d\307d)、12(集控开门信号-301d\302d)、13(集控关门信号-303d\304d)、14(再开闭信号-305d)中加二极管,防止因零电位悬浮造成的指令误触发。

2)继电器故障

中央锁机构维检修时特别注意:电磁铁是否正常工作,铁芯移动有无卡滞现象。

故障案例:门机构电磁铁的铁芯故障。列车关门准备出站时,司机发现客室门单个门未关闭并到现场进行确认,发现电磁铁的铁芯金属套脱落,卡滞门运动机构造成门扇无法关闭。

原因分析:电磁铁的铁芯金属套脱出,卡滞铁芯正常运动,阻碍中央锁锁钩旋转,使得门扇装栓不能进入锁钩进行锁闭,从而导致门无法关闭。电磁铁的铁芯金属套采用的是压装工艺,此故障是由于产品制造工艺欠缺所致。

解决方案:该情况属于个别产品工艺问题,不是普遍现象,更换电磁铁部件即可。

思考与练习

1. 车门机械系统故障有哪些,应如何处理?
2. 车门电路系统故障有哪些,应如何处理?

项目 8　车辆广播电视信息系统

任务 1　城市轨道交通乘客信息系统

任务目标

1. 了解城市轨道交通信息系统的组成。
2. 认识城市轨道交通信息系统的主要设备。
3. 掌握城市轨道交通乘客信息系统的常见故障处理方法。

任务重点

轨道交通线路必须建设完善的闭路电视监控系统(Close Circuit Television System,CCTS),以保证地铁行车组织和安全。调度员和车站值班员通过它监视列车的运行、客流、变电所设备运行等情况。当车站发生灾情时,闭路电视监控系统可作为防灾调度员指挥抢险的指挥工具。

知识准备

以太网、RS232、RS485。

知识描述

(1)城市轨道交通乘客信息系统概述

乘客信息显示系统是依托多媒体网络技术,以计算机系统为核心,以车载显示终端为媒介向乘客提供信息服务的系统,由车载视频监控系统和 LCD 媒体播放系统两个子系统组成。

1)车载视频监控系统

车载视频监控系统主要由视频监控主机、LCD 触摸屏、媒体网关、摄像机等硬件设备组成。系统的功能模块包括:

①网络支撑、系统配置组件:为列车视频监控图像的传输控制提供网络承载通道,进行系统技术参数等的整体配置;同时为 TMS 上传工作状态和故障信息,为控制中心和车辆段提供网络接口。

②实时显示、人工操作控制组件:为列车视频监控提供实时显示功能,视频监控图像通过网络支撑模块传输至司机室视频监控主机后通过触摸屏显示器进行实时显示。

③数字录像、查询控制组件:为视频监控提供数字录像,通过该组件,可根据需要选择不同的录像方式,还可以实现对数字录像进行快速查询、回放等功能。

④设备运行状态监测、管理组件:系统视频监控主机定时收集网络中各个设备的运行状态

和实时统计信息,用户可直接通过系统提供的人机界面查询系统设备的运行状态,对网络中各个设备进行管理。系统采用全数字 IP 网络化监控方案,驾驶室及客室内的模拟摄像机进行图像采集(当有紧急对讲时,也对紧急对讲通话音频进行采集),并通过视音频电缆将模拟信号传输至车厢的媒体网关进行数字编码处理。处理后的视音频数据再通过列车环形冗余工业以太网络,在车载视频监控主机进行存储,并输出视频图像在 LCD 触摸屏显示器上实时显示。OCC 管理人员可以通过无线/有线数据传输网络,对任一列车的任一摄像机图像的视频进行实时监控,并对紧急对讲通话进行监听,也可以查看视频历史记录。

2)媒体播放系统

LCD 媒体播放系统主要由媒体播放主机、媒体播放解码分配器、17″LCD 屏、交换机等硬件设备组成。媒体播放主机可接收来自无线局域网发送过来的多媒体信息(包括视频、文字、图形)并进行相应的解码合成处理后,输出 VGA 和音频信号给视频交换机。视频交换机再将接收到的 VGA 和音频信号进行编码合成 TS 流上传到车载以太网络。每辆车的媒体播放解码分配器从车载以太网络上接收 TS 流,解码分配输出 8 路视音频信号至 8 块 17″LCD 屏。客室的媒体播放解码分配器输出的信号是将 VGA 信号中 H 和 V 信号编码至 RGB 信号上加重处理后的视频信号,以及相应的音频信号。媒体播放解码分配器与 LCD 屏之间采用一根超 5 类网线连接,用于完成视音频信号的传输。同时,媒体播放主机通过与列车广播主机的接口,控制广播系统播放 LCD 媒体播放系统的伴音信号。

(2)城市轨道交通乘客信息系统拓扑结构

车载 CCTS 系统由 CCTS 主机、客室监视器(触摸屏)、媒体网关、摄像机组成。系统采用屏蔽双绞线和工业交换机建立冗余以太网串联,组成类总线型的局域网络,使车厢之间的布线最少,大大精简了系统的结构。媒体播放系统由媒体播放主机、司机室交换机、解码分屏器和 LCD 显示屏组成。系统采用屏蔽双绞线和工业交换机建立以太网串联,组成类总线型的局域网络,其拓扑结构如图 8.1 所示。

(3)乘客信息系统主要设备

1)CCTS 主机

①设备简介及选型。CCTS 主机是车载视频监控系统的核心控制设备,它可完成系统所需的实时视频显示、音视频录像存储以及设备管理、外部连接、与地面进行无线对接等主要功能。从可靠性、可维护性出发,CCTS 主机采用工业级底板的车载抗振抗冲计算机硬件设备。CCTS 主机包含一个抗振抗冲 IDE 硬盘用于记录视频数据,一个 CF 卡用于安装操作系统和配置数据。CCTS 主机外部接口主要有视频输出,工业以太网连接器、USB、RS232、RS485 接口、PS2 鼠标/键盘接口等。

为了保证系统数据的安全性以及改变列车行驶方向时的方便,头尾车司机室的 CCTS 主机使用相同的设备,可互为热备份。两个 CCTS 主机器同时工作,媒体网关将视频数据送上网络,头尾车 CCTS 主机同时接收记录数据,并在触摸屏显示器上显示图像,备用 CCTS 主机功能与主用 CCTS 主机功能基本相同,因此,系统将主司机室改变产生的影响降低到最小。

②设备外观及设备接口。CCTS 主机设备外观及接口如图 8.2 与表 8.1 所示。

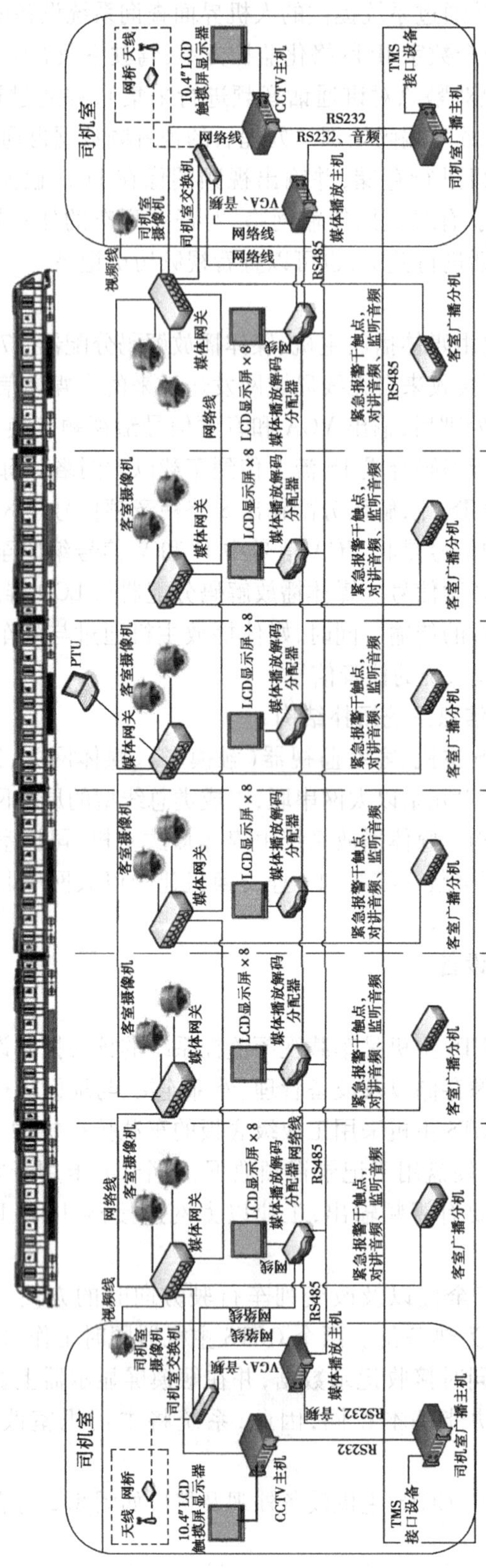

8.1 车载视频监控系统和LCD媒体播放系统拓扑结构

图 8.2 CCTS 主机外观

表 8.1 CCTS 主机接口

接口	描 述
USB 接口	4 路 USB 通信接口
RS232 接口	串行接口,用于连接显示器
RS485 接口	数字输入/输出接口
视频接口	视频显示器输出接口
鼠标键盘接口	鼠标和键盘接口,通过一分为二的转接头,连接鼠标和键盘,用以系统调试
电源输入接口	DC110 V 直流电源输入接口,用以连接车辆提供的电源
电源输出接口	DC12 V 直流电源输出接口,给触摸屏显示器供电

2)媒体网关

①设备简介及选型。媒体网关是车载视频监控系统中完成视频(音频)数据采集、紧急图像记录和网络传输的设备,该设备基于嵌入式系统设计,由视频压缩模块、视音频解码分配模块、DC110 V 电源变换和工业交换机组成,具有很强的处理能力和较好的可扩展性。媒体网关最多提供三路基带视频输入,并提供 1 路音视频数据流输入。为提高设备集成度,减少车内设备数量,媒体网关同时提供 DC12 V、2 A 的直流电源输出,可直接向彩色半球摄像机供电。媒体网关内部集成一个 8 口工业交换机模块,对外提供 4 个网络接口,4 个防振动工业以太网连接器作为媒体网关和车载视频服务器、客室间媒体网关、PTU 连接使用。媒体网关可支持标准 MPEG-4 编解码算法,可支持最多 3 路 D1(720 × 576)图像分辨率 25 帧/s 的实时速度处理视频数据,帧率 1 ~ 25 帧可调。

②设备外观及设备接口。型号为 MGW500E 的媒体网关外观示意图及网关接口如图 8.3 及表 8.2 所示。

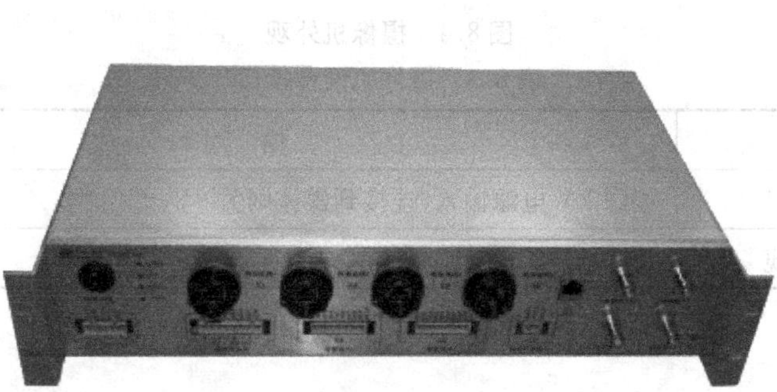

图 8.3 媒体网关外观

表 8.2　媒体网关接口

接　口	描　述
视频输入接口	视频信号,头尾车媒体网关使用 3 路视频输入,其余客室媒体网关使用其中 2 路视频输入,采用 TNC 连接器连接
电源输入接口	DCIN DC110 V 电源输入端口
电源输出接口	DCOUT DC12 V 电源输出端口
报警输入接口	报警开关量输入
网络连接端口	网络连接端口 1/2/3/4,用以网络交换机、分屏器、PTU 设备和媒体网关之间互联

3)摄像机

①设备简介及选型。摄像机在系统中作为监控图像转为视频数据前端设备,摄像机的选择对系统性能影响非常大。摄像机主要参数为 CCD 点阵参数和镜头焦距选择。摄像机的 CCD 为摄像机感光器件,现在 CCD 感光元件面积尺寸一般为 1/3 in(1 in = 2.54 cm)或 1/4 in。理论上面积越大,在相同像素状态下,信噪比越高。CCD 点阵数量越多,图像分辨率越高。本系统采用的是防曝半球彩色摄像机,外形小巧、美观,外壳为铝合金,表面喷涂按车厢内饰相匹配要求定制,外罩为 PC。针对实际情况和需求,本项目采用的摄像机 CCD 水平分辨率应大于 480 线,同时地铁运营环境为地下隧道,应选择超低照度摄像机。

②设备外观及设备接口。摄像机外观示意图及设备接口如图 8.4 及表 8.3 所示。

(a)客室摄像机外观

(b)司机室摄像机外观

图 8.4　摄像机外观

表 8.3　摄像机设备接口

接　口	描　述
电源接口	DC12 V 电源输入,连接到媒体网关
视频电缆	视频信号,连接到媒体网关

4)触摸显示屏

①设备简介及选型。触摸屏是系统的核心显示/控制设备,它可完成系统所需的实时视频

显示、控制操作及设备管理等功能。

②设备外观及设备接口。显示屏设备外观及设备接口如图8.5所示。

图8.5　触摸显示器外观

5)司机室交换机

A.设备简介及选型。在列车两端司机室,设置两台工业以太网视频交换机,用于将车载CCTS系统网络、无线AP、TMS等设备和地面控制中心系统连接,以及编码压缩输出数字视频和数字音频码流,实现LCD媒体播放系统音视频数据的高质量远程视频传输。

B.设备外观。司机室交换机设备外观如图8.6所示。

图8.6　司机室交换机设备外观

6)媒体播放主机

设备简介及选型媒体播放主机采用工业级计算机,是无风扇车载抗振抗冲工业计算机硬件设备,可从无线网络接收运营中心下载的播放内容,以及对LCD媒体播放信息的控制、管理等功能。整机采用低功耗CPU、整板设计,不使用插卡方式,把CPU、内存等元器件全部焊接在一块线路板上,避免由于连接器的影响,加强设备抗震动能力,提高主机可靠性。

7)视频交换机

与车载视频监控系统共用,主要是实现VGA+音频信号的编码处理。交换机内部的编码模块采用嵌入式系统开发的网络音视频编码器,采用了功能超强的视音频编码芯片,可采集电脑屏幕画面,或者采集来自摄像机、麦克风等设备的模拟视频、音频信号,压缩输出数字视频和数字音频码流,通过网络组播技术,实现广播级高质量的远程视频传输。

8)LCD显示屏

A.设备简介。在每节车厢中装有8个17″LCD显示器,用于播放显示多媒体信息。显示器外壳采用防破坏设计。显示器表面安装有AR减反射钢化玻璃,既可以保护液晶屏,还可以防止外界光线反射,使乘客能看到更清楚地显示效果。

液晶显示屏在正常的情况下播放节目，一旦长达 10 min 的时间不能接收到信息，超时保护将起作用，LCD 显示器将关闭，当接收到有效信号时，显示器将重新正常工作。

液晶显示屏的表面有防护外力破坏的保护层—减反射玻璃（AR），一旦发生保护层被破坏的情况，也不会对乘客产生伤害。由于车厢内媒体播放解码器与本节车厢 LCD 屏之间采用双绞线连接，则 LCD 屏内部需要增加 VGA 信号接收板对编码后的 VGA 信号进行解码。

B. 设备外观。该型号为 PDS-1701A 的 LCD 屏外观示意图，如图 8.7 所示。

图 8.7　LCD 屏外观

9）解码分配器

A. 设备简介。MGW304E LCD 视频解码分配器，是 2U 标准机架设备，用于客室 LCD 播放信号的 TS 流信号解码处理后连接 LCD 显示屏的设备。设备内包含有 TS 流信号解码器、VGA 信号平衡转换、VGA 平衡信号分配传输、DC110 V 电源变换、8 个 100 M 电端口的工业以太网交换机以模块方式组合在一起，此设计使得设备高度集成化、安装布线最简化。由于采用数字 TS 流信号传输，该信号可以保证每个车厢保持一致。分频器到 LCD 显示屏采用平衡信号传输，音/视频信号采用 1 根网络电缆（4 对线）即可连接。

B. 设备外观及设备接口。显示屏设备外观及设备接口如图 8.8 及表 8.4 所示。

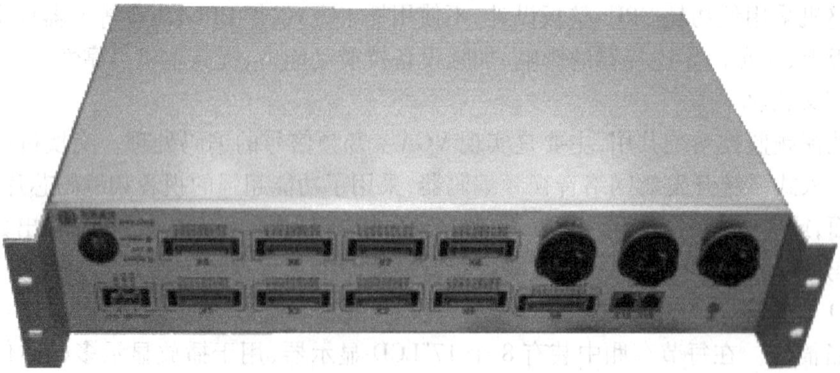

图 8.8　LCD 视频解码分配器外观

表8.4 LCD视频解码分配器接口

接 口	描 述
电源开关	控制解码分屏器电源开/关
视频输出接口	2组4路音/视频信号输出,采用WAGO连接器连接
电源输入接口	DCIN DC110 V电源输入端口
网络接口	系统提供3路网络连接输出

(4)车载视频监控系统故障及处理方法

1)CCTS主机故障及处理方法(见表8.5)

表8.5 CCTS主机故障及处理方法

项 目	故障现象	处理方法
机械电子硬盘	不能读写数据(PTU报告错误)	更换CCTS主机
	不能读写数据(PTU报告错误)	
电子盘(CF卡)	系统不能启动	更换CCTS主机
	系统启动时报告硬盘错误	
	系统不启动	
DC110 V电源	按主机启动键开机后电源指示灯不亮	1.检查110 V电源输入 2.更换CCTS主机

2)带触摸屏LCD显示器故障及处理方法(见表8.6)

表8.6 接触屏LCD显示器故障及处理方法

项 目	故障现象	处理方法
触摸屏	点击触摸屏没反应	1.检查触摸屏连接 2.更换触摸屏连接口(COM1～COM2) 3.更换显示器
显示器	不亮	1.检查触摸屏12 V电源 2.检查VGA连接 3.调节控制面板 4.更换显示器
	显示画面或色彩不良	1.调节控制面板 2.检查VGA连接 3.更换显示器

3)媒体网关故障及处理方法(见表8.7)

表8.7　媒体网关故障及处理方法

项　目	故障现象	处理方法
网络接口	系统连接无法建立,主机报警	1. 检查媒体网关电源是否打开 2. 检查网络连接是否完好 3. 更换媒体网关
视频信号压缩	主机视频丢失报警	1. 检查摄像机供电电源 2. 检查摄像机连接是否完好 3. 检查摄像机是否损坏 4. 更换媒体网关
音/视频分配	音/视频无信号输出异常	1. 检查媒体网关电源 2. 检查音/视频输入是否正常(看信号指示灯是否正常) 3. 检查平衡传输接口是否完好 4. 更换媒体网关
DC110 V 电源	PTU 报告,系统报警	1. 检查供电电源 2. 检查媒体网关电源开关是否打开 3. 检查媒体网关电源指示灯是否亮

4)摄像机故障及处理方法(见表8.8)

表8.8　摄像机故障及处理方法

项　目	故障现象	处理方法
摄像机	显示器图像报警,PTU 报告	1. 检查摄像机电源,显示器摄像机图标红色报警 2. 检查摄像机视频电缆连接,显示器图像栏红色报警 3. 更换摄像机

思考与练习

1. 城市轨道交通列车乘客信息系统由哪些设备组成？每部分的功能是什么？
2. CCTS 主机故障应如何处理？
3. 媒体网关故障应如何处理？
4. 摄像机故障应如何处理？

任务2　城市轨道交通列车广播系统

任务目标

1. 了解城市轨道交通列车广播系统的功能。
2. 掌握城市轨道交通列车广播系统的组成。
3. 掌握城市轨道交通列车广播系统常见故障的判断及处理方法。

任务重点

在该任务中，主要掌握城市轨道交通列车广播系统的组成及其各个部分的功能，并学会城市轨道交通列车广播系统常见故障的判断及处理方法。

知识链接

列车网络控制结构、CAN 总线通信原理。

知识描述

(1)列车广播系统概述

列车广播系统包含列车广播和乘客信息显示系统。采用数字音频技术，具有扩声广播、客室紧急报警/对讲、客室 LED 显示、车体外侧 LED 显示、终点站 LED 显示、客室动态地图显示及司机之间的呼叫/对讲等功能。

(2)列车广播系统功能

1)数字式语音广播

①全自动广播。在列车运行过程中，根据 ATP 系统提供的列车当前的速度，实现列车自动预报前方到站和列车到站的广播。预报信息结束后，可自动停止广播。

②半自动广播。根据列车运行需要，司机可操作面板上的广播系统控制键盘实现预报前方到站和报到站的广播。

③存储容量。广播信息内容以数字音频方式存储在 SD 卡存储器内，可提供中文(普通话)和英文报站内容。广播信息存储容量 2 G。

④广播内容修改。利用本系统的音频编辑软件和通用闪存卡读写器，客户可以方便地将修改的广播内容下载到语音存储卡上。

2)人工广播

在主机司机室的司机通过广播模式转换可对客室中的乘客进行广播。在人工广播时，自动广播中断。

3)内部通信系统

同一列车的两个司机室通过手柄听筒可进行双向通话。通话内容不转播给任何乘客。双方可通过语音进行呼叫。

4)紧急广播

运营控制中心(OCC)可通过车载无线设备进入列车有线广播系统,作为行车调度向列车乘客进行广播。当紧急广播出现时,列车广播系统的广播主机会自动撤销当时正在进行的人工和自动广播,而将紧急广播信息送至客室。

5)乘客紧急报警

在每个客室中设有两个紧急报警器,该报警器具有双向通话功能,用于乘客向司机报告紧急事件。乘客报警后,在司机室内,可听到蜂鸣器的声响报警。报警通话结束后,由司机室的司机取消报警状态。在某一乘客报警通话期间,若有其他乘客报警时,系统会储存其呼叫信息,在当前乘客报警结束后,已被储存等待的乘客报警将会继续自动进行音响告警。司机室的司机可以在乘客报警、紧急广播、列车广播、内部通信之间进行选择和切换。

6)监听

①可监听客室的广播信息,并能调整音量大小。

②可监听客室紧急报警呼叫。

③可监听司机对讲呼叫。

7)显示

①配置在操作面板上的液晶屏可同步地显示广播报站的中文站名,站名代码及列车运行状态(上行/下行)。

②显示电源工作状态。

③显示广播状态。

④显示系统控制状态。

⑤显示司机对讲呼叫。

8)起点站/终点站设置

为适应列车运行区间变更的需要,可重新设置起点站和终点站,自动实现列车在变更区间运行过程中的全自动广播报站。

9)越站设置

越站按键是用于列车在运行区间内对不停靠的车站的设置。越站后,列车广播系统将继续播报将要到达的下一站广播内容。

10)自动音量调整

根据车辆中的背景噪声大小,列车广播系统应具有自动连续的可变音量控制功能。

11)其他功能

根据列车运行的需要,还具有“开始”“停止”“自控项信息”广播等功能。

12)运行区间信息显示

按列车运行要求可预置终点站,并实时显示当前的终点站。

13)主机选择

首尾车司机室的广播系统分别使用相同的设备,可互为热备份。当一方为主机时,另一方则为子机。主机负责信息的播出。在正常情况下,由司机操作列车方向开关设置主机。如果“主机”发生故障,则由广播系统控制器上的“主机”键进行转换。

(3) 列车广播系统设备简介

1) 司机控制单元

组成:DCC 司机操作面板主要用来提供司机进行常规操作,面板由键盘、LCD 显示器、发光二极管指示灯、报警蜂鸣器、话筒、广播监听音量电位器等组成。

功能:司机通过键盘可进行线路设置、站名设置、终点站设置,还能进行半自动广播报站,特殊广播,还可设置终点站 LED 显示器显示“调试”“试验”等,能完成首尾司机室对讲呼叫、接听和对讲通话,当 DCC 为主机时还可显示客室报警器呼叫位置信息,并可进行通话、挂断等操作。LCD 显示器能显示线路编号、终点站信息、当前站信息、门开关信息、DCC 主子状态。功能键上自带的发光二极管指明功能键的状态信息。司机也可通过键盘上的“主机”键设置本端或对端 DCC 为主机或子机主、子机状态在 DCC 键盘上的指示灯或 LCD 显示器上均有显示。司机也可通过键盘上的“主控”键设置本端或对端司机室主机为主控或副控,并能完成相应的切换,主副控状态在 DCC 键盘上“主控”键的指示灯有设置的状态显示,列车的自动广播报站和主要其他功能都是在主控上完成的。DCC 操作面板实物图如图 8.9 所示。

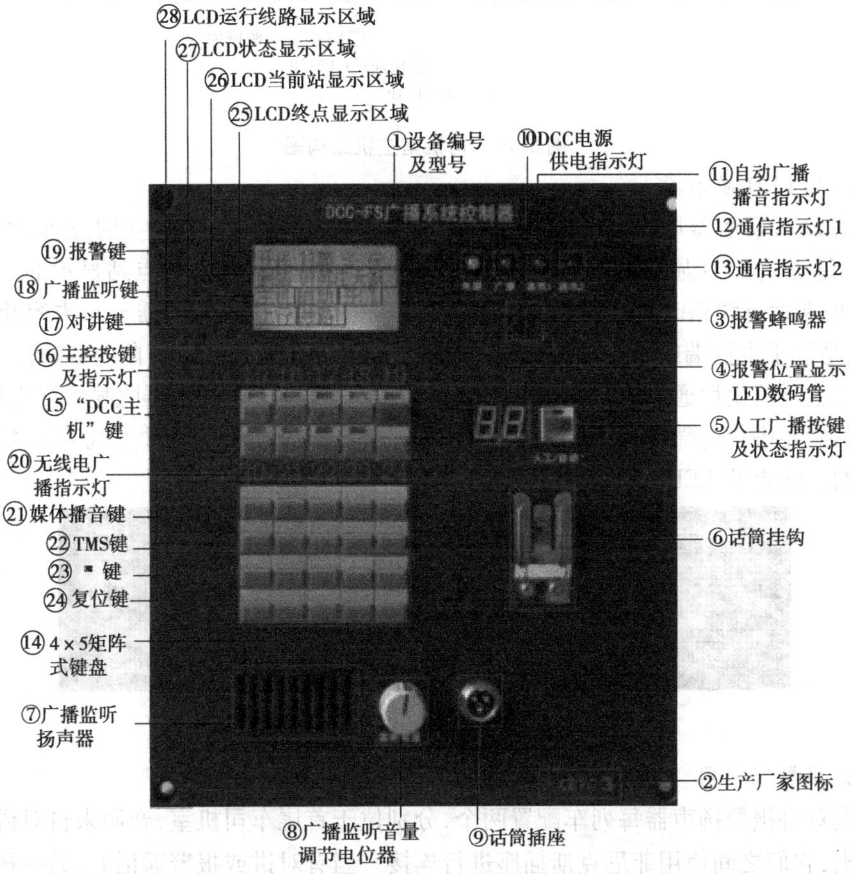

图 8.9 DCC 操作面板

2) 司机室广播主机

组成:本系统共有两台司机室主机,分别位于首尾车两个司机室内,两台主机互为热备份,在工作时只有一台主机为主控,而另一台为副控,广播功能主要由主机完成。司机室主机采用模块化结构,每个模块独立完成不同的功能。司机室音频主机由以下功能模块构成:通信主模块、通信辅助模块、电源接口模块、对讲报警音频模块、音频功放模块、MP3 播放模块、通信记录模块、X2 转接板、X3 转接板、X4 转接板、母板和机箱等单元组成。每个功能模块都可以带电拔插。司机室主机结构如图 8.10 所示。

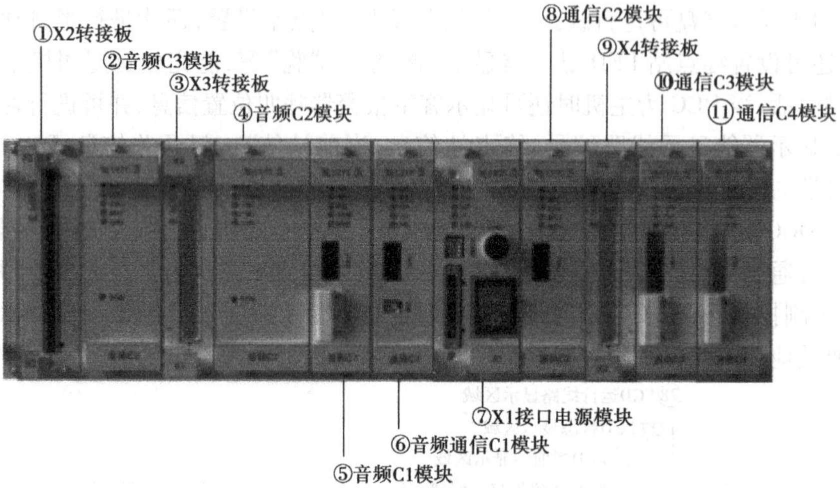

图 8.10　司机室主机结构图

3)终点站 LED 显示器

终点站 LED 显示器每列车配置两个,位于司机室前端,是一个独立的设备,供电电源为 DC110 V。终点站 LED 显示器主要功能是显示列车开往的目的地,终点站显示的内容是由主机的 DCC 更新运行线路时自动设置的,司机室两端的终点 LED 显示器显示内容相同且同步更新,无论是位于主控端或副控端。终点站 LED 显示器的显示命令来自内部通信网络,是由音频主机的主通信模块通过内部通信网络发出的。终点站 LED 显示器除显示终点内容外,还可根据运营需要进行特殊显示,如"调试""试验";这种特殊显示是通过主机 DCC 的特殊编号进行设置的。终点站 LED 显示器外形如图 8.11 所示。

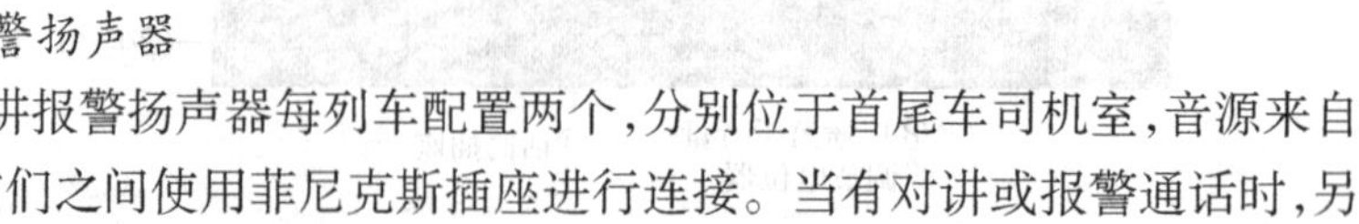

图 8.11　终点站 LED 显示器外形图

4)对讲报警扬声器

司机室对讲报警扬声器每列车配置两个,分别位于首尾车司机室,音源来自对讲报警模块的功放输出,它们之间使用菲尼克斯插座进行连接。当有对讲或报警通话时,另一司机室或客室的声音是通过该扬声器发出的。因此,在对讲报警通话时如果对讲报警扬声器没有声音输出,应该先检查对讲报警模块工作是否正常。

5)客室广播分机

本系统共 6 台客室分机,每个客室各 1 台,2 个司机室主机和 6 个客室分机通过贯穿于全车的CAN总线相连接,用于传递司机室之间,司机室与客室之间,客室与司机室之间的命令和信息,这些命令包括主子机切换、运行线路信息、站名信息、终点站信息、门信息、广播报站信息、对讲呼叫与接通、报警呼叫与接通、报警挂机、客室分机在接收到这些命令和信息后通过每个客室的内部通信网络分别发送到客室的各个分设备,例如,电子地图,车外LED显示器,车内端墙LED显示器,报警器等设备。客室分机与客室相关设备通信连接拓扑结构如图8.12所示。

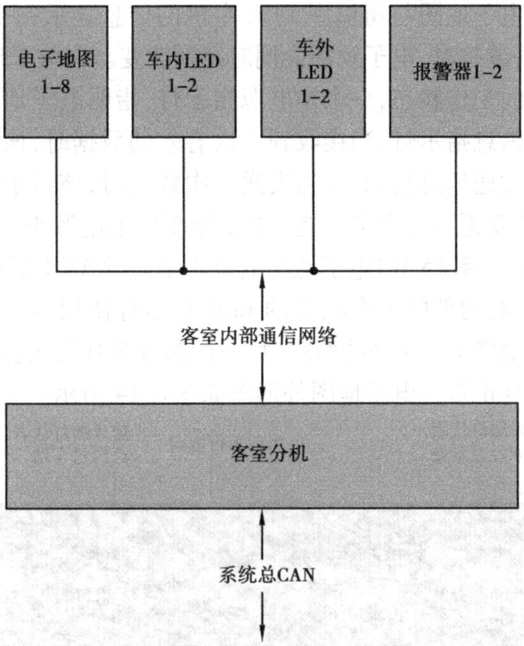

图8.12 客室各通信设备内部通信拓扑图

客室分机采用模块化结构,每个模块独立完成不同的功能。客室分机由以下功能模块构成:客室通信模块、噪声处理模块、电源模块1、电源模块2、功放模块、X3转接板、X4转接板、母板和一个备份单元,每个功能模块都可以带电拔插。客室分机结构图如图8.13所示。

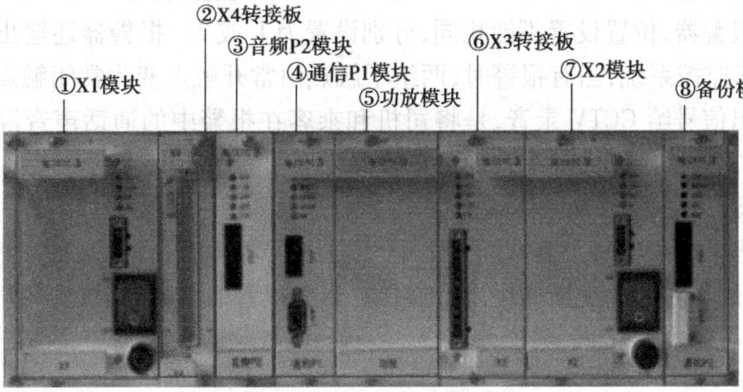

图8.13 客室分机结构图

6)电子地图

电子地图显示方案:圆灯代表车站,在每两个车站中间有两个箭头分别指明列车运行方向;列车已经经过的车站指示灯熄灭,已经经过的区间方向指示灯也将熄灭;未经过的车站和区间指示灯常绿显示;当列车停靠某站时(开门状态),该站指示灯常绿,指向该站运行方向的箭头熄灭;当列车朝某站行驶时,该站指示灯绿色闪烁,指向该站的方向箭头常绿。电子地图显示的信息来自客室内部的通信网络总线,是由客室通信模块发出的,电子地图接收的信息有:运行路线、当前站信息、起点站信息、终点站信息、门信息等。在电子地图左上方有两个开侧门指示灯指明下一到站开侧门指示,一个灯指明开本侧门,另一个灯指明开对侧门,方便用户及早作好下车准备。电子地图与司机室 DCC 主机的信息显示完全同步,当通过 DCC 设置站名或者改变运行路线,越站时,电子地图会同时跟随改变。在电子地图侧面有 4 个指示灯分别指明电子地图控制器的工作状态,一个是电源指示灯,指明电子地图供电情况;一个是电子地图内部通信网络接收信息指示灯,当接收到一次有效的数据时,该指示灯闪烁 1 次;一个是电子地图内部通信网络发送信息指示灯,当发送一次数据时,该指示灯闪烁 1 次;另一个是备份指示灯,将根据实际需要再另行定义功能。电子地图供电电源来自客室分机电源模块 1,供电电压是 + DC24 V,最大功率 15 W;电子地图的核心是通过 AVR 系列的 MCU 进行控制的,对外通信扩展了通信接口,对内部的各个状态的 LED 指示灯使用 SPI 方式进行控制,同时为了防止干扰对 LED 发光管的影响,在停站期间,每一秒都对所有发光管进行一次刷新,在受干扰的情况下,1 s 内也能恢复正常。电子地图外形图如图 8.14 所示。

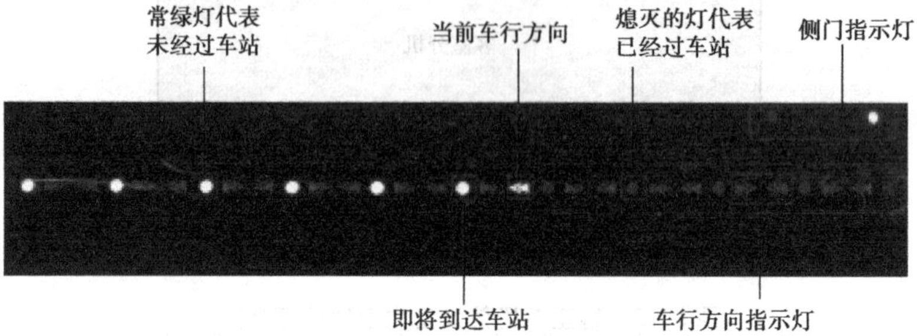

图 8.14　电子地图外形图

7)乘客紧急报警器

报警器的设置,在报警器背面有一个两位拨码开关,可设置报警器在该车厢的位置号码,在客室共有两个报警器,位置设置不能相同,分别设置为 1 或 2。报警器还输出两组干触点分别给 CCTV 和列车监控系统,当有报警时,两组干触点由常开触点变为常闭触点。报警器还有一对语音线路输出信号给 CCTV 录音,是将司机和乘客在报警中的通话声音混合后的标准音频输出信号,给 CCTV 记录以供备案查询。报警器外形图如图 8.15 所示。

8)报警扬声器

司机室对讲报警扬声器每个客室配置 2 个,位于报警器上方,音源来自客室报警器的功放输出,它们之间使用 3 芯菲尼克斯插座进行连接。当在报警通话时,司机室的声音是通过该扬声器发出的。

9)客室扬声器

客室扬声器全列车共配置 44 个,位于各个客室内,音源来自客室功放板的功放输出,它们之间使用 7 芯菲尼克斯插座进行连接。司机室无论进行自动广播,无线电广播,人工广播,或者是媒体播音,在客室都是通过客室广播扬声器发出的。由于客室功放输出的是定压 100 V

的音频输出。因此，在客室扬声器内有一个降压变压器，将100 V音频还原成适合扬声器发生的音频，客室扬声器的型号是"3 W　8 Ω"。

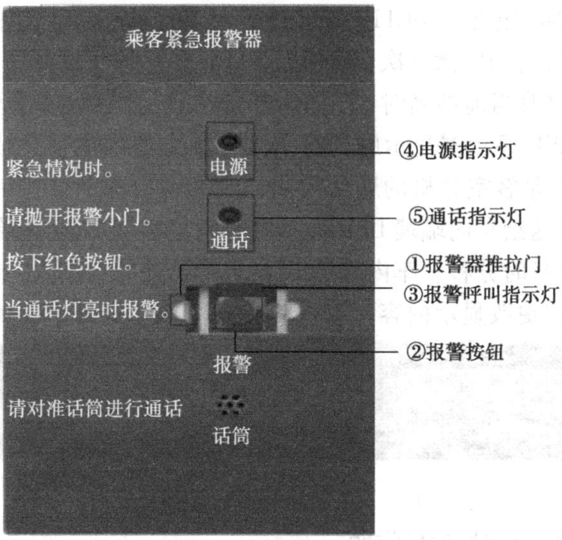

图8.15　报警器外形图

10）拾音器

客室拾音器每个客室各有2个，它是由驻极体话筒，音频放大电路构成，供电电源来自客室分机电源模块1，为+DC24 V；最大消耗功率1 W。客室拾音器是为进行客室噪声采集而独立设置的，是客室噪声处理模块的前级。由于驻极体话筒的音频电信号约20 mV，不适宜远距离传输，同时考虑到20 mV的电信号在传输过程中受到外部火花，电磁干扰的程度很大，严重影响信号的真实性，因此，这里的传输方案是在拾音器音频传输前先将驻极体微弱的电信号放大到峰值6 V左右再进行传输，而且使用变压器隔离，双绞线的方式，大大减小了外界电磁火花的干扰。

11）车外LED显示器

客室车外LED显示器每个客室各有2个，位于车体外侧两边，为车外乘客提供到站显示。车外LED显示器供电电源为DC110 V；最大消耗功率30 W。车外LED显示器显示的内容为开往某站或到达某站。车外LED显示器显示内容是客室分机的通信模块通过客室内部网络控制的。通信模块根据司机室主机提供的信息将当前站站名和门状态传送给车外LED显示器，车外LED显示器根据门状态进行显示。当列车到达某一站时，车外LED显示器将显示：下一站：×××；车外LED显示器外形图如图8.16所示。

图8.16　车外LED显示器外形图

12)车内端墙 LED 显示器

车内端墙 LED 显示器每个客室各有 2 个,位于车内两端,为车内乘客提供运行信息显示。车内端墙 LED 显示器供电电源为 DC110 V;最大消耗功率 40 W。车内端墙 LED 显示器显示内容与自动广播同步,每自动广播一次,车内端墙 LED 显示器将刷新一次显示内容;当主机司机室 DCC 设置线路或更改当前站名时,车内端墙 LED 显示器将不刷新显示内容,仍然进行主循环显示。车内端墙 LED 显示器显示的内容是列车前方将到达某一站或某站到了。车内端墙 LED 显示器显示内容是客室分机的通信模块通过客室内部网络控制的。通信模块根据司机室主机提供的信息传送给车内端墙 LED 显示器车内端墙 LED 显示器内置时钟,在主循环中可以实时准确显示年月日时分秒。车内端墙 LED 显示器外露的 JTAG 接口可以更新升级控制程序,也可以通过该接口更改显示内容。车内端墙 LED 显示器外形图如图 8.17 所示。

图 8.17　车内端墙 LED 显示器外形图

(4)列车广播系统司机常用操作说明

广播系统的操作主要是在司机控制面板 DCC 上完成的。

司机对广播系统的功能操作和运行设置只能在为主机的 DCC 上进行,而为子机的 DCC 上只能进行对讲,DCC 主子切换操作。可供人工操作的主要功能介绍如下。

1)人工切换 DCC 主机

按 DCC 上的"DCC 主机"键,DCC 主机便在主机和子机键来回切换,另一司机室的 DCC 主子状态按照相反的操作进行,任何时候两个司机室 DCC 只有一个主机。当 DCC 主机按键上的指示灯亮,表示该 DCC 工作在主机状态,DCC 主机按键上指示灯灭,表示工作在子机状态,在 LCD 上显示主子状态也是指明 DCC 主子状态。

2)人工切换主控

主控是指司机室广播主机,作为广播系统统一指挥者,系统的自动广播报站和主要功能是由主控进行集中统一管理和完成的,客室所有信息都是由主控的主司机通信模块发出的。客室扬声器的广播播音也是由主控端音频功放输出。首尾车司机室音频主机互为热备份,它们之间可通过 DCC 的操作进行切换。主控设备可与 DCC 主机工作在同一司机室,也可以在不同的司机室。也就是说,当二者主子状态不在同一司机室时,另一司机室的 DCC 可以对本司机室的主机进行所有操作,包括线路设置、站名设置、广播开始停止、越站等。任何时候首尾车司机室只能有 1 台主控,它们之间通过内部通信相互制约,相互控制,当将一广播主机设为主控时,该广播主机将通过系统 CAN 总线将另一端司机室主机设为副控,同样地,当将一司机室广播主机设为副控时,该广播主机将通过系统 CAN 总线将另一端司机室主机设为主控。

按 DCC 上的"主控"键,广播主机便在主控和副控之间来回切换。DCC"主控"键上的指示灯亮,表示该司机室音频主机工作在主控状态,DCC"主控"键上指示灯灭,表示该司机室音频主机工作在副控状态。

3)人工广播

按下"人工"按键,人工广播按键上的指示灯亮,表示系统工作在人工广播状态,司机即可拿起话筒对客室进行广播。如果按下人工广播键时,正在进行自动广播,此时自动广播将终止。当人工广播结束后,再次按下人工键,自动广播将恢复正常。

4)司机室对讲

对讲功能是方便两司机室进行通话联络。按 DCC 上的"对讲"键即可呼叫另一司机室司机,也可接听另一司机室的对讲呼叫,还可在通话结束后挂断对讲。当一司机室呼叫另一司机室时只要对方司机室不在人工广播或报警通话状态,对讲将直接接通,此时,双方对讲指示灯常亮,司机直接通过话筒即可与另一司机室司机进行通话。而当另一司机室处于人工广播或报警通话时,双方对讲指示灯将闪烁,提醒另一司机室司机有对讲呼叫,当司机结束人工广播或报警通话时,对讲将直接接通。或在报警通话期间直接按对讲键也将结束报警通话而接通司机室的对讲通话,对讲通话结束后,任何一方再次按下"对讲"键将结束对讲通话,两司机室的对讲指示灯熄灭。

5)广播监听

司机室司机可以选择监听或不监听对客室的广播,广播监听可以监听人工广播、自动广播、无线电广播和媒体播音。当司机按下"监听"键,监听指示灯亮,可以监听对客室的广播,再次按下"监听"键,监听指示灯灭,司机不监听对客室的广播,反复按"监听"键,可在监听广播与不监听广播之间进行切换。

6)接听客室报警

当客室有紧急呼叫时,主机方报警指示灯闪烁,同时报警扬声器发出报警声音,提示司机及时接听,位于 DCC 上的两位 LED 显示器显示报警器位置信息,高位代表车厢号,低位代表报警器在客室中的位置。在报警呼叫时,如果司机按下"报警"键,报警指示灯常亮,报警指示灯闪烁停止,司机能与乘客进行通话,报警结束后,按下"报警"键,报警挂机,系统恢复初始状态。

7)人工设置广播站名

司机根据表8.9的站名代号及功能对照表可以在 DCC 上通过 0 ~ 9 数字键输入站名代号,此时 LCD 将闪烁显示所输入的站名代号及站名,司机按下"确认"键,站名设置完成。此时,电子地图和车外 LED 显示器显示内容将跟随设置的站名同步显示设置的状态。

站名设置方法,通过 DCC 上"↑""↓"翻页键也可以实现,"↑"键在原站名上进行加1操作,"↓"键在原站名上进行减1操作,当翻页到想设置的站名时,按下"确认"键,设置完成。翻页时 LCD 将适时闪烁显示所翻到的站名。需要指出的是,如果司机输入的站名代号无效,设置不成功,将返回原来的站名。

表8.9 站名代号及功能对照表

编 号	名 称	备 注
1	××	站名
2	××	站名
3	××	站名
4	××	站名
5	预留1	预留站名
6	预留2	预留站名
7	预留3	预留站名

续表

编　号	名　称	备　注
8	预留 4	预留站名
9	回库 1	特殊广播播音
10	回库 2	特殊广播播音
11	晚点列车	特殊广播播音
12	临时停车	特殊广播播音
13	被迫停车	特殊广播播音
14	疏散乘客	特殊广播播音
15	清人	特殊广播播音
16	长时停车	特殊广播播音
17	运营服务	特殊广播播音
18	线路 1	区间设置
19	线路 2	区间设置
20	线路 3	区间设置
21	线路 4	区间设置
22	线路 5	区间设置
23	线路 6	区间设置
24	线路 7	区间设置
25	线路 8	区间设置
26	调试	终点站 LED 显示
27	试验	终点站 LED 显示
28	试验取消	终点站 LED 显示恢复原显示

8）线路设置

根据表 8.9 的站名代号及功能对照表输入所要设置的线路或区间代码，按“确认”键，线路设置完成，线路设置后，当前站将回到该线路的起点站，此时电子地图和车外 LED 显示器显示内容将跟随设置的线路同步显示设置的状态，终点站 LED 显示器将刷新显示内容，显示新设置线路的终点。

9）手动操作的半自动广播报站

在自动广播模式下，按“开始”键，司机室广播主机接收到半自动广播报站命令后，根据当前的站名，门状态计算出广播编号，通过内部通信网络发送给 MP3 模块，MP3 模块根据编号进行自动广播播音，播音期间，DCC 面板上“播音指示灯”亮。

10）自动广播播音停止

在进行自动广播播音、半自动广播播音或特殊广播播音时，如果想终止当前的广播播音，按“停止”键，正在进行的自动播音将停止。

11）播放预先录制的特殊广播

本系统预先录制了 10 条特殊广播播音内容，以备在特殊广播期间使用，当遇到紧急情况时，如发生火灾、严重故障等，司机可操作 DCC 上的键盘，将预先录制好的紧急疏导等信息进行语音播放，具体操作如下：输入特殊广播播音编号，LCD 液晶显示屏将闪烁显示特殊播音编号及标题，再按“确认”键，特殊广播播音将开始自动进行广播。特殊广播播音结束后，LCD 站名显示将恢复特殊播音前的站名显示。

12）媒体播音选择

司机可根据需要设置是否在没有其他广播时进行媒体播音，系统上电默认选择媒体播音，即在没有无线广播、人工广播、自动广播进行时，客室扬声器播放媒体声音。如果司机室选择不播放媒体声音，只需按下“媒体”键，“媒体键”上的指示灯灭，广播系统将不播放媒体声音，再次按下“媒体”键，“媒体”键上的指示灯亮，广播系统将播放媒体声音。

13）广播暂停

广播暂停功能：可暂停自动广播报站。但报警和对讲功能仍可继续。此功能一般用于司机掉头时使用，按下“暂停”键，LCD 显示自动广播停止服务，此时将不进行自动广播报站。再次按下“暂停”键，系统恢复正常状态。

14）越站

越站是为了对列车不停靠的车站不进行报站操作，而又能正确地对越站后的车站进行广播而使用。当列车开往前方车站不停车时，按“越站”键，列车直接跳过所要越过的车站，进而能正确广播一下站的到站广播。

（5）广播系统常见故障判断及处理

1）全车广播不自动报站

全车广播不自动报站常见故障流程如图 8.18 所示。

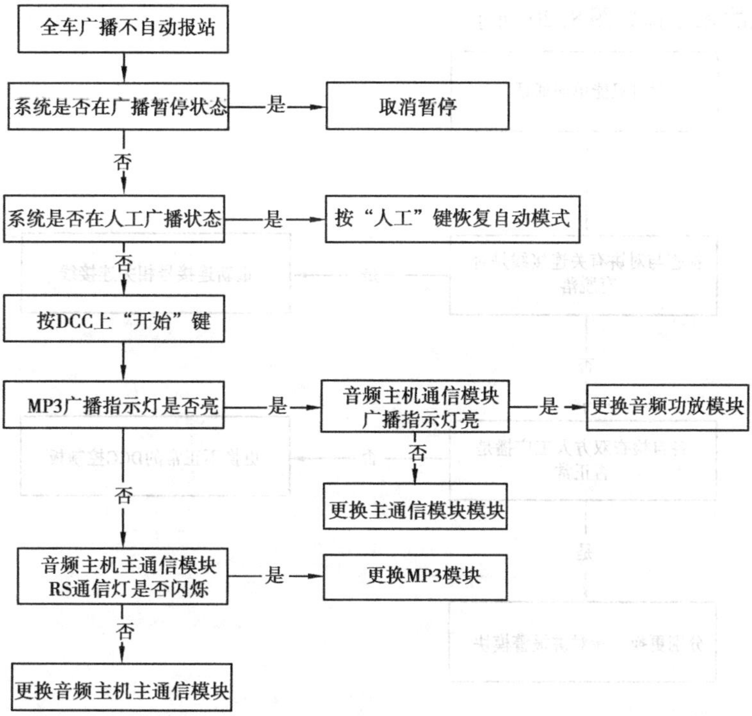

图 8.18　全车广播不自动报站常见故障流程

2)单节车厢广播无声

单节车厢无广播常见故障流程如图 8.19 所示。

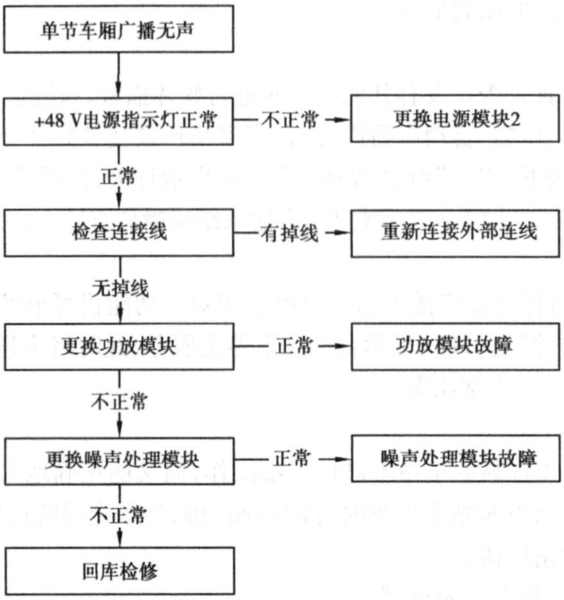

图 8.19　单节车厢无广播常见故障流程

3)对讲常见故障

对讲常见故障流程如图 8.20 所示。

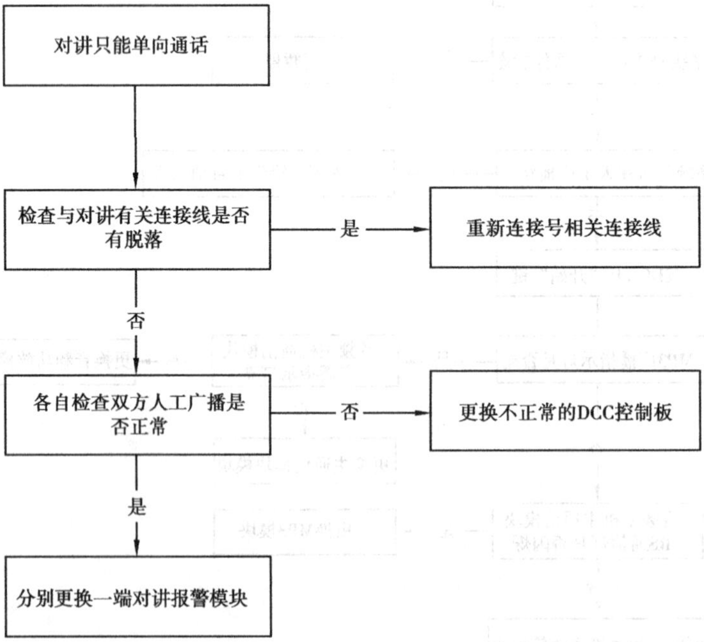

图 8.20　对讲常见故障流程

4)报警器故障

报警通话无声故障流程如图 8.21 所示。

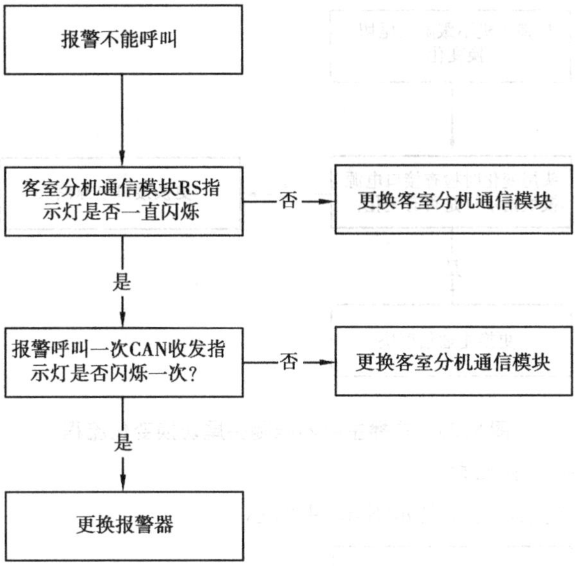
报警不能呼叫
客室分机通信模块RS指示灯是否一直闪烁
否
更换客室分机通信模块
是
报警呼叫一次CAN收发指示灯是否闪烁一次?
否
更换客室分机通信模块
是
更换报警器

图 8.21 报警不能呼叫常见故障流程

5)电子地图故障

电子地图故障流程如图 8.22 所示。

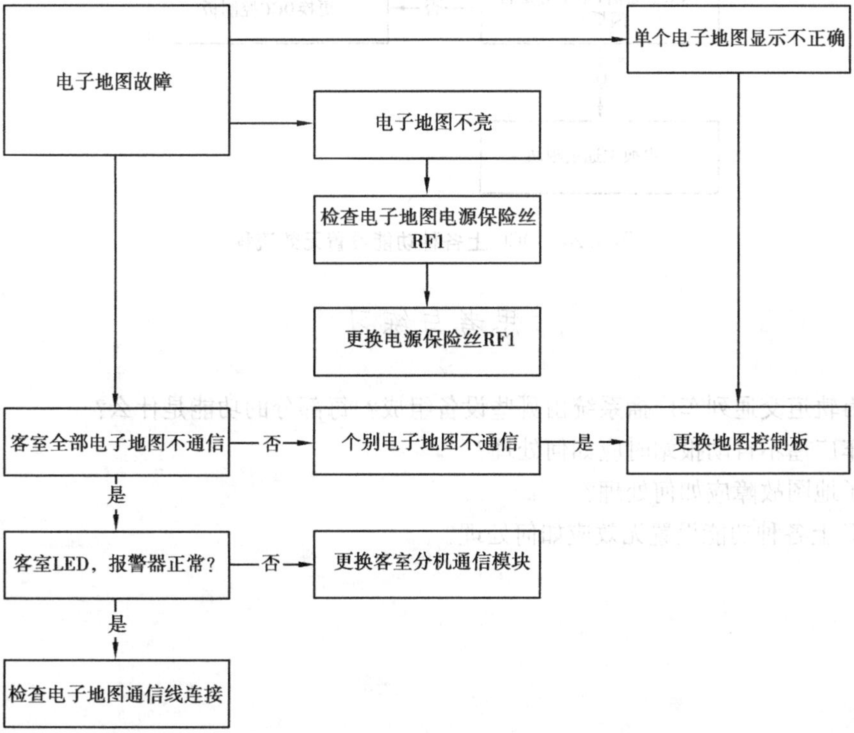
电子地图故障
单个电子地图显示不正确
电子地图不亮
检查电子地图电源保险丝RF1
更换电源保险丝RF1
客室全部电子地图不通信
否
个别电子地图不通信
是
更换地图控制板
是
客室LED，报警器正常?
否
更换客室分机通信模块
是
检查电子地图通信线连接

图 8.22 电子地图常见故障流程

6)广播主机不跟随头尾切换变化

广播主机不跟随头尾切换变化流程如图 8.23 所示。

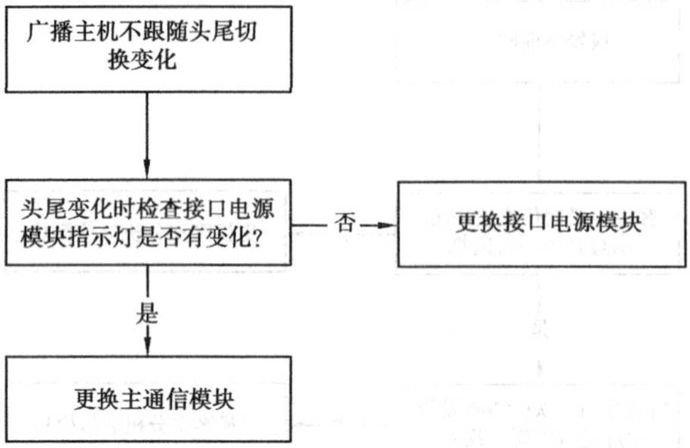

图 8.23　广播主机不跟随头尾切换变化流程

7)DCC 上各种功能设置无效

DCC 上各种功能设置无效流程如图 8.24 所示。

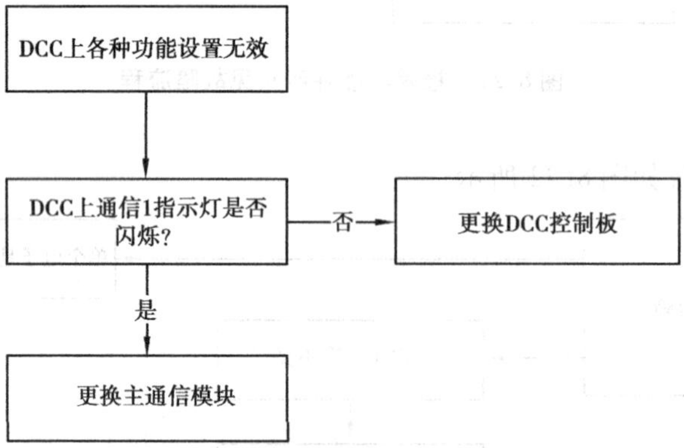

图 8.24　DCC 上各种功能设置无效流程

思考与练习

1. 城市轨道交通列车广播系统由哪些设备组成？每部分的功能是什么？
2. 全车广播不自动报站时应如何处理？
3. 电子地图故障应如何处理？
4. DCC 上各种功能设置无效应如何处理？

项目9 车辆信号控制

任务1 城市轨道交通列车自动控制系统

任务目标

1. 掌握城市轨道交通列车自动控制系统的结构。
2. 掌握 ATC 系统的分类与功能。
3. 理解固定闭塞、准移动闭塞、移动闭塞的工作原理与特点。

任务重点

信号系统是保证列车运行安全和提高线路通过能力的重要设施。根据城市轨道交通密度高、短间隔、站距短和快速的特点,其信号系统采用以地面发送的信息自动监控列车速度和自动调整列车追踪间隔的方式。而实现这一方式的关键设备是列车自动控制系统(Automatic Train Control System),该系统中后续列车根据与先行列车间的距离及进路条件在车内连续地显示出容许的速度信号,并按信号显示自动地控制列车的运行。

知识准备

联锁、闭塞。

知识描述

(1)列车自动控制系统的结构

列车自动控制(ATC)系统,包括列车自动监控(Automatic Train Supervision, ATS)、列车自动防护(Automatic Train Protection,ATP)、列车自动运行(Automatic Train Operation,ATO)3 个子系统,ATC 系统是一套完整的管理、控制、监督系统。位于管理级的 ATS 子系统,较多地采用软件方法实施联网、通信及指挥列车安全运行;发送和接收各种行车命令的 ATP 子系统,确保列车的运行安全,完成列车运行进路和速度控制和实现列车间隔控制;车载 ATP 子系统,接收轨旁 ATP 设备传递的指令信息,进行列车运行超速防护,相关信息经校验后,送至车载 ATP 子系统,车载 ATP 子系统和 ATO 子系统配合,实现列车运行速度的自动调整控制和列车在车站的程序定位停车控制。3 个子系统即相对独立,又相互联系,以保证列车安全、快速、短间隔地有序运行。

ATC 系统的设备分布于控制中心、车站信号设备室、轨旁及车上。图 9.1 为 ATC 系统的结构图例。

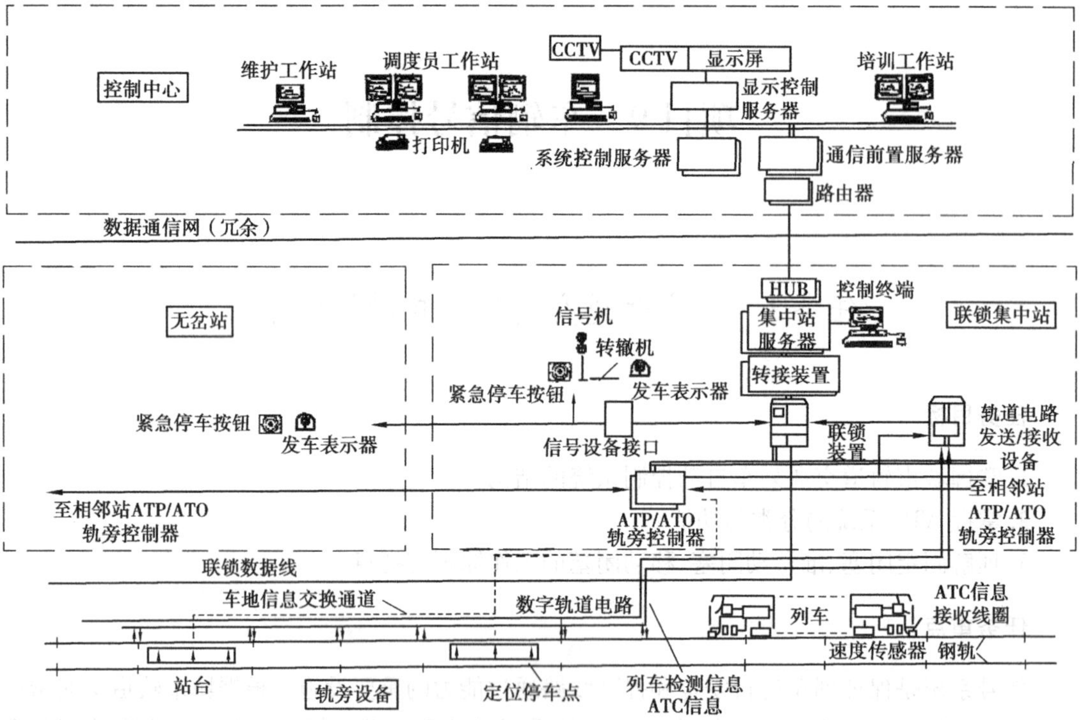

图 9.1　ATC 系统结构图

如图 9.1 所示，指挥列车运行的控制中心，设有做为 ATC 系统中枢的系统控制服务器及其用于调度控制的工作站；数据传输系统包括通信前置服务器、路由器以及数据通信网等，实现控制中心与全线车站信号设备室之间的实时数据信息交换；调度员通过调度员工作站下达行车控制命令。现场的列车在线信息，车次号信息以及道岔、信号机的状态信息等，由壁式大屏幕显示屏及调度员工作站的 CRT 显示。

设于联锁集中站设备室的服务器，接收调度员的控制命令，通过联锁装置，排列进路、开放信号，并将列车在线信息、信号设备的状态信息等传送给控制中心。通过 ATP 子系统的轨旁设备，发送列车检测信息，以检查轨道区段内有、无列车占用，并向列车发送限速命令或允许运行的目标距离信息、门控命令、定位停车指令等。

车上 ATC 设备，接收并解译地面送来的调度令和 ATP 速度命令或距离信息，完成速度自动调整和车站程序定位停车，实现列车的自动运行；并将列车的运行状态和设备状态信息经车站服务器传送给控制中心。

(2) ATC 系统功能

下面以控制中心、集中站信号设备室和车载 3 个部分，分析 ATC 系统所完成的主要功能。

控制中心是指挥整条线路列车运行的智囊，由 ATS 子系统来完成该功能，也可以理解为控制中心只有 ATS 子系统；集中站的信号设备，具体执行控制中心的操纵指令，负责列车的安全运行，完成与列车的信息交换，所以联锁集中站具有 ATC 系统的 3 个子系统，也就是由 ATS，ATP，ATO 这 3 个子系统相配合来完成这些功能；车载 ATP/ATO 子系统，接收并执行地面送来的各种指令，确保列车按所排列的进路，按运行时刻表安全、准点地运行，车载 ATC 设备中，ATS子系统接收的是控制中心的调度指令，可以将其归纳在ATS子系统，而将与行车安全相关的速度控制和超速防护，归纳在ATP子系统，车载ATO子系统是列车实现自动速度调整和确保列车在车站定位停车的重要设施，当没有站台屏蔽门或要实现“无人驾驶”的自动折返时，必须设置ATO子系统，具有完整的ATC系统。ATC系统的3个子系统是一个完整的整体，相互渗透，其主要功能如下：

1）控制中心的主要功能

①列车运行控制和调整控制；

②时刻表的编辑、修改、储存以及时刻表的调整控制；

③列车位置的实时监视和列车运行轨迹记录；

④运行图管理；

⑤列车运行进路的自动设置，车站联锁状态的监督；

⑥线路监控和报警控制、故障记录等。

2）联锁集中站ATC设备的主要功能

①ATS子系统：

a. 列车的进路控制及其表示；

b. 遥控指令的解译及表示数据的编辑；

c. 折返站折返模式控制；

d. 车—地信息编译和交换；

e. 旅客导向信息、目的信息的显示；

f. 运行速度等级、停站时分调整等。

②ATS/ATO子系统：

a. 轨道区段空闲的检测；

b. 列车运行进路和列车安全间隔控制；

c. 列车限速控制；

d. 车站程序定位停车控制；

e. 定位停车校核、列车车门和站台屏蔽门开、闭控制；

f. 停站时间控制及目的地选择等。

3）车载ATC的主要功能

①ATC子系统：

a. 接收非安全控制信息；

b. 接收运行等级及其目的地调整等数据；

c. 发送列车状态的自诊断信息；

d. 车内旅客导向信息的提供等。

②ATP/ATO子系统：

a. 接收和解译限速指令；

b. 根据限速，对列车进行速度自动调整控制和超速防护；

c. 测速、测距；

d. 定位停车程序控制和定位停车点校核；

e.控制车门开、闭,发送站台屏蔽门开、闭信息;

f.自动折返和出发控制等。

(3)ATC 系统的分类与特点

按闭塞制式,城市轨道交通 ATC 可分为固定闭塞式 ATC 系统、准移动闭塞式 ATC 系统和移动闭塞式 ATC 系统。

①固定闭塞。将线路划分为固定的闭塞分区,不论是前、后列车的位置还是前、后列车的间距,都是用轨道电路等来检测和表示的,线路条件和列车参数等均需在闭塞设计过程中加以考虑。其速度控制示意图如图 9.2 所示。

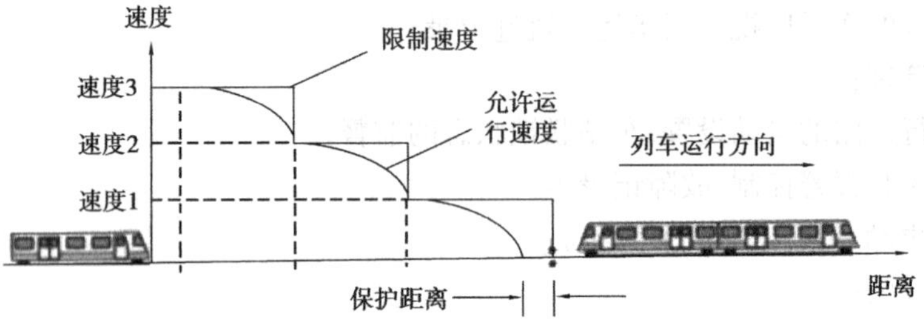

图 9.2　固定闭塞 ATC 系统阶梯式速度控制示意图

由于列车定位是以固定区段为单位的(系统只知道列车在哪个区段中,而不知道在区段中的具体位置),所以固定闭塞的速度控制模式必然是分级的,即阶梯式的。在这种制式中,需要向被控列车“安全”传送的只是代表少数几个速度级的速度码。

固定闭塞方式,无法满足提高系统能力、安全性和互用性的要求。

传统 ATP 的传输方式采用固定闭塞,通过轨道电路判别闭塞分区占用情况,并传输信息码,需要大量的轨旁设备,维护工作量较大。此外,传统方式还存在以下缺点:

a.轨道电路工作稳定性易受环境影响,如道床阻抗变化、牵引电流干扰等。

b.轨道电路传输信息量小。要想在传统方式下增加信息量,只能通过提高信息传输的频率。但是如果传输频率过高,钢轨的集肤效应会导致信号的衰耗增大,从而导致传输距离缩短。

c.利用轨道电路难以实现车对地的信息传输。

d.固定闭塞的闭塞分区长度是按最长列车、满负载、最高速度、最不利制动率等不利条件设计的,分区较长,且一个分区只能被一列车占用,不利于缩短列车运行间隔。

e.固定闭塞系统无法知道列车在分区内的具体位置,因此列车制动的起点和终点总在某一分区的边界。为充分保证安全,必须在两列车间增加一个防护区,这使得列车间的安全间隔较大,影响了线路的使用效率。

②准移动闭塞式。对前、后列车的定位方式是不同的。前行列车的定位仍沿用固定闭塞的方式,而后续列车的定位则采用连续的或称为移动的方式。为了提高后续列车的定位精度,目前各系统均在地面每隔一段距离设置一个定位标志(可以是轨道电路的分界点或信标等),列车通过时提供绝对位置信息。在相邻定位标志之间,列车的相对位置由安装在列车上的轮轴转数累计连续测得。其速度控制示意图如图 9.3 所示。

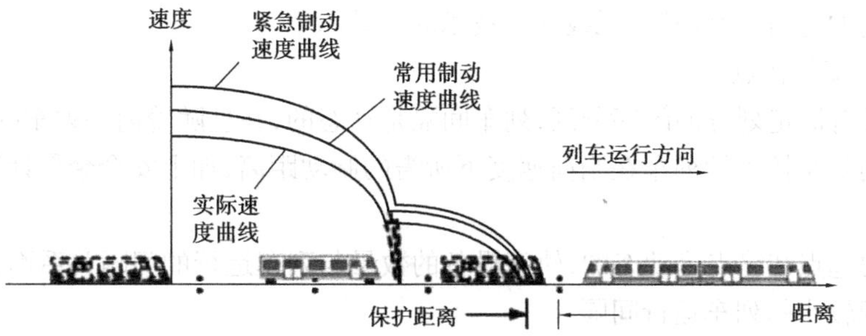

图9.3 准移动闭塞ATC系统连续曲线速度控制示意图

由于准移动闭塞同时采用移动和固定两种定位方式,所以它的速度控制模式既有无级(连续)的特点,又有分级(阶梯)的性质。若前行列车不动而后续列车前进时,其最大允许速度是连续变化的;而当前行列车前进,其尾部驶过固定区段的分界点时,后续列车的最大允许速度将按"阶梯"跳跃上升。

由于准移动闭塞兼有移动和固定的特性,与"固定"性质相对应的设备,必须在工程设计和施工阶段完成。而被控列车的位置是由列车自行实时(移动)测定的,所以其最大允许速度的计算最终只能在车上实现。

为了使后续列车能够根据自身测定的位置,实时计算其最大允许速度,必须用数字编码轨道电路向其提供前方线路的各种参数以及前行列车处在哪个区段上的信息。

准移动闭塞在控制列车的安全间隔上比固定闭塞进了一步。它通过采用报文式轨道电路辅之环线或应答器来判断分区占用并传输信息,信息量大;可以告知后续列车继续前行的距离,后续列车可根据这一距离合理地采用减速或制动,列车制动的起点可延伸至保证其安全制动的地点,从而可改善列车速度控制,缩小列车安全间隔,提高线路利用率。但准移动闭塞中后续列车的最大目标制动点仍必须在先行列车占用分区的外方,因此它并没有突破轨道电路的限制。

③移动闭塞式。

A. 移动闭塞的基本概念。

移动闭塞是前、后两车都采用移动式的定位方式,不存在固定的闭塞分区,列车之间的安全追踪间距随着列车的运行而不断移动且变化。其速度控制示意图如图9.4所示。

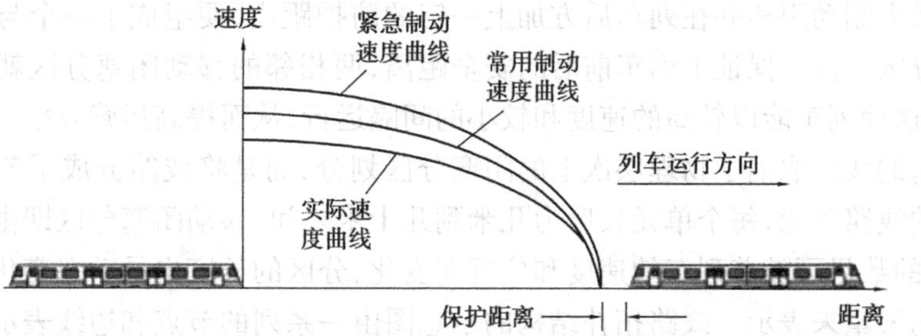

图9.4 移动闭塞ATC系统连续曲线速度控制示意图

移动闭塞可借助感应环线或无线通信的方式实现。早期的移动闭塞系统大部分采用基于感应环线的技术,即通过在轨间布置感应环线来定位列车和实现车载计算机(VOBC)与车辆控制中心(VCC)之间的连续通信。而今,大多数先进的移动闭塞系统已采用无线通信系统实现各子系统间的通信,构成基于无线通信技术的移动闭塞。

B. 移动闭塞的特点。

a. 线路没有固定划分的闭塞分区,列车间隔是动态的,并且随着前一列车的移动而移动。

b. 列车间隔是按后续列车在当前速度下所需的制动距离,加上安全余量计算和控制的,确保不追尾。

c. 制动的起点和终点是动态的,轨旁设备的数量与列车运行的间隔关系不大。

d. 可实现较小的列车运行间隔。

e. 采用地-车双向传输,信息量大,易于实现无人驾驶。

C. 移动闭塞的技术优势。

a. 移动闭塞是一种新型的闭塞方式,它克服了固定闭塞的缺点。基于通信的列车控制(Communication Based Train Control,CBTC)则是实现这种闭塞制式的最主要技术手段。采用这种方法以后,实现了车地间的双向、大容量的信息传输,达到连续通信的目的,在真正意义上实现了列车的闭环控制。

b. 由于采用模块化的设计,核心部分均通过软件实现,因此使系统硬件数量大大减少。

c. 移动闭塞系统的安全关联计算机一般采用 3 取 2 或 2 取 2 的冗余配置,系统通过故障—安全原则对软、硬件及系统进行量化和认证,可保证系统的可靠性、安全性和可用度。

d. 移动闭塞还常常与无人驾驶联系在一起。二者的结合能够避免驾驶员的误操作,获得更高的效率。

D. 移动闭塞的工作原理。

移动闭塞与固定闭塞的根本区别在于闭塞分区的形式方法不同。移动闭塞系统是一种区间不分割、根据连续检测先行列车位置和速度进行列车运行间隔控制的列车安全系统。这里的连续检测并不意味着一定没有间隔点,实际上该系统把先行列车的后部看成是假想的闭塞区间。由于这个假想的闭塞区间随着列车的移动而移动,所以称为移动闭塞。在移动闭塞系统中,后续列车的速度曲线随着目标点的移动而实现计算,后续列车到先行列车的保护段后部之间的距离等于列车制动距离加上列车制动反应时间内驶过的距离。

移动闭塞技术在对列车的安全间隔控制上更进一步。通过车载设备和轨旁设备连续地双向通信,控制中心可根据列车实时的速度和位置动态地计算列车的最大制动距离。列车的长度加上这一最大制动距离并在列车后方加上一定的防护距离,便组成了一个与列车同步移动的虚拟闭塞分区。由于保证了列车前后的安全距离,两相邻的移动闭塞分区就能以很小的间隔同时前进,这使列车能以较高的速度和较小的间隔运行,从而提高运营效率。

移动闭塞的线路取消了物理层次上的闭塞分区划分,而是将线路分成了若干个通过数据库预先定义的线路单元,每个单元长度为几米到几十米之间,移动闭塞分区即由一定数量的单元组成,单元的数目可随着列车的速度和位置而变化,分区的长度也是动态变化的。线路单元以数字地图的矢量来表示。线路拓扑结构的示意图由一系列的节点和边线表示。任何轨道的分叉、汇合、走行方向的变更以及线路的尽头等位置均由节点表示,任何连接两个节点的线路称为边线。每一条边线有一个从起始节点至终止节点的默认运行方向。一条边线上的任何一点均由它与起点的距离表示,称为偏移。因此,所有线路上的位置均可由矢量来定义,且标识是唯一的。

思考与练习

1. ATC 系统有哪几个部分组成?
2. 车载 ATC 的主要功能有哪些?
3. 按闭塞制式,城市轨道交通 ATC 可分为那几种形式?
4. 移动闭塞的工作原理是什么?

任务2　城市轨道交通 ATP,ATS 系统分析与故障处理

任务目标

1. 了解 ATP,ATS 子系统的构成。
2. 掌握 ATP,ATS 子系统的功能。
3. 分析 ATP,ATS 子系统的简单故障原因及处理方法。

任务重点

列车自动防护(ATP)子系统是 ATC 系统中确保列车运行安全、缩短行车间隔、提高行车效率的重要设备,它是 ATC 系统的核心。而列车自动监控(ATS)子系统是指挥列车运行的控制、监督设备。它主要完成列车的调度和跟踪,运行时刻表的调整控制和监督等功能。

知识准备

CBTC、冗余。

知识描述

(1)车载 ATP 子系统组成

车载 ATP 子系统主要由 CC(车载控制器)机架、信标读取器、速度传感器、车载通信网络、TOD(列车司机显示屏)司机操作设备、加速度计构成,其设备图如图 9.5 所示。

1)CC 机架

每个 CC 机架安装在带锁的柜子中。该单元安装在开放的支架里,与框架相配。CC 机架包括一个 ATP/ATO 机箱,两个外围设备机箱,一个与安全继电器和连接器接口的面板。CC 的功能模块图如图 9.6 所示。

2)信标读取器

信标读取器天线安装在转向架上。信标读取器使用两个不同的通道来提供信息给车载控制器:一个指示开/关状态的磁场强度信号和一个数据的串口连接。串口连接也提供诊断信息通道以便 CC 能够监视信标读取器的状态。除此之外,车载控制器将会关联来自读取器的诊断信息,磁场强度信号和关于信标正在读取的信息来判断是否信标读取器故障。

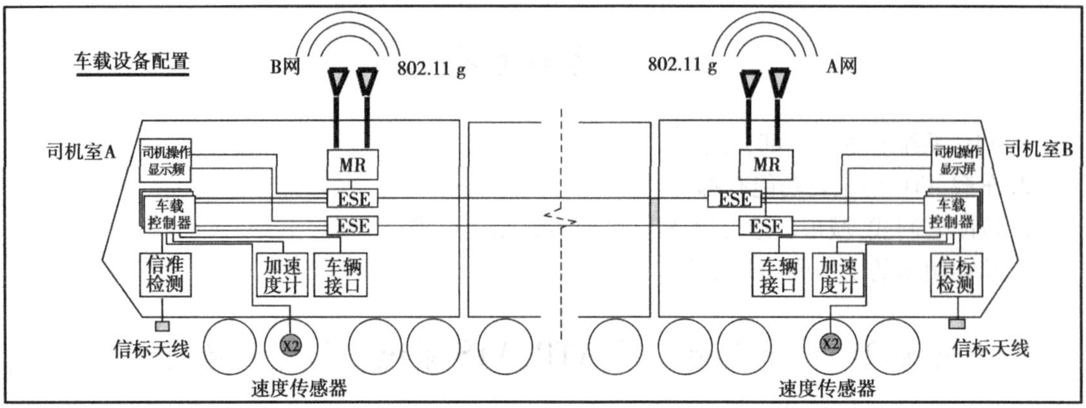

图 9.5　车载子系统设备图

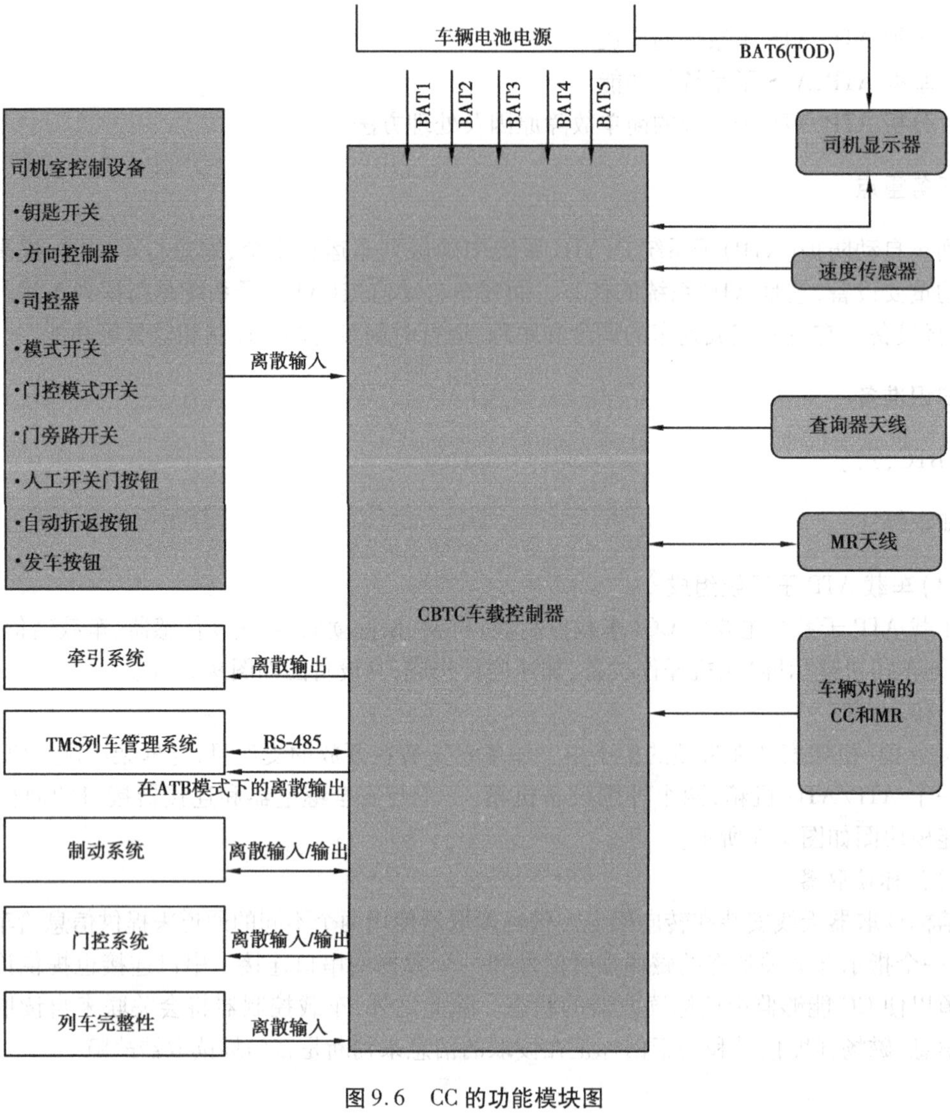

图 9.6　CC 的功能模块图

3）速度传感器

随着车轮轮齿的转动，当传感器经过轮齿的时候会输出数字脉冲。这些脉冲由硬件计数器来计数，从而可以在给定周期内测试速度。速度传感器经过多次现场使用并且被证明是非常可靠的。设备的配置和传感器的数量针对不同应用可能不同，并且车轮每转一圈的能够输出脉冲数量也与速度传感器的通道数量有关，与输出通道之间的相移（如何把各个通道的输出整合在一起来提高分辨率）也有关系。

4）车载通信网络

车载数据通信系统（DCS）由移动通信系统（MR）和 MR 天线构成。在列车每端，安装有一个 MR 和两个 MR 天线。MR 是车载无线设备，用来在车载设备（如 ATP 和 ATO）和轨旁设备间传输数据。车载 ATP 和 ATO 子系统通过两个独立的以太网连接到 MR。CC 的以太网扩展设备（集成在以太网延长器板上）利用双绞线彼此连接，实现车厢之间的网络通信。

5）TOD 司机操作设备

列车司机显示器的报警器在超速时发出持续的声音。显示器实际布局在设计联络阶段完全按运营需求设置。

6）加速度计

加速度计分为两套，每套有两个不同的加速度计。两套设备提供高可用性。必须对每套加速度计作一个比较，以确认输出的有效性。空转/滑行开始时，列车使用空转/滑行开始前的速度，利用加速度仪进行补偿，来计算当前的速度和位置。一旦空转/滑行结束，速度和位移的测量将切换回速度传感器。

（2）车载 ATP 子系统功能分析

车载 ATP 子系统是确保列车运行安全的关键设备，它与地面 ATP 设备相配合，完成速度或距离信号的接收和解译，实现超速防护、制动保证、零速检测、车门控制、后退防护等。以“速度码”制式 ATP 系统的车载设备为例，对其系统功能进行分析，其车载 ATC 系统功能框图如图 9.7 所示。

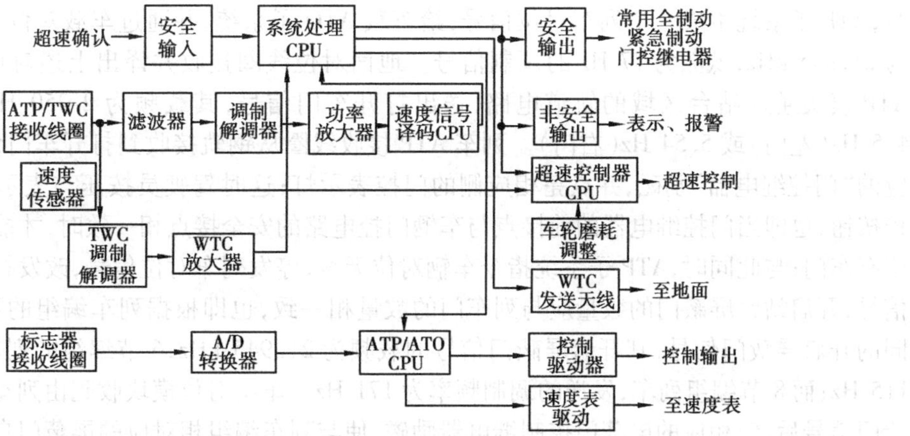

图 9.7　车载 ATP 系统功能框图

1）ATP 信号的接收和解译

地面 ATP 子系统，通过钢轨向列车发送速度命令和门控命令，其载频为 2 250 Hz。车载 ATP 接收线圈，以耦合方式从钢轨接收经低频调制的 ASK 车载信号，通过滤波器、解调器，提供一个固定的电平方波，送至速度信号译码 CPU，该 CPU 译出的速度或门控命令，再送至系统处理 CPU。

2）超速防护

ATP 子系统的主要功能是实现列车的超速防护，保证列车不会超出"速度命令"所规定的速度，该功能由超速控制器 CPU 来完成。超速控制器的 CPU，接收来自系统处理 CPU 的限制速度信息和来自速度传感器的列车实际信息，如果列车的实际速度超出 ATP 限速，出现超速状态，在自动模式下，列车将自动调整速度，在人工模式时由驾驶员采取措施调速。ATP 超速的"触发"点，一般设定在比限速高 3 km/h。在这里，速度传感器对列车实际速度的测量是至关重要的。一般在 A 型车各设有两个速度传感器，它们分别设在不同车轴的不同侧，两个传感器，由两个完全独立的软、硬件信道处理，通过计算在固定周期内的脉动冲数来计测速度，而轮轴转动的次数与车轮的周长直接相关，而周长的变化取决于车轮的磨损，新的车轮直径为 840 mm，完全磨损的车轮直径为 770 mm，所以，根据车轮的磨损程度用加强补偿探测信号的办法，对测速精度进行调整，每 5 mm 为一挡，共设 15 个设定值，因此，测得的列车速度综合了轮径磨耗信息，是较为精确的实际速度。当检出列车超速在 3 s 左右时间内，列车以 0.715 m/s^2 的减速率，降低速度（上述作用时间和减速率因车而异）。如果在规定时间内达不到最小制动率，系统的制动保证功能将发出指令，施加不可逆转的紧急制动。一旦紧急制动被启动，将保证列车停止。

"零速"检测在所有的操作模式都生效，当列车实际速度小于 3 km/h，ATP 子系统便确认为"零"速度，并由超速 CPU 进行零速检测，当列车实际速度小于零速度设定值，则零速检测信息返送至系统处理器。

3）车门的关、闭控制

当列车到达定位停车点，列车对位天线检测到由站台对位线圈送出的 13.235 kHz 的频率，证明列车已正确地在站台对位，列车 ATO 子系统将指令进行全常用制动，并生成一个列车停稳信号给 ATP 子系统。ATP 子系统接收到该信号后，施加全常用制动，并检测零速度。这时，ATP 子系统生成一个列车对位信号，给车载 ATO 子系统，并通过车载对位天线，送出载频为 21.945 kHz，低频为 77 Hz 的调制信号。地面对位线圈接收并译出上述对位信号，使车站 ATP 模块通过站台区域的轨道电路，送出打开车门信号，其载频为 2 250 Hz，调制频率为 4.5 Hz（左门）或 5.54 Hz（右门）。列车 ATP 接收线圈从钢轨接收到打开车门信号以后，使相应的"门控继电器"励磁，并点亮相应侧的门控表示灯；这时驾驶员按压与表示灯相一致的门控按钮，也即当门控继电器的前接点与车辆门控电路的安全接点相一致时，才能开启站台侧的所有车门；与此同时，ATP 子系统指令车辆对位天线，停发列车对位信号，改发打开站台屏蔽门信号，开启站台屏蔽门的数量应与列车门的数量相一致，也即根据列车编组的不同，而发送不同的开启屏蔽门信号，其开启屏蔽门信号的载频为 21.945 kHz，6 节编组的列车，调制频率为 115 Hz；而 8 节编组列车，发送的调制频率为 171 Hz。车站对位模块收到由列车发来的开启屏蔽门信号后，使相应的屏蔽门控制继电器励磁，使与列车编组相对应的屏蔽门自动开启。

当供停站计时结束，车站 ATP 模块停止发送打开车门信号，使列车相应的门控继电器失磁，驾驶员可按压车门关闭按钮，门控电路启动列车门关闭程序。当车门关闭，列车 ATP 子系统中止发送开启屏蔽门信号，站台屏蔽门控制继电器失磁，启动站台屏蔽门关闭程序。这时地面 ATP 模块通过轨道电路向列车发送速度命令、车辆 ATP 系统译出速度命令，并将车门关闭信号一起送给车载 ATO 子系统。ATO 子系统收到上述信号后,使驾驶员控制台的 ATO 表示灯以 1 Hz 的频率闪光,提示驾驶员按压 ATO 启动按钮。驾驶员按压此按钮后,列车按 ATO 自动运行模式,启动加速并自动运行。

在人工模式的情况下,驾驶员必须以人工控制方式将车停于定位停车点,当列车对位表示灯点亮,证明列车正确对位。在确认定位停车后驾驶员可按压站台侧门控按钮,才能打开车门;关闭车门也由驾驶员控制。

4)后退防护和无意识运行的防护

驾驶员控制台的方向手柄所处的位置,决定了列车的运行方向。如果检测到并确认列车的实际运行方向与方向手柄位置不一致时,则应施加紧急制动加以防护。无论在自动模式还是人工模式,都由超速防护系统提供后退防护。另外,当列车制动停车以后,施加全常制动,在尚未收到速度命令的情况下,列车无意识运行,只要检出车速超过 3 km/h,那么,车载 ATP 子系统实施紧急制动予以防护。

5)ATP 的冗余工作

车载 ATP 系统,一般在列车头、尾两端车辆各设两套独立的 ATP 子系统,除车载 ATP 接收线圈和车辆接口的输出继电器共用外,ATP 子系统完全是双套的。两套 ATP 子系统的工作模式有平行模式、ATP1 模式和 ATP2 模式。平行模式是正常工作模式,选择开关置于“平行”位置,两套 ATP 子系统同时工作,但 ATO 子系统只从 ATP1 接收数据,而且 ATP1 的 DC/DC 电源,供车载 ATO/ATS/ATP1 子系统工作,ATP2 的 DC/DC 电源,只供 ATP2 子系统工作;ATP1 模式或 ATP2 模式下,仅被选择的 ATP 子系统工作,另一套 ATP 子系统断电不工作。工作的 ATP 子系统提供 DC/DC 电源给车载 ATO、ATS 模块工作。

(3)重庆轻轨 3 号线 ATP 子系统

重庆轻轨 3 号线信号系统采用日立公司 CBTC 无线移动闭塞设备,系统关键设备采用二乘二取二冗余,轨旁无线网络采用双套热备冗余。

1)重庆轻轨 3 号线信号系统 ATP 子系统的构成

ATP 子系统构成如图 9.8 所示。

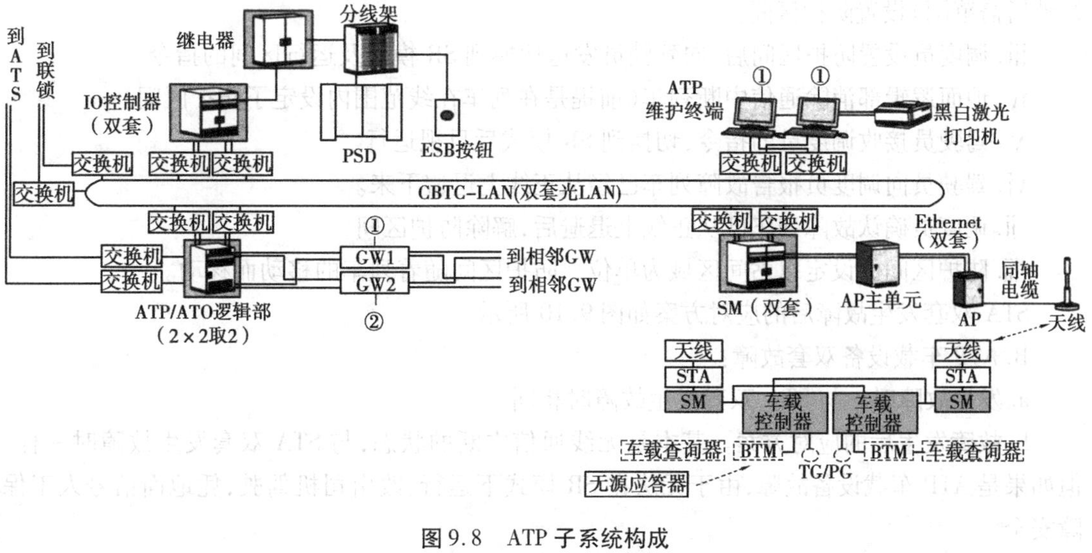

图 9.8　ATP 子系统构成

2)ATP 子系统故障模式分析及应对方案

①ATP 单套设备故障。地面设备[ATP 逻辑部、认证主单元(SM)、AP 主单元(APM)、网关(GW)、无线接入点(AP)]及车载设备[ATP 车载设备、车载无线电台(STA)]都是双套构成,即使双套中有一套发生故障,由于另外一套还在正常工作,因此不会对运行造成障碍。故障发生时,ATP 维护终端上显示报警信息,并有报警铃响,通知调度员及信号维修人员。

②车载设备双套故障。

A. STA 双套故障。

a. 发生故障时:

- 列车通信中断,经过无信号允许时间后紧急停车。
- 检测到 ATP 逻辑部和列车的通信中断,包括该列车在线位置在内的必要区间内自动设置防护区间。另外,ATP 逻辑部保持在最后一次接收到的该列车位置的位置上。STA 双套发生故障时的系统动作如图 9.9 所示。

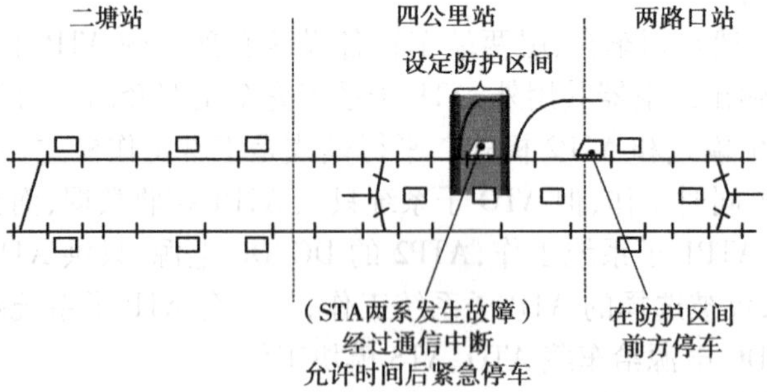

图9.9 STA 双套发生故障时的系统动作

b. 故障发生后的应对方案:

ⅰ. 驾驶员通过列车无线向调度员报告无线通信中断,列车紧急停车。

ⅱ. 调度员确认地面设备的故障状态及周围列车状态,在必要范围内(故障列车退避到正线外所需范围)设置防护区间。

ⅲ. 调度员设置防护区间后,向驾驶员发送切换到 SR 模式及运行区间的指令。

ⅳ. 地面逻辑部消除通信中断列车(前提是在列车在线范围内设定了防护区间)。

ⅴ. 驾驶员接收调度员的指令,切换到 SR 模式后目视运行。

ⅵ. 驾驶员向调度员报告故障列车已经从正线上退避下来。

ⅶ. 调度员确认故障列车已从正线上退避后,解除防护区间。

ⅷ. 防护区间的设定以站间区域为单位。防护区间随着列车的移动而移动。

STA 双套发生故障后的应对方案如图 9.10 所示。

B. ATP 车载设备双套故障:

a. 发生故障时。与 STA 双套发生故障时相同。

b. 故障发生后的应对方案。基本是无线通信中断的状态,与 STA 双套发生故障时一样。但如果是 ATP 车载设备故障,由于无法在 SR 模式下运行,改由司机驾驶,凭地面信号人工保障安全。

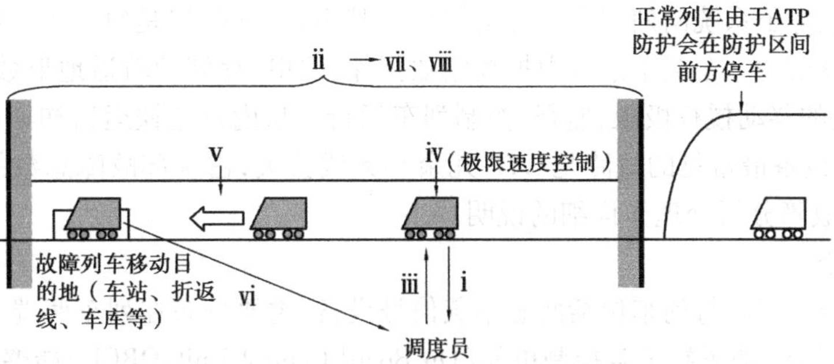

图9.10 STA双套发生故障后的应对方案

3)由于车辆故障等原因无法独自运行情况(救援)

①发生故障时。由于检测到故障列车紧急停车,继续无线通信的情况下,ATP逻辑部掌握列车位置继续ATP防护。无线通信中断的情况下与STA双套故障相同,人工保障安全。

②故障发生后的应对方案。

a.驾驶员通过列车无线向调度员报告因列车故障列车无法运行。

b.调度员确认周围列车状态,在必要范围内(故障列车退避到正线以外所需范围)设置防护区间。

c.调度员设置防护区间后请求救援列车。

d.救援列车在CBTC控制下行驶,在防护区间前方停车,向调度员报告。

e.调度员把防护区间延长至救援列车在线位置。

f.调度员延长防护区间后,向救援列车驾驶员发送切换到SR模式指令。

g.在地面逻辑部上消去通信段列车/救援列车(前提是在列车在线范围内设定了防护区间)。

h.救援列车驾驶员根据调度员的指令切换到SR模式后,与故障列车挂车,将故障列车拖至正线外。

i.救援列车驾驶员向调度员报告故障列车已退避至正线外。

j.调度员确认故障列车退避至正线外,解除防护区间。

由于车辆故障等原因无法独自运行时的应对方案如图9.11所示。

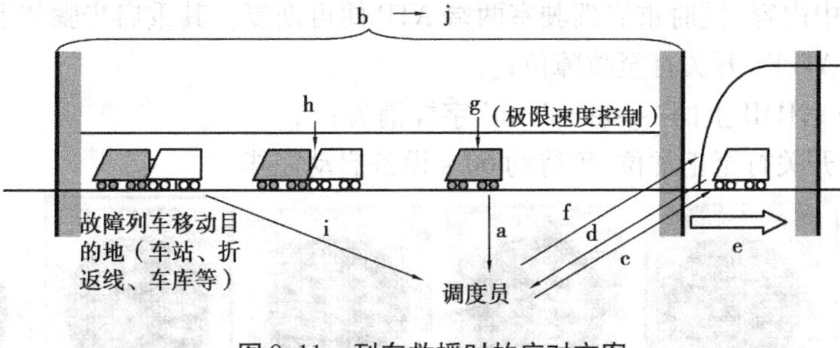

图9.11 列车救援时的应对方案

(4)南京地铁2号线ATP子系统

1)系统概述

南京地铁2号线信号系统使用的是西门子的列车自动控制系统,是基于通信的列车自动控制系统(CBTC)。该系统基于移动闭塞分隔列车原理,通过车—地间通信,周期传递列车位置信息并通过轨旁子系统向列车发送移动授权。其中,移动授权是轨旁子系统根据联锁状态和列车位置计算出的。车载子系统根据线路数据库(TDB)存储的轨道地形数据信息(如速度和坡度)和指定的移动授权极限,监督、控制列车运行。从南京地铁运营初期的故障数据统计来看,车载信号设备最常见的故障是 ATP 冗余和无线丢失,占全部故障总数的 60% 左右。下面就 ATP 冗余故障分析处理作详细的说明。

2)ATP 冗余

①ATP 冗余介绍。每列车包括两套车载信号设备,主要分布在列车两端 A 车上。这两套车载设备互为冗余,即尾端车载控制单元(On Board Control Unit,OBCU)能够在前端 OBCU 设备故障的情况下接管控制权。车载信号系统冗余可以保证 CTC 级别及 IXLC 级别下的使用,但故障端无法使用 ITC 级别。对 RM(限制人工驾驶模式)、SM(ATP 监督人工驾驶模式)、AM(列车自动驾驶模式)的选择无任何影响。ATO、库线折返及无人自动折返都正常,所有操作流程均与无冗余功能时相同。图 9.12 为 3 种不同 ATP 冗余切换状况。

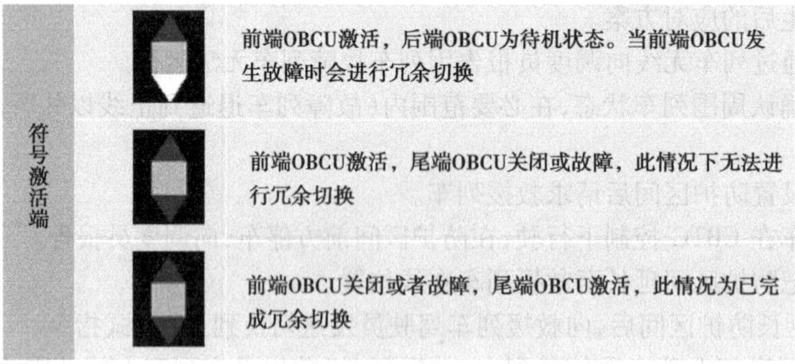

图 9.12　ATP 冗余状况

②ATP 冗余统计及其原因分析。当雷达、OPG(测速电机)、应答器、ITF 到 HMI 的通信连接、无线或机柜中及其他模块发生故障等都会导致 ATP 冗余切换。发生冗余切换后,下载故障数据分析,发现某些列车的贯通线较短,在运行过程中接头松动,造成了 ATP 冗余切换。

③ATP 冗余处理。当正线运营发生冗余,可以继续运营,所有功能不受影响,一般情况下,待列车运营结束回库后再作处理。发生冗余切换后,将无法切换回故障端,使用 ATP 切除开关(见图 9.13 框中内容)同时重启驾驶室两端 ATP 便可恢复。其重启步骤如下:

a. 将任一端 ATPFS 开关打至故障位;

b. 等待约 30 s,HMI 上的"system down"字样消失;

c. 将 ATPFS 开关打至正常位,等待约 60 s 设备启动完毕。

图 9.13　ATP 故障开关

(5) ATS 子系统

1) ATS 子系统组成

ATS 子系统由控制中心设备、车站设备、车载设备 3 部分组成,图 9.14 为 ATS 系统示意图。

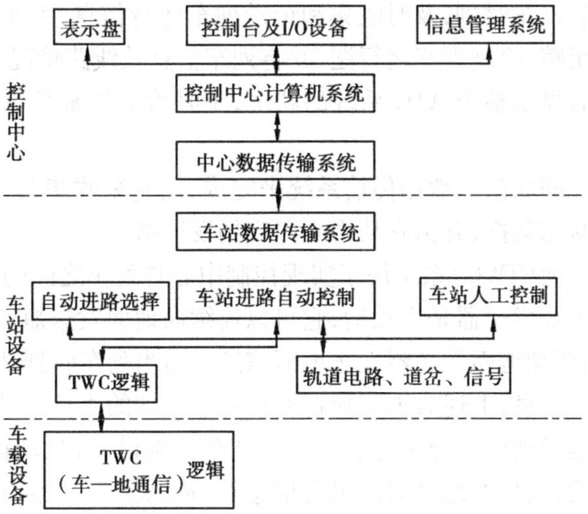

图 9.14 ATS 子系统示意图

2) ATS 的重要设备

①控制中心设备。

A. 数据传输计算机设备。用于控制中心与车站、列车控制设备室之间的双向数据交换,列车控制微机及通信组成一个局域网。

B. 调度表示盘。用于显示被控制的所有线路状态和所排进路的状态,显示列车运行的实时状态等。

C. 控制台设备。通过功能键盘输入数据及命令,CRT 详细显示车站动态线路图、车次跟踪及时刻表数据。

D. 绘图仪及行式打印机。绘图列车运行图,包括计划运行图和实际运行图,并打印各种列车运行报告和数据。

②车站设备。

A. 车站人工控制盘。它设于车站控制室内,通过控制盘对联锁、停站时间、临时限速命令及紧急停车命令等进行控制,盘面上附有显示装置。

B. 数据传输系统。接收和发送控制中心及列车之间的信息。

C. 自动进路选择系统。当车—地信息交换系统(TWC)收到列车发来的列车目的地等信息时,通过该系统自动排列进路。

D. 车—地信息交换系统。为实现控制中心与列车间的联系,在每个车站都设有车—地双向信息交换系统(TWC),地面 TWC 信息先通过 ATP 模块的功放,然后像传送速度命令及列车检测命令那样,通过站内阻抗联接变压器输入钢轨,并接收由列车向地面发来的信息,送至 TWC 接收器。

③车载设备。TWC 发送天线安装在头部车的前轮上的两中心线上,通过它发送 TWC 列

车信息,列车目的地信息储存于车上存储器内,传至地面以便自动排列进路;车号及目的地信息可以由司机手动输入车载存储器。

3)ATS 的基本功能

ATS 子系统的主要功能是控制和监督列车运行。该系统按列车计划运行图,指挥列车运行,办理列车进路控制、发车时刻,及时收集和记录列车运行信息,列车位置、车次号等由控制中心计算机进行列车跟踪,绘制列车运行图,并将列车信息及线路情况等在控制中心的模拟盘上显示出来。同时实时显示整个 ATC 系统的状况,及时给出告警显示和记录,进行统计和汇编以及仿真和诊断。

控制中心和车站之间联系由数据传输系统来完成,用它来收集与列车运行有关的数据及控制中心需要的系统状态数据,并由它从中心向现场发送指令。

车—地双向信息交换(TWC)系统用于实现控制中心与列车之间的联系,TWC 系统以主/从方式工作,即车载 TWC 发送器是主动地,它可以连续向地面发送短信息,地面设备仅在收到该短信时才响应,从而驱动地面发送器发送地面信息。而当列车收到从地面发来的信息后,车载发送器向地面改发长信息,上述数据交换过程在每个车站的入口区域内持续进行。

地面接收到的数据经确认后分别送至系统及列车控制设备,自动排列进路系统就是为响应收到目的地信息而设,当目的地译码译出此信息后,输入到寄存器中存储,寄存器按储存进路的次序输出开始、终端电路,以便按序排列进路,也即通过车站的 ATS 设备自动排列进路。当 TWC 或控制中心设备发生故障,可有车站值班员通过车站控制台按钮办理进路。所以控制方式的优先级顺序为:车站控制、中心控制、列车控制。换言之,平时应根据收到列车发来的目的地信息而自动排列进路;运行图打乱时,控制中心 ATS 设备也可自动排列进路;只有当 TWC 或控制中心故障时,才由车站控制。

(6)列车与地面通信(TWC)系统

列车与地面的信息交换系统(简称 TWC 系统),是列车与地面之间的半双工 ATS 信息交换系统。TWC 系统与 DTS 系统相结合,完成控制中心、联锁集中站与列车这三者的信息交换系统,使三者有机地结合,构成一个完整的系统。需要指出的是,TWC 系统交换的信息,是"非安全"调度信息和列车状态信息。

不同的 ATC 制式,采用不同的 TWC 系统,其传输方式和内容都不相同。下面以"站内轨道电路"和"站内轨道区段敷设环线"这两种 TWC 系统为典型,就其轨旁设备、数据内容及交换方式等作分析。

1)以"站内轨道电路"为载体的 TWC 系统

①设备布置。

A.车站 TWC 模块。联锁集中站信号设备室,对应所管辖车站的每个站台,分别设置与其对应的 TWC 模块,以对车—地交换的数据信息进行处理。

B."阻抗连接器"。在每个站台的两端,设置用于发送/接收 TWC 信息的"阻抗连接器",另外在车辆段的出库线及折返站的折返线、存车线,都应设置此类"阻抗连接器"。

C.TWC 车载设备。在 A 型车导轮的前方,正对钢轨的上方,设置 TWC / ATP 两个接收线圈,用于列车接收由地面发送的 TWC 信息;在车的底部还设有 TWC 发送天线,用于列车向地面发送 TWC 信息;另外在车载 ATC 系统机柜内,设有相应的 TWC 接收、发送模块。

②TWC 系统的数据信号。TWC 数据位(9 650 ± 150)Hz 的 FSK 调制信号,传输速率为 110 bits/s。

③TWC 信息的交换方式。TWC 系统采用半双工、主/从方式工作,也即车载 TWC 系统为"主",地面 TWC 系统为"从"。

平时状态:车载 TWC 系统向地面发送"短信息",随后"监听"地面的"应答";若地面不应答(收不到地面发来的 TWC 信息),车载 TWC 系统仍发"短信息"。当列车进入站台区域(至停车点 120 m),地面通过站台区段轨道电路发送的 TWC 数据信息,被车载 TWC 接收线圈接收,也即收到地面"应答",这时车载 TWC 系统改发"长信息"给地面,这种信息交换在站台区域 120 m 范围内持续进行。

2)以环线为载体的 TWC 系统

上述车—地通信系统中,地面通过钢轨来发送 TWC 信息,列车通过 TWC 天线送出车载 TWC 信息,它与车站程序定位停车无直接关系。而利用敷设于钢轨之间的环线作为 TWC 信息传输通过的制式中,该环线不仅是车—地信息交换媒介,也作为车站程序定位停车的定位校正设备。

①地面设备。

A. 设置地点:每个车站的站台区域、折返线以及出库线等处,需要与列车交换信息的区域,其钢轨之间都铺设用于信息交换的交叉环线。

环线的设置:环线离两边钢轨 0.429 5 m,环线宽度为 0.6 m,这样车载 TWC 接收线圈的接收"信号强度"最强。

B. 环线的长度应覆盖整个站台区域,两端为轨道电路 S-Bond 中心之间的距离,即站台的长度(186 m),再加 4 m(S-Bond 的距离),所以环线的长度约为 190 m。

C. 环线的交叉设置:环线以 11,7,6,1 m 等有规则地交叉,以站台中心为基准,两边对称设置,以利于双向运行的停车控制。整个环线设奇数次交叉。

D. 耦合单元:在环线的接入口设有耦合单元。耦合单元与联锁集中站设备室之间用传输线相连。耦合单元使传输线与环线之间的阻抗得以匹配。传输线的另一端,连至联锁集中站信号设备室的"车—地通信控制器",每个"车—地通信控制器"都有唯一的地址。

②车载设备。列车为了与地面进行无线数据通信,在列车头、尾的 ATC 机柜内,都配置有车载"车—地通信控制器",在其车底,还设有 TWC 接收/发送天线。

③工作原理。联锁集中站的"车—地通信控制器",在接收 CATS 发来的有效信息中,提取相关数据,把它压入缓冲,并置于下一次给车载"车—地通信控制器"的响应中。同样,在收到车载"车—地通信控制器"发来的信息中提取相关数据,再加上该站"车—地通信控制器"的数据,压入缓冲后,向 CATS 发送包括上述数据信息的响应。车站"车—地通信控制器",实际上是 TWC 信息的处理单元,它与非安全逻辑控制器(NVLE),通过 RS485 接口,收集从 NVLE 传来的信息,这些信息经过缓冲、编码、格式化等处理后,经 RS232 口传至输入/输出单元,再经过传输线,送至耦合单元。在输入/输出单元,将发送的数据信号格式化,变为键控数字信号后,输出压控振荡移频键控调制器,再经单稳多谐振荡器,经末场效应管的推挽输出放大器,把输出电平提升能满足传输需要的电平,再由耦合单元的外部升压,驱动环线工作。

(7)上海轨道交通车地通信系统(TWC)

1)TWC 系统概述

上海轨道交通 2 号线列车自动控制系统(ATC)采用美国 USSI 公司的信号系统,控制中心的列车自动监视(ATS)子系统监控地铁列车的运营;MICROLOK 联锁组成列车自动保护(ATP)子系统,为列车提供全面的安全防护;非安全的逻辑仿真器(NVLE)和环线式车地通信(TWC)设备构成列车自动运行(ATO)子系统,作为各个设备信息传递汇总的平台,确保列车运营效率。

上海轨道交通 2 号线采用环线式 TWC 系统程环线式 TWC 子系统支持列车的自动程序停车功能。站台区域两根钢轨之间的道床上铺设 TWC 环线。环线的长度覆盖全站台区域,其中包括距离不等的交叉点。环线的宽度为 61 cm(见图 9.15)。站台区域两端钢轨上安装 AF904 轨道电路的轨道联接器 S-Bond。站台端的 S-Bond 是车载 ATO 停站的标志之一。站台区域的轨道电路长度与站台长度相同。当列车停站时,占用该轨道电路,也为 ATS 监视列车位置提供依据。

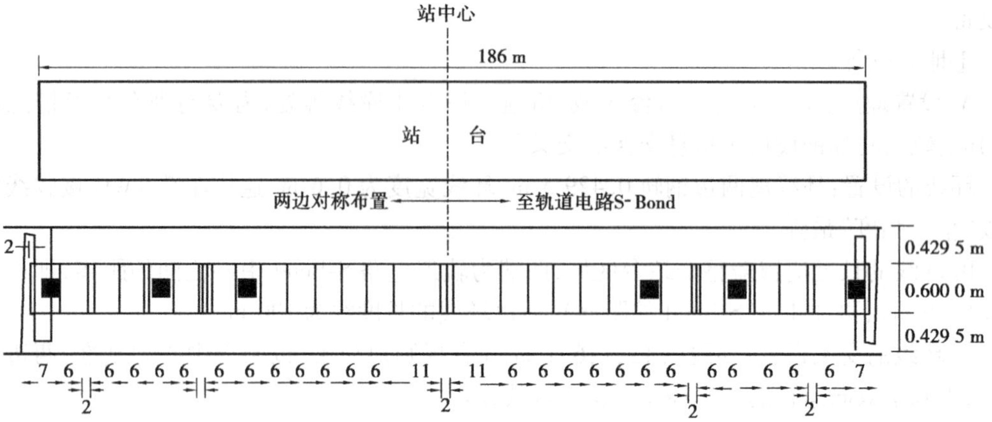

图 9.15 环线式 TWC 轨旁安装图

上海轨道交通 2 号线 ATC 系统在停站过程中多次发生列车停车不到位、超过停车位置及不停站等问题,对运营影响比较大。列车程序停车基于 3 个时间段内传输的不同信息:

①当列车进入站台接近轨道区段时,轨旁 TWC 启动连续传输模式(CTM 模式),此时段轨旁环线连续发送信息,但不接收车载信息。

②当列车进入站台轨道区段时,车载 TWC 模块检测到环线传送的信息,车载 ATO 子系统启动自动停车程序,生成定位停车制动曲线,并通过环线固定交叉位置的坐标不断修正定位停车曲线。

③当列车尾部出清了站台接近轨道区段时,列车完全进入了站台区域,轨旁 TWC 中断 CTM 模式,改为车地双向信息交换时段,轨旁 TWC 模块通过环线向列车传送调度信息,而列车向地面传送列车状态信息。

当检测到列车是零速时,车载 ATP 子系统向车辆控制系统发送一个允许开门信号,列车进行开、关门的操作。

列车进站程序定位停车控制主要接收两种信息:由 AF904 轨道电路发送、通过钢轨传递给车载 ATP 线圈、车载 ATP 解调后得到的安全信息,接近区段轨道电路发送的轨道电路编号,作为停站控制启动的标志(beacon);而站台区段轨道电路发送的停车(berth)位信息,是生成开门信号的条件之一。环线式 TWC 连续发送的信息,当列车驶入站台时,非安全的逻辑仿真器(NVLE)控制 TWC 模块,通过功放板向站台环线发送连续不断的信息,支持程序定位停车控制。

列车程序定位停车控制,是由列车进入站台的接近区段轨道电路开始。列车驶过接近轨道区段入口 S-Bond(过 Bond 检测触发)进入接近区段(接近轨道电路置 0),车载 ATP 子系统由接收的轨道信息译出轨道区段编号,车载 ATO 子系统的停站位 beacon 置 1,启动程序定位停车控制。NVLE 通过联锁系统收到接近轨道区段被占用,启动 TWC 模块进入 CTM 模式(CTM 置 1),通过 TWC 环线发送连续的信息,但不接收信息。

列车进入站台轨道区段(站台轨道电路置 0),车载 TWC 在经过轨道电路入口 S-Bond(过 Bond 检测被再次触发)时收到环线发送的连续信息(车载收 CTM 置 1),检测环线磁路的变化,车载 ATO 子系统开始实施停站控制程序(程序停车位 stop inprogress 被置 1),同时通过环线固定交叉位置的坐标不断修正定位停车制动曲线。

当列车低速停靠停车点时,联锁系统检测到列车尾部出清接近区段(接近轨道电路置 1),完全进入站台区域,站台轨道电路向车载 ATP 发送安全停站信息(停站开门位 berth 置 1),车载 ATP 子系统判断已完全进入了站台区域(车载收到 berth 位是构成允许开门信号的条件);同时轨旁 NVLE 控制轨旁 TWC 模块停发连续电平(CTM 置 O),车载 ATO 子系统检测列车已完全进入站台区域后,开始与环线进行半双工通信。车载 ATP 子系统检查速度传感器板是否产生非零信息,如果检测到列车是零速(Vzero 置 1),车载 ATO 子系统结束车站定位停车控制程序,使列车停稳位(Vehicle berthed)置 1,程序停车位(beacon 和 stop in progress)置 0。车载 ATP 子系统施加 70% 制动力,并向车辆系统发送允许开门信号,列车可以进行开关门的操作。

2)TWC 车载设备缺陷引发列车停站问题分析与处理

车载 TWC 模块调整不好,会导致列车无法收到交叉位置信息或错收到交叉位置信息,导致列车停站不准确。特别是车载 TWC RX/TX 板 R92 电位器调整不到位,会导致列车在每个车站都出现冲出停车位的情况,其停站误差一般在 1 m 左右。维护人员通过精确调谐 TWC 模块接收电位器后,列车超出停车位置或冲出站台的情况得到了显著改善。

思考与练习

1. 车载 ATP 子系统由哪几个部分组成?
2. 车载 ATP 子系统的主要功能是什么?
3. 重庆轻轨 3 号线 ATP 子系统故障模式分析及应对方案是什么?
4. TWC 系统的主要功能是什么?

项目 10　车辆电线连接技术

任务 1　冷压接线头连接与制作

任务目标

1. 了解车间连接器的结构特点。
2. 掌握冷压头的制作方法。

任务重点

冷压头的制作方法。

知识准备

机械识图、电工基础。

知识描述

(1)车辆间电连接器

北京地铁房山线地铁车辆主要采用 YGC-CL-108PRY 电连接器,如图 10.1 所示,它的制造过程一般从冲压插针开始,通过大型高速冲压机,电子连接器(插针)由薄金属带冲压而成。大卷的金属带一端送入冲压机前端,另一端穿过冲压机液压工作台缠入卷带轮,由卷带轮拉出金属带并卷好冲压出成品。

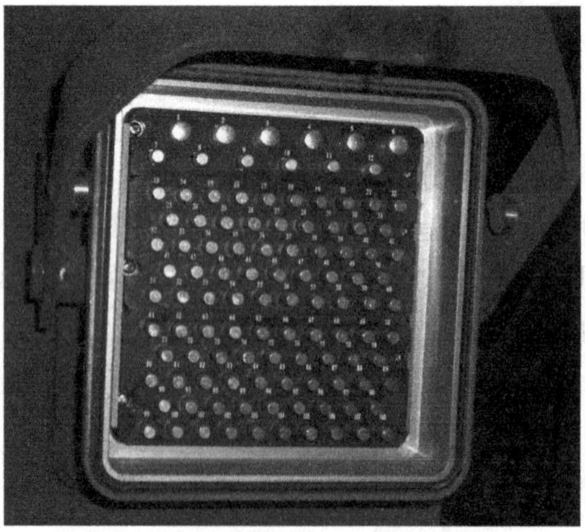

图 10.1　YGC-CL-108PRY 电连接器

1)应用范围

应用与铁路、机车车辆、城市轨道交通、矿山码头及工业设备自动化电气控制系统之间的电气连接。

2)使用环境及主要技术特征

温度范围:－25～＋70 ℃

相对湿度:≤90%(温度40 ℃时)

额定电压:110 VDC

额定电流:ϕ10:40 A;ϕ7:15 A;ϕ6:8 A

绝缘电阻:≥2 000 MΩ(常态),≥100 MΩ(湿热)

耐电压:1 500 V AC(常态)

阻燃性:UL94V-0

防护等级:IP66

机械寿命:750次

使用导线规格:ϕ10:8 mm^2;ϕ7:6 mm^2;ϕ6:1.25 mm^2

3)结构特点

①接触件与导线的端接形式为压接式,接触件为端面接触,插头与插座的连接形式为直插式杠杆锁紧机构连接。

②接触可靠,操作简便,具有可靠的机械性能和良好的电气性能,可与国内外同类产品进行互换互插。

4)物料代码

插头	YG188-01-00-00
插座	YG188-02-00-00
G1插座箱体总成	YG188-03-00-00
G2插座箱体总成	YG188-04-00-00

5)外形尺寸

插头/Plug YGC-CL-108PY

YGC-CL-108PY电连器的外形尺寸如图10.2所示。

(2)冷压头制作方法

绝缘端子又名冷压端子(Cold Terminals)、电子连接器,空中接头都归属于冷压端子。是用于实现电气连接的一种配件产品,工业上划分为连接器的范畴。随着工业自动化程度越来越高和工业控制要求越来越严格、精确,接线端子的用量逐渐上涨。随着电子行业的发展,接线端子的使用范围越来越多且种类也越来越多。目前用得最广泛的除了PCB板端子外,还有五金连续端子、螺帽端子、弹簧端子等。

1)注意事项

①应充分了解所要操作的冷压端子,熟悉其操作方法,以保证正确操作;对不具备防误操作的冷压端子,应采用色码或标记予以标识,或在连接前合适型号是否对应,并保证相互连接时正确定位;应特别注意防止带针插座的误插合,否则将损坏冷压端子,并导致意外电接触;应确保冷压端子连接到位,在不易检查的特殊场合,应在相应的操作规程中作出详细的规定,并

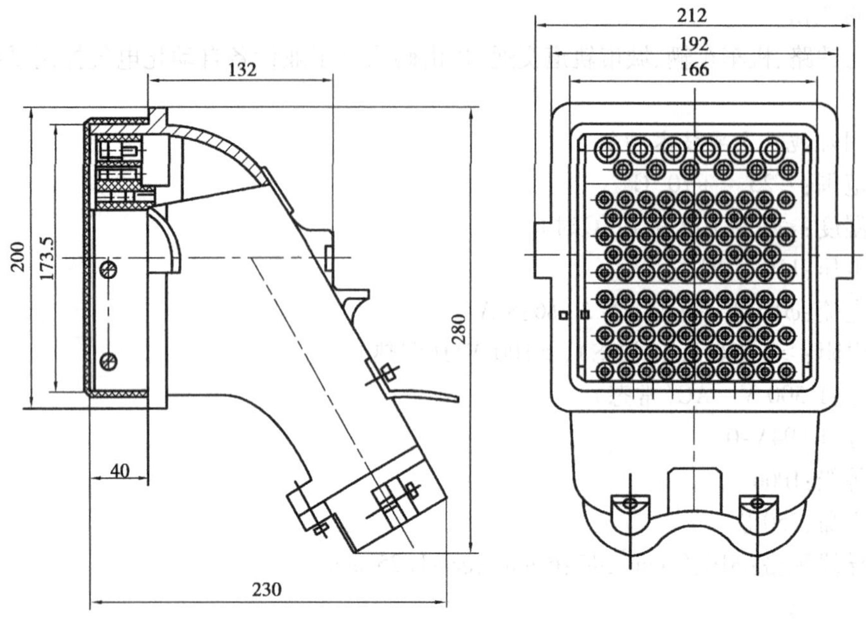

图 10.2　YGC-CL-108PY 电连器的外形尺寸

可通过窥镜进行检查。

②冷压端子端接时，应严格按照相应的端接规范或要求进行端接和检查，并按对应的节点序号端接。选用的电缆导线间的最大绝缘层厚度应与接触件间距匹配，电缆线芯应与接触件接线端匹配，当接触件间跨并线处理。

③焊接时应根据裸线直径来选择相应功率的电烙铁，每个接触件的焊接时间一般不超过 5 s，应注意不要让焊剂渗入绝缘体，以免造成产品绝缘电阻下降。

④冷压端子处于分离状态应分别装上保护帽或采取其他防尘措施；如果冷压端子连接后长期不分离，可在插头和插座之间打上保险。

⑤清洗冷压接线端子时，可使用蘸着无水乙醇的绸布进行，晾干后使用。不允许使用可能对连接器产生有害影响的丙酮等化学溶剂。

⑥冷压端子连接或分离时，应尽量使插头和插座的轴心线重合，并且要扶正电缆，避免插头受到切向力的作用，防止电缆下垂导致连接器的损坏。

⑦冷压端子在未正确连接或完全锁紧前，禁止通电。

⑧在冷压端子的固定、线束的夹紧等场合，使用螺纹连接时应有防松装置（防松螺钉、防松圈、保险丝等）。

⑨验收和检测冷压端子时，应按产品有关标准和使用说明书的要求进行。验收和检验已使用过的电连接器，应在产品有关标准和使用说明书的基础上降低要求进行，使用的工装冷压端子应完好无损，性能合格；探针应符合标准要求，否则易造成插孔损伤。

2）制作方法

①剥去导线的绝缘层。使用工具：剥线钳、卷尺（图 10.3 至图 10.5）。

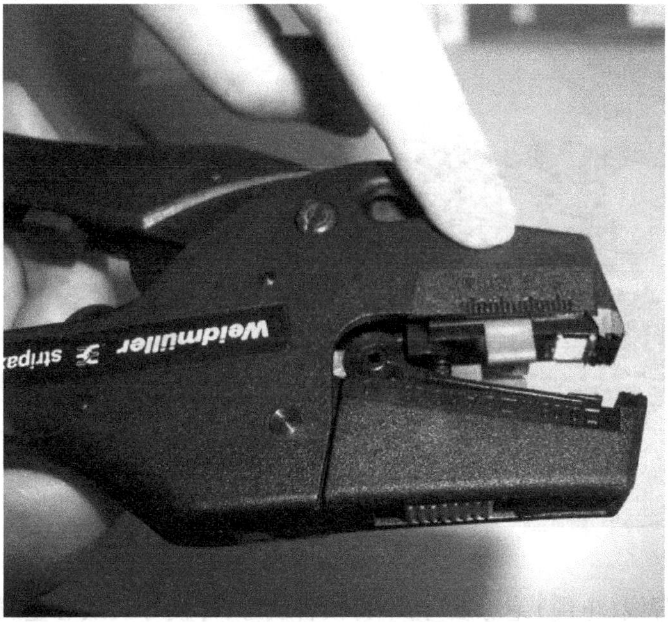

图10.3 剥线钳

剥线长度12 mm(暂定),按照钳口处的刻度,调节橘色滑块。

注意:剥线长度的正确,直接影响接线质量。

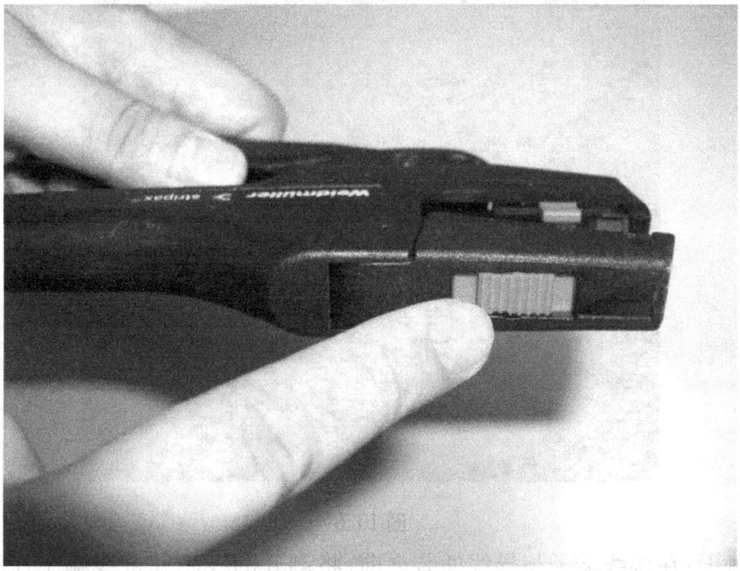

图10.4

通过调节上部的橘色滑块,对应不同导线的绝缘皮厚度。

注意:如果位置不正确,将无法剥除绝缘皮,或损坏导线,将导线一端顶至橘色滑块,按动手柄,剥线就能够顺利完成。

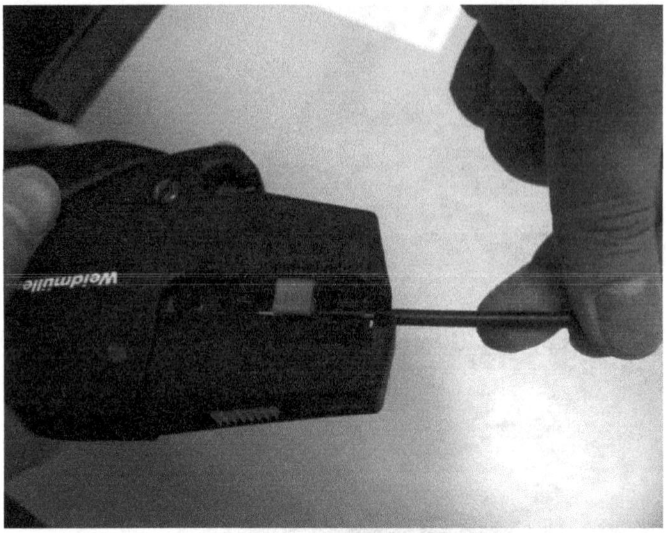

图 10.5

②剥线：剥去导线（电缆）绝缘层时，不得损害线芯，并使导线线芯金属裸露。如图 10.6 所示，剥线长度为 9 mm（以端子型号裸露长度为准）。

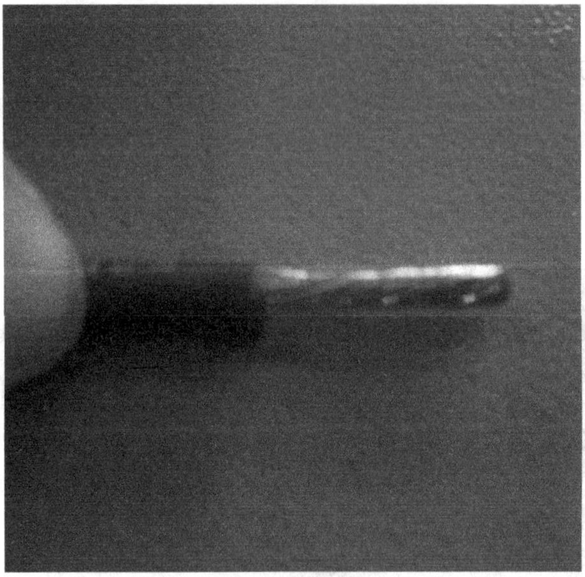

图 10.6

③清洁接触面：在接线端子与导线插装之前，将剥开的线芯和接线端子仔细清理干净，要求裸露导线光洁无非导电物和异物，接线端子内部清洁。检验方法为目测。

④插线：采用笼式端子接线时，应保证导线绝缘层要进入端子的圆孔中：4 mm^2 及以下导线的绝缘外皮要求进去 3 ~ 5 mm，方法：当剥好线全部投入到管中与管口平，然后后退 1 ~ 2 mm，如图 10.7 所示。

剥开的线芯插入接线端子套时，将所有的线芯全部插入端子中，如图 10.8 所示。检验方法为目测。

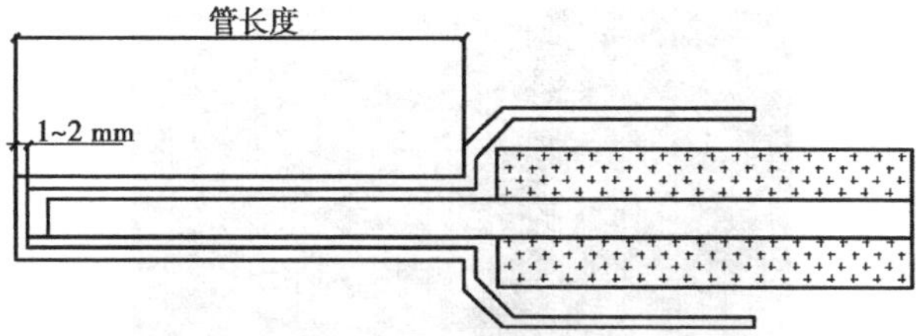

图 10.7

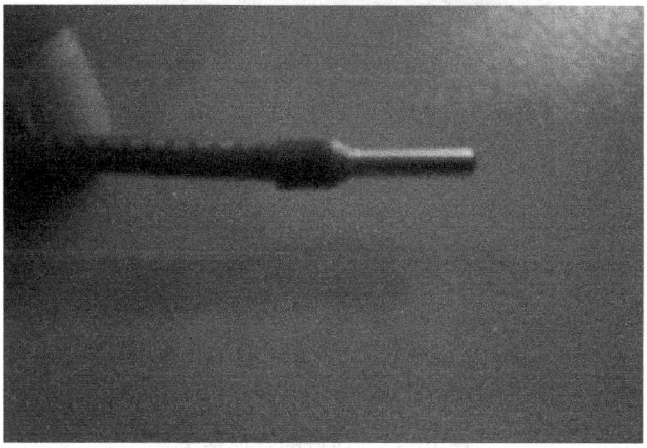

图 10.8

⑤接线端子冷压接:将管形端子压接到导线上,需要专用压线钳压接(OPT SN-06WF,SN-10WF)如图 10.9 所示。检验方法均为目测。

导线的截面要与接线端子的规格相符。

使用压接工具的钳口要与导线截面相符,压线钳必须在有效期内。压接部位在接线端子套的中部,压接部位要求正确,如图 10.10 所示。

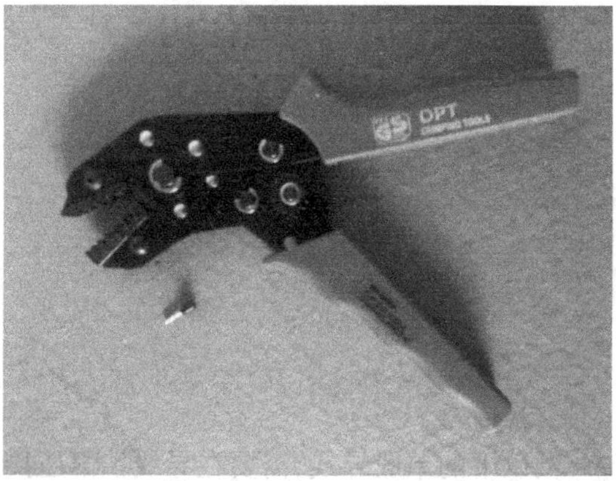

图 10.9

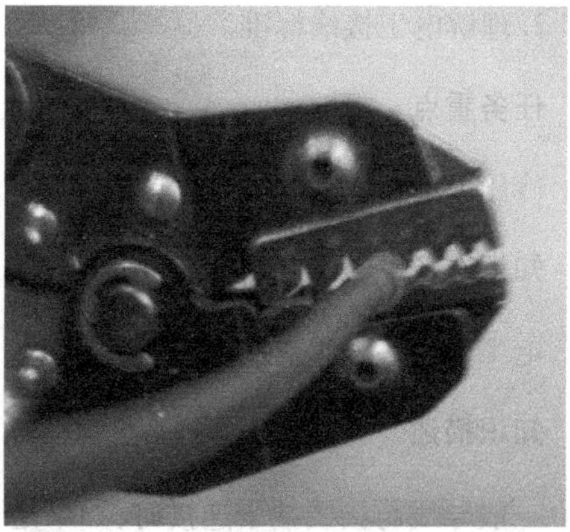

图 10.10

使用无限位装置的压接工具,必须把工具手柄压到底,以达到机械性能。压好管形端子如图 10.11 所示。

⑥检验:用手拉冷压接线头,电线不能拉出为压接力满足要求,用万用表“电阻”检测电气连接是否完好,电阻为“0”则为完好。

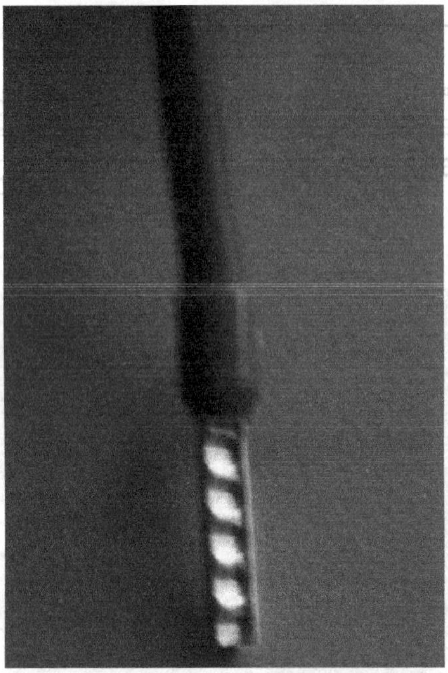

图 10.11　压好的管形端子

任务2　电工单股线和多股线及线鼻子的做法

任务目标

1. 掌握冷压 UT 和 OT 头的压接方法。
2. 理解电工接线标准。

任务重点

冷压 UT 和 OT 头的压接方法。

知识准备

电工基础。

知识描述

一般导线与接线端子连接时,如果是 10 mm^2 及以下的单股导线,需要在导线端部压接 UT 形接线端子。若是 16 mm^2 以上的多股铜线则需装接线鼻子,再与接线端子连接。

(1)冷压 UT 和 OT 头(4 mm^2 以下)

1)UT 端子压接(叉形端子)

规格参数如图 10.12 所示。

叉形裸端头

冷压端头

端头材质：紫铜，表面镀锡

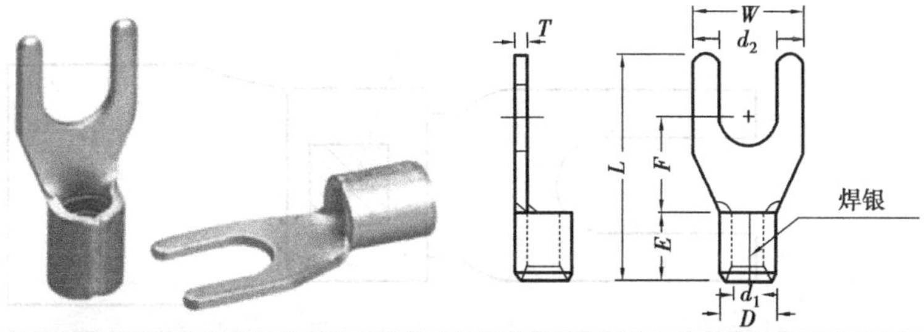

电线规格 最大电流	型号	螺栓尺寸	尺寸/mm							使用压接工具型号	包装（只）
		d_2	W	F	L	E	D	d_1	T		
	SNBS5-3.7	3.7	7.2	7.5	17.4						100
	SNB5-3.7	3.7	8.2	7.0	18.5						100
	SNBSS5-4	4.3	7.2	7.5	17.4						100
12-10A.W.G. 4~6 mm² 48A	SNBS5-4	4.3	8.2			6.0	5.6	3.4	1.0	LY-10 使用5.5钳口	100
	SNBL5-4	4.3									100
	SNB5-5	5.3	9.0	7.0	18.5						100
	SNBS5-6	6.4									100
	SNBL5-6	6.4	12.0	12.0	24.5						100
	SNB5-8	8.4	14.0	10.5	23.5						100

图 10.12　叉形端子

①剥线：剥线长度为 7 mm。

工具：压线钳，如图 10.13 所示。

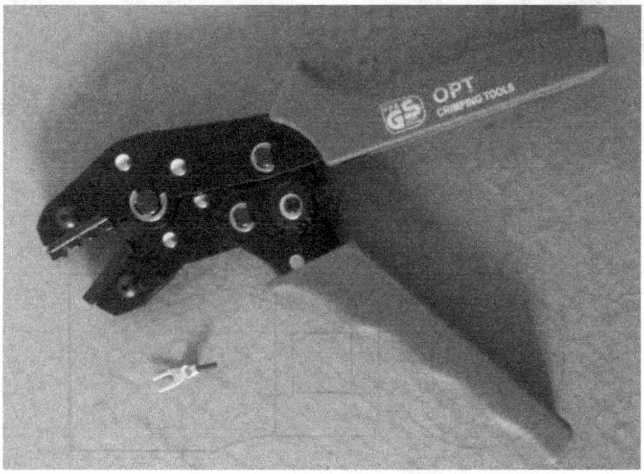

图 10.13　压线钳

②压接:压接良好如图 10.14 所示。

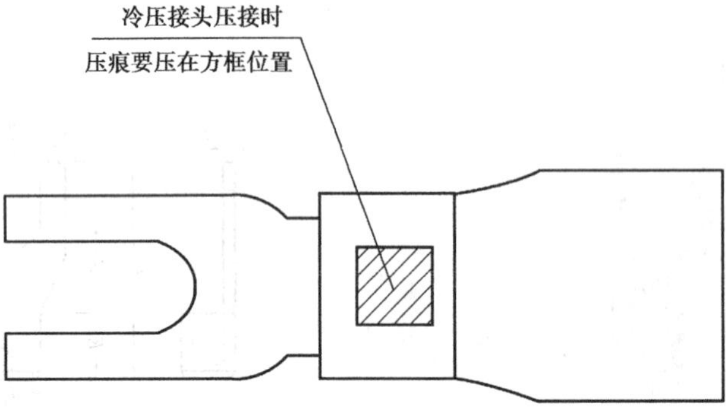
冷压接头压接时
压痕要压在方框位置

图 10.14　压接

③检测:连接牢固,电气连接好。

2)OT 端子压接

OT 端子是最为常用的一种端子,在本设备中,主要用于接地等接线柱的连接,如图 10.15 所示。

①剥线:剥线长度为 7 mm(比包线芯长 3 mm)。

工具:压线钳,如图 10.16 所示。

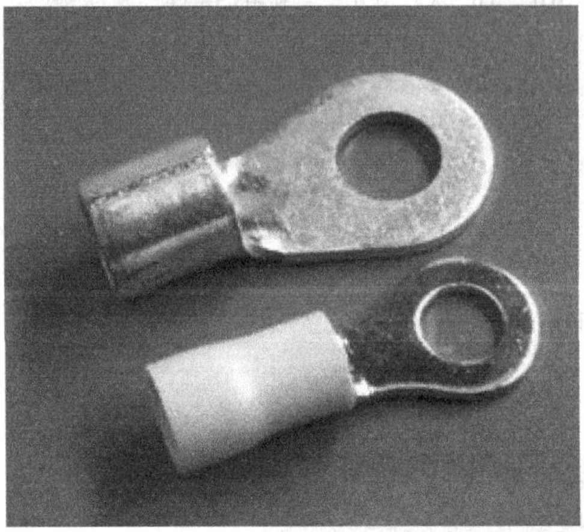

图 10.15　OT 端子

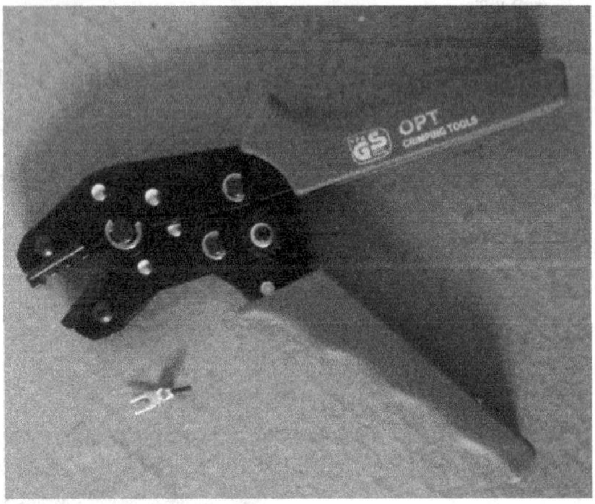
GS
OPT
CRIMPING TOOLS

图 10.16　压线钳

②压接:压接良好,如图 10.17 所示。

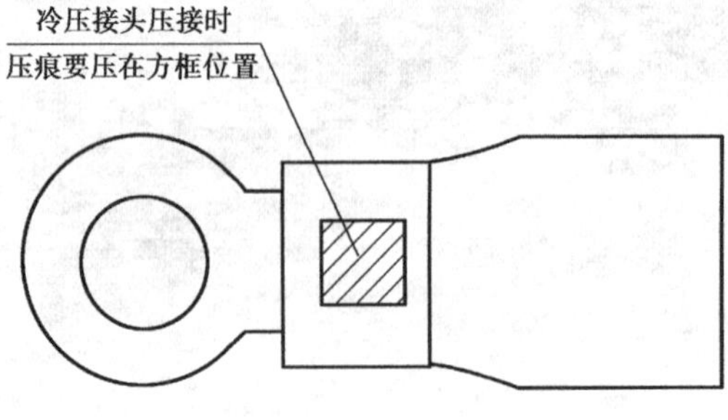
冷压接头压接时
压痕要压在方框位置

图 10.17　压接

③检测:连接牢固,电气连接好。

3)直插端子压接

直插端子也是为常用的一种端子,如图10.18所示,在本设备中,主要用于行程开关触点的连接,如图10.18所示。

图10.18 直插端子

①剥线:剥线长度为8 mm(比包线芯长1 mm)。

工具:压线钳,如图10.19所示。

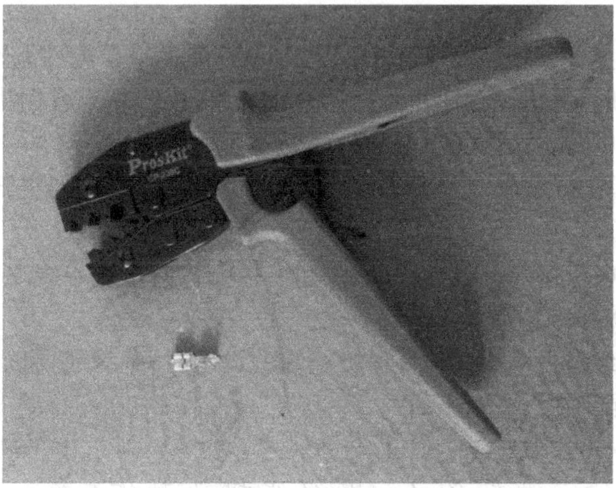

图10.19 压线钳

②压接:压接良好,如图10.20所示。

③检验:连接牢固,电气连接好。

(2)电工接线标准

①紧固接线用力要适中,防止用力过大将螺栓螺母滑扣,发现已滑扣的螺栓螺母及时更换,严禁将就作业。

②用螺丝刀紧固或松动螺丝时,必须用力使螺丝刀顶紧螺丝,然后再进行紧固或松动,防止螺丝刀与螺丝打滑,造成螺丝损伤不易拆装,尤其是挂箱内的常用空开。

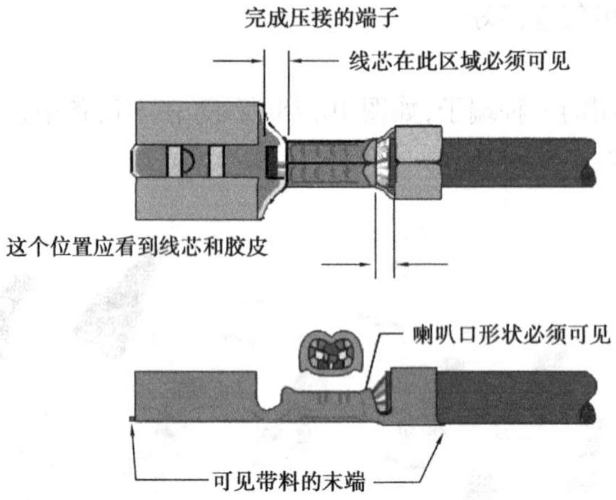

图 10.20　压接

③发现难于拆卸的螺栓螺母,不要鲁莽行事,防止造成变形更难于拆卸,应给予适当敲打,或加螺丝松动剂、稀盐酸等稍后再进行拆卸。

④不要用老虎钳紧固或松动螺栓螺母,以防造成损坏,用活口扳手时要调整好开口,防止将螺栓螺母损坏变形,造成不易拆装。

⑤同一接线端子允许最多接两根相同类型及规格的导线。

⑥易松动或易接触不良的接线端子,导线接头必须以“?”型紧固在接线端子上,增加接触面积及防止松动。

⑦导线接头或线鼻子互相连接时,中间严禁加装非铜制或导电性能不好的垫片。

⑧导线接头连接时,要求接触面光滑且无氧化现象,接线鼻子或铜排相接时,可在接触表面清理干净后涂抹导电膏,然后再进行紧固。

⑨接临时线时,单根导线软线的要求接线头对折一次,然后接到空开下口;单芯硬线要以“?”型接到空开下口。

⑩30 kW 及以上电机接线,要求电机出线和连接电机的电缆导线之间不允许跨接导电性能不好的垫片,如镀锌螺母、平垫、弹簧垫等。

⑪使用绝缘胶带缠绕电缆或其他要保护绝缘的设备时,绝缘层要以压置 1/2 的比例从一端缠绕到另一端,且至少往返一个来回。

任务3　网络线接头制作

任务目标

1. 掌握五类线的用途及制作方法。
2. 掌握 RS485 总线的接线方法。

任务重点

RS485 总线的接线方法。

知识准备

电工基础、电气控制及 PLC 应用。

知识描述

五类线：该类电缆增加了绕线密度，外套一种高质量的绝缘材料，传输率为 100 MHz，用于语音传输和最高传输速率为 10 Mbps 的数据传输。

五类线常用的两种连接方式为：

①平行线(俗称直连线)，是将线的两端采用同样的做法，一种是两端都采用 T568A 标准制作，另一种是两端都采用 T568B 标准制作，通常都使用 T568B 标准。常用在连接网卡和 HUB 或网卡和交换机等两端引脚功能定义不同的设备。

②交叉线，是一端采用 T568A 标准，另一端采用 T568B 标准，用来连接网卡和网卡或网卡和路由器的以太口等两端引脚功能定义相同的设备。

(1)材料/工具介绍

如图 10.21 所示为制作 RJ45 水晶头所需材料、工具。

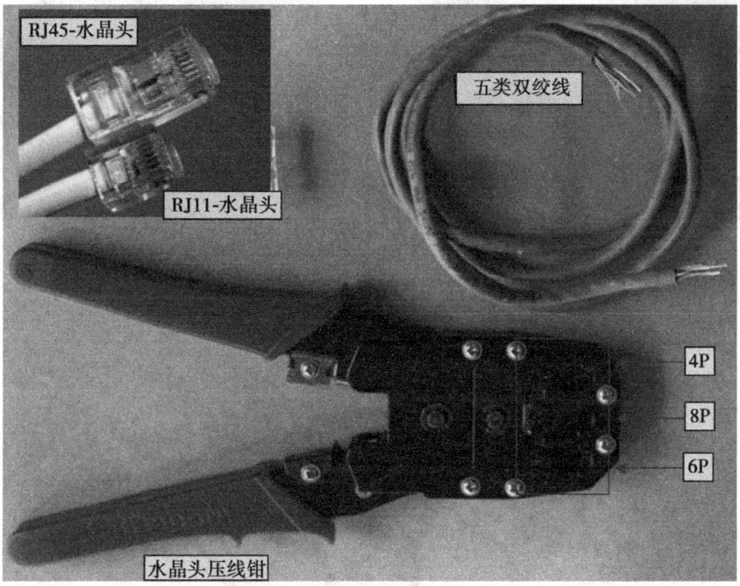

图 10.21　制作水晶头所需材料、工具

1)水晶头(RJ45 与 RJ11)

RJ45 水晶头接口，通常用于数据传输，最常见的应用为网卡接口，有 8 个 PIN 槽(在语音专线中，多功能话机也使用 RJ45 接头，但要注意 32 V 供电的线芯顺序不能接反)。

2)网线

常用的网线一般采用 5 类线和超 5 类的双绞线，由不同颜色的 4 对 8 芯线组成，每两条按一定规则绞织在一起，成为一个芯线对。

3)网线压线钳

压线钳最顶部的是压线槽，压线槽供提供了 3 种类型的线槽，分别为 4P,8P 以及 6P，中间的8P槽是最常用的RJ45压线槽,而4P为RJ11电话线路压线槽。(6P的水晶头通常使用在电话机与局端/主机系统之间的连接,目前已较少使用,在早期也曾作为网线使用),网线压线钳可进行网线的裁剪以及开剥功用。

(2)RJ45 水晶头的制作

1)裁剪与开剥

利用压线钳的刀口剪裁出需要的双绞线长度,并对裁剪好的网线两头进行旋转剥线。把双绞线的灰色保护层剥掉,可以利用到压线钳的剪线刀口将线头剪齐,再将线头放入剥线专用的刀口,稍微用力握紧压线钳慢慢旋转,让刀口划开双绞线的保护胶皮,如图10.22所示。

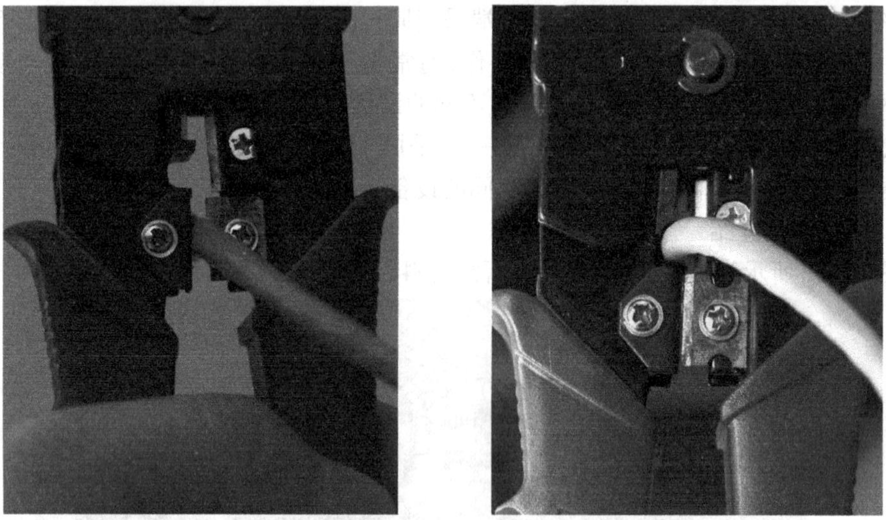

(a)剪出需要的网线长度　　(b)线材保护层开剥

图10.22　剥线

图10.23　常见5类线的4对双绞电缆

开拨后将看到4对电缆,如图10.23所示,按照规定的顺序进行排列,便可开展水晶头的加工制作,将4个线对的8条细导线逐一解开、理顺、扯直,然后按照规定的线序排列整齐。

2）线材排序

RJ45 型水晶头有两种连接方法（线序），分别称作 T568A 标准线序（交叉型/交叉线）和 T568B 标准线序（直通型/直通线）。

各口线编号的实物参照方法如图 10.24 所示，水晶头的尾巴向下，从左至右，分别定为 1，2，3，4，5，6，7，8。

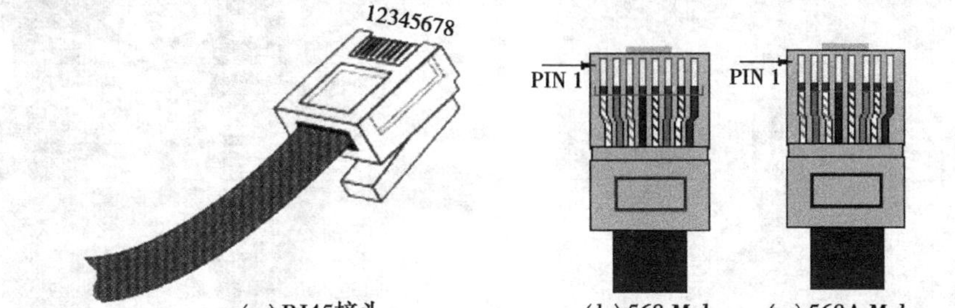

（a）RJ45接头　　（b）568 Male　　（c）568A Male

图 10.24　各口线编号的实物参照方法

以下是各口线的编号的分布/线材色彩分布，见表 10.1。

表 10.1　各口线的编号的分布/线材色彩分布

T568B 线序/直通型							
1	2	3	4	5	6	7	8
橙白	橙	绿白	蓝	蓝白	绿	棕白	棕
T568A 线序/交叉型							
1	2	3	4	5	6	7	8
绿白	绿	橙白	蓝	蓝白	橙	棕白	棕

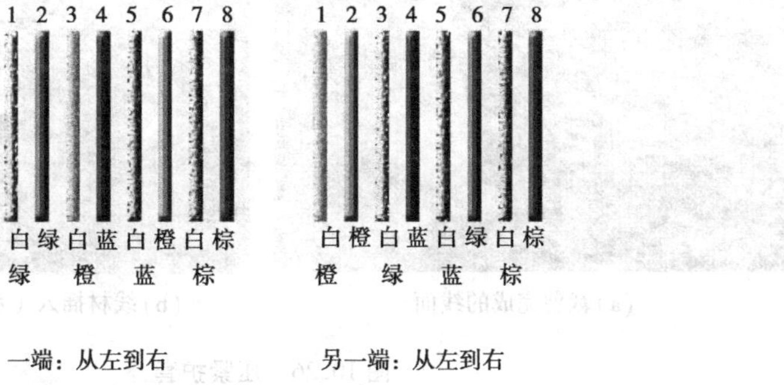

注：直通网线的两端水晶头都要按照 T568B 线序标准进行制作；

交叉网线则是一端为 T568B 线序，另一端为 T568A 线序（不要两头都制作成 T568A 线序）。

把相互缠绕在一起的线缆逐一解开。根据需要接线的规则把几组线缆依次排列好并理顺，排列时应该注意尽量避免线路的缠绕和重叠。

3）水晶头制作

理顺线材后，进行裁剪，如图 10.25，线材的保留长度约为 15 mm，这样才能使线材插入对应的水晶头线槽,如图 10.26 至图 10.28 所示。如果保留的长度过长,会因为线材不再互绞而造成串扰;同时水晶头没有压紧护套,会造成水晶头松脱或线材与 PIN 之间的接触不良。

(a)保留15 mm的长度进行裁剪　(b)排列整齐并理顺拉直

图 10.25　拉直裁剪

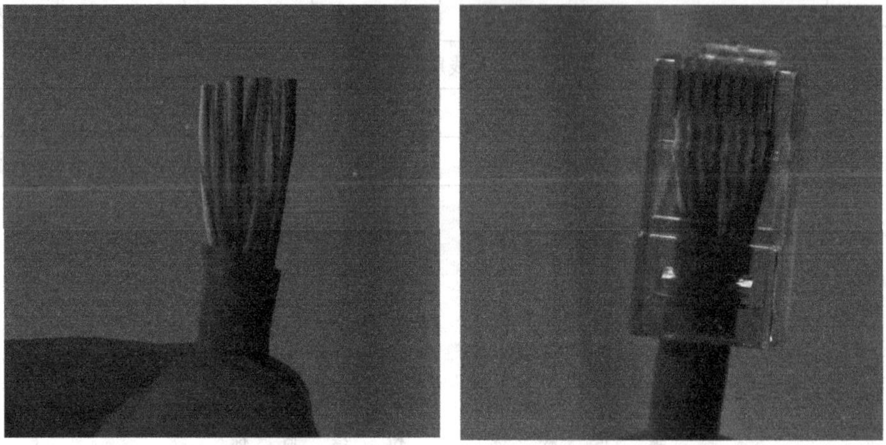

(a)裁剪完成的线面　(b)线材插入（水晶头的尾巴朝外）

图 10.26　压紧护套

确认无误之后即可将水晶头插入压线钳的 8P 槽内进行压线,将水晶头插入后,用力握紧线钳,听到轻微的"啪"声即可。

如图 10.28 所示,压线之后水晶头凸出在外面的针脚全部压入水晶并头内,而且水晶头下部的塑料扣位也压紧在网线的灰色保护层之上(线材里的拉伸受力丝/白丝,需要裁剪,保持水晶头的美观)。

4)测试

将做好的网线两端分别插入测试仪(见图 10.29)的插孔,测试仪上的 1 ~ 8 号指示灯将依次亮起，如果有指示灯未亮，说明制作时出现问题。

(a)线材插入到底

(b)使用8P口进行压线

图10.27　压紧护套

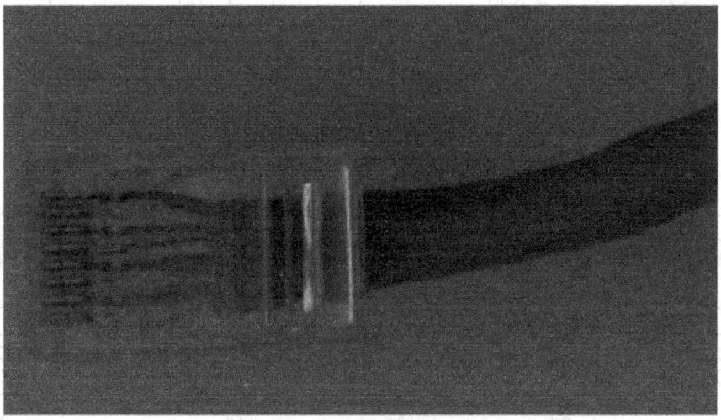

图10.28　压紧护套

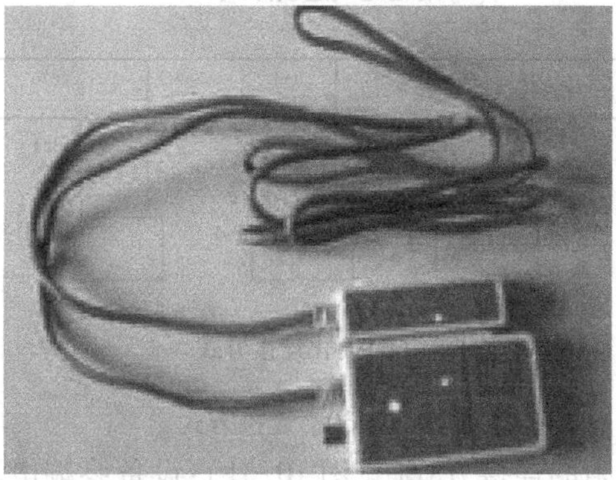

图10.29　网线测试仪

5）五类线的制作注意事项

①剥线时，不可太紧、太用力，否则容易把网线剪断。

②一定要把每根网线捋直，排列整齐。

③把网线插入水晶头时,8 根线头每一根都要紧紧的顶到水晶头的末端,否则,网线可能不通。

④捋线时,不要太用力,以免将网线拗断。

(3) RS485 总线接线方法

1) RS485 总线基本特性

根据 RS485 工业总线标准,RS485 工业总线为特性阻抗 120 Ω 的半双工通信总线,其最大负载能力为 32 个有效负载(包括主控设备与被控设备)。

2) RS485 总线传输距离

当使用 0.56 mm(24AWG)双绞线作为通信电缆时,根据波特率的不同,最大传输距离理论值见表 10.2。

表 10.2 不同波特率的最大传输距离

波特率/Bps	最大传输距离/m
2 400	1 800
4 800	1 200
9 600	800

3) 连接方式与终端电阻

①RS485 工业总线标准要求各设备之间采用菊花链式连接方式,两头必须接有 120 Ω 终端电阻[见图 10.30(a)]。简化连接可采用图 10.30(b),但"D"段距离不得超过 7 m。

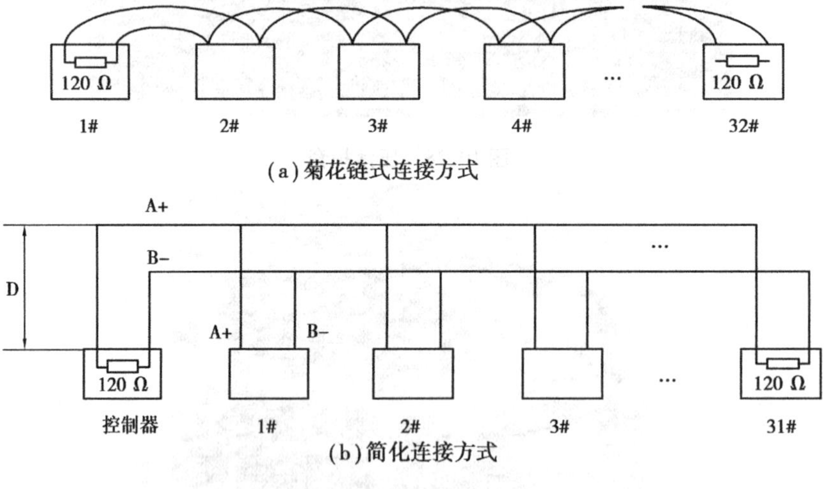

图 10.30 连接方式

②设备终端 120 Ω 电阻的连接方式(见图 10.31):设备终端电阻 120 Ω 电阻在控制电路板上已备有,共有两种连接方式。图 10.31 中为出厂时的缺省连接方式,此时控制电路板上的跳线帽插接在 2 ~3 插座位置上,这时 120 Ω 电阻未接入。当需要接入 120 Ω 电阻时,要将图中的控制电路上的跳线帽从 2 ~3 的位置拔下来,然后插接在 1 ~2 的位置。这样 120 Ω 电阻便接入电路中。

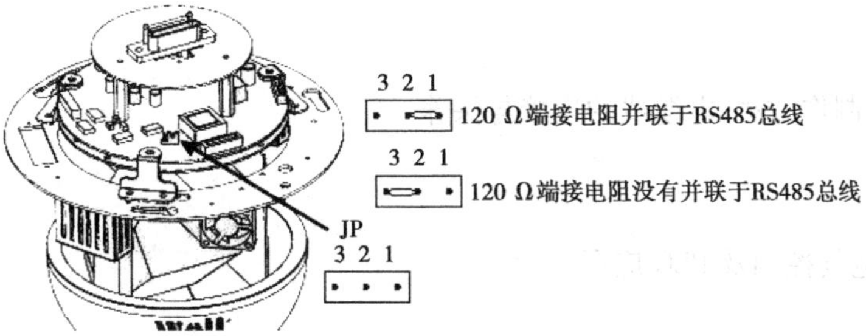

图10.31　设备终端120 Ω电阻的连接方式

4)实际使用中的问题

实际施工使用中,用户常采用星形连接方式,此时终端电阻必须连接在线路距离最远的两个设备上(见图10.32中1#与15#设备),但是由于该连接方式不符合RS485工业标准的使用要求,因此在各设备线路距离较远时,容易产生信号反射、抗干扰能力下降等问题,导致控制信号的可靠性下降。反映现象为球机完全或间断不受控制或自行运转无法停止。对于这种情况建议采用可以与之匹配的RS485分配器。该产品可以有效地将星形连接转换为符合RS485工业标准所规定的连接方式,从而避免产生问题,提高通信的可靠性。

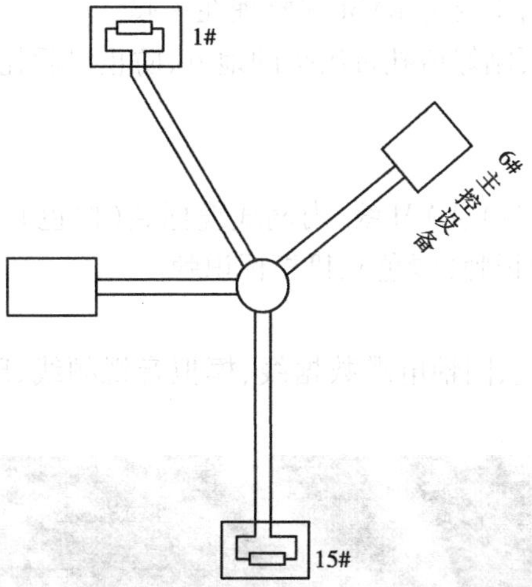

图10.32　星形连接方式

任务4　线缆整理与线标的制作

任务目标

1. 熟悉线缆整理的原则及注意事项。
2. 掌握各类线标的制作方法。
3. 电缆线的连接与保养。

任务重点

各类线标的制作方法，电缆线的连接与保养。

知识准备

电工基础、电气控制及 PLC 应用。

知识描述

(1)线缆整理

1)原则

正确、美观、速度。

2)注意事项

①布线时要尽量保持美观，无论是布线还是扎线都要保持对称，线要沿线槽放下。

②扎线时要保持一定的冗余，特别是光纤，扎线时要轻一点，方便以后插拔端口有足够的空间。

③整理服务器机柜时，不要把 KVM 线整理在一起。

④用斜口钳剪线时，要刚好剪扎带出头的地方，防止以后扎手。

(2)标签制作

1)信息统计

标签分为：电源线(红色)、KVM 线、内网线缆标签(白色)、外网线缆标签(蓝色)、光纤线缆标签(白色、小)、设备标识牌(绿色)、机柜标识牌。

2)线缆标识

线缆(光缆、尾纤、网线、同轴电缆数据线、模拟音视频线、RF 射频线、电源线)等标识，如图 10.33 所示。

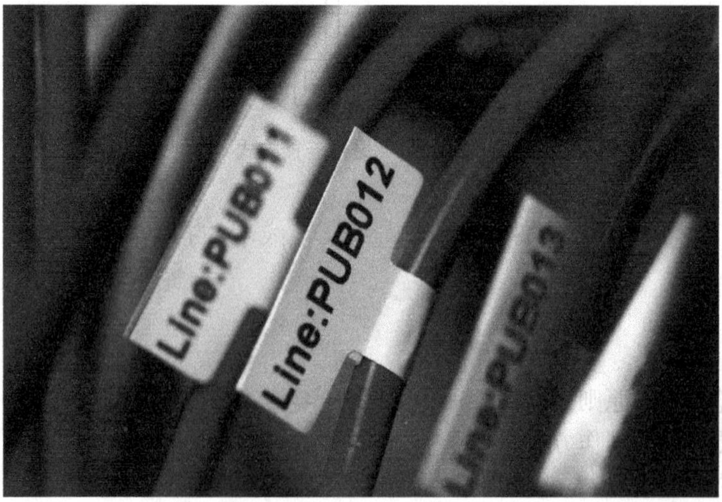

图 10.33 光缆标识

线缆上有起点(本端)和终点(对端)代码的标签,如 03A-C05-05:A42-01(起点/终点),所表示的是线缆的接插板端(起点)端接在 03 楼层、A 设备间、C 机架、05 排、位置 05 上,而另外一端(终点)则端接在 A 区、面板 42,插座 01 上。

①光缆标识:

标签形式:粘贴式(旗帜标签)

标签内容:芯数、路由、距离

颜　　色:可选(白、红、绿、橙、黄、蓝)

格式:

芯数	:	路由	距离

说明:

字体:中文用黑体,英文用 Times New Roman。

如 12 芯:6 楼设备间-200 m

示例:

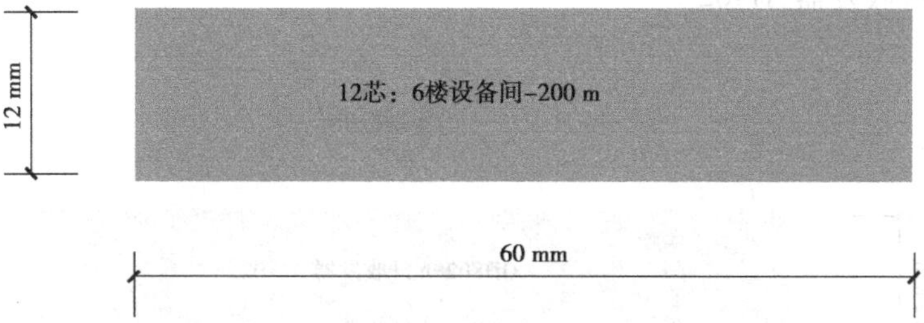

②尾纤标识(见图 10.34)。

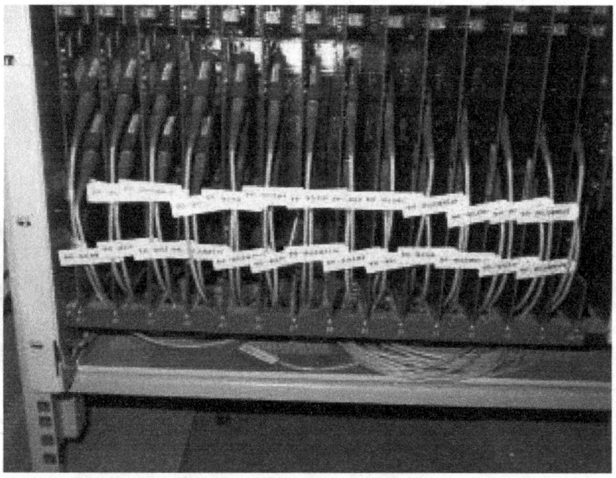

图 10.34　尾纤标识

标签形式:粘贴式(旗帜标签)

标签内容:本端、对端信息

颜　　色:可选(白、红、绿、橙、黄、蓝)

格式:

第一行:本端端口信息

格式:机架编号-设备编号-端口编号,如 ODF02-光纤收发器 A1-02。

第二行:对端端口信息

格式:机架编号-设备编号-端口编号,如 BDF01-光纤收发器 A2-02。

说明:

字体:中文用黑体,英文用 Times New Roman。

如:02 号光纤配线架的 A1-02 端口和 01 号综合配线架的第 A2-02 个光纤收发器相连的尾纤标签如下:

本端标识:

ODF02-光纤收发器 A1-02

BDF01-光纤收发器 A2-02

对端标识:

BDF01-光纤收发器 A2-02

ODF02-光纤收发器 A1-02

示例:

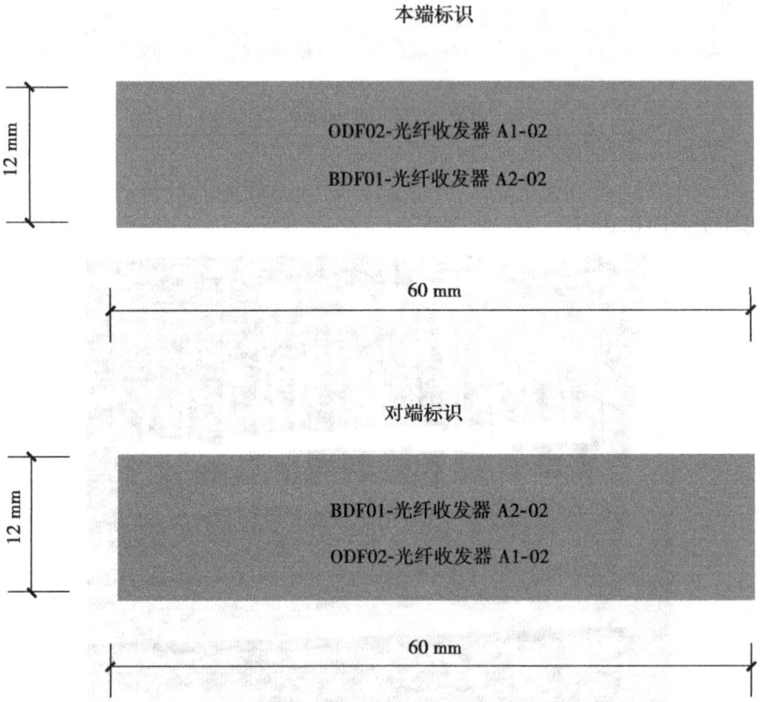

③网线标识(见图 10.35)。

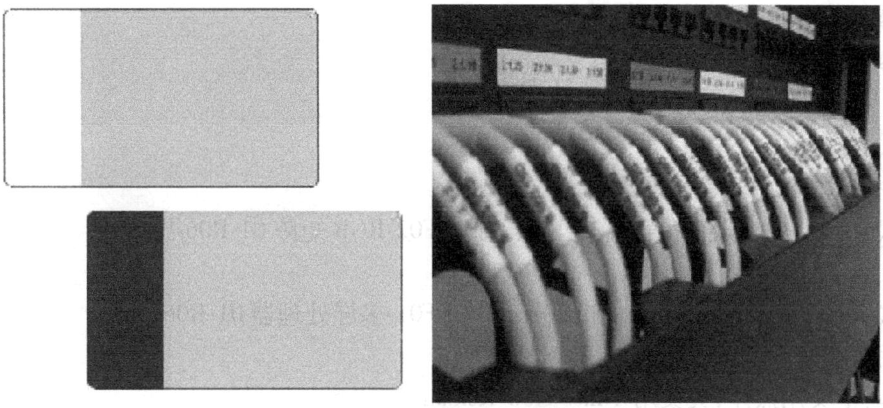

图 10.35　网线标识

标签形式:粘贴式(线缆标签)

标签内容:本端、对端信息

颜　　色:白、红、橙、黄、绿、蓝等

格式同(尾纤):

如:01 号机架的第 01 个光纤收发器和 03 号机架的第 01 号交换机第 24 口相连的网线标签如下:

一端标注:

BDF01-光纤收发器-01

BDF03-交换机 01-24

另一端标注:

BDF03-交换机 01-24

BDF01-光纤收发器-01

示例:

本端标识

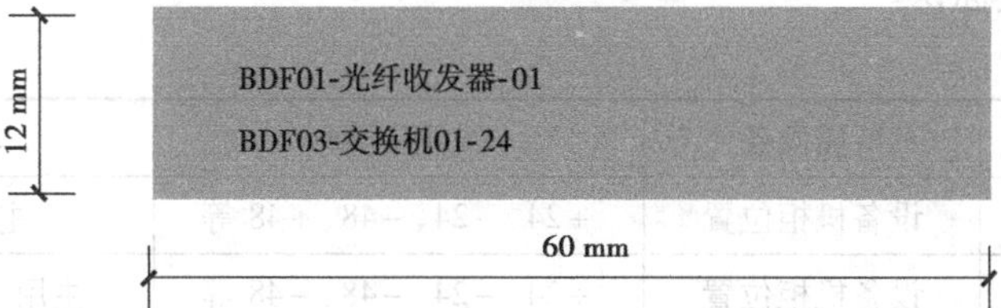

对端标识

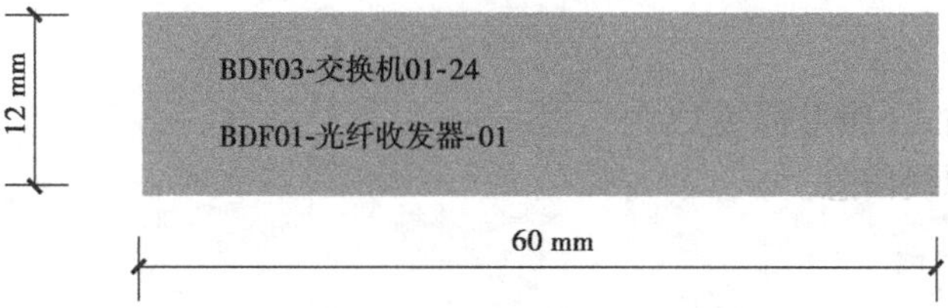

④模拟音视频线、RF 射频线缆标识

标签形式：粘贴式（线缆标签）

标签内容：本端、对端信息

颜　　色：可选（白、红、绿、橙、黄、蓝）

格式：

第一行：本端端口信息

格式：机架编号-设备编号-端口编号，如 BDF02-RGB 矩阵 01-R06 出。

第二行：对端端口信息

格式：机架编号-设备编号-端口编号，如 BDF01-多屏处理器 01-R06 入。

说明：

字体：中文用黑体，英文用 Times New Roman。

示例：

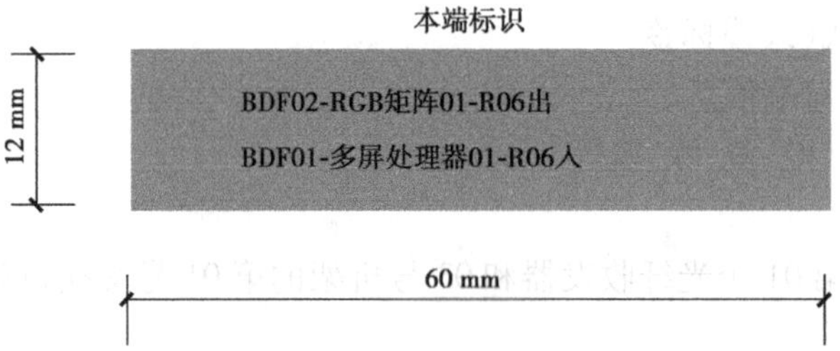

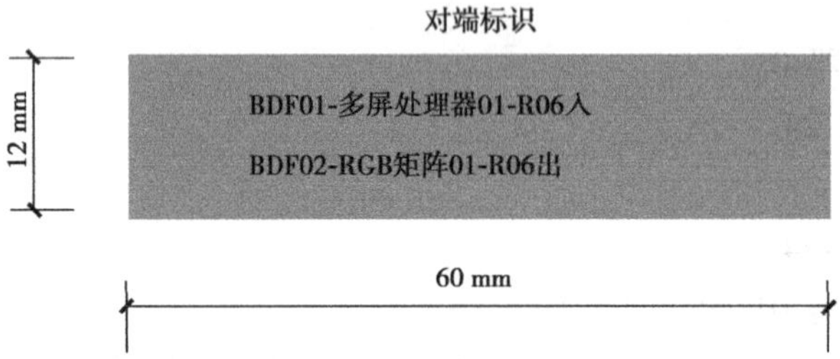

⑤电源线/地线标识。

格式如下：

电源线类型	所属设备	电压类型	功　能
工作线	设备机柜位置	+24、-24、-48、+48 等	主用、备用
工作地线	设备机柜位置	+24、-24、-48、+48 等	主用、备用工作地
保护地线	设备机柜位置	+24、-24、-48、+48 等	保护地

说明：

标签形式：粘贴式（旗形标签）

标签内容：电源线信息

颜 色：红色

示例：

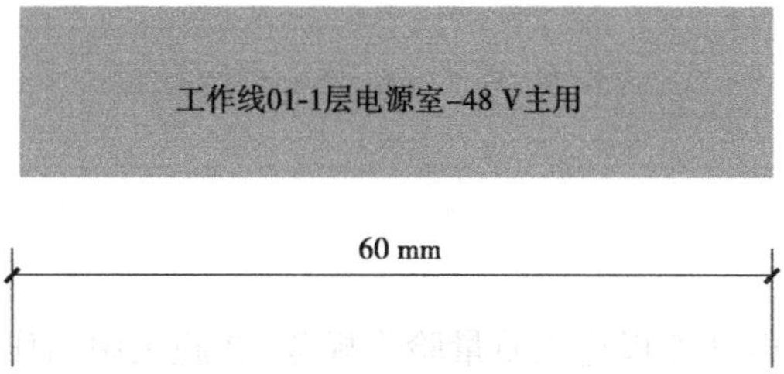

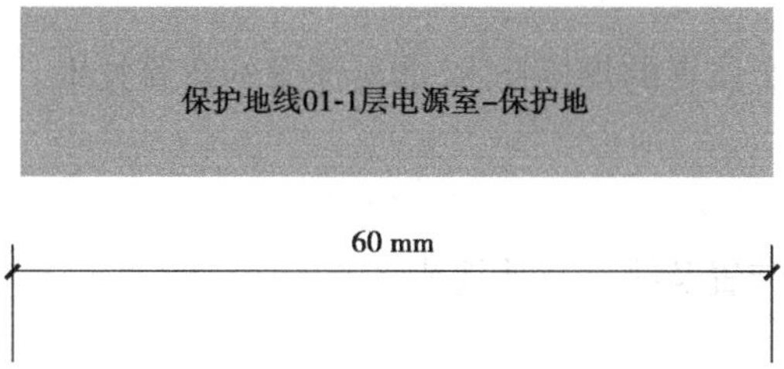

电源柜端:

第一行:电源柜接线端口

第二行:用电机柜编号

(3)电缆线的连接与保养

①取掉光纤活接头与适配器(法兰盘)上的保护防尘装置,用酒精药棉或镜头纸,清洁光纤活接头与适配器上的端面,保证光路连接端面的清洁。校准光纤接头与适配器上的定位槽,用力适中(以免用力过猛使适配器内的陶瓷管破裂。陶瓷管一旦碎裂,输出光功率器会大大下降,而光纤连接头稍微转动一下,输出光功率会明显的变化)插入适配器孔内,并适度旋紧(不可旋太紧),把光纤整理安全放置并固定,以保证光纤技术性能稳定、不变。

②光纤跳线长度尽可能适中,在光纤长度确定的情况下,因器材排放位置、距离不同,一定要把所使用的光纤单独摆放好,从根上排顺分离出来,尽最大可能不影响先前光纤设备的维护检修和发展新设备的增加使用。

③从适配器上小心地旋下光纤活动连接头,并避免带光的光纤活动连接接头对准人体或人眼,以免对人体造成伤害。用脱脂酒精棉或质地良好的擦镜纸进行小心清洗,清洗完毕,还需等1~2 min,让活动连接头的表面晾干。接入光功率计,检测输出光功率,若输出光功率器还不正常,旋下机内的另一个连接头对其进行清洗;如清洗完后,光功率仍偏低,此时可能适配器内部已被污染,应对适配器进行清洗(注意:拆卸适配器时应小心操作,以免损伤机内光纤),以确定光纤活动连接头已被清洗干净。

④适配器清洗时可用专用的压缩空气或脱脂酒精棉进行清洗。用压缩空气罐的喷嘴对准适配器的陶瓷管,把压缩空气吹入陶瓷管进行清洗;用脱脂酒精棉条清洗时,把酒精棉条小心穿入陶瓷管内进行清洗。注意酒精棉条的穿入方向应始终一致,否则,无法达到理想的清洗效果。

任务5　线管的安装

任务目标

1. 能正确理解《建筑电气工程施工质量验收规范》在施工中的作用。
2. 掌握线管施工技能。

任务重点

金属管的弯管技术,金属管的焊接技术,非金属管的弯管技术。

知识准备

电工基础、低压配电装置及线路设计规范。

知识描述

根据《低压配电装置及线路设计规范》中的第5.1.9条,不同类别的管道安装距离为0.1～1 m,具体数据详见《低压配电装置及线路设计规范》。在建筑设计中,它们能体现在设计图里;但在车辆生产过程中,往往布管没有明确的设计定位,生产中要自己去确定。

在线管明装过程中,重点要做好管子的连接、固定和煨弯技术。

(1)连接

金属管连接方法:在连接两根管子时,要求两管子接口平滑,无毛刺,在管子的外层套一根5 cm长的套管,并焊接套管,如图10.36所示。

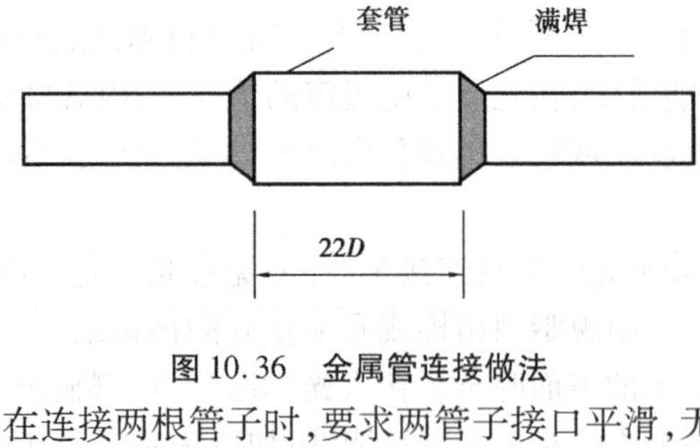

图10.36　金属管连接做法

绝缘导管连接方式:在连接两根管子时,要求两管子接口平滑,无毛刺,在管子的外层套一根4 cm长的套管,并粘接套管,如图10.37所示。

(2)固定

在线管的固定方式中,常见的有线卡固定方式、支架固定方式、吊线固定方式等。金属管固定卡的种类有以下几种:

①镀锌金属固定夹,如图10.38所示。

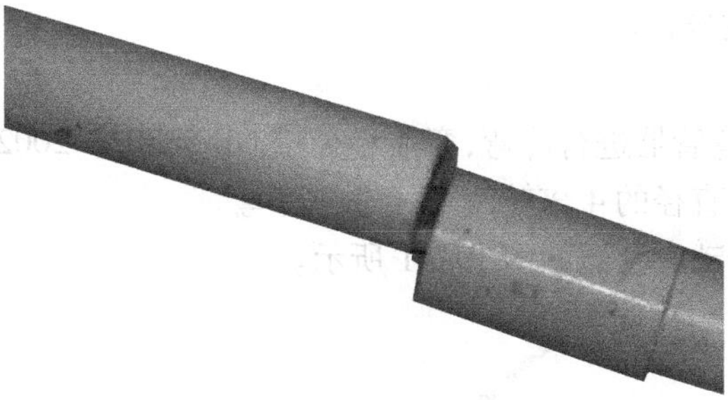

图 10.37 绝缘导管连接做法

图 10.38 镀锌金属固定夹

②PVC 固定夹，如图 10.39 所示。

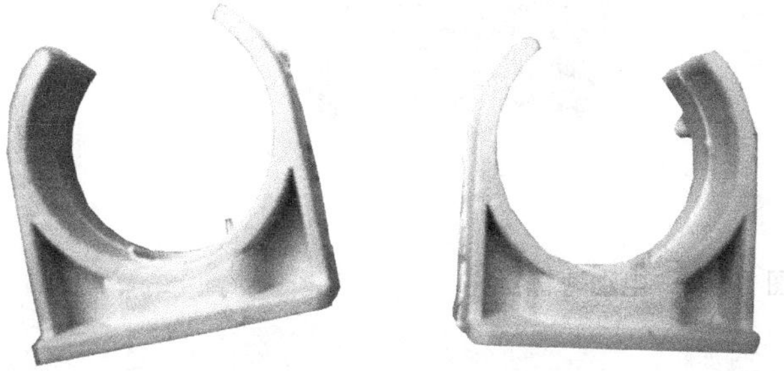

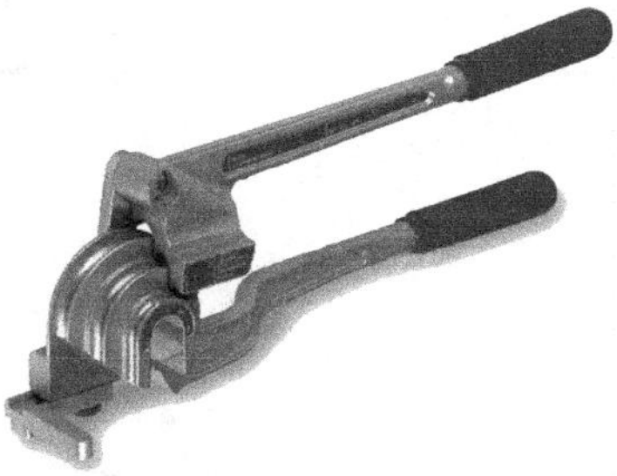

图 10.39 PVC 固定夹

③水泥钉 PVC 固定夹，如图 10.40 所示。

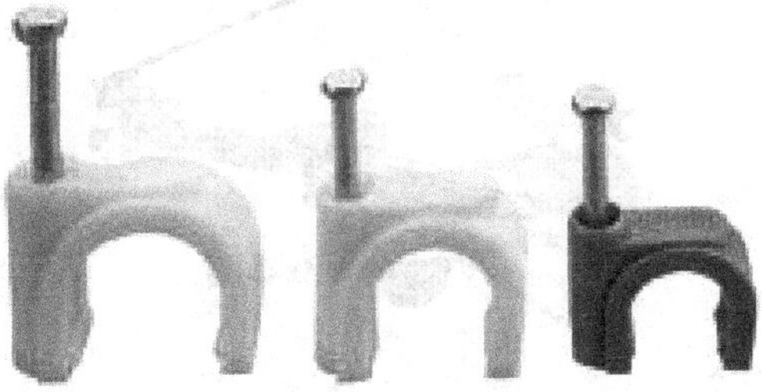

图 10.40 水泥钉 PVC 固定夹

安装方法，在混凝土材料上打膨胀螺钉，在金属材料上可以做成螺母孔，在非金属材料上

(如塑料、木材等)用自攻螺钉。

(3)弯管

金属管要用专门的弯管器进行冷弯,弯曲半径按 GB 50303—2002 中的规定执行。在 D25 以下的管子中,可以按管直径的 4 倍转变半径进行冷弯。

金属线管弯管器:手动弯管器如图 10.41 所示。

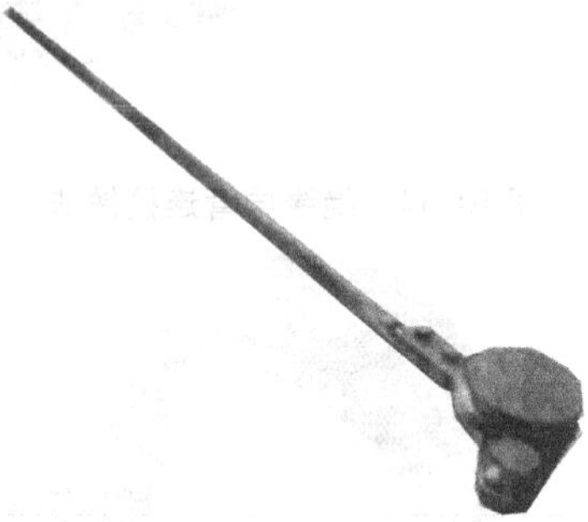

图 10.41　手动弯管器

①电动弯管器,如图 10.42 所示。

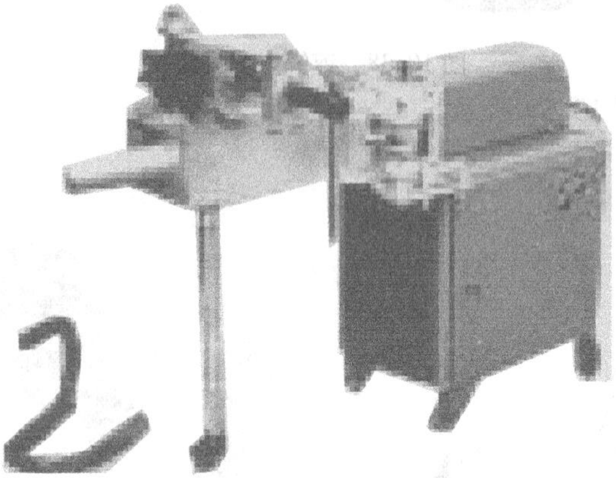

图 10.42　电动弯管器

②液压弯管器,如图 10.43 所示。

图 10.43　液压弯管器

③PVC 线管弯管器:弹簧弯管器(见图 10.44)的使用,是将弯管插入被弯的管子中,在弯管的过程中,防止 PVC 管转弯处被压扁。

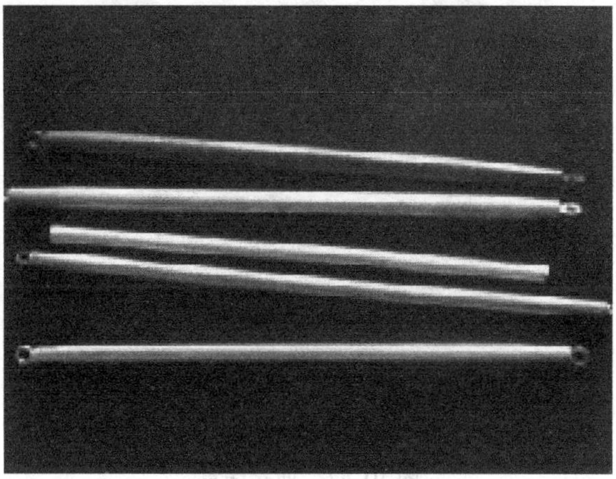

图 10.44 弹簧弯管器

操作方法:由于 PVC 管没有金属的钢性好,要保证弯曲过程中管子的圆内径不发生太大的变化,因此将弹簧穿进对应管径的管中,才能保证弯管的质量。弯曲半径按规定执行。

(4)接线盒

在线管的敷设过程中,接线盒的安装主要满足分线、出线、长距离穿线过渡的需要。在长距离中,每两个弯之间应安装一个接线盒。

①金属接线盒,如图 10.45 所示。

图 10.45 金属接线盒

②86PVC 接线盒,如图 10.46 所示。

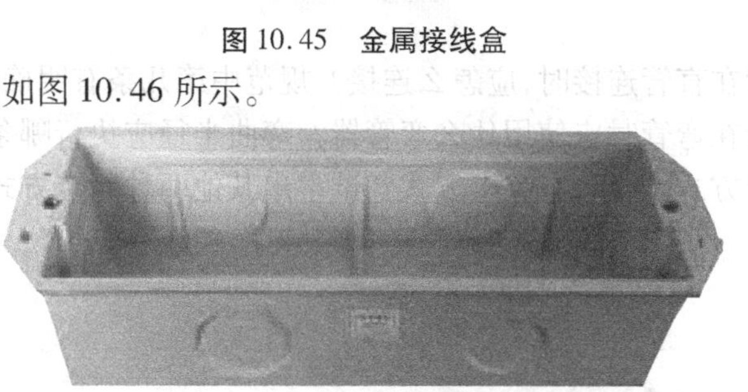

图 10.46 86PVC 接线盒

③通接线盒,如图 10.47 所示。

图 10.47　通接线盒

安装方式:金属管与金属接线的连接是将管与盒进行点焊,一般一根管应有 2 ~4 个焊点。PVC 与接线盒连接是采用入盒接头方式,如图 10.48 所示。

④线管转弯布置方式,如图 10.49 所示。

图 10.48　入盒接头方式

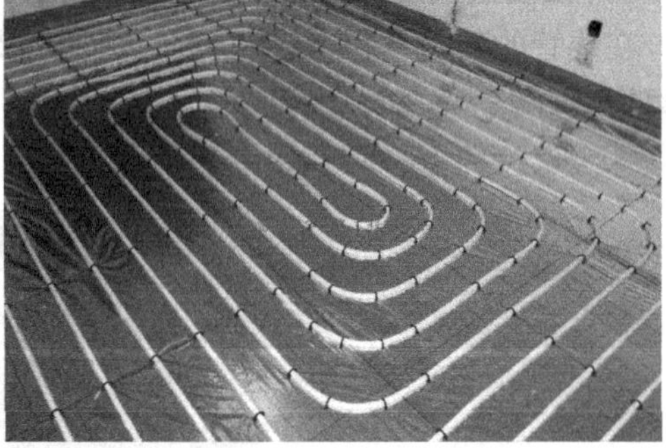

图 10.49　线管转弯布置方式

从图 10.49 中可以看出,在线管开始形成弧线和结束弧线时应各设立一个支撑点,在弧线间至少设 1 个支撑点。

思考与练习

1. 明装镀锌钢管在直管连接时,应怎么连接?规范中第几条有明确规定?

2. 明装镀锌钢管在弯管时应使用什么弯管器?弯曲半径应执行哪条规范?

3. 穿线管的固定方式是否只有线卡方式?试举出其他两种固定方式。

任务6 接线端子安装与接线头制作

任务目标

1. 掌握不同类别的端子安装方式。
2. 认识新型号端子的基本结构。

任务重点

端子安装中与行线槽布置。

知识准备

电工基础、低压配电装置及线路设计规范。

知识描述

随着社会经济的发展,接线端子也由原来的简单方式发展成灵活多变的方式。端子连接质量也发生了根本的变化。在该任务中,会认识到许多新型接线端子。根据国家规范,端子间的绝缘电阻值不应小于5 MΩ。

(1)接线端子的种类

1)槽式电气接线端子

槽式电气接线端子属于老式接线端子,其与电线的连接方式是螺丝压接。电气连接性能一般。额定电流一般为10~20 A,如图10.50所示。

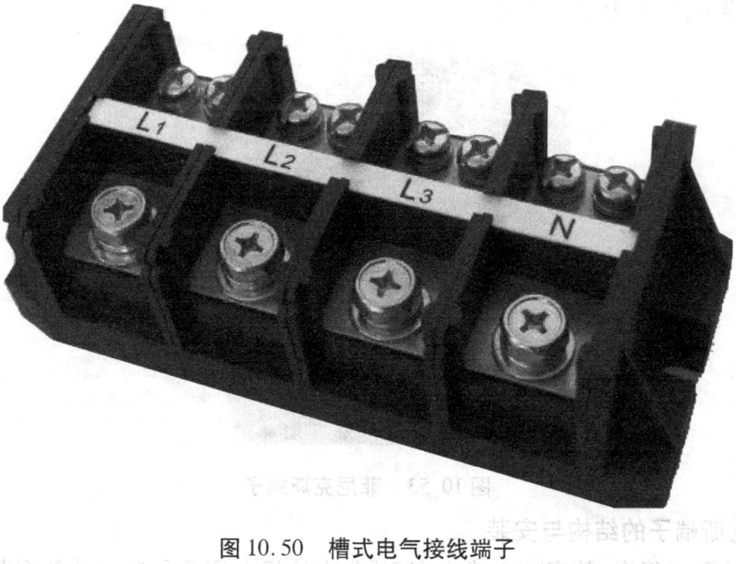

图10.50 槽式电气接线端子

2)新型通信接线端子

新型通信接线端子在通信电线连接过程中,已经不需要对电线进行剥线,只需要直接将通信电线插入对应的线孔中,然后拧紧上紧帽即可,如图 10.51 所示。

图 10.51　新型通信接线端子

3)通用接线端子

通用接线端子,如图 10.52 所示。

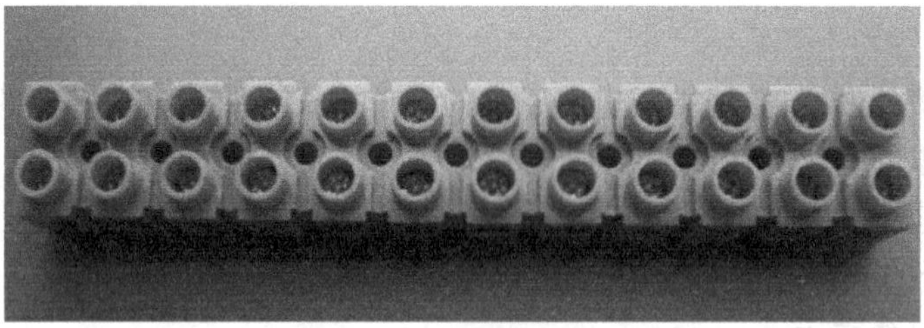

图 10.52　通用接线端子

4)菲尼克斯端子

菲尼克斯端子,如图 10.53 所示。

图 10.53　菲尼克斯端子

(2)菲尼克斯端子的结构与安装

由于端子的形式很多,其安装方式也有不同,在这里介绍几种典型的新型菲尼克斯端子排的安装。菲尼克斯端子排最大的特点是组成灵活、扩展方便、并接端点容易等优点,已成为当今端子接线的主要方式。

1)单排双侧压接式(见图 10.54)

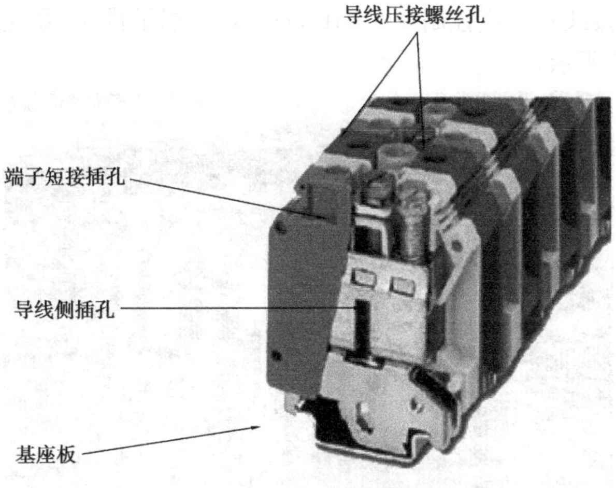

图 10.54　单排双侧压接式

2)单排单侧压接式(见图 10.55)

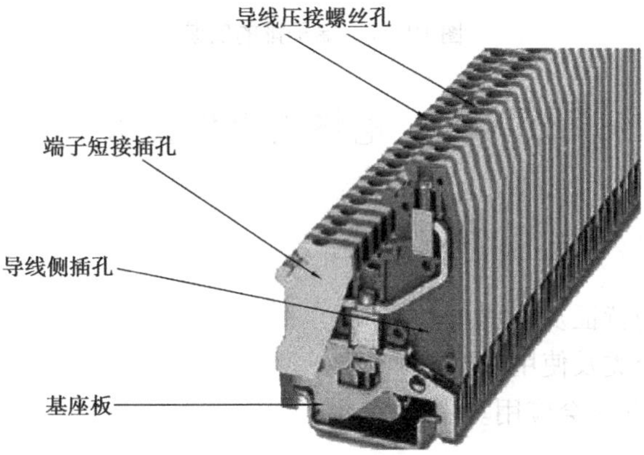

图 10.55　单排单侧压接式

3)单排顶面直插式(见图 10.56)

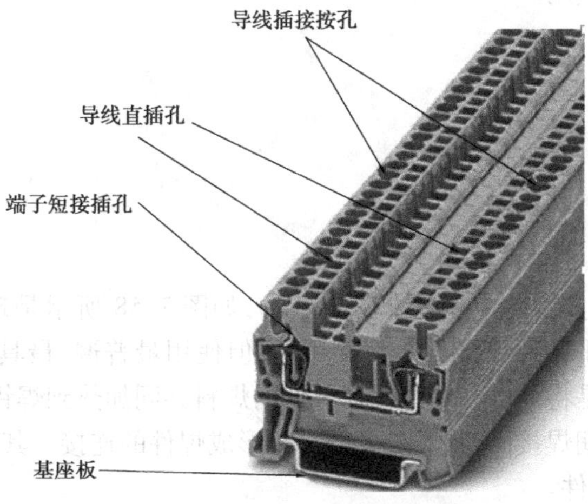

图 10.56　单排顶面直插式

在上面3种形式的端子中，首先要将基座板安装好，根据端子的形式来决定行线槽的安装，一般情况，线槽距接线端子应控制在5~10 cm。安装端子排时，要注意在基座板的两端应加端头板，如图10.57所示。

图10.57　端子排的安装

任务7　电烙铁焊接技术

任务目标

1. 掌握焊接技术的特征及类别。
2. 了解电烙铁的分类及使用方法。
3. 掌握焊接技术，并学会应用。

任务重点

焊接技术，并学会应用。

知识准备

电工基础、焊接技术。

知识描述

(1)焊接分类

焊接技术在电子工业中的应用是非常广泛的，如图7.58所示是现代焊接技术的主要类型。在电子工业中，几乎各种焊接方法都要用到，但使用最普遍、最具有代表性的是锡焊法。锡焊是焊接的一种，它是将焊件和熔点比焊件低的焊料共同加热到焊锡温度，在焊件不熔化的情况下，焊料熔化并浸润焊接面，依靠二者的扩散形成焊件的连接。其主要特征有以下3点：

①焊料熔点低于焊件。

②焊接时将焊料与焊件共同加热到锡焊温度，焊料熔化而焊件不熔化。

③焊件的形成依靠熔化状态的焊料浸润焊接面，由毛细管作用使焊料进入焊件的间隙，形成一个结合层，从而实现焊件的结合。

- 金属焊接
  - 加压焊（加热或不加热）
    - 不加热
      - 冷压焊
      - 超声波焊
      - 爆炸焊
    - 加热到塑性
      - 电阻焊
      - 储能焊
      - 脉冲焊
      - 高频焊
      - 扩散焊
    - 加热到局部熔化
      - 接触焊
        - 对焊
        - 点焊
        - 缝焊
      - 锻 焊
      - 摩擦焊
  - 熔 焊（母材熔化）
    - 电渣焊
    - 气 焊
    - 热剂焊
    - 电弧焊
      - 手工焊
      - 埋弧焊
      - 气体保护焊
    - 激光焊
    - 等离子焊
    - 气 焊
  - 钎 焊（母材不熔化，焊料熔化）
    - 锡 焊
      - 手工烙铁焊
      - 浸 焊
      - 波峰焊
      - 再流焊
    - 火焰钎焊
    - 碳弧钎焊
    - 电阻钎焊
    - 高频感应钎焊
    - 真空钎焊

注：
软钎焊：焊料熔点<450 ℃
硬钎焊：焊料熔点>450 ℃

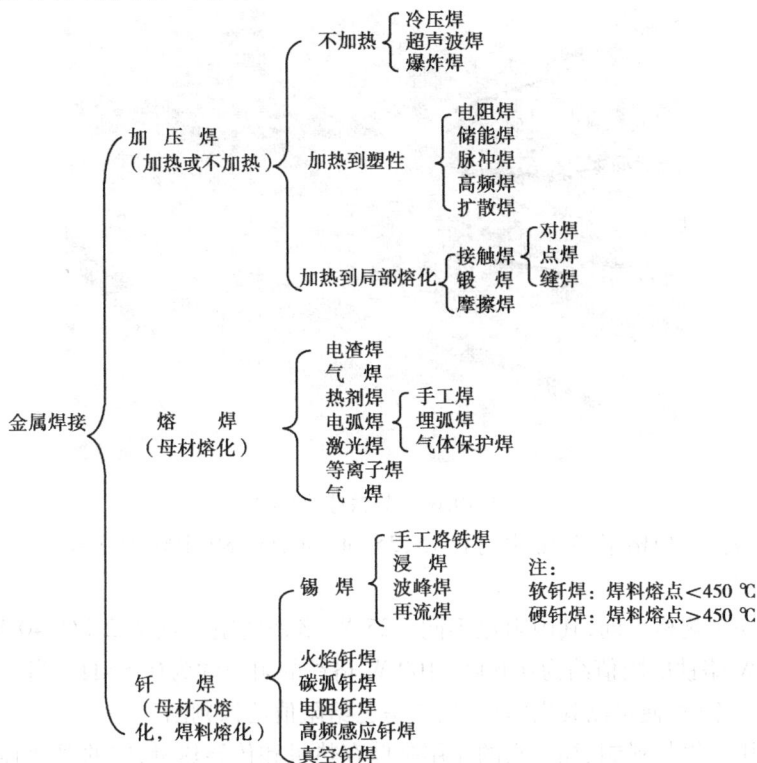

图 10.58　现代焊接技术的主要类型

(2)电烙铁的介绍

1)电烙铁的种类

①外热式电烙铁：外热式电烙铁的结构如图10.59所示。它是由烙铁头、烙铁芯、外壳、木柄、电源引线、插头等部分组成。由于烙铁头安装在烙铁芯里，故称为外热式电烙铁。

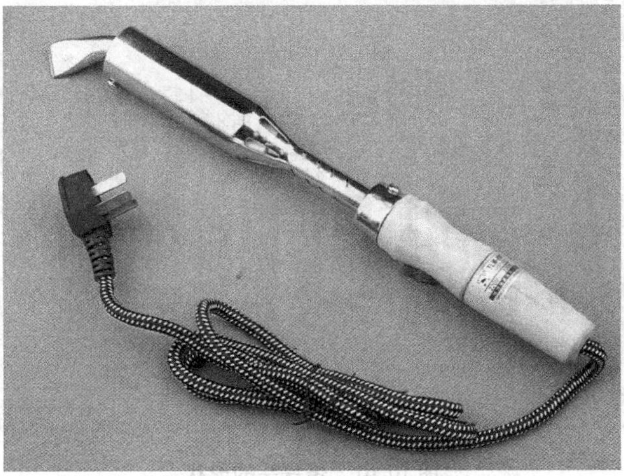

图 10.59　外热式电烙铁

烙铁芯是电烙铁的关键部件,它是将电热丝平行地绕制在一根空芯瓷管上构成的 ,中间由云母片绝缘,并引出两根导线与220 V交流电源连接,烙铁芯的结构如图10.60所示。

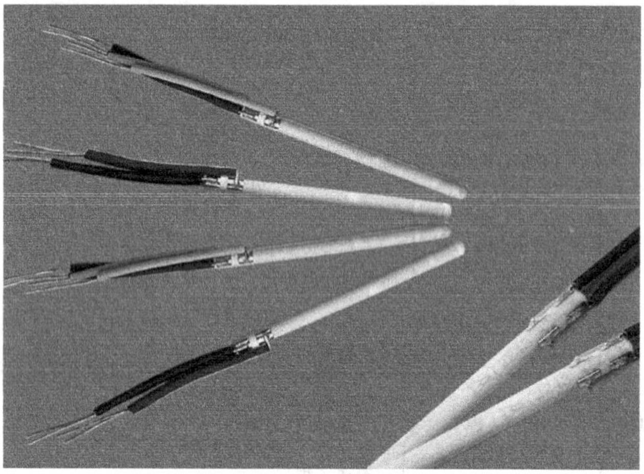

图10.60　烙铁芯的结构

外热式电烙铁的规格很多,常用的有15,25,30,40,60,80,100,150 W等。功率越大烙铁头的温度就越高。

烙铁芯的功率规格不同,其内阻也不同。25 W烙铁的阻值约为2 kΩ,40 W烙铁的阻值约为1 kΩ,80 W烙铁的阻值约为0.6 kΩ,100 W烙铁的阻值约为0.5 kΩ。当我们不知所用的电烙铁为多大功率时,便可测其内阻值,按参考已给阻值给以判断。

烙铁头是用紫铜材料制成的,它的作用是储存热量和传导热量,它的温度必须比被焊接的温度高很多。烙铁的温度与烙铁的体积、形状、长短等都有一定的关系。当烙铁头的体积比较大时,则保持温度的时间就较长。另外,为适应不同焊接物的要求,烙铁头的形状有所不同,常见的有锥形、凿形、圆斜面形等,具体形状如图10.61所示。

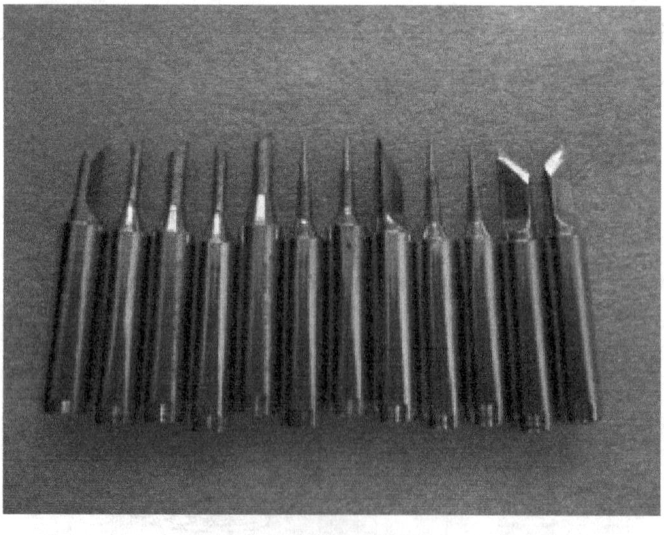

图10.61　烙铁头的形状

②内热式电烙铁。内热式电烙铁的结构如图 10.62 所示，它是由手柄、连接柄、弹簧夹、烙铁芯、烙铁头组成。由于烙铁芯安装在烙铁里面，因而发热快，热利用率高，因此，称为内热式电烙铁。

内热式电烙铁的常用规格为 20,50 W 等，由于它的热效率较高，20 W 内热式电烙铁就相当于 40 W 左右的外热式电烙铁。

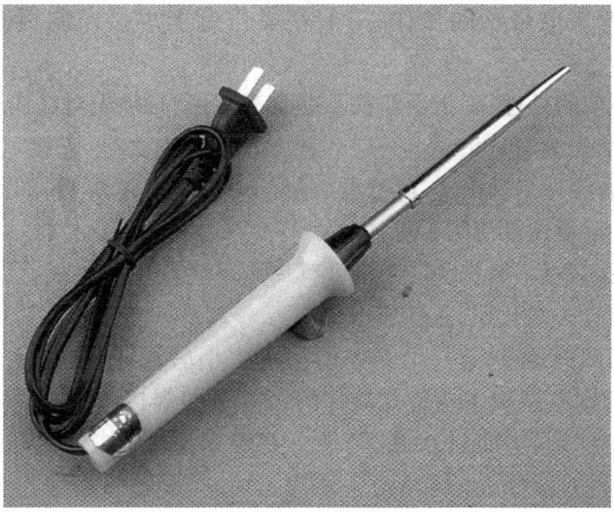

图 10.62　内热式电烙铁

内热式电烙铁头的后端是空心的，用于套接在连接杆上，并且用弹簧夹固定，当需要更换烙铁头时，必须先将弹簧夹退出，同时用钳子夹住烙铁头的前端，慢慢地拔出，切记不能用力过猛，以免损坏连接杆。内热式电烙铁的烙铁芯是用比较细的镍铬电阻丝绕在瓷管上制成的，其电阻约为 2.5 kΩ(20 W)，烙铁的温度一般可达 350 ℃左右。

由于内热式电烙铁的烙铁有升温快、质量轻、耗电小、体积小、热效率高的特点，使其得到了普遍的应用。

2）电烙铁的使用方法

①电烙铁的握法：为了能使被焊件焊接牢靠，又不烫伤被焊件周围的元器件及导线，视被焊件的位置、大小及电烙铁的规格大小、适当地选择电烙铁的握法是很重要的。掌握正确的操作姿势，可以保证操作者的身心健康，减少焊剂加热时挥发出的化学物质对人的危害，减少有害气体的吸入量，一般情况下，烙铁到鼻子的距离应不少于 20 cm，通常以 30 cm 为宜。

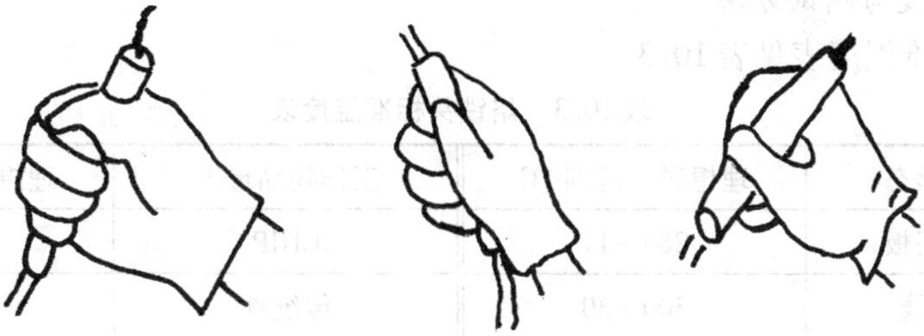

(a)反握法　(b)正握法　(c)握笔法

图 10.63　电烙铁的握法

电烙铁的握法可分为反握法、正握法和握笔法 3 种，如图 10.63 所示。图 10.63(a)为反握法，此法适用于大功率电烙铁，焊接散热量较大的被焊件。图 10.63(b)为正握法，此法适用的电烙铁也比较大，且多为弯形烙铁。图 10.63(c)为握笔法，此法适用于小功率的电烙铁，焊接散热小的被焊件，如焊接收音机、电视机的印刷电路及其维修等。

特点：反握法的动作稳定，长时间操作不易疲劳，适于大功率烙铁的操作；正握法适于中功率烙铁或带弯头电烙铁的操作；一般在操作台上焊接印制板等焊件时，多采用握笔法。

②电烙铁在使用前的处理：一把新烙铁不能拿来就用，必须先对烙铁进行处理后才能正常使用，就是说在使用前先给烙铁头镀上一层焊锡。具体的方法是：先接上电源，当烙铁头温度升至能熔锡时，将松香涂在烙铁头上，等松香冒烟后再涂上一层焊锡，如此进行 2～3 次，使烙铁头的刃面部挂上一层锡便可使用了。

当烙铁使用一段时间后，烙铁头的刃面及其周围就会产生一层氧化层，这样便产生“吃锡困难”的现象，此时可锉去氧化层，重新镀上焊锡。

③烙铁头长度的调整：经过选择电烙铁的功率大小后，已基本满足焊接温度的需要，但是仍不能完全适应印刷电路板中所装元器件的需要。如焊接集成电路与晶体管时，烙铁头的温度就不能太高，且时间不能过长，此时便可将烙铁头插在烙铁芯上的长度进行适当的调整，从而控制烙铁头的温度。

烙铁头有直头和弯头两种，当采用握笔法时，直烙铁头的电烙铁使用起来比较灵活。适合在元器件较多的电路中进行焊接。弯烙铁头的电烙铁用正握法比较合适，多用于线路板垂直桌面情况下的焊接。

电烙铁不易长时间通电而不使用，因为这样容易使电烙铁芯加速氧化而烧断，同时也将使烙铁头因长时间加热而氧化，甚至被烧“死”不再“吃锡”。

更换烙铁芯时要注意引线不要接错，因为电烙铁有 3 个接线柱，而其中一个是接地的，另外两个是接烙铁芯两根引线的（这两个接线柱通过电源线，直接与 220 V 交流电源相接）。如果将 220 V 交流电源线错接到接地线的接线柱上，则电烙铁外壳就要带电，被焊件也要带电，这样就会发生触电事故。

电烙铁在焊接时，最好选用松香焊剂，以保护烙铁头不被腐蚀。氯化锌和酸性焊油对烙铁头的腐蚀性较大，使烙铁头的寿命缩短，因而不易采用。烙铁应放在烙铁架上。应轻拿轻放，绝不要将烙铁上的锡乱抛。

3）电烙铁温度与测试方法

①烙铁头标准温度表见表 10.3。

表 10.3　烙铁头标准温度表

工作物品形态	理想温度范围/℃	工作物品形态	理想温度范围/℃
厚度薄的底板	280 ± 11	CHIP	200 ± 20
精细的铜线	300 ± 30	传统件	370 ± 30
多层 P.C 板	435 ± 11	外壳接地	410 ± 30
标准 P.C 板	435 ± 22	接线端子	430 ± 28

②锡之温度熔点为190 ℃(374 ℉),一般烙铁之选用为使烙铁头温度较焊锡之熔解温度高100 ℉,下面为各类烙铁头对应温度表,见表10.4。

表10.4　烙铁对应温度表

尖端温度		尖端颜色
371 ℃	700 ℉	银色
426.7 ℃	800 ℉	金色
454.4 ℃	850 ℉	尖端金色带有蓝色条纹
482.2 ℃	900 ℉	紫色
537.8 ℃	1 000 ℉	灰黑色

③各类烙铁温度参考表,见表10.5。

表10.5　各类烙铁温度参考表

烙铁种类	温度范围/℃
40 W	250～400
60 W	300～450
100 W和150 W	350～550
180 W	450～630

(3)焊接技术

1)何为焊接

所谓焊接,就是用焊锡做媒介,通过加热而使A,B两金属接合并达到导电的目的。

两金属间的接合力即靠焊锡与金属表面所产生的合金层,所以焊锡不能当作机械力的支撑,只能作电气传导,如图10.64所示。

2)焊接的障碍物

焊接的障碍物存在于两被焊物的表面,它们是金属氧化物油脂及其他污物,如图10.65所示(如轻酸性或轻碱性物,将使焊接点腐蚀而致产品不能使用)。

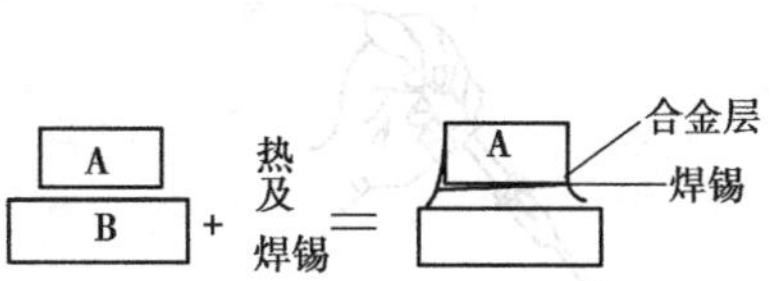

图10.64　焊接

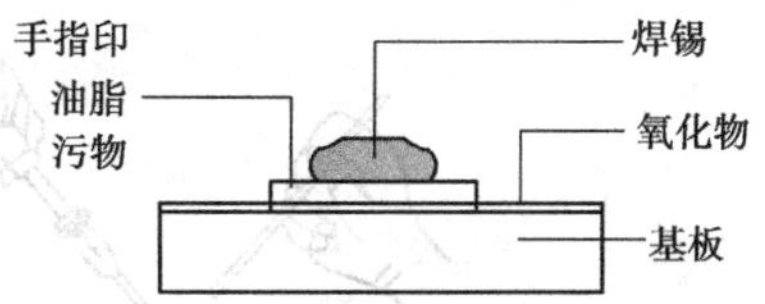

图10.65　焊接的障碍物

注意:在操作中勿用扰过头发的手触及待焊点的表面,焊接障碍物易于自然氧化,避免不正当的储存、运送及操作。

3)合金层

合金层示意图如图10.66所示。

注:1.合金层的形成厚度和焊接时间及温度成正比。

2. 长时间后自然再形成 Cu_3Sn 合金层具有不沾锡特性。

4) 良好焊接基本条件

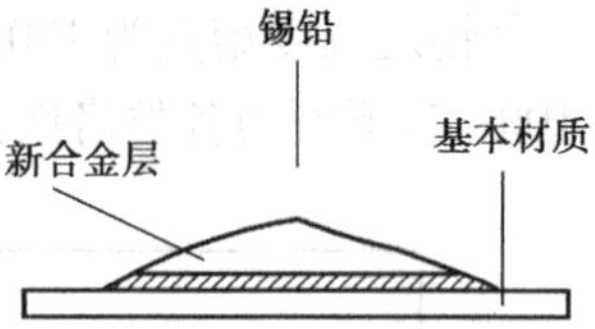

图 10.66 合金层

①焊件必须具有良好的可焊性——被焊物可焊性。不是所有的金属都具有良好的可焊性,有些金属的可焊性就非常差,如铬、钼、钨等;有些金属的可焊性又较好,如紫铜、黄铜等。在焊接时,由于高温使金属表面产生氧化膜,影响材料的可焊性。为了提高可焊性,一般采用表面镀锡、镀银等措施来防止表面的氧化。

②焊件表面必须保持清洁。为了使焊锡和焊件达到良好的结合,焊接表面一定要保持清洁。即使是可焊性良好的焊件,由于储存或被污染,都可能在焊件表面产生有害的氧化膜和油污。在焊接前务必把污膜清除干净。否则无法保证焊接质量。

③要使用合适的助焊剂。不同的焊接工艺,应选择不同的助焊剂,如镍铬合金、不锈钢、铝等材料,没有专用的特殊焊剂是很难实施锡焊的。在焊接电子线路板等精密电子产品时,为使焊接可靠稳定,通常采用松香助焊剂。一般是用酒精将松香溶解成松香水使用。

④焊件要加热到适当的温度——热源。需要强调的是,不但焊锡要加热到熔化,而且应该同时将焊件加热到能够熔化焊锡的温度。导线端敷涂一层焊剂,同时也镀上焊锡。需注意,不要让锡浸入导线的绝缘皮中去,最好在绝缘皮前留出 1 ~ 3 mm 的间隔,使这段没镀锡。这样镀锡的导线,对于穿管是很有利的,同时也便于检查导线有无断股。

⑤正确手焊技巧。

5) 焊锡丝使用方法

①锡丝整卷在架子上。

②锁好螺帽,轮子为顺时针方向旋转(使用左手拉焊锡丝)使其与施力方向平行。

③焊锡丝不可拉出太长,以免焊锡丝碰到地面使其他污物附着在焊锡丝上加附至焊点,也不可太短(勿短于 1 in),以免烫手,其握法如图 10.67 所示。

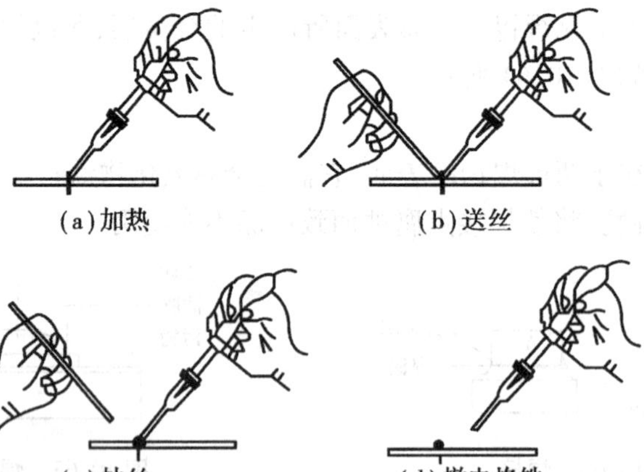

(a)加热　(b)送丝　(c)抽丝　(d)撤电烙铁

图 10.67 焊锡丝握法

注意:尽量使拉焊锡丝和下烙铁的动作同时进行,以节省时间。焊完后,洗净手方可进食,勿使焊料进口。

6)工具使用规则

①休息前及新烙铁头使用前清洁并加锡衣于烙铁头上。

②焊接前擦拭头上污物。

③海绵保持潮湿(但不能加水太多),每天清洗,以去除锡渣及松香渣。

④工作区域保持清洁。食物、化妆品及化学品应当远离工作区域。

⑤烙铁握法如图10.67所示,务必稳固握于手中,以免滑落。

⑥电烙铁使用后,一定要稳妥地放在烙铁架上,并注意导线等物不要碰触烙铁头,以免烫伤导线,造成漏电等事故。

7)选用焊锡材料

选用时应考虑的事项如下:

① 焊锡时间要短。

②焊锡温度要低。

③焊料间,焊料与清洁剂间及焊料与被焊物间的互通性。

④助焊剂不能影响装配作业,故须具备无侵蚀性,若具侵蚀性,可清洗除去。

⑤符合工厂及人员之安全要求。

⑥符合经济要求。

8)焊油的功用及焊接法则

①助焊剂的种类:助焊剂的主要功能是去除被焊物表面轻微的氧化物,但并不能清除油脂灰尘、汗渍等污染物。助焊剂包括活化强度、无活化、中度活化、强度活化、有机酸(强度活化)。

②油(松香)的功用。

A.除锈作用——除去被焊物表面的氧化物。

a.正确地使用松香,如图10.68所示。

b.不正确地使用松香,如图10.69所示。

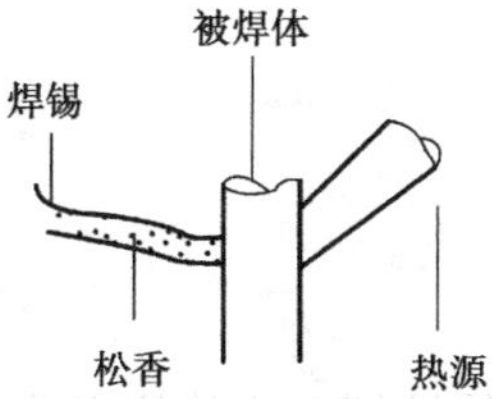

图10.68 正确使用松香

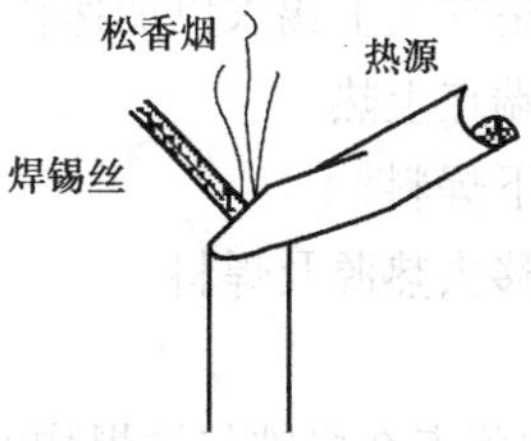

图10.69 不正确使用松香

B.协助焊锡的扩散作用。

③操作法则。

A.应该做的方法:

a.迅速地加焊锡于被焊金属及零件上。

b.施用刚好足够的焊锡后将锡丝移去。

c.如果沾锡良好则立即移走烙铁。

d. 在焊锡时把烙铁头远离绝缘材料(使烙铁头放在绝缘体的对边)。

e. 在焊接点完全凝固前,不可移动零件。

B. 不该使用的方法:

a. 把锡加在烙铁头上使它流下以作焊接。

b. 焊锡时间太长。

c. 过热使多股线把焊锡往上吸而造成电线脆弱或使热敏感零件之寿命减低。

d. 烫伤在焊接点上或其附近之绝缘体或零件。

e. 在焊接时移动零件,造成冷焊,使焊接不牢固或由于结晶不良而造成高电阻。

f. 绕线不良:太松——造成过多之焊锡使用量。

g. 跨接或次序不佳——造成其后装配及修理困难。

h. 太紧或方向不对——易于烫伤零件。

9)手焊锡程序

①焊接的程序:一般分为二、三、四步骤法。

A. 焊锡二步骤法。

步骤零:擦拭烙铁

步骤一:接端上热并同时下焊料

步骤二:移去热源及焊料

B. 焊锡三步法。

步骤零:擦拭烙铁

步骤一:接端上热

步骤二:下焊料

步骤三:移去热源及焊料

C. 焊锡四步骤法。

步骤零:擦拭烙铁头

步骤一:烙铁头上锡衣以加速传热

步骤二:端点上热

步骤三:下焊料

步骤四:移去热源及焊料

要点:

a. 焊料的落点在烙铁与被焊物的接触点,以使焊料较快熔解并收传热之效。

b. 焊接时移动焊锡丝(或)烙铁,以加速焊接。

c. 烙铁下处必须使烙铁头和两被焊物表面有最大加热接触面。

②焊接操作的基本步骤:

掌握好烙铁的温度和焊接时间,选择恰当的烙铁头和焊点的接触位置,才可能得到良好的焊点。正确的焊接操作过程可分成5个步骤。

a. 准备施焊:左手拿焊丝,右手握烙铁,进入备焊状态。要求烙铁头保持干净,无焊渣等氧化物,并在表面镀有一层焊锡。

b. 加热焊件：烙铁头靠在两焊件的连接处，加热整个焊件全体，时间为1～2 s。对于在印制板上焊接元器件来说，要注意使烙铁头同时接触焊盘和元器件的引线。

c. 送入焊丝：焊件的焊接面被加热到一定温度时，焊锡丝从烙铁对面接触焊件。注意：不要把焊锡丝送到烙铁头上。

d. 移开焊丝：当焊丝熔化一定量后，立即向左上45°方向移开焊丝。

e. 移开烙铁：焊锡浸润焊盘和焊件的施焊部位以后，向右上45°方向移开烙铁，结束焊接。

从第三步开始到第五步结束，时间也是1～2 s。

10）焊接温度与加热时间

适当的温度对形成良好的焊点是必不可少的。这个温度应当如何掌握呢？当然，根据有关数据，可以很清楚地查出不同的焊件材料所需要的最佳温度，得到有关曲线。但是，在一般的焊接过程中，为可能使用温度计之类的仪表随时检测，希望用更直观明确的方法来了解焊件温度。

经过试验得出，烙铁头在焊件上停留的时间与焊件温度的升高是正比关系。同样的烙铁，加热不同热容量的焊件时，想达到同样的焊接温度，可以通过控制加热时间来实现。但在实践中又不能仅仅依此关系决定加热时间。例如，用小功率烙铁加热较大的焊件时，无论烙铁停留的时间多长，焊件的温度也上不去，原因是烙铁的供热容量小于焊件和烙铁在空气中散失的热量。此外，为防止内部过热损坏，有些元件也不允许长期加热。

加热时间对焊件和焊点的影响及其外部特征是什么呢？如果加热时间不足，会使焊料不能充分浸润焊件而形成松香夹渣而虚焊。反之，过量的加热，除有可能造成元器件损坏以外，还有如下危害和外部特征：

①焊点外观变差。如果焊锡已经浸润焊件以后还继续进行过量的加热，将使助焊剂全部挥发完，造成熔态焊锡过热；当烙铁离开时容易拉出锡尖，同时焊点表面发白，出现粗糙颗粒，失去光泽。

②高温造成所加松香助焊剂的分解碳化。松香一般在210 ℃开始分解，不仅失去助焊剂的作用，而且造成焊点夹渣而形成缺陷。如果在焊接中发现松香发黑，肯定是加热时间过长所致。

③过量的受热会破坏印制板上铜箔的黏合层，导致铜箔焊盘的剥落。因此，在适当的加热时间里，准确掌握火候是优质焊接的关键。

11）焊接操作的具体手法

在保证得到优质焊点的目标下，具体的焊接操作手法如下：

①保持烙铁头的清洁。焊接时，烙铁头长期处于高温状态，又接触焊剂等弱酸性物质，其表面很容易氧化并沾上一层黑色杂质。这些杂质形成隔热层，妨碍了烙铁头与焊件之间的热传导。因此，要注意随时在烙铁架上蹭去杂质。用一块湿布或湿海绵随时擦拭烙铁头，也是常用的方法之一。对于普通烙铁头，在污染严重时可以使用锉刀锉去氧化层。对于长寿命烙铁头，就绝对不能使用这种方法了。

②采用正确的加热方法。加热时，应该让焊件上需要焊锡浸润的各部分均匀受热，而不是仅仅加热焊件的一部分，如图10.70所示。当然，对于热容量相差较多的两个部分焊件，加热应偏向需热较多的部分。但不要采用烙铁对焊件增加压力的办法，以免造成损坏或不易觉察

的隐患。有些初学者企图加快焊接,用烙铁头对焊接面施加压力,这是不对的。正确的方法是,要根据焊件的形状选用不同的烙铁头,或自己修正烙铁头,让烙铁头与焊件形成面的接触而不是点或线的接触。这样,就大大提高了效率。

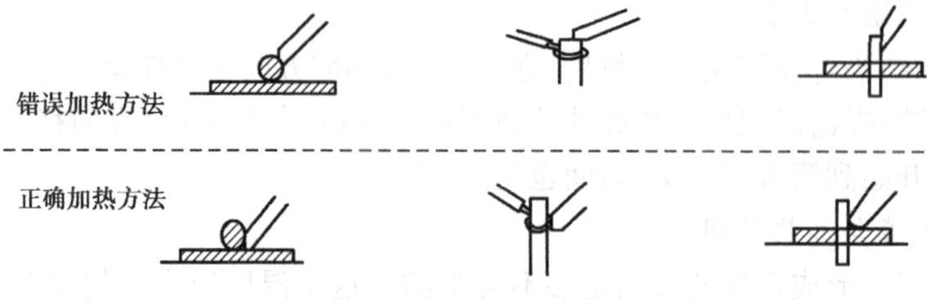

图 10.70 正确的加热方法

③加热要靠焊锡桥。在非流水线作业中,一次焊接的焊点形状是多种多样的,不可能不断更换烙铁头,要提高烙铁头的效率,需要形成热量传递的焊锡桥,如图 10.71 所示。所谓焊锡桥,就是靠烙铁头上保留少量的焊锡作为加热时烙铁头与焊件之间传热的桥梁。显然,由于金属液的导热效率远高于空气,而使焊件很快加热到焊接温度。应注意作为焊锡桥的保留量不可过多,以免造成焊点误连。

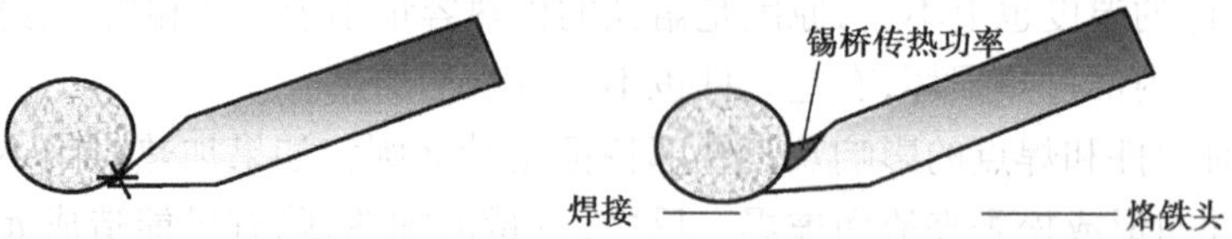

图 10.71 焊锡桥

④撤离烙铁。烙铁的撤离要及时,而且撤离时的角度方向与焊点有关。如图 10.72 所示为烙铁不同的撤离方向对焊料的影响。

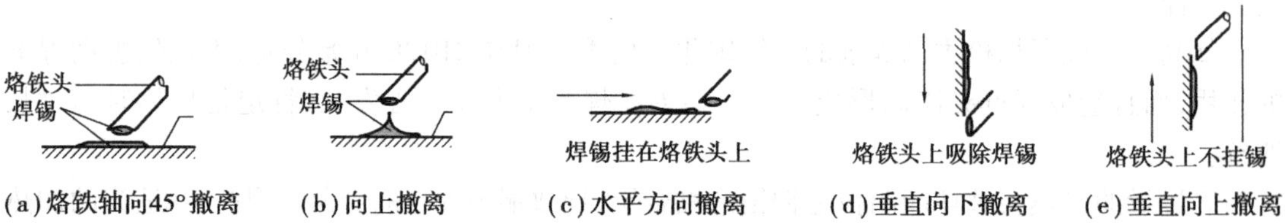

图 10.72 烙铁不同的撤离方向对焊料的影响

⑤在焊锡凝固之前不能动。切勿使焊件移动或受到振动,特别是用镊子夹住焊件时,一定要等焊锡凝固后再移走镊子,否则极易造成虚焊。

⑥焊锡用量要适中。手工焊接常使用管状的焊锡丝,内部已装有松香和活化剂制成的助焊剂。焊锡丝的直径有 0.5,0.8,1.0,…,5.0 mm 等多种规格,通常根据焊点的大小选用。一般应使焊锡丝的直径略小于焊盘的直径。

如图 10.73 所示,过量的焊锡不但浪费材料,还增加焊接时间,降低工作速度。更为严重的是,过量的焊锡很容易造成不易察觉的短路故障。焊锡过少也不能形成牢固的结合,同样是不利的。特别是焊接印制板引出导线时,焊锡用量不足,极容易造成导线脱落。

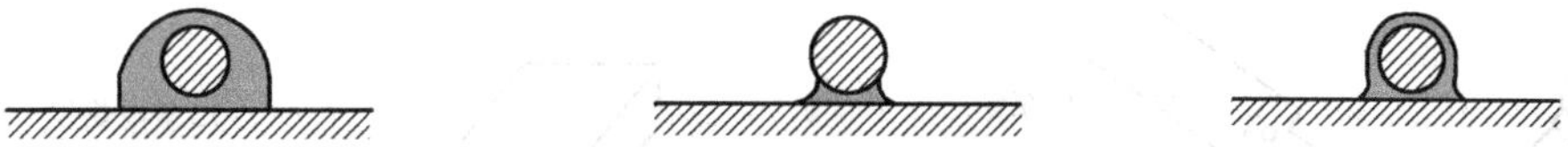

(a)锡量过多浪费　　(b)锡量过少强度差　　(c)合适的锡量合格的焊点

图 10.73　焊锡用量示意

⑦焊剂量要适中。适量的助焊剂对焊接是非常有用的。过量使用松香焊剂不仅造成焊点周围需要擦除的工作量,并且延长了加热时间,降低工作效率,而当加热时间不足时,容易夹杂到焊锡中形成“夹渣”缺陷。焊接开关、接插件时,过量的焊剂容易流到触点处,从而造成接触不良。合适的焊剂量,应该是松香水仅能浸湿将要形成的焊点,不会透过印制板流到元件面或插孔里(如IC插座)。对使用松香芯焊丝的焊接来说,基本上不需要再涂松香水。目前,印制板生产厂的电路板在出厂前大多数进行过松香浸润处理,无须再加助焊剂。

⑧不要用烙铁头作为运载焊料的工具。有人习惯用烙铁头沾上焊锡再去焊接,结果造成焊料的氧化。因为烙铁头的温度一般都在300 ℃左右,焊锡丝中的焊剂在高温时容易分解失效。在调试、维修工作中,不得已用烙铁时,动作要迅速敏捷,防止氧化造成劣质焊点。

12)拆焊

当需要拆下多个焊点且引线较硬的元器件时,以上方法就不能采用,例如,要拆下多线插座,一般有以下几种方法:

①用合适的医用空心针头拆焊。将医用针头锉平,作为拆焊的工具,具体方法是:一边用烙铁熔化焊点,一边把针头套在被焊的元器件引脚上,直至焊点熔化后将针头迅速插入印制电路板的内孔,使元器件的引脚与印制电路板的焊盘脱开,如图10.74所示。

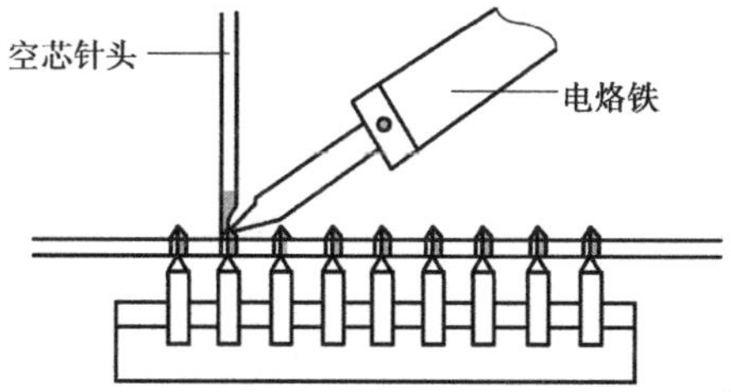

图 10.74　用合适的医用空心针头拆焊

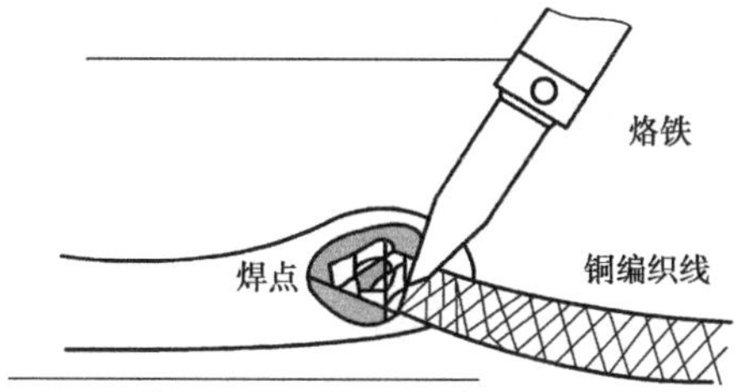

图 10.75　用铜编织线进行拆焊

②用铜编织线进行拆焊。将铜编织线的部分吃上松香焊剂,然后放在将要拆焊的焊点上,再把电烙铁放在铜编织线上加热焊点,待焊点上的焊锡熔化后就被铜编织线吸去,如焊点上的焊锡一次没有被吸完,则可进行第二,第三次,直至吸完。当编织线吸满焊料后就不能再用,就需要把已吸满焊料的部分剪去,如图10.75所示。

③用气囊吸锡器进行拆焊。将被拆的焊点加热,使焊料熔化,然后把吸锡器挤瘪,将吸嘴对准熔化的焊料,然后放松吸锡器,焊料就被吸进吸锡器内,如图10.76所示。

④采用专用拆焊电烙铁拆焊。如图10.77所示,它们都是专用拆焊电烙铁头,能一次完成多引线脚元器件的拆焊,而且不易损坏印制电路板及其周围的元器件。如集成电路、中频变压器等就可专用拆焊烙铁拆焊。拆焊时也应注意加热时间不能太长,当焊料一熔化,应立即取下元器件,同时拿开专用烙铁,如加热时间略长,就会使焊盘脱落。

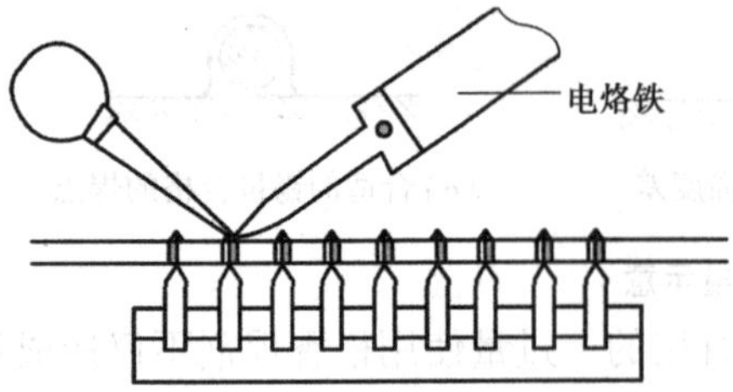

图 10.76　用气囊吸锡器进行拆焊

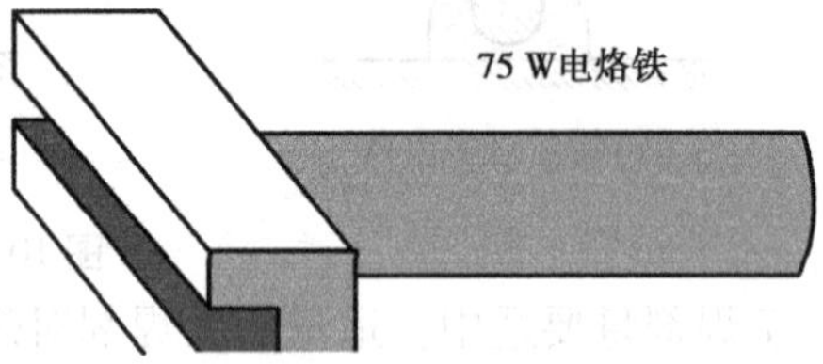

图 10.77　用专用拆焊电烙铁拆焊

参考文献

[1] 陈廷凤,龙明贵,王慧,马天权.城市轨道交通车辆电器[M].成都:西南交通大学出版社,2010.

[2] 阮友德.电气控制与PLC[M].北京:人民邮电出版社,2009.

[3] 倪远平.现代低压电器及其控制技术[M].重庆:重庆大学出版社,2003.

[4] 王兆安,黄俊.电力电子技术[M].4版.北京:机械工业出版社,2000.

[5] 唐春林,陈春棉.城市轨道交通列车辅助供电系统分析[J].电气开关杂志社,2008(1).

[6] 王兆安,等.电力电子技术[M].4版.北京:机械工业出版社,2011.

[7] 张振森.城市轨道交通车辆[M].北京:中国铁道出版社,2000.

[8] 于鑫,孔文龙,唐进赟.城市交通闭路电视监控系统[J].铁路通信信号,2008,44(1).

[9] 蒋先进,肖培龙,穆红普.重庆单轨三号线信号系统ATP设备故障时的系统动作及应对方案[J].铁路通信信号工程技术,2009,6(2).